한 권으로 끝 내는

한국사
인물사전

금성출판사

# 한 권으로 끝내는
# 한국사 인물사전

# 강 감 찬
(948~1031)

## ─거란을 물리친 고려의 명장─

강감찬(姜邯贊)은 고려의 명장
으로, 신라 때 경주에서 금주(지금
의 경기도 시흥시)로 옮겨 와 호족
으로 성장한 여청의 5대 손이다.
아버지 궁진은 고려 태조 왕건을
도운 공으로 삼한 벽상 공신을 지
냈다.

고려 시대 중기까지는 나라에 일

이 생기면 문관이 무장으로 나아가
싸우는 예가 많았다. 강감찬도 성
종 때 문과에 장원 급제하여 예부
시랑이 되었던 문신 출신이다.

1009년에 서북도 순검사인 강조
가 목종을 몰아 내고 새 왕으로 현
종을 옹립하자, 전부터 기회를 노
리던 거란의 성종은 이 사건을 구

강감찬의 공적을
기리기 위해 세운
충현사의 흥의문
충청 북도 청원군
국사리에 위치해
있다.

실삼아 왕을 친 신하를 벌해야 한다면서 이듬해에 친히 40만 대군을 이끌고 쳐들어왔다. 이에 강조가 30만 군사를 거느리고 통주(지금의 선천)에서 막아 내려고 했으나 오히려 패하자, 계속 남쪽으로 내려왔다.

이 때 조정에서 여러 신하들은, 거란의 대군을 막을 도리가 없으니 항복해서 화평을 청하는 것이 차라리 유리하다는 의견을 내세웠다. 그러나 강감찬은 항복을 하면 무슨 조건을 강요당할지 모르므로 일단 남쪽으로 후퇴했다가 차차 서울을 수복하자고 주장하였다. 결국 왕이 이 방침을 따르게 되어 개경(지금의 개성)을 떠나 나주까지 내려갔다. 거란군은 개경에 들어와 약탈을 자행했으나, 하공진의 설득으로 되돌아감으로써 강감찬의 주장대로 나라를 빼앗기는 수치만은 모면했다.

거란군이 물러간 후에 강감찬은 중앙의 여러 요직을 거쳐, 1018년에는 내사 시랑 동내사 문하 평장사와 서경 유수를 겸하였다.

그 해 거란 왕이 하공진이 약속한 왕의 입조와 강동 6주의 반환을

강감찬 탄생 설화도

요구하자, 조정에서는 이를 실행하지 않고 거란과 국교를 끊었다.

그러자 거란은 압록강 동쪽의 6주를 요구하며 10만 대군을 거느린 소배압을 앞세워 다시 침입해 왔다. 이 때, 강감찬은 상원수(총사령관)로 직접 전선에 나아가 이들을 맞아 싸웠다.

먼저 흥화진에서 수공 작전으로 거란군을 격파하고, 철수하는 적군을 귀주까지 추격하여 완전 격퇴하였다. 이 흥화진·귀주 대첩에서 살아 돌아간 거란군은 겨우 수천 명에 불과했다.

강감찬은 여러 벼슬을 두루 거친 후 관계에서 은퇴하고, 1031년에 83세를 일기로 생애를 마쳤다.

# 강 소 천
(1915~1963)

## ─사랑을 심어 준 아동 문학가─

1915년, 함경 남도 고원에서 태어났으며, 본명은 용률이다. 강소천은 함흥 영생 고등 보통 학교를 졸업했으며, 1930년경부터 《아이 생활》《신소년》 등의 아동 잡지에 동요와 동시를 발표했다. 그리고 《조선 일보》 신춘 문예에 동요 〈민들레와 울아기〉가 당선됨으로써 아동 문학가로서 본격적인 작품 활동을 시작했다.

고원 중학, 청진 여중, 청진 제일 중학 등에서 교원 생활을 하며 〈돌멩이〉〈토끼 삼형제〉〈전등불 이야기〉〈딱따구리〉〈희성이의 두 아들〉 등 많은 동화와 소년 소설을 발표했고, 1941년에는 《호박꽃 초롱》이라는 표제의 첫 동요 시집을 출판하기도 했다.

1950년에 6·25 전쟁이 일어나자 홀몸으로 월남하여 아동 잡지 《어린이 다이제스트》《새벗》 등에서 주간을 지냈고, 문교부 교과서 편찬 및 심의 위원으로 일했으며, 1952년에는 첫 동화집 《조그만 사진첩》을 출판했다.

그 후, 계속하여 왕성한 작품 활동을 펼쳐, 1958년에는 일곱 번째의 동화집 《인형의 꿈》을 출판하기에 이르렀다.

이렇게 작품 활동을 하는 한편, 한국 문인 협회에서 아동 문학 분과 위원장 직책을 맡아 일했으며(1960), 아동 문학 연구 회장으로 있으면서 한국 보육 대학, 이화 여자 대학교, 연세 대학교 등에서 강의를 하기도 했다.

1963년에 펴낸 아홉 번째의 동화집 《어머니의 초상화》로 5월 문예상을 수상한 뒤, 그 해에 세상을 떠났다.

1964년에 《강소천 아동 문학 전집》이 출판되었고, 이듬해에는 그를 기념하기 위한 '소천 아동 문학상'이 제정되었다.

어린이의 아름다운 정서를 잘 표현했던 강소천의 작품 활동은 통틀

아동 잡지인 《신소년》의 표지

어 크게 3기로 나눌 수 있다.

먼저 제1기는 그가 본격적으로 문학을 시작한 때부터 광복을 맞기까지의 기간으로, 동시적인 분위기와 설화성이 짙은 동화를 발표했던 때이다. 제2기는 6·25 전쟁 후부터 1954년에 이르기까지 본격적인 동화를 창작했던 때이다.

그리고 제3기는 그 후부터 그가 세상을 떠날 때까지로, 주로 장편 동화 집필에 힘을 기울였던 때라고 말할 수 있다.

강소천의 모든 작품 속에 일관되게 흐르는 주제는, '교훈적이고 크리스트 교적인 사랑'인데, 이것이 강소천 문학의 가장 큰 특색이라고 할 수 있다.

# 강 수
(? ~ ?)

## ㅡ신라의 유학자, 문장가ㅡ

신라 무열왕·문무왕 때의 유학자이며 문장가이다. 원래 성은 임씨이고 이름은 우두(牛頭)라고 한다. 태어난 연대는 확실하지 않으며, 강수(强首)라는 이름이 세상에 알려진 것은 훗날의 일이다.

그에게 그러한 이름이 붙은 것으로 보아 머리 모양이 몹시 이상하게 생겼던 듯한데, 다음과 같은 전설이 전해지고 있다.

임우두의 어머니가 강수를 잉태할 때 사람 머리에 뿔이 돋은 꿈을 꾸었는데, 태어난 아기를 보니 과연 아기의 뒷머리가 툭 튀어나온 이상한 모양을 하고 있었다.

그래서 아버지가 관상을 잘 보는 사람에게 물어 보니까

"당신의 아들은 이다음에 반드시 큰 인물이 되어 나라와 백성을 위해 국사로 활약할 것이오."

하고 말하더라는 것이다. 그 말대로 임우두는 자라면서 글읽기를 몹시 좋아하고, 옛날부터 전해져 내려오는 훌륭한 문장을 줄줄 읽을 뿐만 아니라 그 문장의 어려운 뜻도 잘 이해했다.

그러던 어느 날, 임우두는 가난한 어느 대장장이의 딸을 알게 되었다. 성품이 인자하고 착하기 이를 데 없는 여자였다. 아버지가 그 사실을 알고 가문이 훌륭한 집안의 딸에게 장가 갈 것을 권했더니

"어찌 한 번 사랑한 여자를 버릴 수가 있습니까?"

하면서 끝내 대장장이의 딸을 아내로 맞았다고 한다.

태종 무열왕 때의 일이다. 어느 날 당나라에서 사신이 왔는데, 국서(외교 문서)에 잘 모르는 구절이 있었다. 왕이 여러 신하들에게 물

었으나 아무도 그 뜻을 알지 못하여 대답하는 이가 없었다. 왕이 고민 끝에 임우두를 불러서 보였더니, 임우두는 그 자리에서 뜻을 풀어 왕에게 아뢰는 것이었다.

왕은 매우 흡족해서 그를 칭찬하다가 그의 머리가 이상하게 생긴 것을 보고는

"그대의 머리를 보니 과연 강수 선생이라 할 만하다."

하고 말하였다고 한다. 그 이후로 그의 이름은 강수가 되었고, 당나라에 보내는 국서는 모두 그가 작성하게 되었다.

그 후, 신라에서 처음으로 국학(대학교)을 세우자, 강수는 국학 박사로서 구경을 가르쳤다.

구경이란 중국의 아홉 가지 경서를 가리키는 말로, 주역·서경·시경·주례·의례·예기·좌전·공양전·곡량전이란 설과 주역·시경·서경·의례·예기·춘추·효경·논어·주례라는 설이 있다.

강수는 청렴 결백하여 재산을 남긴 것이 없었다.

대학자 강수가 세상을 떠나자, 왕은 후하게 장사를 지내 주었고, 그 후 생활이 어려운 강수의 가족들을 돕기 위해 조 100석을 내렸으나, 강수의 부인은 더 이상 나라의 은혜를 받을 수 없다고 사양하고 고향으로 돌아갔다고 한다.

# 강 우 규

(1855~1920)

## ─일본 총독에게 폭탄을 던진 열사─

강우규(姜宇奎)는 1855년(철종 6) 평안 남도 덕천에서 태어났으며, 자는 찬구, 호는 일우이다. 1884년(고종 21)에는 함경 남도 홍원으로 이주하여 한약방을 열었으며 크리스트 교 신자가 되었다.

그 당시는 세계의 강국들이 우리 나라를 서로 차지하려고 다툼을 한창 벌이던 때였다. 힘이 약했던 우리 나라는 결국 일본과 한·일 합방 조약을 맺음으로써 일본에게 주권을 빼앗기고 말았다.

그는 늘 나라 잃은 백성의 한 사람으로 아픔을 되새기면서, 백성들의 의식이 깨지 않으면 나라를 되찾을 수 없다고 굳게 믿고 사립 학교를 세워 교육에 힘썼다.

3·1 운동이 일어나기 2년 전인 1917년, 그는 인재를 길러 낼 목적으로, 만주 길림성에 동광 학교를 세우고, 그 곳에서 우리 나라 젊은 이들에게 민족 정신을 불어넣어 주었다.

그뿐만 아니라, 1919년에는 자신도 블라디보스토크의 신한촌 노인단에 가입하여, 그 노인단의 길림성 지부장이 되어 독립 운동을 펼쳐 나갔다.

그러던 어느 날, 그는 일본인 사

'경술국치' 조약문 1910.8.22(부분)

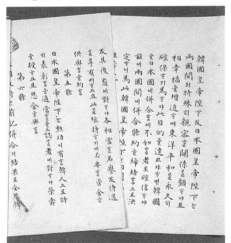

이토 마코토가 조선 총독으로 부임한다는 소식을 듣고는 사이토를 암살할 것을 결심했다.

1919년 9월 2일, 경성역(지금의 서울역) 광장은 삼엄한 경비 속에서 새 총독의 환영 인파로 들끓고 있었다. 그 인파 속에는 한 노인이 새 총독이 도착하기를 기다리고 있었다. 가슴 속 깊이 폭탄을 감추고 있는, 블라디보스토크에서 온 64세의 강우규 노인이었다.

이윽고 새 총독이 도착했다. 사이토가 30여 명의 호위 경찰에 둘러싸여 역을 나오고 있을 때

"쾅!"

하고 천지를 뒤흔드는 듯한 폭음이 일어났다. 강우규가 던진 폭탄 소리였다. 그러나 총독의 살해 계획은 실패로 끝나고, 총독을 둘러싼 37명의 신문 기자와 수행원들만이 중경상을 입었다.

'분하지만, 어디 두고 보자. 다음에는 꼭 성공시킬 테니…….'

강우규는 이렇게 다짐하며 감시망을 뚫고, 장익규, 임승화의 집 등으로 숨어 다녔다. 그러나 그 일이 있은 지 보름 만에 일제의 앞잡이 김태석에게 체포되었다.

이듬해 11월 29일, 강우규는 기다리던 조국의 광복을 보지도 못한 채 서대문 형무소에서 사형대의 이슬로 사라지고 말았다.

1962년, 그에게 건국 훈장 대한민국장이 수여되었다.

# 강 조
## ( ? ~1010)

### -고려 때의 무신-

강조(康兆)는 병법에 뛰어나 목종 때 중추사 우상시가 되고, 이어 서북면 도순검사가 되었다.

고려 제7대 왕인 목종이 아들을 두지 못하고 병으로 쇠약해지자, 나라 안은 외척의 무리, 김치양 등이 나라를 가로채려 한다는 소문이 돌아 몹시 어수선했다. 이 때 강조는 서북면(지금의 평안 북도)을 지키고 있었는데, 개경으로부터 안타까운 소식만 들려 왔다.

"아아, 나라가 어찌 되려고 조정에 간신의 무리들만 들끓는고! 이 일을 그냥 덮어 둘 수도 없는 일이지만, 신하로서 군사를 일으키는 일 역시 쉽지 않은 일 아닌가!"

강조가 마음을 정하지 못한 채 망설이는 것을 보고, 평소에 충성을 다하여 따르던 부하 장수들이

"김치양 일파를 저대로 그냥 두어서는 안 됩니다. 그들 손에 나라일이 왔다갔다하니 이게 말이나 됩니까! 어서 결단을 내리십시오. 사직을 온전히 지키는 길은 김치양과 그 무리를 이 나라의 조정에서 완전히 몰아 내는 것뿐입니다."

하고 그를 부추겼다.

마침내 강조는 부하 장수들과 의논한 끝에 거사를 일으키기로 결심하였다. 그러나 목종이 살아 있는 한 목종의 생모인 천추태후와 김치양 무리를 없앨 수 없다고 판단하여, 사람을 보내 우선 대량원군 순을 맞아오게 했다.

그 후, 강조는 개경으로 가서 목종에게 퇴위할 것을 강요하고 대량원군 순을 내세워 왕으로 삼았다. 그리고 김치양과 그에 빌붙은 간신

들을 모조리 죽이고, 천추태후도 귀양 보냈으며, 사람을 시켜 폐왕인 목종까지도 죽여 버렸다.

이 때 대량원군은 왕위에 올라 고려 제8대 왕인 현종이 되었다.

이 사건을 '강조의 정변'이라고 하는데, 거란 왕 성종이 고려에 쳐들어오는 하나의 빌미를 만들어 주는 셈이 되고 말았다.

거란의 성종은 1010년(현종 1)에 '신하인 강조가 목종을 죽인 죄를 묻겠다'는 것을 구실삼아 40만의 대군을 거느리고 쳐들어왔다.

강조는 행영 도통사로서 이들을 맞아 싸웠으나, 거란이 워낙 대군이었으므로 사로잡히게 되었다.

거란의 성종은 이리 번쩍 저리 번쩍 칼날을 휘두르는 용감 무쌍한 강조가 몹시 마음에 들었다.

"높은 벼슬과 드넓은 땅, 그리고 나는 새도 떨어뜨릴 수 있는 권세를 그대의 손에 쥐어 주겠으니 나의 신하가 되지 않겠는가?"

강조는 껄껄 웃었다.

"나는 고려의 신하다. 내가 오랑캐의 신하가 될 사람으로 보이는가? 죽어도 고려의 신하로서 죽고, 살아도 고려의 신하로서 살겠다. 어서 빨리 죽여라!"

여러 차례에 걸친 성종의 권유를 단호히 거절한 그는 고려의 장군으로서 늠름한 모습으로 죽었다.

# 강 희 안
## (1417~1464)

## ─조선 시대의 명신─

강희안(姜希顔)은 1417년(태종 17)에 지돈녕부사 강석덕의 아들로 태어났으며 자는 경우, 호는 인재다. 성종 때의 이름 높았던 문신 강희맹의 친형이기도 하다.

그는 1441년(세종 23)에 문과에 급제하였고, 1447년에는 이조 정랑이 되었으며 같은 해에 집현전 직제학인 최항·성삼문·이개 등

강희안이 그린 〈고사 관수도〉

과 《동국정운》을 완성했다. 1454년(단종 2)에 집현전 직제학이 되었지만, 1456년에 단종의 복위 운동에 관련되었다고 하여 심문을 받는 신세가 되고 말았다.

단종은 문종의 아들로, 문종이 죽자 11세의 어린 나이로 왕위에 올라 조선 제6대 왕이 되었다. 단종의 부왕인 문종은 죽기 전에 황보인·김종서·남지 등과 집현전 학사들에게 어린 단종을 잘 보필하라고 유언하였다. 이들은 선왕 문종의 유언에 따라 어린 단종을 보필하였다.

그러나 숙부인 수양 대군은 단종을 보필하던 신하들을 죽이고 왕위를 빼앗은 다음, 단종을 영월로 쫓아 냈다. 이에 분개한 몇몇 신하들이 은밀히 단종을 다시 왕위에 앉히려고 계획을 꾸몄으나 발각되어

실패했다. 강희안도 그들 중 한 사람으로 의심받아 그 죄를 문초받기에 이르렀던 것이다.

그러나 성삼문의 변호로 가까스로 화를 면한 다음, 1458년에는 호조 참의의 벼슬에 올랐다.

그는 학문에도 뛰어나, 정인지 등과 함께 세종 대왕이 지은 훈민정음 28자에 대한 해석을 상세하게 붙였으며, 《용비어천가》에 주석을 붙이는 데에도 참여했다.

《용비어천가》는 조선의 창업 왕조 6대조의 성덕을 찬송하여 지은 125장의 노래인데, 한글로 씌어진 최초의 작품이다.

여기에 한 가지 덧붙여 말할 것은, 그가 당시에 활자를 만들기 위해 그 모체(본)가 되는 글씨를 썼던 일이다.

그가 활자의 본이 되는 모자(母字)를 쓴 것은 두 종류인데, 그 하나는 세종 대왕 때의 활자인 소신지보(昭信之寶)이고, 또 하나는 세조 때에 만든 을해자(乙亥字)이다.

글씨와 시, 그림에 능하였던 그는 성격이 온화하고 말이 적으며 청렴 소박하고 번거로운 것을 싫어하였다. 또한, 물리에 통달하였으며, 고요한 것을 좋아하여 부귀와 영화를 구하지 않았다.

그의 작품으로는 〈교두연수도〉〈산수 인물도〉〈고사 관수도〉 등의 그림과, 원예에 관한 전문 서적인 《청천양화소록》이 남아 있다.

# 견 훤
(867~936)

## ─후백제의 시조─

견훤(甄萱)은 신라 말기의 장군으로 후백제를 세웠다.

상주 사람으로 본래의 성은 이씨인데, 나중에 성을 견씨로 바꾸었다고 한다. 견훤은 농민 출신으로 뒤에 장군이 된 아자개의 아들로 태어났다.

견훤이 젖먹이 아이였을 때, 밭에 나가 일을 하고 있는 아자개에게 어머니가 점심밥을 가져다 주느라 아기 견훤을 나무 아래 혼자 둔 일이 있었다. 그랬더니 호랑이가 와서 젖을 먹였다고 한다.

이 이야기를 들은 동네 사람들은 견훤을 하늘이 보살피는 아이라고 여겼다는 전설이 전해지고 있다.

견훤은 나이 20세가 가까워지자 큰 뜻을 품고 종군하여 당시의 서울인 경주로 들어갔다.

그 뒤에 곧 서남해의 방비에 나섰는데, 적과 싸울 때는 항상 용맹하고 뛰어났다. 이리하여 인정을 받게 된 그는 독자적인 세력을 구축할 수 있는 기반을 서서히 마련하기 시작했다.

견훤이 그 기반을 마련할 무렵, 말기에 접어든 신라 왕조는 씨족적 단결이 무너지고, 진골 귀족들이 왕의 자리를 빼앗기 위해 다툼만 일삼고 있었다.

그뿐만 아니라, 헌강왕·정강왕에 이어 신라 제51대 왕으로 등극한 진성 여왕은 각간(신라 최고의 벼슬)인 위홍과 노는 데에만 정신을 쏟아 정치를 돌보지 않았고, 계속해서 흉년마저 겹쳐 백성들은 생활이 어려웠다.

따라서 많은 백성들이 살아갈 길을 찾기 위해 고향을 버리고 떠도는 생활을 하였다.

이런 지경에 이르자 세금을 거두어들일 수 없게 되고, 그나마 세금을 거두어들이는 관리들은 가혹한 방법으로 납세를 독촉하였다. 이

경애왕이 견훤에 의해 최후를 맞은 포석정

에 사방에서 도적이 벌떼처럼 일어나고 민심은 더욱 흉흉해졌다.

각지에서 도적의 무리들이 일어나고 지방 귀족들이 반란을 일으켜도, 부패한 신라 왕실은 반란의 무리들을 진압할 능력이 없었다.

민심은 완전히 조정을 떠나 있었고 살아갈 길을 찾아 떠도는 수많은 백성들은 산으로 들어가거나 반란군에 합세하여 반란군의 기세는 날이 갈수록 팽창했다.

그 중에서도 강성한 세력을 이룩한 무리들은, 사벌주(지금의 상주)의 원종·애노, 북원(지금의 원주)의 양길·궁예, 죽주(지금의 죽산)의 기훤, 충북 방면의 청길과 호남

지방의 견훤이었다.

이렇게 세력을 이룬 무리들은 시간이 지날수록 관군에 의해 소탕되거나, 더 세력이 강한 무리로 합해져서 한강 이남에는 세 개의 큰 세력이 자리잡게 되었다.

892년(진성 여왕 6) 서남 지방을 방비하고 있던 견훤은 자기를 따르는 무리들과 함께 들고 일어나 무진주(지금의 전라도 광주)를 점령하여 스스로 왕위에 올랐다. 그리고 이어서 전라·경상의 각지를 휩쓸어 900년(효공왕 4)에 도읍을 완산주(지금의 전주)로 옮기고, 백제의 후계자임을 자처하며, 국호를 후백제라고 했다.

그 후 모든 관서와 관직을 다시 정비하였으며, 공을 세운 부하에게 관직을 주었다. 그는 국제적 지위의 향상에도 민감한 태도를 보여, 사신을 중국에 보내어 당시의 오나라·월나라와 국교를 맺는 등 나라의 체제를 갖추어 나갔다.

920년, 견훤은 보병과 기병 1만 명을 이끌고 신라의 대야성(지금의 합천)을 공격하였다. 견훤이 대야성을 함락시키고 남쪽으로 내려오자, 신라의 경명왕은 왕건에게 도움을 청하였다. 이에 신라와 고려는 합세하여 견훤을 물리쳤다.

견훤은 다시 927년(경애왕 4)에 경주를 급습하여, 때마침 포석정에서 놀고 있던 신라의 경애왕을 붙잡아 강제로 자살시키고 왕의 종제인 김부를 왕으로 내세웠다.

그 후 견훤과 왕건 사이에 여러 번 싸움이 벌어져 승패를 가늠하기가 어려웠으나, 세 번에 걸친 운주(지금의 홍주) 싸움에서 견훤은 세 번 모두 패하고 말았다.

한때는 후삼국 중에서 후백제가 가장 위세를 떨쳤으나 이 싸움에서 지는 바람에 견훤의 위세는 점점 꺾이기 시작했다. 게다가 견훤 휘하에 있던, 재주가 비상한 종훈·의자·지경 등과 용맹한 장군인 상봉·작필 등이 왕건에게 항복한 것은 그의 위세가 꺾이는 결정적인 이유가 되었다.

견훤은 아들을 열이나 두었는데, 그 중 넷째 아들 금강을 특히 사랑하여 왕위를 그에게 물려주려고 하였다. 이에 맏아들 신검이 불만을 품고 다른 형제들과 도모하여 아버지를 김제의 금산사에 잡아 가두고 사람을 보내어 금강을 죽인 다음 스스로 왕위에 올랐다.

이에 분노한 견훤은 파수병에게 술을 주어 취하게 한 뒤, 아들 능예와 식구들을 데리고 몰래 금산사

에서 도망을 쳐서 나주에 머물며, 고려에 사람을 보내어 사정을 알리고 도움을 청했다.

왕건은 즉시 유금필과 만세 등을 파견하여 견훤을 개성으로 맞이하여 상보라는 지위와 양주를 식읍으로 주는 등 극진히 대접하는 한편, 10만의 군대를 이끌고 신검의 군대를 공격하여 탄현에서 항복을 받았다(936년).

이리하여 백제의 후계자임을 자처하면서 등장했던 견훤의 후백제는 결국 44년 만에 멸망하고, 견훤은 울분과 번민에 싸여 세월을 보내다가 병으로 얼마 후에 세상을 떠났다.

견훤이 갇혀 지낸 금산사

# 경 대 승
## (1154~1183)

### ー도방을 창설한 청년 장군ー

고려 명종 때의 장군인 경대승 (慶大升)은 본관이 청주로, 1154년(의종 8)에 중서시랑 평장사인 경진의 아들로 태어났다.

그는 어려서부터 힘이 장사여서 그를 당해 낼 사람이 없었고 무예에도 뛰어났으며, 14세에 교위(종 6품 이하의 무관 벼슬)에 임명된 후 장군에까지 이르렀다.

그러나 남달리 뛰어난 힘과 무예를 지닌 그는 장차 큰 인물이 되겠다는 뜻을 품고 사사로운 일에 얽매이기 싫어하여 가사는 전혀 돌보지 않았다.

그의 아버지 경진은, 성질이 난폭하고 탐욕스러워 벼슬을 이용하여 많은 백성들로부터 논과 밭 등의 재산을 빼앗았으며, 죄 없는 사람들을 무수히 괴롭혔다.

그러나 경대승은 자기 아버지가 세상을 떠나자, 아버지의 탐욕스러움과는 달리 욕심 없는 태도를 보였다. 그는 아버지가 그 때까지 일반 백성들에게서 빼앗은 토지 전부를 관아에 바쳐 사람들로부터 칭찬을 받았다.

1178년(명종 8)에는 무인들의 횡포를 없애기로 계획하고, 허승, 김광립 등과 함께 힘을 합쳐 정권을 잡고 있던 정중부, 송유인 등을 제거했다.

그 당시 무인이었던 정중부와 그의 사위인 송유인은, 문신들이 무신들을 차별 대우하는 데 불만을 품고 난을 일으켜, 많은 문신들을 제거하고 정권을 잡았다.

그로부터 무신만을 우대하는 무신 정치가 시작되었다.

그러나 권력을 이용한 무신들의 횡포로 말미암아 나라의 장래가 위태롭게 되었다. 평소 정중부 일파에 불만이 많았던 청년 장군 경대승은 정중부와 송유인을 죽이고 정권을 장악했다.

그러나 자신과 뜻을 같이했던 허승과 김광립 등 무신들이 예전의 공을 믿고, 또다시 사회에 여러 가지 폐단을 끼치자, 경대승은 그들까지 잡아 죽이고, 아울러 다시는 무신들이 그 힘을 믿고 난폭하게 굴지 못하도록 만들었다.

이에 위험을 느낀 일부 무인들 사이에서 경대승을 꺼려하는 눈치가 보이기 시작했다. 따라서 경대승은 언제 누구에게서 보복을 당할지 몰라, 자기 신변을 보호하기 위하여 1179년(명종 9)에 도방이라는 제도를 설치했다.

도방이란 개인이 부리는 일종의 군대 조직으로, 경대승이 자기 집에 모아 놓고 부린 백여 명에 이르는 결사대를 말한다.

그들은 여러 명이 한 방에서 길다란 목침을 같이 베고 이불도 크게 만들어 같이 덮고 잤으며, 밥을 먹을 때나 어디를 갈 때에도 늘 같이 행동하게 하여, 어느 누가 비밀리에 일을 꾸미지 못하도록 했다.

그러나 1183년(명종 13)에 경대승이 29세의 젊은 나이로 병들어 죽자, 도방은 해체되고 도방의 무리들은 섬에 유배되고 말았다.

# 경 덕 왕
## ( ? ~765)

## ㅡ신라 문화를 꽃피운 왕ㅡ

경덕왕(景德王)은 신라의 제 35
대 왕으로, 왕위에 올라 있던 기간
은 742년부터 765년에 이르기까지
24년 동안이었다.

경덕왕의 성은 김씨이며 이름은
헌영이다. 성덕왕의 아들로, 효성
왕의 친아우이며, 어머니는 소덕
왕후이다.

### 신라 고분에서 출토된 금귀고리

그는 형인 효성왕이 아들이 없이
죽자, 그의 뒤를 이어 왕위에 오르
게 되었다.

그가 왕위에 오를 무렵에는 새로
운 귀족 세력의 부상으로 왕권의
재강화가 필요한 때여서 모든 제도
나 관직 등의 정비와 개혁 조치가
필요했다.

그래서 경덕왕은 제도·문물·
관직 등을 모두 중국 당나라에 맞
추어 새로이 고쳤으며, 예로부터
전해 내려오던 고유한 지명도 한자
로 고쳐 9주 5소경, 117군 293현
으로 완비했다.

또한, 당시로서는 문화가 발달
된 당나라와의 교역을 활발히 하여
산업 발전에 힘썼으며, 여러 가지
문화를 받아들여 신라 문화의 황금
시대를 이룩했다.

경덕왕은 또한 불교의 전파와 중

경주의 불국사

흥에도 노력을 기울여 황룡사의 종을 주조케 하고, 김대성에게 석굴암을 축조케 하였으며, 원연사, 영흥사, 굴불사 등 많은 절을 창건하고 불국사를 다시 크게 지었다.

그리고 학문과 과학을 숭상하여 각 분야에 걸쳐 학자를 많이 양성했으며, 국학에 제업 박사와 조교를 두어 유학 교육을 진흥시키고 천문 박사·누각 박사도 두었다. 한편, 효행이 두드러진 여러 효자와 충신들에게는 후한 상을 내려 주기도 했다.

경덕왕의 뒤를 이은 혜공왕은 만월 부인이 낳은 왕자인데, 7세의 너무 어린 나이에 왕위를 계승했으므로, 한때 왕태후가 섭정을 맡아야 했다.

그런데 어찌 된 일인지 천재 지변이 자주 일어나고 흉년이 들어 민심이 흉흉할 때가 많았다. 게다가 혜공왕이 사치와 방탕에 빠져 정치가 문란해졌다. 그러자 곳곳에서 반란이 일어났다. 혜공왕은 결국 왕위에 오른 지 15년 만인 780년, 이찬 김지정이 일으킨 반란 때에 왕비와 함께 살해되었다.

경덕왕은 경주 모지사의 서쪽 언덕에서 장례를 지냈다고 하는데 왕릉은 경주군 내남면 부지리에 있다. 그러나 혜공왕은 어디에 장사 지냈는지 그것조차 알 길이 없다.

# 경 순 왕
## ( ? ~979)

## ─신라의 마지막 왕─

경순왕(敬順王)은 신라의 마지막 왕으로, 성은 김씨이고 이름은 부이다. 그는 문성왕의 후손으로서, 효종을 아버지로, 헌강왕의 딸 계아 태후를 어머니로 두었다.

경순왕이 왕위에 오르게 된 해는

경순왕릉비

927년으로, 신라 제 55 대 왕이었던 경애왕이 죽고 나서였다.

경애왕 때 이미 기울기 시작한 신라 왕조는 지방에서 큰 세력인 왕건과 견훤 등의 강력한 세력에 눌려 지냈다. 그러던 중 후백제의 왕인 견훤은 차츰 세력을 넓히기 시작하더니, 결국 신라를 쳐서 경주를 함락시키고, 포석정에서 잔치를 베풀고 있던 경애왕을 자결케 하였다. 그리고 경애왕의 사촌 동생인 김부를 신라의 제 56 대 왕으로 삼았다.

그러나 김부, 즉 경순왕이 왕위에 올랐을 때는 이미 국력이 쇠퇴할 대로 쇠퇴해져 나라를 다시 일으키기 어려운 지경에 있었다.

게다가 후백제의 침략과 약탈마저 계속되었기 때문에, 영토는 나날이 줄어들었으며, 민심도 새롭

게 그 세력을 펼치고 있는 고려 쪽
으로 기울어 가고 있었다.

935년, 경순왕은 여러 신하들을
모아 회의를 열었다.

"나라가 모진 바람 앞의 등불처
럼 위태롭소. 어찌했으면 좋을
지 의견들을 말해 보시오."

회의를 이끌고 있는 경순왕의 목
소리에는 맥이 빠져 있었다.

"우리 나라는 고려와 후백제에
게 시달려 왔습니다. 그러나 나
라가 이 지경에 이르게 된 것은
고려보다는 후백제의 침략과 약
탈에 의한 것입니다. 그러니 어
차피 강대국에게 점령될 처지라
면, 후백제보다는 고려에 항복
하는 것이 옳을 듯합니다."

한 신하가 말했다.

"그러하옵니다. 후백제의 침략
을 받아 나라를 잃느니보다, 하
루라도 빨리 고려에 항복하여 백
성들을 욕보이지 않는 편이 좋을
듯합니다."

여러 신하들의 의견은 모두 한결
같았다.

그 회의에서 결정된 대로 신라는
고려에 항복했고, 왕건(고려 태조)
은 자기의 맏딸 낙랑 공주를 경순
왕에게 주어 아내로 삼게 했다. 이
로써, 신라의 천 년 사직도 막을
내리게 되었다. 그 후, 경순왕은
고려의 정승공에 봉해져 지내다가
979년(고려 경종 4)에 세상을 떠
났다.

# 계　백
## ( ? ~660)

## ―황산벌에 쓰러진 백제의 충혼―

계백(階伯)은 백제의 장군으로, 벼슬은 달솔(백제의 16관등 중 두 번째 관직)이었다.

백제의 마지막 왕인 의자왕은, 즉위 초에는 신라를 쳐서 나라의 영토를 넓히는 데 힘쓰는 등 선정을 베풀었지만, 차츰 교만해지면서 사치와 방탕에 빠져 들었다.

계백 장군의 동상

의자왕은 왕위에 오른 지 15년이 되던 해에 궁궐 남쪽에 망해정이라는 화려한 정자를 짓고, 매일 잔치를 베풀면서 여자와 술에 빠져 나날을 보냈다. 그러자 의자왕을 원망하는 백성의 소리가 높아졌고 국력은 날로 쇠퇴해 갔다.

이럴 즈음, 이웃 나라인 신라에서는 태종 무열왕이 삼국 통일의 발판을 차근차근 다져 가고 있었다. 태종 무열왕은 백제의 국력이 쇠퇴해 가고 있음을 알고 당나라와 힘을 합쳐 백제를 칠 계획을 세우고 있었다.

비록 왕은 향락에 빠져 있었지만, 백제에도 충신은 있었다. 성충, 흥수, 그리고 계백을 백제의 3충신이라고 하는데, 이들 충신은 모여서 나라의 일을 걱정하고 의논하는 일로 나날을 보냈다.

이들은 나라의 앞날이 걱정되어
왕에게 여러 차례 정사를 돌볼 것
을 간하였으나 오히려 왕의 노여움
을 샀다. 그리고 성충은 옥에 갇히
게 되었다.

656년(의자왕 16), 성충은 죽음
을 앞두고 의자왕에게 애끓는 마지
막 글을 올렸다.

'충신은 죽어서도 왕을 잊지 못
합니다. 바라옵나니, 아무래도
머지않아 싸움이 일어날 듯하오
니, 이에 맞설 준비를 갖추어 주
시기 바라며, 만일에 적국의 군
대가 쳐들어오거든 육지에서는
탄현(지금의 대전 동쪽의 석장
산)을 넘지 못하게 하옵고, 수로

로는 기벌포(지금의 금강 하류)
를 넘지 못하게 하소서.'

성충은 이 말을 남기고 숨을 거
두었다. 그러나 의자왕은 이와 같
은 성충의 충성스러운 말을 듣지
않았다. 성충에 이어 흥수가 또 왕
에게 간하였으나, 의자왕은 흥수
마저 멀리 귀양을 보냈다.

이 무렵, 이웃 나라인 신라는 이
미 백제를 칠 준비를 진행하고 있
었다. 드디어 660년(의자왕 20),
신라의 김유신은 당나라의 소정방
이 이끄는 13만 명의 육·해군과
함께 5만의 신라 군사를 이끌고 백
제로 향했다. 변방의 군사가 이 소
식을 의자왕에게 알렸으나 별수없

었다. 당당한 기세의 신라군은 이미 탄현을 넘었고, 당나라의 수군은 기벌포를 지나고 있었다.

나라의 마지막이 왔음을 알고 계백은 마음 속으로 최후의 결심을 굳혔다. 계백은 황산벌로 출전하기 전에 집으로 갔다. 그는 이번 싸움의 결과를 너무나 잘 알고 있었다. 그는 가족들을 한자리에 불러 놓고 비장한 목소리로 말했다.

"나는 지금 이 나라를 구하기 위해 싸움터로 간다. 그러나 적의 세력은 너무나 크다. 그러니 내가 살아서 돌아오리라고는 믿지 마라. 내가 죽고 나라가 망한다면, 너희 또한 적의 손에 붙들리고 말 것이다. 너희들은 살아서 신라의 종이 되겠느냐, 그렇지 않으면 죽어서 나라와 운명을 함께 하겠느냐?"

이리하여 계백은 죽어도 적의 종이 되지 않겠다는 그의 가족들의 목숨을 손수 끊고는 황산벌로 나아갔다. 그는 나라를 지키는 싸움에 나아감에 있어 마음이 흔들릴 수 있는 요인을 없앴다. 그는 이미 죽음을 각오하고 있었다.

그는 고작 5천 명의 병사로 5만 명의 신라군을 맞아 싸우려는 것이었다. 본래 훌륭한 명장 밑에 약한 군졸은 없는 법이다. 계백은 5만 명의 신라군에 맞설 5천 명의 백제군에게 말했다.

"옛날 중국 월나라의 구천이라

는 자는 5천 명의 군사로 70만 명의 오나라 대병력을 무찔렀다. 오직 죽음으로써 나라를 구할 결의가 되어 있다면, 우리는 얼마든지 5만의 신라군을 무찌를 수 있다."

5천 명의 백제군은 계백과 함께 죽음을 각오하고 신라군을 맞았다. 계백이 이끄는 백제군은 5만 명의 신라군을 맞아 네 번이나 싸워서 모두 물리쳤다.

그 때, 신라군에서는 반굴이라는 소년 화랑이 혼자의 몸으로 백제 진영으로 쳐들어왔다. 소년 화랑 반굴이 처음에는 몇몇 백제군을 쓰러뜨렸지만 점점 힘이 부족해 죽음을 당하고 말았다.

그러자 이번에는 관창이 나섰다. 관창도 무예가 뛰어나다고는 하나 혼자 몸으로 날쌘 백제군을 당할 수는 없었다. 계백은 사로잡혀 온 관창을 보고 갸륵한 충성심에 감동되어 관창을 되돌려 보냈다.

그러나 관창은 말머리를 돌려서 다시 백제의 진영으로 쳐들어왔다. 관창이 두 번째로 사로잡혔을 때, 계백은 관창의 용기를 보고는 "어린 병사의 충성심이 이렇게 대단한데 신라군을 어찌 당할 수 있겠는가. 아, 이제 백제의 운명이 다하는구나!"

하고 탄식하면서 화랑 관창의 목을 베었다.

관창의 용감한 전사 소식을 들은 5만 명의 신라군은 일제히 성난 파도처럼 백제 진영에 쳐들어왔다.

다시 신라군을 맞은 계백 장군과 5천 명의 백제군은 황산벌에서 목숨을 다해 끝까지 싸웠으나, 모두 장렬히 전사하였다. 계백의 죽음이야말로 백제의 마지막을 뜻하는 것이었다.

지금도 부여에 있는 삼충사에서 성충, 흥수, 계백의 백제 3충신의 충절을 기리고 있다.

계백 장군의 황산벌 싸움 (부분)

# 고경명
## (1533~1592)

## ―임진왜란 때의 의병장―

고경명(高敬命)은 임진왜란 때에 공을 세운 의병장이며 문인으로, 자는 이순, 호는 제봉이다.

그는 1533년(중종 28)에 대사간이라는 벼슬 자리에 있던 고맹영의 아들로 태어나, 19세인 1552년에 진사가 되고, 1558년(명종 13)에는 문과에 장원으로 급제했다.

성균관 전적에 임명되었다가 바

고경명의 사당인 포충사

로 공조 좌랑이 되었으며, 형조좌랑, 정언 등의 벼슬을 지냈다.

1563년 그가 교리로 있을 때, 당시 이조 판서이며 인순 왕후의 외삼촌 되는 이량이 제멋대로 권세 부리는 것이 문제가 되어 열린 회의에 고경명이 참석하게 되었다. 당사자인 이량은 없었다.

이량은 자기의 높은 벼슬과 명종의 인척이라는 것만 믿고 제멋대로 권세를 부려, 자기에게 아부하는 자들에게는 벼슬을 주었고, 자기를 따르지 않거나 반대하는 자들은 벼슬 자리에서 내쫓았다. 이런 일로 조정이 시끄러워졌고, 정사는 올바로 행해지지 않았다.

그리하여 그 날 나라를 걱정하는 몇몇 대신들이 그에 대한 비판과 함께 그를 대함에 있어 앞으로 어떤 태도를 취해야 할 것인가를 상

의하기 위해 모인 것이었다. 그 자리에 참석했던 고경명은 이량에게 그 회의의 내용을 알려 주었다.

그런데 그만 그 사실이 발각되어 고경명은 교리에서 울산 군수로 좌천되었다가, 그 후 곧 그 자리에서도 쫓겨나고 말았다.

그 후 1581년(선조 14)에 고경명은 영암 군수로 임명되었고, 이어 종계변무 주청사의 서장관으로 명나라에 다녀왔다.

그리고 1590년(선조 23)에는 승문원 판교를 거쳐 동래 부사를 맡고 있었다. 그러나 임진왜란 전 해인 1591년 당파 싸움으로 서인이 물러가자, 자신도 부사직을 사직하고 고향으로 내려갔다. 이 때 그의 나이는 58세였다.

난리가 나자 그는 유팽로 등과 함께 의병 6천여 명을 이끌고 싸움터로 나아갔다. 유팽로는 일찍이 문과에 급제한 선비였으나, 벼슬에 뜻이 없어 시골에 묻혀 지내던 사람이었다.

고경명은 담양부의 의병 대장으로 금산에서 왜적을 맞아 싸우다가 장렬히 전사하였는데 그의 두 아들 고종후, 고인후 역시 왜적과 싸우다가 전사하고 말았다.

고경명이 무예와는 전혀 관련이 없는 60세 전후의 문인인 것과 전국에서 제일 먼저 의병을 일으킨 것 등은 특별히 주목할 일이다. 고경명의 시호는 충렬이다.

# 고국원왕

(? ~371)

## ─국내성을 쌓은 고구려의 왕─

고국원왕(故國原王)은 고구려의 제 16 대 왕으로 331년부터 371년 까지 왕위에 있었다.

국강상왕이라고도 불리는 그는 미천왕의 맏아들로, 이름은 사유 또는 교라고도 한다.

고국원왕은 즉위한 후 지방 귀족들의 권력이 점점 강성해지는 것을 느끼고 중앙 집권 체제를 확립함으로써 왕권의 강화를 꾀하려 했다.

만주 집안의 국내성 성벽

또한 국방을 튼튼히 하기 위해 국내성(오늘날 중국의 길림성 남쪽의 집안 현에 위치한 통구 지역)을 쌓았으며, 342년에 환도성으로 서울을 옮겼다. 그러나 공교롭게도 그 해에 중국 연나라의 침입을 받게 되었다.

연나라는 당시 만주 지방에서 강한 세력을 가지고 있던 나라로, 285년(고구려 서천왕 16)에는 농안 부근에 있던 부여족을 멸망시켜 남으로 내쫓은 일도 있었다.

그러한 연나라의 왕 모용황이 342년에 직접 군사를 이끌고 고구려에 침입하여, 서울인 환도성을 함락시키고 왕궁과 민가를 불지른 다음 미천왕릉을 파헤쳤다.

뿐만 아니라, 왕의 어머니를 납치하는 등 남녀 5만여 명을 포로로 삼고 왕실의 보물을 약탈해 갔다.

다행하게도 고국원왕은 미리 몸을 피해서 무사할 수 있었다.

이듬해에 고국원왕은 사신을 보내 연나라에 화친을 청하고, 잡아간 왕의 어머니를 보내 줄 것을 요구했다. 그리고 서울을 동황성(지금의 강계?)으로 옮겼다.

결국 왕의 어머니는 355년에야 돌아오고, 고구려는 북진 정책보다는 남쪽의 백제에 신경을 쓰게 되었다.

고국원왕은 백제를 칠 계획을 세우고 군사를 일으켰다. 부왕인 미천왕이 몰아 낸 낙랑, 대방의 옛 땅을 백제가 함부로 점령하려고 드는 것을 가만히 두고만 볼 수 없었기 때문이었다.

그러나 연나라와의 싸움에서 받았던 타격이 워낙 컸으므로 백제를 치려던 계획은 수포로 돌아가고, 도리어 싸움에 져서 5천 명의 군사를 포로로 빼앗기고 말았다.

369년, 고국원왕은 백제에 패전한 것을 설욕하기 위해 다시 군사를 일으켰으나, 백제 태자 근구수가 이끄는 군사에게 패하고 말았다.

371년, 고구려 깊숙이 진격해 온 백제 근초고왕을 맞아 평양성에서 싸우다가, 이 싸움에서 고국원왕은 백제 군사의 화살에 맞아 전사했다. 그리하여 그로부터 백제와 고구려는 원수의 나라가 되어 끝내 화목하지 못하고 싸움만 하게 되었다.

# 고 선 지
## ( ? ~755)

## ─서역을 정벌한 고구려 유민─

고선지(高仙芝)는 고구려의 유민으로서, 중국은 물론 멀리 유럽에까지 원정을 하여 그 이름을 널리 떨쳤던 장군이다.

고선지는 당나라로 끌려간 고구려 유민 고사계의 아들로, 순수한 백의 민족의 혈통을 이어받은 배달의 자손이다.

세 번에 걸친 고선지의 원정길은, 타클라마칸 사막 지대를 지나 티베트 고원, 파미르 고원, 힌두쿠시 산맥, 타슈켄트에 이른다.

그 중에서도 파미르 고원은 히말라야 산맥, 톈산 산맥, 힌두쿠시 산맥과 같은 거대한 산맥들이 사방으로 뻗어 나가는 곳으로, 평균 높이가 4천 미터에 이르기 때문에 세계의 지붕이라고 불리는 곳이다.

고선지는 이와 같이 멀고도 험한 원정길을 1만 명의 당나라 군사를 이끌고 한 번도 아닌 세 번씩이나 넘나들며 서역의 72개국을 정벌하였던 것이다. 고선지의 서역 대원정길은 나폴레옹이 알프스 산맥을 넘는 이탈리아 원정길보다 훨씬 멀고 험난했다. 또 시간적으로 나폴레옹보다 1000여 년이나 앞선 시대였다. 과학이 발달하지 않은 그 시대에 멀고도 험난한 원정길의 생필품 보급 문제를 어떻게 해결했을까 하는 의문은 지금도 풀 수 없는 숙제로 남아 있다.

이렇듯 뛰어난 고선지가 1200여 년이 지난 후에야 비로소 빛을 보게 된 것은, 동양학을 전공한 프랑스의 샤반 교수와 영국의 슈타인 경에 의해서이다.

샤반은 중국의 역사서 《사기》를 프랑스 어로 옮긴 일도 있는 동양학자이다.

34

그는 《구당서》《신당서》《자치통감》 같은 중국 역사책을 조사함은 물론, 아라비아의 역사 기록까지 조사하여 고선지에 대한 역사적 사실을 밝혀 냈다.

8세기 중엽, 고선지는 당나라의 군사 1만 명을 거느리고 중국의 서쪽 끝에 있는 군사 기지인 구자를 출발하여, 서역을 정복하는 길에 올랐다.

그가 이끄는 원정군은 톈산 산맥의 남쪽에 자리잡고 있는 넓은 타림 분지를 무난히 돌파했다.

이어서 원정군은 힌두쿠시의 험준한 산악 지대를 넘어 인도의 서북쪽 국경 지대에 있는 소발률 국을 정복했다.

또한 이와 같은 대원정의 성공으로 서역 일대의 여러 나라들이 한꺼번에 당나라에 항복하여 그 수중에 들어왔는데, 그 수만 해도 무려 72나라에 달했다.

지략과 용병술이 뛰어난 고선지의 성공적인 원정으로 개부 의동삼사라는 높은 벼슬을 받았으나, 751년 탈라스 평원에서 사라센 군과 서역의 연합군과의 대접전에서 참패하고 벼슬에서 물러났다.

그 뒤 755년, 안녹산의 난 때 황제의 명을 받고 반란군을 진압하려 출정했다가 모함을 받아 진중에서 처형당하였다.

고선지의 험난한 원정길

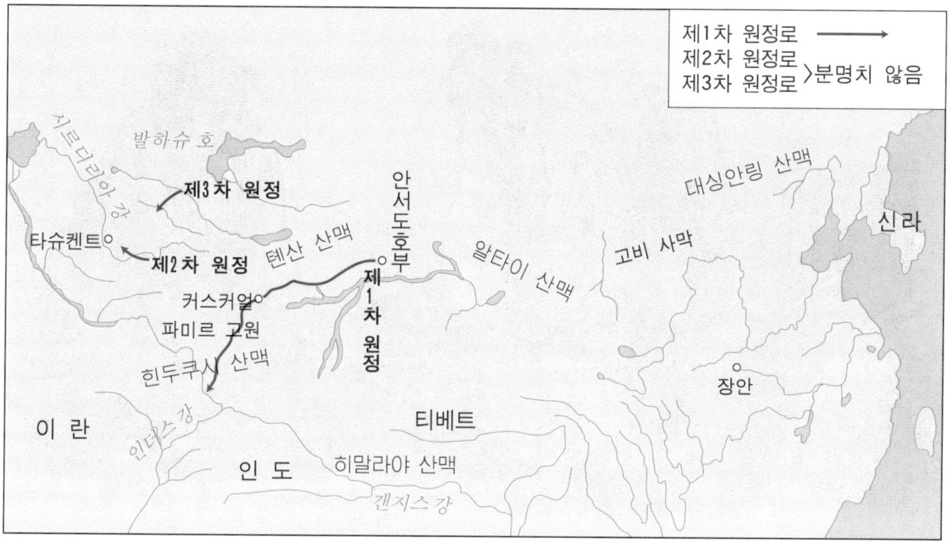

35

# 고　종
## (1852~1919)

## －외세에 휘말린 조선의 왕－

고종(高宗)은 조선 제26대 왕으로, 복잡한 왕실의 사정과 외세의 압력 속에서 자기의 뜻을 펴지 못하고 일생을 마친 불행한 왕이다.

홍선 대원군 이하응의 차남으로 태어나 11세 때 왕위에 올랐다. 그러나 너무 어렸으므로 홍선 대원군이 10여 년 간이나 정치를 맡아 쇄국 정책을 고수했다.

1868년, 고종과 궁녀 이씨 사이에서 왕자가 탄생한 것을 계기로, 왕비 민씨는 총애를 받지 못하자 차츰 자기의 측근을 나라의 중요한 자리에 앉히면서 대원군의 정치적인 적으로 등장하기 시작했다.

홍선 대원군과 민비와의 정권 다툼으로 궁궐 안은 어지러웠으며, 일본, 러시아 등 강대국이 일으키

왕실 가족(왼쪽부터 영양, 순종, 고종, 순종비, 덕혜 옹주)

는 난리 속에 나라 안팎은 어지러
운 소용돌이 속과 같았다.

결국, 외세의 밀려드는 강압에
못 이겨 굳게 닫혀 있던 나라의 문
을 열지 않으면 안 되게 되었다.
고종은 한 나라의 왕으로서 외세에
의한 국권 침탈에 대해 어떠한 주
장도 할 수 없었다.

1875년에 일어났던 운요 호 사
건으로 일본과 강제로 강화도 조약
을 맺어야 했으며, 1882년에는 구
식 군인들이 심한 차별 대우에 항
의한 임오군란을 겪었고, 1884년
에는 개화당의 김옥균, 박영효, 홍
영식 등이 근대 국가 수립을 위해
일으킨 갑신정변을 겪어야 했다.

이와 같은 혼란 속에서 1895년
에는 부인 명성 황후가 시해당하는

을미사변을 겪었고, 이듬해에는 친
러파와 친일파의 세력 다툼으로 러
시아 공관으로 거처를 옮겨야 했다.

고종은 1897년 덕수궁으로 환궁
하면서 연호를 광무, 국호를 대한
제국, 왕을 황제라 칭하고, 외국의
세력으로부터 독립을 선포했으나,
1905년에 을사조약을 맺어 일본에
게 외교권을 빼앗기고 말았다.

고종 황제는 1907년, 네덜란드
의 헤이그에서 열린 만국 평화 회
의에 이준 등을 특사로 보내 세계
열강에 일본의 침략 행위를 호소하
려 했으나 이것마저도 일본의 방해
로 뜻을 이루지 못하고 황제 자리
에서 강제로 쫓겨났다. 그러다가
1919년, 일본의 음모로 세상을 떠
나고 말았다.

# 공 민 왕
## (1330~1374)
### ─개혁 정책을 실시한 왕─

고려 제31대 공민왕(恭愍王)은 충숙왕의 둘째 아들로, 이름은 전, 호는 익당 또는 이재라 했다.

1330년(충숙왕 17)에 태어났으며 후에 강릉 대군에 봉군되었다. 그리고 11세가 되는 1341년에 원나라에 가 위왕의 딸 노국 대장 공주와 결혼했다.

1351년에 원나라의 지시로 충정왕이 폐위되면서 왕위에 올랐으

공민왕 사당

나, 마음대로 자신의 뜻을 펼 수 없음을 알고 그 때부터 원나라를 물리칠 뜻을 품었다.

당시 고려는 이미 충렬왕 때부터 100여 년 동안이나 원나라의 지나친 내정 간섭을 받아 오고 있었기 때문이다.

그러던 중에 마침 원나라에서는 반란이 일어나 응원군을 요청하였고, 고려에서는 1354년에 군사 2000여 명을 보내어 반란군의 진압을 돕게 했다.

그들은 이듬해에 돌아왔는데, 그들에게 원나라 사정을 알아보니, 원나라가 다시 부흥하기 어렵다는 속사정을 알게 되었다. 이에 공민왕은 고려의 자주성을 찾으려는 정책을 쓰기로 했다.

머리와 복장 등 몽고 식의 풍습을 폐지시키고 몽고의 연호와 관제

도 폐지하여, 문종 때의 옛날 제도를 다시 쓰기 시작했다.

뿐만 아니라, 원나라가 고려의 정치를 간섭하기 위해 설치한 감독 기관인 정동행성이라는 관청도 없애 버리고, 원나라의 황실과 인척 관계를 맺고 권세를 누리던 귀족인 기철의 벼슬을 빼앗았으며, 그 일파까지도 숙청했다.

그렇지만 아직 나라 안에는 원나라의 세력이 남아 있어 영향을 미치는 지역이 있었기 때문에 마음이 편할 수 없었다.

공민왕은 100년 동안이나 존속해 온 원나라의 쌍성 총관부를 공격하여 함경도 지방을 다시 찾았으며, 1368년(공민왕 17)에는 주원장이 명나라를 세우자, 이인임을 보내 명나라와 손을 잡고, 요동에 있는 원나라의 세력을 공략했다.

또, 1370년(공민왕 19)에는 이성계로 하여금 동녕부를 치게 하여, 오로산성을 점령해 크게 국위를 떨쳤다.

그러나 계속되는 홍건적의 침입과 왜구의 침범으로 나라의 형편이 기울어지기 시작한데다 왕비인 노국 대장 공주가 난산으로 죽자 상심하여 나라일을 신돈에게 맡기고 잘 보살피지 않았으므로, 결국 신하들에 의해 살해되고 말았다.

글씨와 그림에 뛰어나, 고려의 대표적 화가의 한 사람으로 손꼽히고 있다.

# 곽 재 우
## (1552~1617)

### ─임진왜란 때의 의병장─

곽재우(郭再祐)는 1552년에 경상 남도 의령에서 관찰사 곽월의 아들로 태어났다.

어려서부터 글과 무술, 두 가지 방면의 재주가 모두 뛰어났던 곽재우는 1585년(선조 18), 33세라는 늦은 나이에 문과에 응시하여 급제했으나, 시험지에 쓴 글귀가 임금의 뜻에 거슬리는 건방진 것이라 하여 과거에 급제를 하고서도 억울하게 취소당하고 말았다.

그 뒤로 곽재우는 40세가 넘도록 고향에서 글을 읽으며 세월을 보냈다. 그러던 중 1592년에 임진왜란이 일어났다. 곽재우는 기울어지는 나라의 형편을 보며 한가로이 집 안에서 글만 읽고 있을 수는 없었다. 그는 고향인 의령에서 의병을 모집했다. 순식간에 수백 명의 젊은이가 모여들었다.

곽재우는 고을의 수령들이 모두들 도망가 버리자 관가의 쌀과 무기를 꺼내어 의병들에게 나누어 주고, 자신은 붉은 전포를 입고 선두에서 왜적들과 싸웠으므로, 사람들은 그를 '천강 홍의 장군'이라고 불렀다.

왜적들은 붉은 전포를 입은 홍의 장군 곽재우의 신출 귀몰한 작전에 싸우는 곳마다 패전을 거듭했다.

이러한 곽재우의 활동이 선조에게 알려지자, 이 해에 유곡 찰방과 조방장의 벼슬을 내렸으며, 이듬해에는 성주 목사에 임명했다.

1597년, 일단 물러갔던 왜적들이 다시 쳐들어왔다. 왜적이 이르는 곳마다 관군은 모두 도망가서 성이 텅텅 비어 있었으므로, 왜적들은 별로 싸우지도 않고 손쉽게 성을 차지하였다. 그러나 곽재우

는 왜적들을 맞아 꿋꿋하게 성을 지켰다. 창녕의 화왕산성에서 쳐들어오는 왜적을 맞아 크게 무찔렀다. 붉은 전포를 입은 홍의 장군이 이르는 곳마다 왜적들은 맥없이 쓰러졌다. 큰 공을 세운 곽재우는 이 해에 계모의 상을 당해 울진으로 가서 3년을 지냈다.

그 후 전쟁이 끝나고 선조 임금도 세상을 떠났다, 그 뒤를 이어 광해군이 왕위에 올랐다. 1613년 (광해군 5), 광해군은 선조의 귀여움을 받던 영창 대군을, 왕위를 위협하는 인물이라 하여 강화도로 귀양을 보냈다.

곽재우는 광해군에게 영창 대군이 죄가 없음을 상소하고는 벼슬 자리를 버리고 고향으로 내려가 조용한 나날을 보냈다. 어지러운 세상이 그의 뜻에 맞지 않았던 것이다. 나라에서는 여러 차례에 걸쳐 경상우도 병마 절도사라든가, 삼도 수군 통제사와 같은 높은 벼슬을 내렸으나, 그는 이를 모두 물리치고 고향에 파묻혀 있었다. 한때 자기의 뜻을 펴 볼까 하여 한성부 좌윤과 함경도 관찰사로 잠시 나간 적도 있었지만, 조정이 혼탁하고 기강이 문란하여 이를 개탄하며 다시 은둔 생활로 여생을 보냈다.

1709년에 병조 판서 겸 지의금부사가 추증되었다.

# 관 창
## (645~660)

## ─화랑 정신의 꽃봉오리─

관창(官昌)은 신라 무열왕 때의 화랑으로 관장이라고도 불렸다.

삼국 가운데서도 초기에 가장 국력이 약했던 신라가 삼국 통일의 대업을 이룩하게 된 데에는 여러 가지 이유가 있겠지만, 그 중의 하나로 화랑 제도를 지적하는 역사가들이 많다.

육군 사관 학교에 있는 화랑상

화랑은 576년(진흥왕 37) 봄에 생긴 것으로 《삼국사기》에 기록되어 있다. 그러나 실상은 신라 초기부터 있던 화랑도를 576년에 국방 정책과 관련, 관에서 운영하게 되면서 그 조직을 체계화한 것이다.

초기에는 지도자 격인 화랑과 그 밑에 소속된 낭도가 있었으며, 그 활동은 미미했다. 그러나 관에서 운영하게 되면서 총지도자로 국선을 두고 그 밑에 화랑을 두었으며, 화랑은 문호(편대)를 이끌었다.

원칙적으로는 전국에 국선은 1명, 화랑은 3~4명이었으나 7~8명일 때도 있었으며, 화랑이 거느린 각 문호에는 낭도가 수백 명에서 수천 명에 이르렀다.

화랑들의 수양 방법으로는 상호 간에 도의를 닦고, 무술을 단련하며, 명산 대천을 찾아 의지와 기개

화랑 정신을 기리고자 세운 화랑의 집

를 기르고, 원광 법사가 제정한 세속 오계(화랑도로서 사회 생활에서 지켜야 할 다섯 가지 조목)를 정신적 신조로 삼았다.

일찍이 화랑으로 뽑힌 관창은 660년(무열왕 7), 신라가 당나라와 합세하여 백제를 칠 때, 16세의 어린 나이로 부장에 임명되어 싸움터로 향했다. 신라군과 백제군이 황산 벌판에서 격전을 벌이게 되었는데, 신라군이 길을 세 방면으로 나누어 네 번이나 공격을 시도했으나 번번이 격퇴당하여 적진을 무너뜨리지 못했다.

이 때, 관창이 신라군의 사기를 북돋우기 위해서는 적장의 목을 베어 오는 것이 상책이라고 생각하고 말을 달려 적진으로 과감하게 뛰어들었으나 오히려 적병에 포위, 생포되고 말았다. 백제의 계백 장군은 그의 투구를 벗겨 보고는 아직 소년임으로 돌려 보냈다.

적장의 목을 베지도 못하고 죽지도 않고 돌아온 관창은 그 길로 말을 달려 다시 적진에 뛰어들었으나, 또다시 사로잡히고 말았다. 이제는 계백 장군도 어쩔 수 없이 관창의 목을 베어 말안장에 얹어서 신라군 진영으로 보냈다.

이렇게 관창의 장렬한 죽음을 본 신라군은 분연히 진격하여 마침내 백제군을 무찔러서 승리했다.

43

# 광개토 대왕
## (374~413)

### —만주까지 영토를 넓힌 성군—

고구려 제19대 광개토 대왕(廣開土大王)의 정확한 시호는 국강상 광개토경 평안호태왕이라 하며, 광개토왕 또는 호태왕이라 부르는 것은 그 약칭이다.

고구려의 전성기

부여성
동부여
숙신
거란
백두산
후연
국내성
현도성
고구려
서안평
동 해
평양성
황 해
위례성
백제
신라
가야
→ 고구려의 진출 방향
--- 장수왕 말의 남쪽 경계
탐라

광개토 대왕은 고국양왕의 아들로 이름은 담덕이고, 16세 때인 391년에 왕위에 올랐다.

산천을 호령하듯 늠름한 기상을 지닌 광개토왕은 원대한 포부를 가지고 즉위 초부터 고구려의 영토와 세력을 크게 확장시켰다. 그는 고구려 왕조를 통해서 가장 위대한 왕으로서, 그의 업적은 광개토 대왕릉비에 새겨진 1775자에 달하는 글자를 통해 능히 짐작할 수 있다.

재위 23년 동안에, 그는 동서 남북을 쳐서 그의 힘을 사방에 떨쳐 드넓은 만주 지방의 주인공이 되고, 한반도 내의 고조선 땅을 회복하여 글자 그대로 광개토 대왕이 되었다. 그러나 광개토 대왕이 그의 일생을 말 위에서 보내게 된 것은 전쟁을 좋아해서가 아니라, 고구려라는 나라의 지리적 위치와 역

광개토 대왕의 대군이 랴오허 강을 건너 숙군성으로 진군하는 장면

사적 배경 때문에 그렇게 할 수밖에 없었다고 보아야 할 것이다.

즉, 소수림왕 때의 잘 정비된 체제를 바탕으로, 고국양왕의 뒤를 이은 광개토 대왕은 당시의 국제 정세에 직면하여, 즉위한 이듬해의 7월에는 남쪽의 백제와 싸우고, 9월에는 자주 국경을 어지럽히는 거란과 싸움을 벌이지 않으면 안 되었다.

고구려와 백제는 원래는 조상이 같은 동족으로서, 처음에는 충돌이 없었으나, 중간에 끼여든 낙랑과 대방 지역을 서로 침략해서 접경을 이루게 되면서부터 관계가 점점 험악해지기 시작했다.

광개토 대왕이 즉위할 당시만 해도 두 나라의 경계는 대체로 예성강 일대였다. 그 후 왕은 4만의 병력을 이끌고 백제의 북쪽 변두리를 쳐서 석현성 등 10여 성을 함락시키고, 같은 해 10월에는 다시 백제의 관미성을 쳐서 20일 만에 함락시켰다. 관미성의 위치는 지금의 어느 곳인지 확실하지 않으나, 경기만의 교동도나 강화도 두 섬 중의 하나일 것으로 짐작되고 있다.

이 때, 백제에서는 진사왕의 뒤를 이어 아신왕이 즉위하였는데, 처음에는 광개토 대왕의 위세에 눌려서 항전할 생각을 못하다가, 그 이듬해 관미성의 탈환을 도모했으나 뜻을 이루지 못하고 돌아갔다. 그러다가 394년에 백제는 다시 길을 돌아서 고구려의 수곡성(지금의 신계)을 공격하였지만, 광개토 대왕은 이번에도 백제군을 격퇴시켰다. 이듬해인 395년에 백제의 아신왕은 다시 군사를 일으켜 쳐들어왔으나, 광개토 대왕은 또다시 예성강 하류에서 백제군을 대파하였는데, 이 때 백제군의 전사자는 무려 8천여 명에 이르렀다고 한다.

백제는 같은 해 11월에 이 패전을 설욕하려고 아신왕이 친히 군사를 거느리고 쳐들어오다가 폭설을 만나 돌아가고 말았다. 그러나 광개토 대왕의 백제에 대한 본격적인 정벌은 396년(영락 6)에 이루어졌다.

고구려군은 파죽지세로 한강 유역의 여러 성을 격파하여 당시 백제의 서울이었던 한성까지 공략하였으며, 아신왕의 아우와 백제의 대신들을 볼모로 잡아 개선하였다. 이 때, 고구려군이 공략한 성이 58개였고 촌락이 700에 달했으며, 그 결과 한강 이북의 대부분의 지역이 고구려 영토가 되었다.

그 무렵 신라는 낙동강 유역에 위치한 가야 연맹을 점령하기 위해서 고구려와 동맹을 맺었다.

400년에 왜구가 신라에 쳐들어오자, 신라는 고구려에 구원을 요청했으며, 광개토 대왕은 5만의 대군을 보내어 남해안 지방에 침입한 왜구를 격퇴시켰다.

그러나 고구려가 품어 왔던 오랜 숙원은 남쪽을 공략하기보다도 만주와 요동 지방을 차지하는 데 있었다. 백제와 싸움을 거듭하는 동안에도 북쪽에서는 후연과 충돌을 자주 되풀이하고 있었는데, 남쪽에 대한 근심이 없어지자, 드디어 북서쪽으로 향하게 되었다.

402년, 고구려군은 멀리 랴오허를 건너서 숙군성을 공략하고, 404년에는 다시 요동성을 확보함으로써, 랴오허로부터 동쪽 지역이 고구려의 영토가 되었다. 6, 7세기 동안이나 빼앗겼던 땅을 되찾은 것이다. 그리고 후연에서도 고구려의 혈통을 이은 고운이 왕이 된 후로는 서로 의를 맺게 되었다.

광개토 대왕은 한편 동부여에 대해서도 감시를 게을리 하지 않았다. 동부여는 지금의 함경 남도와 강원도 북부로서, 한사군의 임둔군이 위치해 있던 곳이다.

고구려 11대 동천왕 때까지는 고구려의 지배 밑에 놓여 있었는데, 그 동안 독립하였다. 광개토 대왕은 410년, 친히 군사를 이끌고 동부여를 정벌하여, 거의 아무런 저항도 받지 않고 동부여를 항

만주 지린 성에 있는 광개토 대왕릉비

복시킴으로써 철령(지금의 함경 남도 안변) 이북의 땅을 고구려의 영토로 끌어들였다.

이와 같이 남으로는 한강 유역, 서로는 요동 지방, 북으로는 송화강, 동으로는 동해에 이르기까지 사방에 위세를 떨친 광개토 대왕은 39세라는 젊은 나이로 세상을 떠났다.

중국 길림성 집안 현에 지금도 남아 있는 광개토 대왕릉비는 고대사 연구에 귀중한 사료로서 높이 평가받고 있다.

# 광 해 군
### (1575~1641)

## —조선 왕조 제 15 대 왕—

조선 제 14 대 왕인 선조의 왕비는 의인 왕후 박씨인데, 여러 해가 지나도 아들을 낳지 못했다. 그래서 선조는 공빈 김씨를 가까이하여 서자로 진(임해군)과 혼(광해군)을 얻었다.

1591년(선조 24)에 신하들 사이에서 세자를 정하자는 말이 나왔는데, 임해군과 광해군 중 광해군이 사람들로부터 훨씬 사랑을 받았다. 그는 왕비 박씨와 인빈 김씨(공빈 김씨가 죽은 후에 맞은 비)한테서도 사랑을 받고 있었다.

그런데 1592년(선조 25) 4월에 왜적이 침입하여 서울에까지 진격해 와서, 마침내 선조와 대신들은 밤 늦게 논의한 끝에, 비록 서자이긴 해도 인망 높은 광해군을 세자로 정하고, 피난 도중에 평양에서 정식으로 세자에 책봉했다.

그 해 7월, 광해군은 대담하게 이천까지 남하하여 백성의 사기를 북돋우고, 다시 평안도 안주 등지로 옮겨 갔다. 이 때의 대담성이나 판단력, 그리고 지혜로움 등이 널리 알려져, 광해군은 전보다도 더 촉망받게 되었다.

광해군은 전라도 전주, 충청도 공주 등지에 머물며 무사의 등용, 군사의 훈련, 군량의 준비, 그리고 우리 나라를 돕던 명나라 군사와의 협조 등을 훌륭하게 해냈다.

광해군은 1598년 11월 왜군이 모두 물러갈 때까지 많은 활약을 했고, 그 이후로는 폐허의 복구를 위해서 많은 활약을 했다.

그런데 왕비 박씨가 죽은 뒤, 계비 김씨(뒤의 인목 대비)한테서 1606년(선조 39) 뒤늦게 적자 의(영창 대군)가 태어나자, 소북파에서는 적자가 세자가 되어야 한다고 주장했고, 반대로 대북파에서는 여러 해 동안 갖가지 고생을 다해 온 광해군이 그대로 세자의 자리에 있어야 한다고 주장했다.

그 두 파벌 사이에 모략, 중상, 인신 공격 등 여러 일들이 있었지만, 어쨌든 1608년(선조 41) 2월에 선조가 세상을 떠남으로 광해군이 왕위에 올랐다. 그리고 유영경 등의 소북파는 죽음을 당하기도 하고 유배되기도 했다.

그 후, 여러 대신들과 친형 임해군을 죽인 것 등으로 하여 광해군은 폭군이란 비난을 받게 되었다.

그러나 이것은 그의 주위를 둘러싸고 있는 대북파에 의해 판단력이 흐려졌기 때문이었다.

마침내, 1623년(광해군 15)에 이귀, 김류, 김자점 등의 서인 일파가 폭군 광해군을 몰아 내기 위하여 반란을 일으켜, 능양 대군 종(뒤의 인조)을 새 왕으로 세우는 데 성공했다.

광해군은 왕비 유씨와 함께 강화도로 유배되었는데, 유씨는 그 해 10월에 죽었다. 광해군은 그 뒤 충청도 태안, 제주도 등지로 옮겨졌

다가 1641년(인조 19년) 7월, 왕위에 머무른 기간보다 2년이나 더 긴 귀양살이 끝에 세상을 떠났다.

그는 비록 일부 신하들의 세력 다툼과 계략에 잘못 말려들어 왕족과 신하 등 많은 사람들을 죽이거나 벌을 주기도 했지만, 서적을 편찬, 간행하여 임진왜란 후의 사고를 정비하였으며, 대동법이란 납세 제도를 실시하여 백성의 부담을 덜어 주었다.

또한 군사 훈련을 강화하였으며, 허준에게 《동의보감》을 펴내게 하였고, 대외적으로는 중립적인 외교 정책으로 후금과 명나라의 싸움에 말려들지 않는 등 성실하고 과단성 있게 정사를 처리했다.

광해군과 그의 부인 유씨의 무덤

# 궁 예

(?~918)

## ―태봉국을 세운 왕―

궁예(弓裔)는 신라 제47대 왕인 헌안왕의 서자로 태어났다.

그가 태어날 때 흰 빛이 무지개처럼 지붕 위에서 하늘까지 뻗쳤다. 그것을 본 일관은 불길한 징조라고 왕에게 아뢰었다.

일관의 말을 들은 왕은 신하를 보내어, 그의 집으로 가서 어린 궁예를 죽이라고 명령했다. 이 때, 어린 궁예를 살리려는 유모 덕분에 목숨은 구했으나, 실수로 유모의 손가락에 눈이 찔려서, 한쪽 눈이 멀게 되었다고 한다. 유모는 어린 궁예를 데리고 멀리 도망쳐 숨어 살았다.

10년이 지난 어느 날, 유모가 궁예에게 과거를 털어놓자,

"저는 오늘 집을 떠나겠습니다. 그리고 훌륭한 사람이 되어서 어머님 은혜에 보답하렵니다."

하고는, 곧 세달사로 가서 머리를 깎고 중이 되어, 법명을 선종이라 하였다. 좀더 장성하자, 기상이 매우 활달한 그는 중이 지켜야 할 계율을 잘 지키지 않았다.

당시 신라는 왕이 정치를 잘 못하고 흉년까지 겹치자, 이곳 저곳에서 대항하는 무리가 나타나기 시작하였다. 궁예는 장차 왕이 될 생각으로 여기저기 반란을 꾀하는 무리들을 찾아갔다. 몇 번 푸대접을 받다가, 892년(진성 여왕 6)에 마침내 북원(지금의 원주)의 양길이란 자한테서 우대받게 되어 그의 부하가 되었다.

그 후 10년 가까이 궁예는 양길의 부하 장수로서, 처음에는 명주(지금의 강릉)까지 휩쓸고, 좀더 뒤에는 성천(지금의 양구), 철원 지방까지 휩쓸었다. 이 시기에 그

는 부하들을 매우 공정하게 대하여 존경을 받고 있었다. 그리하여 많은 사람들이 제 발로 궁예를 찾아와 그의 부하가 되었고, 뒤에 고려 태조가 되는 왕건도 이 무렵에 궁예를 찾아와 그의 부하가 되었다.

드디어 지금의 경기, 강원, 충북 지방을 거의 다 지배하게 된 궁예는 송악에서 901년(효공왕 5)에 스스로 왕이라 칭하고, 부하들에게 벼슬을 주고, 나라 이름을 후고구려라 했다.

904년(효공왕 8)에는 나라 이름을 마진으로 바꾸고, 통치 기구도 크게 늘렸으며, 또한 청주에서 1천 호의 가구를 철원으로 데려와 새로이 이 곳을 서울로 삼았다.

매우 강성해진 궁예는 화려한 궁궐에서 사치한 생활에 빠지는 한편, 점점 흉포한 성질을 드러내기 시작했다. 911년(효공왕 15)에는 나라 이름을 태봉으로 다시 바꾸었다. 궁예의 난폭한 성질 때문에 신하들은 그의 곁을 떠나고 백성들은 도탄에 빠졌다.

이에 신숭겸, 홍유, 배현경, 복지겸 등의 간곡한 권유에 의해 왕건이 혁명을 일으켰다. 당황한 궁예는 산 속으로 도망갔다가 곧 부양(지금의 평강) 백성에게 잡혀 죽고 말았다. 재위 기간은 901년에서 918년까지였다.

# 권 근
## (1352~1409)

### ―조선 초기의 학자・명신―

조선 왕조를 건설하는 데에 많은 역할을 한 권근(權近)은, 1352년에 검교 정승 권희의 넷째 아들로 태어났다.

그의 처음 이름은 진이었고 자는 가원 또는 사숙이라고 하였으며, 호는 양촌이다.

1368년(고려 공민왕 17)에 성균시를 거쳐 이듬해 문과에 급제하여 춘추관 검열・성균관 직강・예문관 응교 등을 역임하였다.

공민왕이 죽자 정몽주, 정도전 등과 함께 위험을 무릅쓰고 원나라를 멀리하고 명나라를 가까이할 것을 주장하였다.

우왕 때 좌사의 대부를 거쳐, 성균 대사성・지신사 등을 역임하였다. 그 후 창왕 때는 첨서 밀직사사로 문하 평리 유승순과 명나라에 다녀왔다.

1390년(공양왕 2)에는 윤이・이초의 옥사에 권근과 이색 등 십여 사람이 관련되어 청주 옥에 갇히게 되었는데, 별안간 하늘에서 큰비가 쏟아져 수해가 나는 바람에 모두 풀려났다.

그 해 가을에 또 익주에 귀양 가서 《입학도설》을 지었고 1391년(공양왕 3) 봄에 충주 양촌으로 돌아가기를 허락받아 《예기》를 교정하고, 오경을 공부할 때, 선대의 유학자들이 어려워서 해석하지 못한 점들을 모두 변론하여 제목을 《오경천견록》이라 했다.

1396년(태조 5)에 명나라 태조는 조선에서 보낸 신년 축하의 글 속에 자기를 희롱하고 업신여기는 내용이 있다고 트집을 잡아 그 글을 지은 정도전을 부르는 사건이 일어났다.

정도전이 병으로 나오지 않자 권근은 태조에게 아뢰었다.

"글을 짓는 일에 소신도 참여하였사옵니다. 신과 정총이 수정하였고, 정도전은 참여하지 아니하였사옵니다. 신이 가서 변명을 하겠사옵니다."

"경은 황제가 부르지 않았으니 갈 것 없소."

태조는 권근을 만류했다.

"부르지 아니하였는데 자진하여 가면, 혹시 죄를 용서받을 수도 있고, 병으로 가지 못한 사람은 화를 면할 것이옵니다."

"경의 말은 고마우나 경의 양친이 이미 노쇠함으로 짐이 차마 보낼 수 없노라."

권근이 거듭 가겠다고 청하자 할 수 없이 태조가 허락했다.

명나라에 닿은 권근은 황제 앞에 나아가 말했다.

"신들이 해외에서 나고 자랐으므로 배운 것이 통달하지 못하여, 우리 임금님의 정성을 폐하 앞에 드러내지 못하였으니 신들의 죄이옵니다."

그 말을 들은 명나라 황제는 옳게 여겼다. 황제는 권근을 크게 칭찬하며 특별한 예로 대접했다.

권근이 지은 문장은 그 당시의 으뜸이어서, 국가의 예문과 중국에 보내는 글은 모두 그가 지었다. 경서에 밝아 사서와 오경의 구결을 정하고, 유학의 발달에 크게 이바지했다.

또한 권근이 거하는 곳에는 그의 높은 학문을 배우고자 많은 학생들이 끊임없이 모여들었는데, 가르치는 일을 보람으로 생각한 권근은 학생들이 모여들면 자세히 가르쳐 주느라 침식을 잊었다고 한다.

성리학자이면서도 문학에 뛰어났던 그의 저서에는 《양촌집》《오경천견록》《사서오경구결》《입학도설》《동현사략》 등이 있고, 작품으로는 《상대별곡》이 있다.

그의 시호는 문충이다.

권근의 《오경천견록》

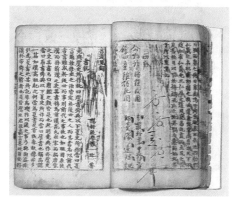

# 권 율
## (1537~1599)

## ─행주 대첩의 명장─

권율(權慄)은 1537년(조선 중종 32)에 영의정 권철의 넷째 아들로 태어났다. 본관은 안동이며, 호는 만취당이다.

매우 유복한 가정에서 자란 그는 아무리 타일러도 공부를 하지 않는 장난꾸러기였다.

하루는 아버지의 친구 한 사람이 찾아와서 그에게 경서에 나오는 글귀 한 구절을 물었다. 장난꾸러기

행주산성 대첩비각

권율이 알 리가 없었다.

권율은 이 때 몹시 부끄러움을 느끼고, 그 날부터 공부를 시작했다. 나이가 들어도 벼슬길에 나아갈 생각은 않고 오로지 공부만 열심히 했다. 이러한 권율을 보다못한 가족들이 그에게 과거를 볼 것을 권할 정도였다.

가족들의 권고에 마지못해 과거를 본 권율은 45세가 된 1582년에 식년 문과에 응시하여 병과로 급제를 했다. 1588년에 예조 정랑을 거쳐 1591년에는 의주 목사가 되었다. 1592년, 그의 나이 55세 때에 임진왜란이 일어났다. 서울이 함락되고 선조가 북으로 피난길을 떠났다. 나라의 사정이 시시각각으로 위태로워지자, 광주 목사로 부임한 권율은 전라도 방어사 곽영의 휘하에 들어가 군사를 모집했다.

군사는 순식간에 4만여 명이나 모였다.

이광과 곽영, 권율은 4만여 명의 군사를 이끌고 용인으로 가서 왜적과 싸웠으나, 훈련을 제대로 받지 못한 오합지졸이라 패전하고 말았다. 용인에서 패하고 전라도 광주로 되돌아온 권율은 다시 의병 천여 명을 모집했다.

임진왜란이 일어난 지도 어느덧 3개월, 왜적들은 전라도로 발길을 돌리고 있었다.

그는 전라도 지방으로 들어가는 중요한 길목인 이치(충청 남도 금산군 진산에 있는 지명)에 포진하고, 흩어져 있는 의병과 관군을 정비했다.

권율은 황진과 함께 이 싸움에서 고바야카와 대장이 이끄는 대부대를 맞아 격퇴시키고, 다시 어둠을 이용하여 복병으로 기습을 감행하여 후퇴하던 고바야카와의 대부대를 참패시켰다.

이 승리로 왜적들은 그 후 다시는 전라도 지방을 넘보지 못하게 되었으며, 이 싸움의 승리는 임진왜란 7년에 걸친 싸움 중 육군의 3대첩의 하나로 빛난다.

이 공로로 권율은 전라도 순찰사에 승진하였고, 그 후에 다시 전주로 가서 서울을 탈환하기 위한 준비를 했다.

병마절도사 선거이를 부사령관으로 하여 병사와 승병 8천여 명을 거느리고 서울로 향했다. 서울로 향하는 도중 수원의 독왕산성에서 머물렀다. 그들이 진을 친 독왕산성은 물이 귀한 곳이었다. 왜적들이 그 기미를 알고 포위를 한 채 진을 쳤으나, 권율의 진영에서는 물로 말을 목욕시키는 것이 아닌가!

권율은 산성 높은 곳에 말을 세워 놓고 쌀로 목욕을 시켰던 것인데 멀리 왜적의 진지에서 보게 되면 꼭 물로 목욕을 시키는 것처럼 보였던 것이다. 그리하여 이 곳을 세마대라고 한다.

이러한 지혜로 왜적을 물리친 권율은 경기도와 충청도, 전라도의 관군 및 의병의 총지휘자가 되어, 1593년 2월에 2800여 명의 군사를 이끌고 한강을 건너 행주산성으로 들어갔다. 행주산성은 우뚝 솟아 있는 곳으로, 뒤에는 한강이 흐르고 앞에는 넓은 들이 펼쳐져 있다. 주위는 한 치도 물러설 수 없는 막다른 길이었다.

권율은 군사들과 주민들에게 필사의 용기를 가지고 싸울 준비를 시켰다.

이 때, 왜적들은 북쪽에서 총퇴각하여 서울 부근에 집합해 있었으며, 서울 근교인 벽제관에서 명나라에 승리를 한 뒤라 사기가 왕성

하여 하늘이라도 찌를 듯했다.

2월 12일, 왜적들은 단번에 산성을 빼앗아 버릴 양으로 3만여 명의 병력을 이끌고 아침에 행주산성으로 쳐들어왔다.

빨간 기, 하얀 기, 노란 기 등등 형형 색색의 기를 든 왜적들이 온 들판을 뒤덮으며 몰려와서는 행주산성을 몇 겹으로 둘러쌌다.

그러고는 일시에 성난 파도와 같이 공격해 왔다. 이것을 본 성 안의 권율과 군사, 그리고 백성들은 죽음을 각오하고 적들을 물리쳤다. 화살과 화약이 떨어지자 여인들이 앞치마로 날라 온 돌을 던지며 싸웠다.

이 행주산성 싸움에서 적은 하루에 9회나 공격하였다가 물러났으며, 전사한 자기네 병사들의 시체를 쌓아 불태우고 물러가니, 냄새가 사방 10리에 풍겼다고 한다.

이 싸움에서 왜적은 권율에게 패해 무려 2만 4천여 명의 사상자를 내고 물러가고 말았다.

권율의 행주 대첩은 김시민의 진주 대첩, 이순신 장군의 한산도 대첩과 함께 임진왜란의 3대 대첩의 하나로 손꼽히고 있다.

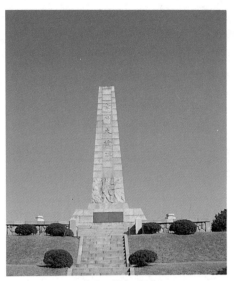
행주 대첩 대각

이 소식을 들은 명나라의 황제는 친히 사람을 보내어 권율을 치하했으며, 이 빛나는 전공으로 그는 도원수의 자리에 올랐다.

1599년(선조 32), 권율은 그의 나이 62세 때 노환으로 관직에서 물러나 고향으로 돌아갔으며, 그 해 세상을 떠나고 말았다. 선조는 그의 죽음을 슬퍼하여 이틀이나 나랏일을 중단하였다고 한다.

그가 죽은 뒤, 선조는 그에게 숭정 대부 의정부 좌찬성의 벼슬을 추증했으며, 1604년(선조 37)에는 선무 공신 1등에 영가 부원군으로 추봉했다.

시호를 충장공이라 했다.

# 균  여
## (923~973)

## ─고려 초기의 이름 높은 승려─

고려 왕조가 세워진 지 6년째에 접어든 923년, 아버지는 환성, 어머니는 점명인 균여는 황해도 황주 북쪽 형악 남쪽 기슭에 있는 둔대 엽촌의 변씨네 집에서 태어났다.

도저히 사람의 자식으로는 생각할 수 없으리만큼 못생겼기 때문에 길가에 내버려졌는데 얼굴이 그저 못생겼다 싶은 정도가 아니라, 거의 괴물과 비슷했던 모양이다.

그런데 웬 새들이 모여들어서 그 어린아이를 감싸고 보호해 주는 것이었다. 이 기이한 일은 마을 안에 소문으로 퍼졌다. 그러자 변씨 부부는 내버린 아이가 보통이 아님을 깨달았다. 다시 어린아이를 데려 오긴 했으나, 광주리에 담아서 남의 눈에 안 띄게 뒤꼍 구석에 숨겨 놓고 길렀다. 그 어린아이가 바로 고려 초기의 이름 높은 승려이면서

훌륭한 향가 11수를 남긴 균여(均如)인 것이다.

균여는 15세가 되던 해에 사촌형 신균을 따라 부흥사라는 절에 들어가 식현이란 승려에게서 공부를 배웠다. 얼마 후, 그 곳에서 별로 멀지 않은 영통사라는 절에 의순공이라는 더 훌륭한 승려가 있음을 알게 되었다.

균여는 밤마다 영통사로 뛰어가서 의순공의 가르침을 받고, 새벽이면 부흥사에 다시 돌아와 물도 긷고, 밥도 짓고, 나무도 하며, 여전히 식현의 가르침을 받았다.

이리하여 균여의 학문은 나날이 높아져서, 젊은 나이에도 이미 불경에 관한 것은 모르는 것이 없게 되었다. 게다가 거의 전설적이라고 말해도 좋으리만큼 기적을 행하는 능력까지 갖추게 되었다.

953년(광종 4), 중국 송나라 황제가 광종에게 '대성 대왕'이란 칭호를 보내 왔을 때, 마침 장마가 계속되어 예식을 행할 수가 없었다. 그러자 송나라에서 온 사신이 이를 한탄했다.

"이 나라에도 성인이 있을 텐데, 어째서 날씨가 좋아지라고 빌지 않는 것이오?"

그 다음 날, 한 승려의 추천으로 젊은 균여가 왕 앞에 불려 와 하늘에 빌기 시작했다. 그러자 우레와 번개가 멎고, 바람과 구름도 일시에 걷히어, 온 하늘이 맑고 조용해졌다. 지켜 보던 사람들은 모두 벌린 입을 다물지 못했다.

한편, 균여는 틈이 있을 때마다 불교의 교리 연구에 도움이 될 책을 많이 지었다. 오늘날 알려진 것만도 10가지, 65권이나 된다.

또한 문학의 역사로 볼 때 그가 매우 훌륭한 문장가의 한 사람으로 알려지게 된 것은 그가 지었다는 향가 11수 때문이다. 이 향가의 제목은 〈보현 십원가〉로서, 1075년(문종 29)에 혁련정이라는 학자가 쓴 《균여전》에 실려 있다.

973년(광종 24)에 그는 '이웃의 야만적인 왜국을 구제하기 위해, 장차 왜국 땅에 다시 태어날 것이다.'라는 유언을 남기고 50세의 나이로 생애를 마쳤다.

# 근초고왕
## ( ? ~375)

## －백제의 국위를 떨친 임금－

근초고왕(近肖古王)은 백제의 제 13 대 왕으로, 346년에서부터 375년까지 왕위에 있었다.

비류왕의 둘째 아들인 그는 체격이 남달리 컸을 뿐만 아니라 식견이 풍부하여, 세력이 점점 커지고 있는 백제를 다스릴 수 있는 충분한 자질을 갖추고 있었다. 그는 장

근초고왕에 대한 기록

選良馬二匹
二十三年春三月丁巳朔日有食之遣使新羅
二十一年春三月遣使聘新羅
國人疾之.
淨王右親戚根底不仁臨事奇細恃報自用
二年春正月祭天地神祇拜眞淨爲朝廷佐平
契王薨繼位
近肖古王比流王第二子也體貌奇偉有遠識
三年秋九月至薨

차 만주 벌판을 차지하여 국토를 넓힐 큰 뜻을 품고 중국의 세력과 정면으로 맞서 있는 고구려와, 또 진한 지방을 통합하여 북상을 노리는 신라를 견제하면서 끊임없이 영토 확장을 해 나갔다.

그리하여 369년(근초고왕 24)에는 대방과 마한의 나머지 땅을 병합했을 뿐만 아니라, 낙동강 유역에 있는 가야에도 간접적인 영향을 끼치고 있었다.

그 무렵, 백제는 이웃의 신라와는 화평을 맺고 있었으므로, 모든 군사력을 북쪽인 고구려 쪽으로 집중시켰다. 그 결과 그 해 9월, 고구려 고국원왕이 군대 2만여 명을 거느리고 치양성(지금의 황해도 배천)에 와서 약탈하자, 왕은 태자 근구수를 보내어 격퇴시키고 포로 5000여 명을 잡아, 싸움에 나가 공

을 세웠던 장수들에게 나누어 주기도 했다. 또한 고구려를 물리친 기세로 370년에는 경남 하동 지방도 백제의 영토로 만들었다.

371년, 고구려의 고국원왕은 패전을 설욕하기 위해 다시 남쪽으로 군대를 진격시켜 백제를 치려고 했다. 그러나 근초고왕은 패하(지금의 예성강)에 군대를 숨겨 두었다가 고구려 군사를 맹공격하여 물리쳤고, 또 그 해 겨울에는 태자와 함께 3만 명의 군사를 이끌고 직접 고구려를 쳐, 평양성을 침공하여 고국원왕을 숨지게 했다.

싸움에 이기고 돌아온 그는 도읍을 한산(지금의 서울)으로 옮겼다.

이렇게 되어 백제의 영토는 남으로는 충청도·전라도, 북으로는 황해도 지역까지 미치게 되었다.

뿐만 아니라 그는 문화면에서도 중국 동진과 국교를 열어 남조 문화를 수입했고, 또 그것을 일본에 전해 주었다.

그 한 예로, 백제의 아직기와 왕인이 일본에 한학을 전파하여 일본 사람들에게 문학의 필요성을 인식시켜 준 것은 유명한 일로서 그 의의가 매우 크다.

또한 근초고왕은 처음으로 문자를 사용해 나라의 역사를 기록할 뜻을 가지고, 고흥을 시켜 백제의 국사인 《서기》를 쓰게 했다.

# 길 재

## (1353~1419)

### ─고려 3은의 대학자─

길재(吉再)는 목은 이색, 포은 정몽주와 함께 고려 3은으로 일컬어지는 성리학자이다. 자는 재보, 호는 야은 또는 금오산인이다.

그는 1353년(고려 공민왕 2)에 경상도 선산부 해평에서 태어났다. 그의 아버지는 지금주사인 길원진이다.

어려서부터 영리하고 글을 잘 했던 길재는 아버지가 개경(지금의 개성)에서 지방으로 옮기자, 외갓집에 맡겨져 외롭게 자랐다.

길재는 10세 때 냉산의 도리사에 들어가서 공부를 했다. 17세 때에는 상산(지금의 상주)의 사록 박분에게서 《논어》와 《맹자》를 배웠다. 그 후 박분과 함께 개경으로 가서 그 시대의 대학자인 이색, 정몽주, 권근 밑에 들어가서 성리학을 공부하였다.

그리고 1374년에는 국자감에 들어가 생원시에 뽑혔으며, 1383년에는 사마감시(진사 시험)에 합격하였다. 3년 뒤인 1386년(우왕 12) 33세 때에는 문과에 급제하여 청주목의 사록에 임명되었으나 부임하지 않았다. 2년 뒤에는 성균관 박사가 되었다.

효성이 지극한 길재는 1389년(창왕 1) 36세 때 문하 주서의 자리에 취임했으나, 곧 벼슬 자리를 버리고 고향으로 내려갔다.

그는 그 후 고향에서 늙은 어머니를 모시고 글을 읽으면서 세월을 보냈다.

1392년, 고려가 망하고 이성계가 새로이 조선을 세웠다. 그는 나라 잃은 슬픔에 잠겨 설움을 달래면서, 그를 찾는 학생들에게 경전과 성리학을 가르쳤다. 이 때 그를 거쳐간 사람들 중에는 김숙자 등 많은 학자가 배출되었고, 김종직, 김굉필, 조광조로 이어지며 사림파가 형성되었다.

1400년(정종 2), 길재의 나이 47세 때 왕세자 이방원이 태상 박사에 임명하여 그를 불렀으나, 올라가지 않았다.

뒷날, 세종이 왕위에 오르자, 길재의 절개가 곧은 것을 보고 그의 아들을 벼슬 자리에 앉히려 했다.

이 때, 길재는 아들 사순을 불러 앉히고 다음과 같이 타일렀다.

"임금이 벼슬길에 부른다는 것은 선비에게는 영광스러운 일이다. 조정에 나아가거든 행동을 조심하고 너의 임금, 즉 조선의 임금을 정성껏 섬기거라."

길재는 조정으로 나아가는 아들에게, 자신은 고려의 신하이기 때문에 조선을 섬기지 못하지만, 너만은 임금을 섬기라고 간곡히 타이르는 것이었다. 이 같은 그의 행동은 유도의 모범으로 전해진다. 그는 유교의 가르침을 누구보다 몸소 실천에 옮긴 사람이었다.

길재는 1419년(세종 원년) 66세로 세상을 떠났다. 길재가 죽자 세종은 좌사간 대부로 추증하였고, 금산의 성곡 서원, 고향인 선산의 금오 서원 등에서 그의 제사를 지내고 있다.

야은 길재의 충절과 학덕을 기리기 위해 조선조 때 세운 채미정(금오산 입구)

# 김굉필
## (1454~1504)

### ─조선 오현의 한 사람─

조선 초기의 학자인 김굉필(金宏弼)은 당시 사용(정9품의 벼슬로 현직에 있지 않은 문관과 무관을 일컬음)으로 있던 김유의 아들로, 1454년(단종 2)에 한성(지금의 서울)에서 태어났다.

김굉필의 자는 대유, 호는 한훤당인데, 어릴 때 김종직(조선 시대의 이름 높은 성리학자)의 문하에

김굉필을 배향한 도동 서원 강당 외관

서 《소학》을 배웠다 하여 스스로 '소학 동자'라 일컬었다.

그가 26세가 되던 1480년(성종 11), 생원시에 합격한 후, 남부 참봉 등 여러 관직을 거쳐 1497년(연산군 3)에는 형조 좌랑의 벼슬에 이르렀다.

그러나 바로 그 이듬해 무오사화가 일어나자, 김종직의 제자로서 붕당을 이루어 김종직의 죄를 방조했다는 죄로 평안도의 희천과 순천에서 귀양살이를 하였다. 무오사화란, 세조가 단종으로부터 왕위를 빼앗은 일을 역사책에 비방해서 기록했다고 하여 학자들이 연산군에게서 화를 입은 사건을 말하는데, 이는 학자들 간에 서로 미워하고 헐뜯는 이간질이 터무니없이 커짐으로 해서 일어난 사화였다.

유배지에서도 김굉필은 후진 교

육에 힘썼다. 1504년(연산군 10), 다시 갑자사화가 일어났다. 갑자사화는 연산군의 어머니 윤씨 문제로 연산군이 일으킨 사화였다. 윤씨는 워낙 질투가 심한 사람이어서 왕비의 체통을 지키지 못하는 행동을 많이 했기 때문에, 왕비의 자리에서 쫓겨나 사약을 받고 죽었던 것이었다.

연산군은 그 사실을 왕위에 오른 지 10년이나 지나서 뒤늦게 알게 되었다. 그런데 김굉필도 윤씨의 폐사에 찬성했었던 학자 중의 하나였으므로, 갑자사화가 일어나자 무오당인이라는 죄목으로 유배지에서 죽음을 당하고 말았다.

조선 시대 다섯 명의 유학자 곧, '조선 오현(김굉필·이황·이언적·정여창·조광조)'의 한 사람으로 꼽히는 김굉필은 평소, 육경(역경, 서경, 시경, 춘추, 예기, 악기 등 중국의 여섯 가지 경서) 연구에 몰두하였고, 성리학에 정진했다. 그리하여 그의 문하에서 많은 학자들이 나오게 되었다.

그가 세상을 떠난 지 10여 년이 지나고 나서 개혁 정치가 추진되면서 전국 유생의 상소로 비로소 억울한 죽음이 밝혀졌으며, 중종 때에는 우의정에 추증되었다. 저서로는 《경현록》《한훤당집》《가범》 등이 있다.

# 김 구
## (1876~1949)

### ─조국 광복과 통일에 헌신한 거성─

김구(金九)는 황해도 해주의 백운방 텃골에서, 아버지 김순영과 어머니 곽낙원 사이에서 태어났다. 어렸을 때 이름은 창암이고 본명은 창수, 호는 백범이다.

1892년에 우리 나라 최후의 과거가 된 경과에 응시하려고 해주로 갔으나, 벼슬을 사고 파는 관리들의 부패상을 보고는 과거를 포기한 채 고향으로 돌아와, 이듬해에 동학에 가입했다.

1894년, 해주에서 동학 운동을 지휘하다가 주위 사람들의 권유로 1895년에 만주로 건너가 의병 부대에 들어가 활약했다.

1896년에는 고향으로 오려고 귀국하던 중, 명성 황후의 원수를 갚는다고 대동강 부근 치하포에서 일본 육군 중위를 살해하고 체포되어 사형이 확정되었다. 1898년, 탈옥

해 활동을 계속 하였다.

1911년, 안명근 사건에 관련된 혐의로 체포되어 옥고를 치르다가 1914년에 감형되어 출옥하였다.

3·1 운동 후, 구국의 큰 뜻을 품고 상하이로 망명하여, 상하이 임시 정부 경무국장과 내무총장, 국무령을 지내면서 1928년에는 상하이에서 이시영, 조소앙, 안창호, 이동녕 등과 한국 독립당을 조직하여 활동하였다.

2년 후인 1930년에는 이청천, 여준 등이 만주에서 조직한 한국 독립당, 그리고 이탁, 현익철 등이 조직한 조선 혁명당을 새로이 맞아 한국 독립당을 재결성하였다.

이 때부터 항일 운동을 무력으로 행하기 시작하였는데 이봉창, 윤봉길 등의 의거를 지휘하였으며, 1940년에는 한국 광복군 총사령관

에 지청천을 앉혔다.

그 후 1944년에는 68세의 나이로 임시 정부 주석이 되었고, 일본 공격을 위해 광복군 낙하산 부대를 편성하는 등 훈련을 강화하였다.

1941년 12월 대한민국 임시 정부의 이름으로 대일 선전 포고를 하고 우리의 힘으로 조국의 광복을 맞이하려 했는데, 애석하게도 일본이 항복하는 바람에 우리의 힘으로 쟁취하려고 했던 광복은 이루어지지 않았다.

1945년 8월 15일에 광복이 되자, 김구는 그리운 고국으로 돌아와 모스크바 삼상 회의 성명을 반대, 반탁 운동을 전개하였다.

1947년 1월에 비상 국민 회의가 국민 의회로 개편되자 부주석으로 취임했으며, 그 해 11월에 국제 연합 감시하의 남북한 총선거에 의한 정부 수립 결의안을 지지하는 성명을 발표했다.

비록 국제적인 간섭을 받는 것이지만 조국의 통일을 위한 것임에 찬성한다는 것이었다.

그러나 국제 연합은 1948년 3월에 '남·북한 중 가능한 지역에만 선거 실시'를 결의했고 이로써 조국의 분단은 피할 수 없게 되었다. 이에 김구는 조국의 영구적인 분단을 막고 통일을 달성하기 위해 수많은 모욕과 모략을 무릅쓰고, 김규식과 함께 1948년 4월 19일, 남북 협상차 평양에 갔으나 정치 회담에 실패했다.

그 후, 조국이 남북으로 나누어지는 민족의 비극을 막으려 하였으나 남한에서는 1948년 8월 15에 대한 민국이 선포되고, 북한에서는 9월 9일에 조선 민주주의 인민 공화국이 선포되어 조국은 두 개의 정부로 나누어졌다.

1949년 6월 26일, 자택 경교장에서 육군 소위 안두희의 흉탄에 맞아 서거하였다.

김구의 《백범 일지》

# 김 규 식
## (1881~1950)

## ―학자 출신의 정치가·외교가―

김규식(金奎植)은 1881년(고종 18) 1월 27일 경상남도 동래에서 태어났다. 6세 때에 미국 북장로파 선교사의 양자가 되어, 고아들만을 가르치는 학교에 가서 교육을 받았다.

16세 때 미국으로 유학하게 되었고, 1904년 23세 때에는 영문학 석사가 되어 귀국했다. 그 후, 그를 길러 준 선교사 언더우드 1세(연희 전문 학교의 창설자)의 비서, 새문안 교회 장로, 경신 학교 학감, 연희 전문 학교 교수, 기독 청년회 총무 등을 지냈다.

그러나 1919년 38세 때에 이르러, 김규식은 더 이상 종교계, 교육계에만 몸을 담고 있을 수가 없게 되었다. 그래서 중국 상하이에 망명해 있던 지식인들 중심의 신한 청년단이라는 독립 운동 단체에 김

규식도 가입해서, 그 단체의 이사장이 된 데 이어, 프랑스 파리에서 열리게 된 만국 평화 회의에 우리 민족 대표로 참가하게 되었다.

그는 파리 만국 평화 회의에 제출할《독립 청원서》에서 우리 나라가 독립해야 할 이유를 세계 각국의 대표에게 알리고, 그들의 협조를 얻어 우리 나라가 다시 주권을 찾게 될 것을 바라고 있었다.

그러나 일본의 방해 때문에 김규식은 파리에서 민족 대표로서의 활동을 별로 하지 못했다. 그래도 김규식은 독립 운동을 아주 단념하지 않았다. 그 해 8월에는 구미 위원부 위원장이 되어 미국으로 건너가서, 각 지방 사람들에게 협조를 청하였다. 1922년 초에는 소련의 모스크바에서 열린 원동(우리 나라와 그 주변 지역) 민족 근로자 대

회에 5인 의장단의 한 사람으로 참가하여, 이 대회에서의 연설을 통해 일본을 규탄하고, 우리 나라의 독립을 호소하였다.

그 뒤로, 김규식은 광복이 될 때까지 고국에 돌아오지 못하고 중국에서 망명 생활을 하였다. 이 시기에 그는 임시 정부의 외무 담당 국무 위원, 부주석 등의 중요한 위치에 있으면서, 독립군 양성에 힘쓰기도 하고, 한편으로 몇몇 대학에 나가 영문학을 강의하기도 했다.

1945년 8월 15일에 우리 나라가 광복되자, 김규식은 그 해 11월 23일, 25년 만에 고국땅을 다시 밟았다. 그러나 조국은 미군과 소련군에 의해 둘로 나누어 있었다.

그는 미군과 소련군이 남북으로 나누어진 조국을 통일하고 하나의 정부를 수립하기 위해 온갖 노력을 다했지만 아무 소용이 없었다.

1948년 초, 남한에서만 우선 국회 의원을 선출하여 새로운 정부를 세울 것을 국제 연합 총회가 결의했던 것이다. 그러나 이에 굴하지 않고 그 해 4월에 김구와 함께 북한과 통일 및 총선거를 논의하기 위해 38선을 넘어 평양으로 갔다. 그러나 1950년 6월, 마침내 북한은 전쟁을 일으키고, 조국을 위해 봉사해 오던 김규식은 납북되어 세상을 떠났다.

# 김 대 건
(1821~1846)

## ─ 한국의 첫 신부 ─

김대건(金大建)은 우리 나라 최
초의 천주교 신부이다. 아명은 재복
이며, 세례명은 안드레아이다. 김
제준의 아들로 충청도 당진에서 태
어났고 경기도 용인에서 자랐다.

그는 프랑스 신부 모방에게 세례
를 받고, 1836년 7월, 예비 신학
생으로 뽑혀 모방 신부에게 프랑스
어와 라틴 어 등을 배웠다.

그 해 12월, 김대건은 이미 신학

김대건 동상

생으로 선발되어 신학 수업을 하고
있던 최양업(도마)과 최방제와 함
께, 모방 신부가 써 준 소개장을
간직하고 얼어붙은 압록강을 건너
중국으로 향했다.

중국 베이징에 도착한 김대건 일
행은 다시 마카오로 가서, 파리 외
방 전교회의 리부아 신부에게서 신
학을 비롯해 여러 방면의 새로운
학문과 여러 외국어를 배웠다.

그 무렵 우리 나라에서는 1839
년의 기해박해 이후, 천주교도에
대한 박해가 계속되고 있었다. 이
때, 김대건의 아버지 김제준도 서
소문 밖에서 참수(목을 벰)를 당했
으며, 최양업의 아버지는 서울에
서 맞아 죽었다.

김대건은 일단 고국에 밀입국하
기로 결정하고 의주를 지나 서울로
향했으나, 감시가 심하여 몽고 바

자스로 돌아갔다. 페레올 주교로부터 고국에 잠입하라는 명령을 받고 다시 북도 경원을 거쳐 입국을 기도하였으나 실패했다.

1845년 1월, 김대건은 혼자 국경을 넘어 서울로 잠입하는 데 성공하여, 천주교 대탄압 이래 위축되었던 교세 확장에 온 힘을 기울였다.

이 때, 김대건은 조정에서 자기가 밀입국해 온 사실을 알면 곧 체포령이 내릴 것 같아 떠돌며 걸인처럼 살아가는 어머니에게까지 자신이 있는 곳을 알리지 않았다.

몸이 약했던 그는 과로로 한때 병을 얻어 자리에 눕기도 하였으나, 다시 프랑스 외방 전교회의 지원을 요청하기 위해 목선을 타고 상하이로 건너갔다. 거기서 완탕 신학교 성당에서 페레올 주교의 집전으로 한국인 최초의 신부에 임명되어, 완탕 성당에서 처음으로 미사를 집전했다.

그 해 10월, 페레올 주교와 다블뤼 신부와 함께 충청 남도 강경에 잠입하여, 비밀리에 신도들을 격려하며 천주교 전도에 힘썼다. 이듬해인 1846년, 선교사의 입국과 선교부와의 연락을 위한 비밀 항로를 개척하기 위해 여러 지방을 답사하던 중, 순위도에서 체포되어 서울로 압송, 여섯 차례의 혹독한 고문을 받고 24세의 젊은 나이로 순교하였다.

# 김 대 성

(700~774)

## ― 신라 최고의 건축가·조각가 ―

　신라 경덕왕 때의 정치가로서 대정(大正)이라고도 한다. 아버지는 재상을 지낸 문량(文亮)이다.

　745년에 이찬으로 중시가 되었으나 750년에 그만두었다.

　그 뒤, 불국사를 짓는 공사를 주관하였는데, 이에 관한 설화가《삼국유사》에 실려 있다.

　신라 제32대 효소왕 때의 일이다. 신라 경주의 서쪽 모량리(지금의 모량역 일대)에 경조라는 가난한 여자가 살고 있었다. 그의 아들은 머리가 매우 큰 편인데, 정수리가 평평한 것이 성 같았으므로 대성(大城)이라 하였다.

　대성은 젊은 나이에 죽었는데 바로 그 날 밤, 김문량의 집에 하늘로부터 이상한 소리가 들려 왔다.

　'모량리의 대성이 그대의 아들로 다시 태어날 것이로다 ! '

　이 일 이후 김문량의 아내는 임신을 하게 되더니, 얼마 후 아들을 낳았다.

　새로 태어난 아이는 왼손을 꼭 움켜쥔 채 좀처럼 펴지 않다가, 7일 만에야 손을 폈다. 그런데 손바닥에는 '대성'이란 이름이 새겨져 있었다. 그래서 김문량의 집에서도 그 아이를 '대성'이라 부르고, 그의 전생의 어머니도 데려다가 함께 살았다.

　성장한 김대성은 사냥을 좋아하여 하루는 경주 동쪽의 토함산에 올라가서 곰을 한 마리 잡았다. 사냥 후 산 아래 마을에서 잠을 자게 되었던 김대성이 그 날 밤 꿈을 꾸었는데, 곰이 귀신으로 변하여 나타나 소리쳤다.

　"네가 왜 나를 죽였느냐 ? 내가 다시 태어나면 너를 꼭 잡아먹을 것이다."

겁이 난 김대성은 용서해 달라고 곰에게 빌었다. 곰이 다시 말했다.

"그러면 네가 나를 위해 절을 세워 주겠느냐?"

김대성은 그렇게 하겠노라고 굳게 약속했다.

그 뒤로 김대성은 전혀 사냥을 하지 않았다. 그리고 앞서 곰을 죽였던 곳에 약속대로 장수사라는 절을 세웠다. 그러고 보니, 좀더 좋은 일을 많이 하고 싶어졌다. 그래서 현생의 부모(김문량 부부)를 위해서는 불국사를 세우고, 전생의 부모를 위해서는 석불사(지금의 석굴암)를 세웠다.

이 2개의 절에 신림과 표훈 등, 당시의 가장 훌륭한 승려들을 각각 주지로 머물러 있게 하고, 아름다운 큰 불상들을 세우기도 했다. 전생과 현생의 부모들이 자기를 키워 준 은혜에 대해서 이렇게 보답하였다고 한다.

《삼국 유사》를 지은 일연은 "불국사의 운제(높은 사닥다리)와 석탑을 만듦에 있어, 돌과 나무에 조각한 솜씨는, 우리 나라의 어느 절에서도 볼 수 없는 뛰어난 솜씨이다."

라고 찬양하였다.

김대성이 세운 석굴암 내부

# 김 덕 령
## (1567~1596)

### ―임진왜란 때의 의병장―

김덕령(金德齡)은 1567년(명종 22) 12월에 전라도 광주에서 김붕섭의 아들로 태어났다. 5, 6세 때, 전에 교리를 지낸 적이 있는 종조부 김윤제에게 글을 배우면서 실력을 쌓았다.

19세에 김덕령은 그의 친형 김덕홍과 함께 파주에 머물고 있는 성혼한테서 한문을 배웠다.

그러다가 김덕령은 2년 뒤인 21세 때에 광주로 다시 내려가, 병든 어머니를 돌보았다. 그런 어느 날 밤, 어머니의 병세가 몹시 악화되어 위태롭게 되자, 김덕령은 말을 이끌고 300리를 달려서, 경상도 진주의 김남이라는 이름난 의원을 찾아갔다.

김의원은 김덕령의 애기를 듣고 나더니 머리를 내저었다.

그래도 김덕령은 물러서지 않고

몇 번이고 거듭 간청하여, 마침내는 김 의원을 말에 태우고 급하게 달려 돌아왔다. 김의원의 진료를 받은 그의 어머니는 거의 기적적으로 소생했다.

1592년(선조 25) 4월, 왜적은 부산을 시작으로 하여 고작 보름 남짓한 짧은 기간 동안에 서울까지 침범했다. 김덕령의 친형 김덕홍은 7월에 금산에서 왜적과 싸우다가 죽었다. 게다가 두 달 뒤에는 김덕령의 극진한 간호에도 불구하고 어머니마저 세상을 떠났다.

이 무렵에는 비록 전란을 당한 때라고는 하더라도, 반드시 예법대로 복상하지 않으면 안 되었다.

그러나 담양 부사 이경린과 장성 현감 이귀 등의 권유로, 김덕령은 호남 각지에 연락하여 의병을 모았다. 12월에 담양으로 모여든 의병은 5천여 명이나 되어 그 세력을 떨쳤다. 그러자 조정에서는 김덕령에게 익호 장군이라는 칭호와 충용이라는 별호를 내렸다.

익호 장군 또는 충용 장군이라고 불리게 된 김덕령과 그의 의병 5천여 명은 이듬해 1월 전라도 담양을 떠나, 남원 광한루 앞에 머물다가 다시 진주로 떠났다.

조정에서는 의병장 김덕령에게 선전관이라는 벼슬을 내리고, 그 무렵에 도원수이던 권율 장군의 지휘를 받게 했다. 김덕령은 그 뒤 권율의 명령에 따라 경상도 진주, 의령, 진해 등지로 옮겨 다녔으며, 유명한 홍의 장군 곽재우와 함께

왜적을 물리치기도 하였다.

대체로 1595년(선조 28) 말에 이르기까지, 각처에서 소규모의 적군을 만나면 무력과 지혜를 다해서 잘 물리쳤다.

그러나 1596년 되던 해에 김덕령은 반란을 일으킬 것이라는 누명을 쓰고 옥에 갇히게 되었다. 억울하게도 김덕령은 20여 일 동안 고문을 당하다가 끝내 옥 안에서 죽고 말았는데 그 때 나이 29세였다. 그의 억울함은 몇십 년이 지나서야 풀렸고, 1668년에는 병조 참의에 추증되었으며 광주의 벽진서원에 제향되었는데, 이듬해 의열사로 사액되었다.

# 김 동 인
(1900~1951)

## ─자연주의 작가─

김동인(金東仁)은 평양의 큰 부자이며 평양 교회 초대 장로였던 김대윤의 3남 1녀 중 차남으로 태어났으며, 호는 금동이다.

1912년에 숭덕 소학교를 졸업하고 숭실 중학교에 입학했다. 그러나 중퇴하고, 1914년에 일본으로 건너가 도쿄 메이지 학원 중학부를 졸업했다. 그 후 가와바타 미술 학교에 들어갔으나 중퇴했다. 아버지의 죽음으로 잠시 귀국했다가,

김동인 흉상과 문학비

이듬해 4월 김혜인과 결혼하고 일본으로 건너갔다.

김동인은 전공인 그림 공부보다는 문학 쪽에 더 깊은 뜻을 두고 문학 수업을 시작했으며, 1919년 2월에는 주요한, 전영택, 김환 등과 어울려 우리 나라 최초의 순수 문예 동인지인 《창조》를 그의 자금으로 창간했다.

그는 귀국하여 아우 김동평의 출판 사업을 돕다가 일본 관헌에게 출판법 위반 혐의로 체포되어 4개월간 감옥살이를 하다가 석방되었다. 다시 동인지 《창조》를 속간했고, 〈마음이 옅은 자여〉〈배따라기〉 등 본격적인 단편 소설을 발표했다.

뿐만 아니라, 〈목숨〉〈감자〉〈발가락이 닮았다〉 등 간결하고 현대적인 문체로 이루어진 주옥 같은

단편들을 계속하여 발표해, 우리
나라 소설 문학 발전에 큰 공을 세
웠다. 그러나 그의 방탕한 생활과
생활고에 견디다 못한 아내가 집을
나가 버리고, 그는 불면증에 시달
리게 되었다. 그로 인하여 3년 동
안 작품을 못 쓰다가, 1929년부터
다시 창작에 몰두하였다.

1929년부터 창작에 몰두하여 그
의 대표작 중의 하나로 꼽히는 〈광
염 소나타〉를 발표하고, 1933년에
는 《조선일보》에 〈운현궁의 봄〉
을 연재하는 등 비교적 안정된 생
활을 영위하는 듯했다. 1935년에
발간한 《야담》 잡지가 적자로 운
영되어, 그는 다시 극심한 생활고
에 시달리게 되었다.

1942년에는 일본 천황에 대한 불
경죄라는 죄목으로 6개월간 복역
하였다. 이후 병을 얻은 그는 6·
25 사변 중인 1951년 1월 5일, 홍
익동 자택에서 51세의 나이로 세
상을 떠났다.

작가 김동인이 우리 나라 현대
문학에 끼친 영향은 매우 크다.

첫째, 그는 우리 나라에 진정한
서구적 자연주의 경향의 문학을 확
립했으며, 둘째, 최초로 본격적인
단편 소설의 기초를 확립했고, 셋
째, 구투의 소설 문장을 현대 감각
에 맞는 간결한 문장으로 바꿔 썼
으며, 넷째, 본격적인 순수 문예
잡지를 만들어, 작품 발표의 기회
를 마련해 주었다는 점들이다.

# 김마리아
## (1891~1944)

### ─항일 운동에 몸 바친 순국 처녀─

독립 운동가인 김마리아(金瑪利亞)는 1891년 6월 18일, 황해도 장연군 대구면 송천리에서 부유한 김윤방의 셋째 딸로 태어났다.

그녀가 14세가 된 해에 집안이 서울 연지동으로 이사를 하였으므로, 곧 정신 여학교에 입학하여 그 곳에서도 뛰어난 성적을 보이며 학업에 열중하였다.

19세에 정신 여학교를 졸업한 그녀는 광주 수피아 여고와 정신 여학교에서 교편을 잡았고, 일본으로 건너가서 크리스트 교 계통인 히로시마 고등 여학교에 입학했다.

그 후 졸업한 그녀는 도쿄 고지마치 구에 있는 메지로 여자 학원 전문부 영문과에 입학하여 학업을 계속했다.

1919년 2월 8일, 일본에 유학하고 있는 우리 나라 유학생들은 〈조선 독립 선언서〉를 발표하고 우리 나라의 독립을 부르짖었다. 이 때, 김마리아는 유학생의 독립 선언서를 국내에 소개하여 우리 백성들에게 민족 의식과 독립 정신을 불어 넣고자, 독립 선언서 내용을 적어 몸 속에 감추고 귀국했다.

김마리아는 동지 황에스터 등과 전라, 경상, 황해도 등지를 돌아다니면서 독립 사상 고취와 국제 정세의 소개, 독립 만세 운동을 일으킬 시기가 왔음을 알렸다.

1919년 3월 5일, 서울로 올라온 김마리아는 모교인 정신 여학교에 들렀다가 미행해 온 형사들에게 연행되어 혹독한 고문을 당했다.

그 후, 21일 만에 보안법 위반 혐의를 받고 대구 형무소에 수감되었다가 6개월 만에 풀려났다.

출감 후, 모교인 정신 여학교에

서 교편을 잡고 있으면서, 한편으로 독립 활동을 하는 '대한 민국 애국 부인회' 회장으로 활동했다.

그러나 한 회원의 밀고로 대한 민국 애국 부인회 회원은 모두 검거되어 갖은 고문을 당했다. 그 중에서도, 김마리아는 처참한 고문을 당하고 재판에 회부되어, 황에스터와 함께 3년형을 받았다.

서대문 형무소에 수감된 김마리아의 병세가 악화되자, 일본 경찰은 하는 수 없이 병보석으로 석방했다. 그녀는 세브란스 병원에 입원하여 치료를 받다가 1921년 8월에 상하이로 탈출하여, 의정원 의원 및 상하이 애국 부인회 간부로

일하면서 난징 진링 대학에서 공부를 했다.

1923년, 미국으로 건너간 그녀는 파크 대학 문학부를 거쳐 시카고 대학 사회학 석사 학위를 받고 뉴욕 비블리컬 세미너리에서 신학을 공부하였다.

김마리아는 원산에 있는 마르타 윌슨 신학원에서 학생들을 가르치며, 학생들에게 민족 정신과 독립 정신을 불어넣어 주었다.

그러나 1941년 12월, 대한 애국 부인회 사건 때 당한 고문 후유증으로 쓰러져, 다시는 일어나지 못하고 1944년 3월 13일, 조국의 독립도 못 보고 눈을 감았다.

# 김 만 중
## (1637~1692)

## ―한글 소설의 선구자―

조선 시대의 문신·소설가로 자는 중숙, 호는 서포이다. 병자호란 때 강화도가 함락되자 화약을 터뜨려 스스로 목숨을 끊은 김익겸의 유복자(아버지가 죽을 때 어머니의 뱃속에 있던 자식)로 태어났다.

김익겸이 순절하자, 김만중의 어머니 윤씨는 만중의 형인 다섯 살짜리 만기와 뱃속에 있는 아기의 목숨을 건지기 위해 강화도를 탈출, 서울 친정으로 돌아왔다.

김만중은 아버지의 얼굴을 모르는 것을 평생 한으로 여겼으며, 홀어머니께 지극한 효성을 했다.

어머니 윤씨는 현명한 부인으로, 집안 살림이 어려운 중에서도 아들들에게 《소학》, 《사략》, 당시(唐詩 : 당나라의 시) 등을 손수 가

르쳤다.

어머니는 자식을 사랑하는 마음이 큰만큼, 교육할 때에는 감정을 흐트러뜨리지 않고 냉정하고 바르게 가르치려고 했다. 따라서 어머니의 교육은 항상 엄했다.

"아버지께서 너희들을 내게 맡기고 돌아가셨는데 너희들의 행실이 바르지 못하면 내 무슨 면목으로 지하에 가서 너희 아버지를 뵙겠느냐. 글공부 못 하고 살 것이라면 차라리 죽느니만 못하느니라."

이러한 어머니의 정성은 결실을 맺어, 형 만기는 효종 4년인 1653년에, 만중은 현종 6년인 1665년에 각각 과거에 급제하였다.

과거에 급제한 후에는 정언, 교리를 거쳐, 1671년에는 암행 어사가 되어서 경기도와 삼남 지방을 두루 조사하였다. 그 후 1675년에는 동부승지가 되었다.

그러나 인선 대비(효종의 비)의 상복 문제로 서인(16세기 중반에 생긴 당파의 하나)이 패배하자, 서인이었던 김만중은 관작을 삭탈당했다.

그 후 서인인 김숙주 등이 남인

김만중이 쓴 《사씨남정기》의 표지

에 속하는 영의정 허적과 그의 서자 허견, 같은 집안의 복창군 정 등이 역적 모의를 했다고 고발하여 남인은 거의 유배, 투옥되었다.

따라서 이번에는 서인이 정권을 잡게 되었고, 서인 쪽에서 김만중으로 하여금 관계에 돌아올 기회를 주었다.

그는 1679년(숙종 5)에 정 3 품인 예조 참의에 오르게 되었고, 4년 뒤인 1683년에는 대사헌이 되었으나 그만두고 그 후 1686년에 대제학이 되었다.

그러나 1687년에는 서인으로 있던 김수항이 파직되는 데서 정세가 또다시 바뀌었다. 곧, 김수항의 아

들 김창엽이 상소를 올려 그 당시의 숙원(왕의 후궁)인 장씨의 잘못을 숙종에게 알렸던 것이다.

그런데 그 상소의 내용이 매우 경박하여 왕의 분노를 사게 되었고 왕의 진노가 김창엽의 아버지인 김수항에게 옮겨졌다.

이에 김만중은 아들의 잘못을 아버지에게 옮기는 일은 그릇된 것이며, 당시 숙종의 총애를 받던 숙원 장씨의 추천대로 인물을 등용함도 사실 그릇된 일이라고 솔직히 아뢰었다.

이 일로 김만중은 숙종의 노여움을 사서 영의정 남구만과 예조 판서 남용익 등의 열렬한 변호에도 불구하고 그 다음 날, 선천으로 귀

양을 가게 되었다.

다음 해, 숙원 장씨는 왕자(훗날의 경종)를 낳았는데 나라의 경사라고 기뻐한 숙종은 영의정 김수홍의 의견에 따라 귀양 간 김만중을 풀어 주었다.

왕자를 얻은 숙종은 숙원 장씨를 희빈으로 삼고 왕자를 왕세자로 봉하려 하였으나, 송시열 등 당시에 정권을 잡고 있던 서인들이 왕비 민씨가 나이가 많지 않으니 후일을 기다리자고 주장하였다. 그러나 숙종은 그 말을 듣지 않고 1689년(숙종 15)에 세자로 책봉하고 장숙원을 희빈으로 봉했다.

이 결정에 불만을 품은 송시열은 강력히 반대하다가 남인의 책동을

받은 숙종의 명령으로 제주에 유배되었고, 곧 이어 사약을 받아 죽고 말았다. 이처럼 다른 서인들이 파직 또는 유배되자, 김만중 역시 귀양을 가게 되었다.

정권을 잡은 남인의 무리들은 장희빈과 힘을 모아 흉계를 꾸며, 어진 왕비 민씨에게 억울한 누명을 씌워 결국 궁궐에서 쫓아 냈다.

이 소식을 들은 김만중은 소설 《사씨남정기》을 쓰게 되었다. 소설의 배경은 어느 선비집으로 되어 있지만 사실은 왕비 민씨의 쫓겨남을 빗대어 쓴 것이다.

이 소설은 임금의 마음을 바로 잡아 주기 위해 씌어졌다고 할 수 있다.

그는 귀양살이를 하면서, 책을 좋아하시는 늙은 어머니를 위로해 드리려고 《구운몽》이란 소설도 썼다. 여기에는 유교적, 불교적인 인생관이 나타나 있다. 유교적인 분위기에서 살아온 김만중이 불교적 인생관으로 결론짓고 있다는 사실은 예상 밖이라고 하겠다.

김만중의 소설은 한글로 되어 있다. 숙종 다음 시대에는 한글 소설이 쏟아지기 시작했고, 따라서 그의 소설들은 다음 세대 산문 문학의 선구자 역할을 했다고 할 수 있다.

남해의 유배지에 갇힌 김만중은 늙은 어머니의 임종을 보지 못한 불효자임을 한탄하면서 1692년, 병으로 숨을 거두었다.

# 김 방 경
## (1212~1300)

### ―고려 후기의 명장―

김방경(金方慶)은 신라 경순왕의 후손으로 1212년, 당시 한림 학사였던 김효인의 아들로 태어났다. 그는 아버지를 닮아 성품이 강직하고 도량이 넓었다.

김방경은 나이 17세에 산원 겸 식목 녹사의 일을 도맡아, 충성과 의리로써 나라일을 돌보았고, 바른말을 잘 하여 윗사람에게 인정을

김방경이 출전한 여·원의 일본 정벌

받았다. 따라서 큰일이 있으면 모두 그에게 맡겼다.

김방경은 1248년에 서북면 병마판관에 부임하여, 몽고가 침입하자 백성들을 이끌고 위도(전라 북도 무안군에 속한 섬)로 들어가, 제방을 쌓고 평지에 농사를 짓게 하는 등 백성들을 보살폈다.

1263년 지어사대사가 되고, 상장군에까지 오른 김방경은 윗사람의 미움을 사서 지방관으로 좌천되기도 했다.

그러나 얼마 뒤에 형부상서, 추밀원 부사가 되어 새 난국의 담당자로 등장하였다.

오랜 기간 몽고와 대치하였던 조정은 마침내 몽고와 화해를 하기로 결정했다.

따라서 1270년 수도를 다시 개경으로 옮겼다. 그러자 이를 반대

하던 삼별초가 반란을 일으켰다.

그 때 그 토벌의 임무를 맡아 삼별초에 의하여 함락되기 직전의 전주와 나주를 구하고, 진도의 대안에서 토벌에 진력하다가 무고로 개경에 압송되기도 하였다.

그러나 곧 석방되어 상장군에 올랐다.

이듬해 김방경은 몽고군과 함께 진도를 공격하여 삼별초를 진압하고 이 공로로 수태위 중서 시랑 평장사에 올랐다.

그 후, 원나라의 장수 홍다구 등과 제주도에 남아 있는 삼별초의 잔여 세력을 토벌하였다.

김방경은 이 공로로 시중에 오르고, 원나라의 세조로부터 직접 환대를 받았다.

1274년 김방경은 원나라의 일본 정벌에 고려군 8천여 명을 이끌고 참여하기도 하였다.

1277년 위득유, 노진의 등의 모함을 받아 원나라 장수 홍다구에게 참혹한 고문을 당하였지만, 끝까지 거짓 자백을 하지 않아 백령도로 유배되었다.

그 후 원나라의 세조가 김방경의 무죄를 호소하는 충렬왕의 상소를 받아들여 무죄 방면했다.

그런 뒤 그는 1281년 또다시 일본 정벌에 나섰으나 실패하고 모든 벼슬 자리에서 물러나 조용히 여생을 보냈다.

시호는 충렬이다.

# 김 병 연
## (1807~1863)

## ─조선 시대의 방랑 시인─

김병연(金炳淵)은 김삿갓으로 널리 알려진 방랑 시인이다. 자는 난고이며, 별호는 김삿갓, 김립(김삿갓의 한자 이름)이다. 1807년(순조 7)에 양주에서 태어났다.

낡은 삿갓 하나를 쓰고 번잡한 마을을 피해 익살과 비웃음으로 한 세상을 살다 간 시인 김병연의 정처없이 떠돈 자취를 자세히 알 길은 없다. 그러나 이곳 저곳의 서당이나 선비들의 집에 남기고 간 시와 일화들은 후세 사람들의 마음을 울려 주고도 남음이 있다.

1811년(순조 11)에 홍경래의 난이 일어났을 때 선천 부사로 있던 조부 김익순이 홍경래에게 항복한 죄로 집안이 폐족(큰 죄를 짓고 죽어 그 자손이 벼슬을 할 수 없는 족

속)이 되었다.

당시 5세였던 김병연은 형 김병하와 함께 종이던 김성수의 도움으로 황해도 곡산으로 피신해, 그 곳에서 공부하며 성장하였다. 뒤에 죄를 용서받고 고향에 돌아왔으나 폐족자에 대한 천대가 심하고 벼슬길도 막혀 20세 무렵부터 방랑 생활을 하기 시작하였다.

그가 방랑 생활을 시작하게 된 직접적인 동기는 과거에 응시하여 김익순을 호되게 비판하는 글로 장원을 하였는데, 그 후에 알고 보니 역적으로 몰아붙인 김익순이 바로 자신의 친할아버지였던 것이다.

김병연은 방문을 안으로 걸어 잠그고 몇 날 며칠을 통곡하였다. 자기의 부질없는 욕심과 보잘것 없는 재주로써 조상을 욕되게 했고, 이제까지 몰랐던 자기 가문의 내력을 알게 되니 새삼스럽게 인생이 허망한 것임을 깨달았다.

그는 즐겨 큰 삿갓을 쓰고 얼굴을 가리고 다녔으므로 김삿갓이라는 별명을 얻게 되었는데, 전국의 여러 곳을 방랑하면서 여기저기에 많은 즉흥시를 남겼다.

그의 시 중에는 권력자와 부자를 조롱하고 풍자한 것이 많기 때문에 민중 시인으로도 불린다. 그는 방랑을 계속하다, 1863년(철종 14년)에 56세의 나이로 전라 남도 동복에서 세상을 떠났다. 그의 시를 묶은 《김립 시집》이 있다.

# 김 부 식
## (1075~1151)

### -《삼국사기》의 저자-

　김부식(金富軾)은 1075년(고려 문종 29)에 중앙의 요직을 차지한 김근의 셋째 아들로 태어났다.

　부귀한 집안에서 태어난 그는, 어릴 때부터 남보다 좋은 조건에서 학문을 닦을 수가 있었으며, 한번 마음먹은 일은 꼭 성취하고야 마는 성질이었기 때문에, 학문을 닦는

김부식이 편찬한 《삼국사기》

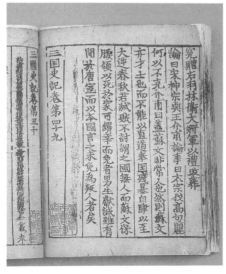

데에도 정성을 다해 노력했다. 그리하여 숙종 때에 문과에 급제하여 안서 대도호부의 사록, 참군사를 거쳐 직한림에 발탁되었다. 그 후 20년 동안 문한직에 종사하였다. 1123년, 인종이 즉위한 이듬해 보문각 대제가 되었다.

　그가 보문각 대제로 있을 때의 일이었다. 예종의 뒤를 이어 인종을 왕위에 오르게 한 이자겸은 인종의 외할아버지이자 장인이라는 신분을 이용하여 날이 갈수록 거만해졌고, 그 권세는 하늘을 찌를 듯했다. 이에 조정의 대신들은 이자겸에게 아첨하기에 바빴으나, 김부식은 왕의 권세 못지않게 권세를 부리는 이자겸 일파와 맞서 신하의 예를 지키도록 충고했다.

　또 1134년(인종 12)에는 묘청이라는 중이 풍수 지리와 도참 사상

을 익혀 이를 바탕으로 서울을 개경(지금의 개성)에서 서경(지금의 평양)으로 옮겨야 고구려의 옛 땅을 되찾을 수 있고, 금나라도 스스로 와서 항복할 것이라고 주장하였다. 그러나 김부식과 일부 신하들은 서경 천도는 공신이 되고자 하는 묘청의 검은 속셈이라고 반대하고 나섰다.

묘청은 자신의 계획이 조정 신하들의 반대에 부딪혀 이루어지지 않게 되자, 1135년(인종 13), 서경에서 반란을 일으켰다.

인종은 이 묘청의 난을 진압할 사람은 오직 김부식뿐이라고 믿고, 그를 원수로 임명하여 군대를 내주었다. 중군장이 된 김부식은

묘청과 뜻을 같이했던 정지상, 김안, 백수한 등을 처벌하고, 서경으로 나아가 이듬해인 1136년 2월에 성을 함락하고 난을 평정하였다.

김부식은 그 공으로 수충정난 정국 공신이 되었으며, 1138년에는 집현전 태학사, 태자 태사 등을 겸했다.

그 후 그는 1142년에 모든 벼슬에서 물러난 후, 인종의 명으로 1145년까지 3년여에 걸쳐 우리 나라 최초의 정사인 《삼국사기》 50권의 편찬을 모두 끝마쳤다. 《삼국사기》는 우리 나라 고대사 연구의 귀중한 자료가 되고 있다.

그는 또, 《예종실록》《인종실록》 등도 편찬하였다.

# 김 상 헌
## (1570~1652)

### ─병자호란 때의 척화파─

1570년(선조 3)에 태어난 김상헌(金尙憲)은 자를 숙도, 호를 청음·석실산인이라 했다.

1596년(선조 29), 김상헌은 26세의 젊은 나이로 문과에 합격하여, 1636년(인조 14)에는 그 벼슬이 예조 판서에 이르렀다. 1636년 12월, 병자호란이 일어나자 인조는 남한산성으로 피난했고, 우리 나라 군사는 청나라 군사를 맞아 힘껏 싸웠다. 그러나 군세가 약한 우리 나라 군사는 그들을 물리칠 가망이 없었다.

이 때, 대신들 사이에는 '청나라와 일단 화의를 맺었다가 병력을 키워 뒷날 청나라와 맞서자'는 의견과 '오랑캐에게 나라를 그냥 넘길 수가 있느냐? 끝까지 싸우자'는 두 가지의 엇갈린 의견이 나왔다. 청나라와 화의를 하자는 주화론 쪽의 대표적인 인물은 최명길이었고, 끝까지 싸우자는 주전론 쪽의 대표적 인물은 김상헌이었다.

10여만의 청나라 군대의 공격을 더 이상 막아 낼 수가 없게 된 인조는, 병자호란이 일어난 이듬해인 1637년 1월 30일에 주화론의 주장을 받아들여 삼전도에 나아가 청나라 태종과 화의를 맺고 말았다. 그러자 화의를 강력히 반대했던 김상헌은 울분을 참을 수가 없어 예조 판서의 벼슬을 내놓고 고향 안동으로 내려가 지냈다.

그러던 중, 1639년에 청나라는 다시 우리 나라를 괴롭히기 시작했다. 자기네가 명나라를 칠 계획인데, 그 전쟁터에 내보낼 군대를 보내라는 것이었다. 이에 김상헌은 청나라의 요구에 반대하는 간곡한 글을 써 임금에게 올렸다.

그 사실을 알게 된 청나라의 장수 용골대는 화가 잔뜩 나서 김상헌을 잡아들였다. 그러고도 시원치 않아 자기 나라의 선양이라는 곳에 끌고 가 심문을 했다.

그러나 김상헌은 조금도 굴함이 없이 주장을 내세웠다. 심문하던 용골대도 그의 올바른 주장에 말문이 막히고 말았다.

옥살이는 무려 3년 동안이나 계속되었고 문초도 계속되었으나, 김상헌은 조금도 굴함이 없었다. 그뿐만 아니라 청나라 태종에게 허리를 굽혀 절을 하는 일은 하지도 않았다. 그것은 항복의 뜻을 의미한다고 생각했기 때문이었다.

용골대는 물론 청나라 태종도 그의 굳은 절개에 감동하지 않을 수 없었다. 그래서 청나라 태종은 어쩔 수 없이 그를 풀어 주었다.

김상헌은 1645년(인조 23)에 석방되어 다시 우리 나라로 돌아와 그 해에 좌의정의 벼슬에 올라 올바른 정사로 나라를 다스렸다.

충절이 강한 정치인이고 학자이며, 또 명필로도 이름이 높았던 김상헌은 82세의 나이로 1652년(효종 3) 세상을 떠났다.

그가 남긴 책으로는 시문과 조천록·남사록·청평록·설교집·남한기략 등으로 구성된 《청음전집》 40권이 전해지고 있다.

# 김 생

(711~?)

## －통일 신라 시대의 서예가－

신라의 화가 솔거를 화성(畫聖), 우륵을 악성(樂聖)이라 부르는 것처럼 뛰어난 명필가인 김생(金生)을 서성(書聖)이라 부른다.

숙종 때 홍관이 중국 송나라에 사신으로 가서 김생이 쓴 글씨를 보이니까, 송나라 학자들은 왕희지의 글씨를 보게 되어 기쁘다고

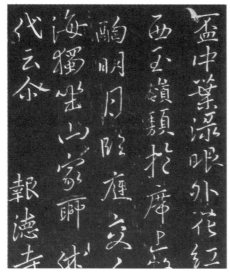

김생의 글씨

하였다. 진나라의 명필인 왕희지가 쓴 글씨는 왕이나 가질 만큼 보기 어려운 것이므로, 그들은 김생의 뛰어난 글씨를 왕희지의 글씨로 잘못 알았던 것이다.

《삼국사기》에 의하면, 그는 711년(성덕왕 10)에 태어나 어릴 때부터 글씨를 잘 썼으며, 일생을 통하여 다른 기예는 배우지 않고 오로지 글씨만을 공부하였다 한다. 나이가 80이 되도록 붓을 놓지 않았으며, 예, 행, 초(隷, 行, 草 : 붓글씨의 모양새)가 모두 신통한 경지에 이르렀다고 한다.

실제로 기록에 나와 있는 이야기들을 모아 보면, 김생이 명필이 되기 위해서 얼마나 노력을 하였는지 알 수 있다.

경상 북도 안동에 문필산이라는 산이 있는데, 원래는 만나산이라

고 하던 것을 김생이 거기서 글과 글씨를 공부했기 때문에 문필산이라고 부르게 되었다 한다. 또 김생이 살던 굴을 김생굴이라고 부르며, 후세의 많은 유명한 학자들이 이 곳을 찾아본 기록도 있다.

김생은 굴 앞의 못물을 다 떠서 먹을 갈 만큼 연습을 많이 했으며, 종이가 아까워서 단풍잎에다 글씨를 썼더니, 바람에 날린 단풍잎이 못에 떨어져, 못이 온통 까맣게 되었다는 얘기도 전한다. 혹은, 나뭇가지를 꺾어서 땅 위에다 쓰기도 했다고 한다.

그 뒤에는 충주의 어느 절에 가서 머무른 일이 있어, 그 절을 김생사라 부르고, 그 고장을 김생면이라 부르게 되었다는 이야기가 있는데, 이것으로 미루어 보아 김생의 명성이 어떠했는지 알 수 있다.

김생은 편액(扁額)이나 비석도 여기저기에 많이 썼다. 오늘날 남아 있는 그의 대표적 필적으로는, 낭공 대사의 백월서운 탑비문이 있다. 이것은 신라 효공왕과 신덕왕의 국사인 낭공 대사의 탑명을 새긴 비인데, 원래 경상 북도 봉화군 태자사에 세웠던 것을 뒤에 영주군으로 옮겼다가 지금은 경복궁에 이전해 놓은 것이다. 또 경주 박물관에 있는 백률사 석당기도 김생의 필적으로 전한다.

# 김 소 월
## (1902~1934)

## ─한국의 대표적인 서정 시인─

김소월(金素月)은 1902년에 평안 북도 정주군 곽산면 남산리(혹은 남단리)에서 그 마을의 부자 김성도의 맏아들로 태어났다. 본명은 정식(廷湜)이고, 소월은 그의 필명이다.

김소월은 1909년 7세 때, 그의 집안에서 세운 남산 학교에 입학했다. 이 시기부터 그는 시인의 재질

김소월 시비

을 인정받았다.

김소월은 1913년 11세 때에 남산 학교를 졸업한 뒤 몇 해 쉬다가, 1916년 14세 때 평북 정주의 오산 학교(중학교 과정)에 입학했다. 이 곳에서 그는 훌륭한 스승을 만나는 복을 누렸다. 즉, 얼마 후 서울에서 언론계의 지도적 인물로 활약하게 되는 서춘과, 천도교의 지도적 인물로 활약하게 되는 이돈화 같은 훌륭한 스승들 밑에서 교육을 받게 되었던 것이다.

특히 그는 한국의 간디로 불리던 오산 학교 교장인 조만식과, 민요조 서정시의 선구자 김억(흔히 김안서라고 부름)에게서 많은 영향을 받았다.

그는 1919년 3·1 운동 직후, 오산 학교가 일본 사람들에 의해 폐교되기까지 약 4년 동안 이 곳에서

학문을 배웠다. 이 기간에 그는 조만식에게서 민족주의 정신을 키우고, 김억에게서는 그의 타고난 문학적 소질을 발휘하는 방법을 배웠다. 그리하여 1920년 18세 때부터 김소월은 〈낭인의 봄〉〈그리워〉 등과 같은 아름다운 민요조 서정시를 김억의 추천으로 잡지에 발표하기 시작했다.

그 무렵, 서울에 와서 배재 고등 보통 학교에 편입한 김소월은, 계속해서 3, 4년 동안에 1백여 편의 좋은 작품을 발표하였다. 그의 대표작으로 꼽히는 〈진달래꽃〉〈금잔디〉〈엄마야 누나야〉〈먼 후일〉〈못 잊어〉〈예전엔 미처 몰랐어요〉〈가는 길〉〈왕십리〉 등이 모두 이

기간에 발표된 시들이다.

이러한 그의 작품들은 우리 나라 사람들의 가슴 속 깊이 서려 있는 기쁨과 슬픔, 사랑과 미움의 감정은 물론, 나라 잃은 겨레의 울분과 청춘의 한을 민요조의 가락에 실어 놓은 것으로서, 우리 나라 현대 서정시의 걸작들로 손꼽힌다.

그 당시, 대부분의 시인들이 외국 시를 흉내내어 어색하고 서투른 표현을 즐겼기 때문에, 그의 작품들은 특별히 아름답게 보였고 많은 사람들로부터 찬사를 받았다.

1922년에 김소월은 배재 고보를 졸업하고 곧장 일본의 도쿄로 건너가서 1923년, 도쿄 상과 대학에 입학해 학업을 계속했다.

이미 시인으로서 상당히 성공을 거둔 그가 상과 대학에 입학한 것은, 자신의 뜻이 아니라, 큰 부자로서 광산업에도 손대고 있었던 그의 할아버지의 권고에 의한 것이었던 듯하다.

그런데 이 때 그의 할아버지의 사업은 이미 기울 대로 기울어진 형편이어서, 김소월은 도쿄에 건너간 지 얼마 안 되어 학업을 중단하고 다시 돌아왔다. 그리고 1924년부터는 평안 북도 구성군 남시라는 곳에 가서 살게 되었다.

그 이듬해, 서울에서는 그가 그 때까지 발표했던 시 111편이 실린 시집《진달래꽃》이 간행되었다. 실제로 이 시집에는 그의 주요 작품이 거의 다 포함되어 있고, 또 그것은 김소월이 살아 있을 때에 간행된 단 하나뿐인 그의 작품집이기도 하다.

그의 민요체의 서정시들은 한국적인 정서에 맞게 표현한 것으로서, 김소월은 그 때부터 한국의 가장 훌륭한 민요조 서정 시인이라는 영예를 누리게 되었지만, 그 자신은 남시에서 매우 불행한 마지막 10년을 보내게 되었다. 그 곳에서 그는 작품에는 손도 안 대고 할아버지의 사업을 돌보며《동아 일보》지국을 경영하기도 했다. 그러나 문학적 재능밖에 없던 그는 사업에 실패하여 집안의 돈만 축내고, 실의에 빠졌던 것 같다.

1934년 12월, 32세로 남시에서 병들어 죽기 직전(혹은 자살을 하였다는 말도 있음), 그의 스승 김억에게 보낸 편지에 이런 한탄이 있다. 이 대목은 그가 마지막 10년을 어떻게 보냈는가를 말하여 주는 중요한 글이다.

'제가 구성에 온 지가 명년이면 10년이옵니다. 10년도 이럭저럭 짧은 세월이 아닌 모양이옵니다. 구성에 와서 10년 있는 동안에 산천은 별로 변함이 없어 보여도 인사(사람의 일)는 아주 글러진 듯하옵니다. 세기(世紀: 시대)는 저를 버리고 혼자 앞서서 달아난 것 같사옵니다. 독서도 아니 하고, 습작(글을 짓는 일)도 아니 하고, 사업도 아니 하고, 그저 다시 잡기 힘든 돈만 좀 놓아 보낸 모양이옵니다. 인제는 또 돈이 없으니 무엇을 하여야 좋겠느냐 하옵니다.'

이와 같이 김소월은 32년이란 짧은 생애의 마지막 10년을 구성 남시의 산골에서 절망 속에 살다가 병들어 죽고 말았다.

그러나 그가 남긴 1백여 편의 시는 오히려 그가 죽은 뒤에 더욱 빛을 내어 오늘날에도 많은 사람들의 입에 오르내리고 있다.

# 김수로왕

(? ~199)

## ㅡ가야의 시조ㅡ

지금의 낙동강 하류에 해당되는 지역에 가야국이라는 고대 국가가 있었다. 김수로왕(金首露王)은 바로 그 가야국의 시조(가장 처음이 되는 조상)로, 수릉이라는 다른 이름도 있다.

《삼국유사》를 보면, 가야국이 세워지기 전, 그 곳은 9명의 지도자가 7만 5천여 명의 백성을 거느리

김수로왕의 탄생 설화 모형지(김해 구지봉)

고 사는 부족 국가였다고 한다.

한번은 부족의 9명의 지도자와 마을 사람 2, 3백 명이 냇가에 나가 있을 때였다. 마을 북쪽 구지봉에서 이상한 소리가 들려서 9명의 지도자들은 마을 사람들을 이끌고 그 곳으로 올라갔다.

그런데 사람의 모습은 나타나지 않고, 말소리만 들려 왔다.

"너희들은 지금 곧 이 곳 산꼭대기를 파서 흙을 집으며, '거북아 거북아 머리를 내놓아라, 내놓지 않으면 구워 먹을래.'라고 노래하고 춤을 추어라. 그러면 곧 하늘이 내려 주시는 임금을 맞이할 것이다."

9명의 지도자와 마을 사람들은 한결같이 기뻐하며, 그 지시에 따라 노래하고 춤을 추었다. 얼마 후, 하늘에서는 자줏빛 줄이 길게

98

뻗어 내려왔고, 그 줄의 끝에는 붉은 보자기에 싸인 금상자가 있었다. 그리고 상자 안에는 둥근 황금 알 여섯 개가 들어 있었다. 사람들은 알을 마을로 가지고 와, 9명의 지도자 가운데 아도간이라는 사람의 집 높은 곳에다 잘 모셔 두었다. 이튿날, 황금 알 여섯 개는 모두 사내아이로 변했다.

여섯 아이들은 하루가 다르게 자랐는데, 열흘쯤 되자 키가 9척(1척은 약 30센티미터)이나 되게 자랐다. 마을의 지도자와 백성들은 여섯 아이 가운데서 하나를 왕의 자리에 앉히고 이름을 '수로(首露)'라 했다. 여섯 개의 알 중에서 제일 먼저 나왔다는 뜻으로 지어진 이름이었다. 나라 이름도 '가야국'이라 지었다. 가야국은 여섯으로 나누어졌는데, 수로왕은 이 여섯 가야 중에서 제일 큰 금관 가야를 맡아 다스리는 한편, 나머지 다섯 가야도 그의 세력 밑에 두었다.

수로왕이 규모 있고 어진 정치를 베풀던 어느 해, '탈해'라는 사람이 가야국의 왕위를 빼앗기 위하여 찾아왔지만 탈해를 멀리 계림(신라 땅)으로 쫓아 버렸다.

수로왕이 세상을 떠난 것은 서기 199년의 일이며, 왕후(인도 아유타 나라의 공주인 허황옥)는 그보다 10년 앞선 189년에 157세로 세상을 떠났다. 그들이 곧 김해 김씨의 시조이기도 하다.

# 김시민

## (1554~1592)

### —임진왜란 때의 무장—

조선 시대 선조 때의 이름 높은 무장인 김시민(金時敏)은 1554년(명종 9), 충청도 목천에서 김충갑의 아들로 태어났다. 본관은 안동, 자는 면오이다.

어릴 때부터 남달리 무예가 뛰어났던 그는 1578년(선조 11)에 무과에 급제하여 벼슬이 훈련원의 판관에까지 이르렀다. 그러나 군대에 관한 건의가 병조 판사에게서 채택되지 않자, 이를 항의하고 벼슬 자리를 내놓았다.

오랫동안 벼슬을 떠나 초야에 묻혀 살았던 그는 1591년(선조 24)에 진주의 판관으로 임명되어 다시 벼슬 자리에 나아갔다. 임진왜란이 일어난 것은 그 이듬해였다. 난리 통에 진주 목사가 병사하자, 그 직

책을 이어받은 김시민은 군대를 이끌고 싸움터에 나가 적과 맞섰다. 사천 싸움에서 적을 크게 쳐부순 뒤에 고성과 진해 등지에서도 적을 크게 격파하였고, 그 전공으로 경상 우도의 병마 절도사가 되었다.

병마 절도사는 지방의 군사를 통솔 지휘하는 종 2 품의 벼슬이었다.

병마 절도사로 승진한 그는 다시 금산으로 쳐 올라가 왜적을 크게 물리친 전공을 세웠다. 그러나 왜적은 계속해서 쳐들어왔다.

그 해 10월이었다. 왜적의 대군이 몰려와 김시민이 지키고 있는 진주성을 포위하고 말았다.

김시민은 부하들을 모아 놓고 목숨을 내놓고 성을 지켜야 한다고 엄명을 내렸다. 그러나 그의 군대는 3천8백여 명에 지나지 않았다. 2만이 넘는 왜적에 비하면 아주 보잘것 없는 병력이었다. 그러나 김시민은 7일간의 피나는 공방전을 벌여 수많은 왜병 사상자를 내게 하고 적을 격퇴시켰다. 적을 물리친 김시민은 성 안을 순시하다가, 시체 속에 숨어 있던 한 왜병의 조총에 맞아 1592년(선조 25년) 10월, 38세의 아까운 나이로 그만 세상을 뜨고 말았다. 온 성 안의 백성들은 대성 통곡을 했으며 나라에서는 그의 공을 기리어 충무를 시호로 내렸다.

# 김 시 습
(1435~1493)

## ─생육신의 한 사람─

김시습(金時習)은 조선 초기의 사람으로, 세조 때의 생육신(生六臣)의 한 사람이다. 자는 열경, 호는 매월당이다. 김시습은 태어난 지 8개월 만에 능히 글을 알아보았다. 그래서 당시 집현전 학사로 있던 최치운이 아기의 이름을 시습이라고 지어 주었다. 김시습의 재주

매월당 김시습이 쓴 시의 일부

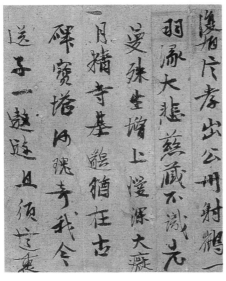

는 실로 놀라웠다.

3세 때 이미 시에 능했고, 5세 때에는 그 어려운 《중용》《대학》에까지 통하여 신동으로 널리 소문이 났다.

소문은 세종의 귀에까지 들어갔다. 세종은 사람을 시켜 김시습을 궁궐로 불렀다.

5세밖에 안 되는 나이 어린 김시습이 궁중으로 들어오자, 세종은 시를 짓게 하였다. 과연 김시습은 혀도 잘 돌아가지 않는 다섯 살의 나이에 그 자리에서 서슴지 않고 멋진 시 한 편을 지어 냈다.

세종은 감탄하여 그에게 비단 50필을 상으로 내려 주면서, 그의 지혜를 시험하고자 혼자의 힘으로 가지고 가라 하였다.

그랬더니 김시습은 조금도 당황하지 않고 비단 한 필의 끝을 허리

102

에 매고 나머지 것들을 서로 연결 시켜서 태연하게 질질 끌고 나갔 다. 이 모습을 보고, 세종은 물론 여러 신하들도 감탄하고 말았다.

김시습은 5세 때부터 13세까지 이계전, 김반, 윤상 등으로부터 사 서 삼경을 비롯한 각종 사서와 제 자 백가서를 배웠다.

1455년, 그의 나이 20세 때에는 서울 삼각산에 있는 중흥사에 들어 가 공부를 했다. 김시습은 이 절에 서 공부하는 도중에 수양 대군이 왕위에 올랐다는 소식을 들었다. 그는 수양 대군이 자기의 조카인 나이 어린 단종을 내쫓고 왕위에 올랐다는 사실을 알고는 3일간이 나 통곡을 한 끝에, 지금까지 공부

하던 책을 모두 불사른 뒤에 머리 를 깎고 중이 되어 이름을 설잠이 라 짓고 방랑의 길을 떠났다.

그는 이 때부터 벼슬도 영예도 모두 버리고 자연을 벗삼아 전국을 떠돌았다.

사악한 권세가와 관리들이 자기 의 뱃속을 채우기 위해 백성들의 고혈을 짜는 현실과 윗사람에 대한 아부와 아첨이 들끓는 서울에 대해 털끝만한 미련이 있을 리 없었다. 게다가 왕의 자리를 뺏기 위해 어 린 왕 단종을 죽이는 세조와 조정 의 무리들은 그에게 정치와 권력에 대해 심한 역겨움을 느끼게 했던 것이다.

9년 동안, 전국 팔도 강산을 유

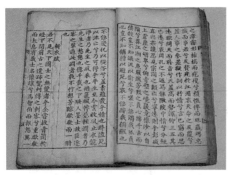

김시습 《매월당집》

람하면서 각 지방에 대해 보고 듣고 겪은 것을 책으로 썼다.

이따금 책을 사기 위하여 서울로 올라가는 일 이외에는 여전히 전국을 유람하며 책을 짓는 일에 전념하였다.

이러한 김시습을 효령 대군(세종의 형)이 불러서, 불경을 번역하는 작업을 도와 줄 것을 청했다.

김시습은 한동안 효령 대군의 권유를 받아들여 내불당에서 불경 번역하는 일을 도왔다. 그러나 평소에 경멸하고 있던 정창손이 영의정으로, 김수온이 공조 판서로 있는 현실이 싫어 1465년 그의 나이 30세 때에 그들을 피해 경상북도 경주에 있는 금오산으로 들어가 오직 저술에만 전념하였다. 금오산에서 그가 머물렀던 집의 당호가 바로 매월당이다. 김시습은 이 곳에서 전기체로 된 우리 나라 최초의 한문 소설인 《금오 신화》를 썼다.

이 유명한 한문 소설은 전부 다 전하지 않고 지금은 그 중에서 다섯 편만 전해지고 있다.

김시습은 성품이 강직했다. 한번은 세조 때 변절하여 육신(六臣 : 여섯 명의 신하)을 고자질한 정창손을 길에서 만나 면박을 준 일이 있었다. 이런 일이 있자 사람들은 그의 성품을 두려워하여 사귀기를 어려워했다.

세조가 죽고, 뒤를 이은 예종이 1년 만에 세상을 떠나자, 성종이 왕위에 올랐다.

1471년(성종 2년), 김시습의 나이 36세에 그는 효령 대군의 부름에 못 이겨 한성으로 올라왔다. 이때, 그와 가장 가깝게 지내던 서거정은 좌찬성이라는 종 1품의 벼슬에 있었다.

그러나 김시습은 한성 근교에 조그마한 초가집을 짓고 몇 이랑의 밭을 갈면서, 마음 속으로 억울하게 죽은 단종을 기렸다.

김시습은 46세가 되자, 입고 있던 승복을 벗고 머리를 기르고 고기를 먹기 시작했으며 안씨를 아내로 맞아들였다. 이 시기에는 유학자를 만나도 불도를 말하지 않았다. 그러나 아내가 죽자 다시 방랑 길을 떠났다.

강원도 설악산 등 전국을 정처 없이 떠돌다 58세 때 충청도 홍산에 있는 무량사에서 방랑과 절개로 살아 온 일생을 끝마치고 조용히 눈을 감았다.

죽을 때 화장하지 말 것을 유언하였기에 절 옆에 시신을 안치해 두었다가, 3년 후에 불교식으로 다비를 하여 유골을 모아 부도에 안치하였다.

불교와 유교 사상에 탁월했던 그는 뛰어난 문장으로 일세를 풍미했고, 유교와 불교 사상을 체계 있게 융합시켰으며, 고대 소설을 개척해 국문학사상 큰 공을 끼쳤다.

또한 단종의 복위를 꾀하다가 세조에게 무참히 죽음을 당한 성삼문 등 사육신의 시체를 거두어 서울 노량진에 묻어 주기도 했다.

뒷날, 선조는 이이를 시켜, 김시습에 대한 전기를 쓰게 했고, 숙종은 집의(종 3 품의 벼슬)의 벼슬을 추증하고 강원도 영월에 있는 육신사에서 사육신과 함께 그를 제향케 했다.

저서로는 《금오신화》 외에 《매월당집》 《십현담요해》 등이 있다.

시호는 청간(淸簡)이다.

# 김 억
(1896~ ? )

## ─서정시의 선구자─

김억(金億)의 처음 이름은 희권, 뒤에 억으로 이름을 바꾸었다. 본관은 경주, 필명은 안서 및 안서생, 억을 사용하였다.

김억은 1896년에 아버지 김기범, 어머니 김준 사이에서 맏아들로 태어났다.

그는 오산 학교를 거쳐 1913년 일본 게이오 의숙 영문과에 진학하였다. 그러나 아버지의 갑작스런 죽음으로 학업을 중단하고 귀국하였다.

그 뒤, 오산 학교와 숭덕 학교 교사를 역임하고, 동아 일보사와 매일 신보사 기자를 지냈다.

8·15 해방 후에는 출판사의 주간을 역임하였다.

그는 6·25 사변 때 미처 피난하지 못하고 서울에 남아 있다가 그의 계동 집에서 납북되었고, 그 뒤의 행적은 확실하지가 않다.

1904년 박씨와 결혼하였으나 1930년 중반에 사별하였고, 1944년에 재혼하였다.

그는 20세 때인 1914년, 동경 유학생회 기관지인 《학지광》에 시 〈이별〉 〈야반〉 〈나의 적은 새야〉 〈밤과 나〉 등을 발표한 것을 시점으로 문학 활동을 시작하였다.

그러나 1918년 《태서 문예 신보》에 프랑스 상징주의 시의 번역과 소개 및 창작시를 발표함으로써 본격적인 활동을 전개하였다.

특히, 1921년 광익 서관에서 간행된 우리 나라 최초의 역시집 《오뇌의 무도》에 베를렌, 투르게네프, 구르몽 등의 시를 번역, 소개함으로써 이 땅에 상징적, 퇴폐적 경향을 낳게 하는 촉매제 역할을 하여, 한국 근대 문학 형성에 큰 역할을 하였다.

또한, 1923년에 간행된 김억의 창작 시집《해파리의 노래》는 한국 최초의 개인 시집으로서 초기 서정시 운동의 피크를 이루었다.

한편, 그는 에스페란토의 선구적 연구가로서, 에스페란토 보급을 위해 강습소를 마련하는가 하면, 《개벽》지에 창작시를 발표하고, 〈에스페란토 자습실〉을 연재하여, 후에 이를 모아《에스페란토 단기 강좌》라는 한국어로 된 최초의 에스페란토 입문서를 냈다.

그는 오산 학교 교사 시절부터 김소월의 스승으로서 김소월을 민요 시인으로 길러 냈고, 자신도 민요조의 시를 주로 썼다.

인생의 무상과 비애를 담담한 민요조로 읊은 그의 초기 서정시는 이 땅에 자유시, 서정시 운동에 큰 영향을 끼쳐, 1920년대 한국 근대시 형성기에 매우 중요한 구실을 담당했다.

저서로는 그의 첫창작 시집인《해파리의 노래》외에《불의 노래》《안서 시집》《안서 시초》《먼동이 틀 제》등이 있고, 역시집으로《오뇌의 무도》이외에 타고르의 시집《기탄잘리》《신월》《잃어버린 진주》등이 있으며, 한시 번역 시집으로는《동심초》《꽃다발》《옥잠화》등이 있다.

# 김 영 랑

(1903~1950)

## —1930년대의 대표적 서정 시인—

김영랑(金永郎)은 1903년(고종 40) 전라도 강진읍에서 비교적 부유한 집안의 장남으로 태어났다. 아버지는 김종호이고 어머니는 김경무이다.

'영랑'이란 이름은 그의 필명이고, 본명은 윤식이다.

12세 때인 1915년 결혼했으나 1년 반 만에 부인과 사별하였다.

1916년, 서울로 올라와 조선 중앙 기독교 청년 회관에서 영어를

김영랑 생가

배우다가, 1917년 휘문 의숙(지금의 휘문 중·고교)에 입학했다.

1919년 3월 1일 서울에서부터 독립 운동이 전개되자, 16세의 영랑은 독립 선언문을 구두 속에 감추고 고향으로 내려가서, 강진의 청소년들과 함께 독립 운동을 모의했다. 그러나 중간에 탄로가 나 일본 경찰에 체포되어 대구 형무소에서 6개월간 옥고를 치렀다.

1920년에 일본으로 건너가서 아오야마 학원 중학부를 거쳐 같은 학원 영문과에 진학하였다. 그러나 1923년 관동 대지진 때 학원을 중단하고 귀국해 김귀련과 재혼을 하였다.

1930년 27세가 되자, 영랑의 재능이 나타나기 시작했다. 정지용 및 일본 유학 시절에 사귀게 된 박용철 등과 함께 잡지 《시문학》을

발간하고 여기에다 4행짜리 시를 비롯한 여러 편의 아름다운 서정시를 발표하기 시작했다. 그간 여러 차례 삶의 기쁨과 슬픔, 희망과 절망을 맛보았던 다정 다감한 영랑은, 자신의 삶 또는 자신의 체험을 읊조리듯이 아름다운 작품들을 잇달아 써 냈다.

1935년에는 《영랑 시집》이라는 제목으로 53편의 훌륭한 작품들을 담은 시집을 내놓았다.

이 시집에는 그 유명한 〈모란이 피기까지는〉이 실려 있는데, 이 작품은 우리 나라 서정시의 한 본보기로 높이 평가되는 작품이다.

해방 이후, 그의 애국적 정열은 사회 활동으로 전환되어 대한 독립 촉성회에 가담하고, 대한 청년단 강진 지부장이 되기도 했다.

1949년에는 공보처(지금의 문화부) 출판국장으로 처음 관리 생활을 하게 되었다. 그러나 자유롭게 생활해 오던 그에게는 관리 노릇이 맞지 않아 8개월 만에 사직하고 말았다.

다시 글에만 열중하던 영랑은 1950년 6월 25일 서울에서 전쟁을 맞이하였고, 미처 피난을 가지 못해 불행히 포탄의 파편을 맞고 그 해 9월 29일 숨지고 말았다.

# 김옥균
## (1851~1894)

### -풍운의 3일 천하-

김옥균(金玉均)은 조선 말기의 정치가로 1851년 1월, 충청도 공주에서 김병태의 맏아들로 태어났다. 자는 백온, 호는 고균이다.

김옥균이 6세가 되었을 때, 부사로 있던 재종숙 김병기의 양자로 들어갔다. 그 후 10세 되던 해, 강릉 부사가 된 양아버지 김병기를 따라 강릉으로 갔다.

1872년, 알성 문과에 장원으로 급제한 후, 전적이라는 벼슬을 거쳐, 1874년에는 홍문관 교리, 사헌원 정언을 지냈다.

일찍이 오경석, 박규수로부터 개화 사상을 배웠던 그는, 이 때부터 정치적 결사로서의 개화당 형성에 진력했다.

1881년, 일본의 문물을 돌아보고 온 김옥균은, 다음 해에 다시 임오군란으로 입은 일본의 피해에 대해 사과하기 위해 떠나는 수신사 박영효 일행의 고문이 되어 일본으로 건너갔다.

1883년 6월, 국왕의 위임장을 가지고 다시 일본으로 건너간 그는, 재정난에 빠진 조정을 위해 국채를 모집하려 했다.

그는 세 차례에 걸친 도일 과정에서 일본 메이지 유신의 성과를 목격하며 조국에 닥칠 위기를 더욱 절실히 느꼈다. 마음이 초조해진 그는 개화정책을 실시해 외세에 맞서려 했다. 그러나 그가 개화 정책을 서두르면 서두를수록 청국 및 수구파와의 정치적 갈등과 대립은 더욱 심해졌다.

이에 김옥균은 정변을 일으켜 먼저 정권을 장악한 다음, 그의 개화 사상과 주장을 실천하기로 했다. 즉, 나라를 구하기 위한 위로부터의 대개혁을 단행하기로 했다.

결국 1884년 10월 17일(음력), 우정국 준공 축하식 날, 김옥균과 그의 동지들은 사전에 일본 공사 다케조에로부터 군사적 지원을 약속받고 갑신정변을 일으켜, 한규직 등 수구파를 제거하였다.

다음 날 아침, 김옥균은 홍영식, 박영효, 서광범 등과 새 내각을 조직하고 고종의 승인을 얻었다.

김옥균은 호조 참판에 올라 국가 재정의 실권을 잡았다. 그리고는 곧바로 새로운 정책을 세워 백성들에게 알렸다.

그러나 갑신정변으로 실권을 잡은 개화당 내각은 청나라의 무력 개입으로 3일 만에 실권을 빼앗기고, 김옥균은 일본으로 망명했다. 이를 3일 천하라고 부른다.

그 후 10여 년 간 본국 정부의 자객들을 피해 일본의 여러 곳을 방랑하며 때를 기다리던 김옥균은 1894년, 상하이로 건너갔다가, 동화 양행 객실에서 수구파가 보낸 자객 홍종우에 의해 살해당하였다. 청나라의 간섭을 받지 않는 개화된 독립국을 세우려고 노력했던 김옥균은, 꿈을 펴지 못한 채 외국 땅에서 숨지고 만 것이다.

그 후 갑오개혁으로 새 정부가 수립된 다음 해에 서광범과 김홍집의 상소로 반역죄가 사면되었다.

# 김 유 신

## (595~673)

### —삼국 통일을 이룩한 명장—

김유신(金庾信)은 595년 경주에서 태어났다. 그의 증조부는 신라에 투항한 금관 가야의 구해왕이며, 할아버지 무력과 아버지 서현은 신라의 유명한 장수였다.

김유신은 14세에 화랑이 되었다. 그 당시는 우리 나라가 고구려, 백제, 신라로 나누어져 있었는데, 이 삼국 사이에 전쟁의 기운이

김유신 묘

감돌던 때였다.

629년, 김유신은 아버지를 따라 고구려의 낭비성을 공격하는 데 가담했다. 그러나 전세가 불리한 신라군의 사기는 뚝 떨어져 있었다. 이 때, 김유신은 혼자 적진에 뛰어들어 적장의 목을 베어 신라군의 사기를 북돋우었고, 결국 싸움을 이기게 하였다.

그는 644년 상장군이 된 뒤, 백제와의 여러 차례 싸움에서도 큰 공을 세웠다. 647년에는 비담, 염종의 반란군을 토벌했고, 그 해에 무산성과 감물성에 침입한 백제군을 격퇴했으며, 648년에는 백제의 악성 등 12성을 빼앗는 전공을 세웠다.

654년, 진덕 여왕이 재위 8년 만에 후사가 없이 세상을 떠나자, 김춘추가 대를 이어 태종 무열왕이

되었는데, 태종 무열왕의 부인은 김유신의 누이동생인 문희였다. 태종 무열왕은 왕위에 오르기 전부터 당나라와 교섭하여 군사적인 원조를 약속받고 삼국 통일의 기초 작업을 닦았는데, 왕위에 즉위하면서 이를 더욱 본격화시켰다.

660년 상대등에 오른 김유신은, 소정방이 이끄는 13만의 당나라 병력과 함께 신라군을 이끌고 백제의 도성인 사비성을 쳐서 함락시킴으로써 백제를 멸망시켰다. 또한 667년에는 연개소문이 죽자 혼란에 빠진 고구려 정벌에 나섰으나 실패했다. 이듬해인 668년에 나·당 연합군의 대총관이 되었으나 문

무왕의 명으로 출전치 못하고 신라를 지켰다.

그러나 이 해 나·당 연합군에 의해 고구려가 망한 후, 당나라는 백제와 고구려 땅을 당나라의 지배하에 넣었을 뿐만 아니라 신라까지도 넘보려고 하였다. 이에 김유신은 백제와 고구려 땅에 머물러 세력을 뻗치려는 당나라 군사를 물리치는 데 힘써서 백제의 옛 땅과 대동강 이남의 고구려 땅을 수복했다.

60여 년 동안 나라를 위해 헌신한 김유신은 78세의 일기로 세상을 떠났는데, 그에게 태대각간의 최고 벼슬이 내려졌으며, 흥덕왕은 그를 흑무 대왕에 추존했다.

# 김유정
## (1908~1937)

### ―요절한 천재 작가―

김유정(金裕貞)은 1908년 1월 강원도 춘천에서 태어났다. 집안에 장남 김유근 이후로 딸만 여섯을 낳은 뒤, 두 번째의 아들 유정을 낳았으니, 집안은 경사를 만난 듯 기뻐했다고 한다. 그러나 온 가족의 기쁨 속에 태어났던 유정은 별로 유복하지 못하였다.

6세에 어머니를, 8세에 아버지를 여읜 그는 11세 때에야 서울 재동 공립 보통 학교에 입학했다. 월반을 하여 졸업을 앞당겨 한 뒤에, 14세 때에 휘문 고등 보통 학교에 입학했다.

22세 때인 1930년, 연희 전문 학교(지금의 연세 대학교) 문과에 입학했으나, 별로 더 배울 것이 없다고 판단하고 이듬해에 중퇴했다.

1932년, 고향 실레 마을로 내려간 그는 야학당(야간 학교)을 열고 농촌의 청소년 교육을 시작했으나, 한편으로 무질서한 생활을 하기도 했다. 이러는 가운데 농민이나 유랑민의 삶에 대하여 깊이 이해하게 되었고, 이것은 뒷날 그의 소설의 좋은 소재가 되었다.

김유정은 실레에 공회당을 짓는 등 농촌 계몽 운동에 관심을 기울이고 금광에 손을 대기도 했다.

그러다 집안의 사정과 무질서한 생활 때문에 악화된 건강으로 서울로 돌아와서, 피복 공장에 다니는 둘째 누님에게 신세를 지는 딱한 생활을 하게 되었다.

그가 소설을 쓰기 시작한 것은 대체로 1933년 25세 때부터이고, 문단에 데뷔한 것은 1935년 《조선 일보》에 〈소낙비〉가 신춘 문예에 당선된 이후이다.

그의 대부분의 작품들은 농촌을

무대로 하는데, 가난 속에서 일확천금의 꿈에 한 가닥 희망을 걸고 사는 사람들의 생태를 그린 〈금따는 콩밭〉 〈노다지〉, 실레 마을 사람들의 가난하고 무지하며 순박한 생활을 그린 〈봄봄〉 〈동백꽃〉, 도시에서의 가난한 작가인 자신의 생활을 투영시킨 〈따라지〉 등등 주옥 같은 작품이 있다.

어쨌든 그는 1936년에도 6, 7편 정도의 단편 소설을 썼는데, 소설 집필이라는 고된 행위와 술은 그의 병을 악화시키고 말았다.

그리하여 1937년 되던 해, 안타깝게도 29세의 나이로 이 세상을 떠나고 말았다.

김유정이 글을 쓴 기간은 대체로 5년, 작가로서 활동한 기간은 불과 2년밖에 안 된다.

그러나 농촌과 도시의 가난한 사람들의 삶을 가장 생생하게 재연하였고, 우리말의 아름다움이나 구수한 맛을 가장 잘 살렸다. 김유정의 문학 세계는 냉철하고 이지적인 현실 감각이나 비극적인 진지성보다는 따뜻하고 희극적인 인간미가 넘쳐 흐르는 게 특징이며 작품의 대부분이 문학적으로 매우 높은 수준이라는 점에서, 오늘날 많은 사람들로부터 찬양받고 있다.

# 김　육
(1580~1658)

## ―대동법의 창안·실시자―

김육(金堉)은 1580년(선조 13), 경기도 가평에서 태어났으며, 자는 백후, 호는 잠곡이다.

가난한 선비의 집에서 태어난 그는 어릴 때부터 집안일을 돌보면서 틈틈이 글공부를 하여 1605년에 사마회시에 합격하여 성균관으로 들어갔다. 1609년 동료 태학생들과 청종사 오현소란 상소를 올린

김육의 편지

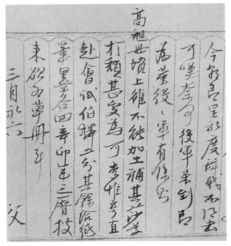

것이 계기가 되어 한동안 과거에 응시할 자격을 박탈당했다. 1624년(인조 2) 증광 문과에 장원으로 급제했다.

1638년, 충청도 관찰사로 나간 김육은 그 곳에서 너무 많은 세금 부담으로 농민들이 비참하게 생활하는 것을 직접 목격하였다.

당시의 세금은 그 지방에서 생산되는 특산물을 나라에 바치는 공물 제도였는데, 김육은 그 공물법을 폐지하고 쌀이나 무명으로 통일하여 세금을 내는 대동법을 실시할 것을 생각해 냈다. 대동법을 실시하게 된다면 여러 가지 폐단을 막을 수가 있으며, 공물에 공연한 트집을 잡아서 착취하던 관리의 횡포도 없앨 수가 있다고 믿었다.

그러나 그의 뜻은 받아들여지지 않은 채 인조의 뒤를 이어 효종이

왕위에 올랐다. 김육은 다시 효종에게 대동법을 실시해야 한다고 주장하다가, 급기야는 김집 등의 그릇된 상소로 우의정 자리에서 밀려나게 되었다. 김육은 그래도 뜻을 굽히지 않았다. 이에, 효종도 감동하여 1651년에 충청도에 대동법을 실시하여 차츰 그 범위를 넓혀 가기에 이르렀다.

1643년(인조 21)에는 한성부 우윤·도승지로 임명되었고, 소현 세자가 선양에 볼모로 잡혀 갈 때 보양관으로 수행하였으며, 귀국하여 우부빈객으로 취임했다.

1649년(효종 즉위년)에 대사헌을 거쳐 우의정에 임명되었고, 이어 사은사 겸 동지사로 다시 청나라에 다녀와서 1650년(효종 2)에 중추부영사로 전직되어 진향사로 또다시 청나라에 다녀왔다.

같은 해에 벼슬을 내놓았으나 이듬해 실록청 총재관에 임명되어 《인조실록》을 편찬하고, 1654년(효종 6)에는 영의정에 올랐다.

벼슬 자리에 있는 동안 백성을 위한 정치를 펴기에 노력했던 김육은 1658년 78세로 숨을 거두었다.

그는 관직에 있을 때, 시헌력이라는 역법을 시행하고, 수레와 물레방아를 사용할 것을 제안하였다. 또 상평 통보라는 화폐와 병자호란 때 소실된 활자를 다시 만든 일 등은 실로 우리 나라 문명 발달의 밑거름이 되었다.

# 김 인 문
## (629~694)

## ─삼국 통일에 공이 큰 신라 장군─

신라의 장군인 김인문(金仁問)은 김춘추(후에 태종 무열왕이 됨)의 둘째 아들이며 문무왕의 친동생이다.

7세기 무렵, 신라는 백제와 고구려를 쳐 한반도를 통일하려고 나라의 힘을 기르고 있었다. 그러나 혼자의 힘만으로는 어려운 일이었다. 그래서 신라는 당나라와 친교를 맺어 그들의 도움을 얻으려고 하였다. 진덕 여왕은 김인문의 사람됨이 훌륭하고 재주가 비상하다는 소문을 접하게 되어 그를 당나라에 보내게 되었다.

김인문이 당나라에 건너간 것은 651년(진덕 여왕 5)으로, 그의 나이 22세 때였다. 당나라 고종도 그의 인품과 비상한 재주, 넓은 식견을 인정하여 그를 좌령군위 장군에 임명했다.

656년, 당나라에서 5년 만에 신라로 돌아온 김인문은 압독주(지금의 경상 북도 경산군)의 군주가 되어 장산성을 쌓는 등 국방을 튼튼히 하는 일에 힘을 기울였다.

그러나 그 무렵, 백제는 신라의 국경 지대를 자주 침입하였고, 북쪽의 고구려도 신라를 노리고 있어 태종 무열왕을 불안하게 했다.

태종 무열왕은 생각다 못해, 아들 김인문을 다시 당나라로 보내어 응원군을 요청하기로 했다.

나·당 연합군 조직에 성공한 김인문은 660년에 소정방을 도와 수군과 육군 13만을 거느리고 백제를 멸망시켰고, 그 전공으로 파진찬을 거쳐 각간의 벼슬에 올랐다.

당나라에 머물다가 661년(문무왕 1)에 귀국한 김인문은 왕위에 오른 형 문무왕에게 고구려 정벌의 시기와 방법을 통고하였고, 8월에는 김유신의 진두 지휘하에 고구려로 진격했다. 그러나 고구려의 완강한 저항에 부딪혀 싸움은 중지되었고, 김인문은 다시 당나라로 들어갔다.

668년(문무왕 8)에 다시 귀국한 김인문은 20만의 대군을 동원하여 당나라 군사와 연합, 고구려를 쳐 평양성을 함락했다. 이로써, 고구려도 멸망하고 말았다. 그 때 김인문은 문무왕에게서 대각간의 벼슬을 받고 당나라에 머물면서 양국의 분쟁을 조정하였다.

그 무렵, 신라의 문무왕은 백제와 고구려의 옛 땅을 차지하고 있던 당나라 군대를 내몰고 그 곳을 차지했는데, 그것을 안 당나라 고종은 크게 노하여 문무왕을 왕위에서 몰아 내고 김인문을 대신 왕위에 앉히려고 했다. 그러나 김인문은 고종에게 '어찌 형을 내쫓고 동생이 왕위에 오를 수가 있느냐!' 하며 고종의 뜻을 물리쳤다. 그 후로도 당나라 고종으로부터 총애를 받으며 당나라 서울에 머물러 있던 김인문은 694년, 예순다섯 살의 나이로 세상을 떠나고 말았다.

김인문이 죽었다는 소식을 접한 신라의 효소왕은 크게 슬퍼하며, 그의 영구를 신라로 옮겨 와 경주의 서악에서 장례를 치렀다.

# 김 정 호

(1804 ? ~1866 ?)

## ─조선 후기의 실학자 겸 지리학자─

김정호(金正浩)는 조선 고종 때의 지리학자로서, 자는 백원, 호는 고산자이다. 그에 대한 기록은, 그가 만든 《청구도》의 서문(김정호의 친구 최한기가 적은 글)과 유재건이 지은 《이향견문록》에 그가 고종 때의 지리학자라는 것이 밝혀져 있을 뿐, 그가 태어난 곳이라든가 그

김정호의 〈수선전도〉 판목 (한양 지도)

의 집안에 관한 것, 그의 후손에 관한 것 등에 대해서는 전혀 전해지지 않고 있다.

다만 전해져 오는 이야기로 미루어 볼 때 그가 가난한 하층 계급에서 태어났다는 것을 알 수가 있을 따름이다.

그는 황해도의 가난한 농가에서 태어나서, 후에 서울로 이사하여 서대문 밖에서 외동딸을 데리고 단출한 생활을 했다고 한다.

김정호는 어렸을 때부터 지도와 지리학에 남다른 흥미가 있어, 고을이 어떻게 생겼으며, 강물은 어디로 흐르는지 늘 그런 문제에 깊은 관심을 가졌다고 한다. 장성하면서는 당시에 전해 오던 여러 가지의 지도와 지리책을 샅샅이 뒤져 내어 연구하였다.

그리하여 우리의 실생활에 편리

하게 쓸 수 있는 자세한 지도를 만들기로 결심하게 되었고, 그러한 결심이 서자 전국 각지를 누비고 다녔다. 이렇게 하여, 순조 말년에 이르러 비로소 《청구도》를 완성하였다. 그 뒤에도 1861년(철종 12), 딸의 도움을 받으며 《대동여지도》 22첩을 목판으로 판각하고 간행하였는데, 이것은 서양 지도학의 영향을 받지 않고 동양의 전통적인 도법으로 집대성한 것이다. 위치 설정에 있어서 중강진 부근이 북쪽으로 약간 치우쳐 있고, 울릉도가 남쪽으로 내려온 것을 제외하면 오늘날의 지도에 손색이 없을 만큼 정확하다.

《대동여지도》는 《청구도》에 비하여 지형의 표시와 하천과 교통로 등이 훨씬 자세하여 사용하기에 편리하도록 되어 있다. 또한 다른 지도에서 볼 수 없는 특이한 것은, 산맥의 표현을 설명식으로 하지 않고 간단 명료하게 기호식으로 새로운 지형 표시법을 개발한 것이다.

그 후의 《대동지지》는 전 32권으로 되어 있고, 이 역시 수년간 답사와 고증을 통해 당시의 지지를 집대성한 것이다.

당시 개인의 지도 제작은 천기를 누설한다 하여 금기로 되어 있었다. 그런 사회적 분위기에서도 자신의 의지를 굽히지 않았던 김정호의 집념과 업적은 오늘날 많은 사람의 본이 되고 있다.

# 김 정 희
(1786~1856)

## ㅡ추사체를 창시한 명필가ㅡ

김정희(金正喜)는 1786년(조선 정조 10) 6월 3일, 지금의 충청 남도 예산군 신암면 용궁리 월성 위 궁에서 태어났다. 그의 아버지는 뒤에 이조 판서가 된 김노경이고, 어머니는 유준주의 딸이었다.

김정희는 높은 관직에 오른 아버지를 따라서 서울에 올라와, 서예를 익히고 유학을 공부했다.

김정희의 〈남산선인첩〉(행서)

이 무렵에 그는 유명한 학자 박제가를 스승으로 삼아, 그 당시의 중국에서 도입된 새로운 지식을 많이 알게 되었다.

그리하여 그의 나이 23세이던 1809년에는 과거에 급제하여 생원이 되는 한편, 아버지가 동지부사로 청나라에 갈 때 함께 연경에 건너가서 새로운 학문과 예술의 지식을 얻었다. 특히, 그가 이 무렵부터 중국 학자들에게서 많이 배운 것은 유교 경전의 새로운 해석 방법과, 쇠붙이나 돌에 새겨진 옛 글을 연구하는 금석학과, 새로운 글씨와 그림에 대한 지식 등이었다.

그런 가운데 우선 김정희는 우리 나라의 옛 비석에 새겨진 글들을 조사하여, 그 때까지는 무슨 내용인지 알지 못했던 비문의 내용을 많이 알아 냈다. 북한산의 비석이

진흥왕 순수비라는 것을 처음으로 밝혀 낸 것도 바로 그였다. 이렇게 금석학에 열중했던 그의 연구 결과는 《금석과안록》이라는 그의 저서에 모아져 있다.

한편 중국에서 배운 서예에 대한 새 지식과 꾸준한 연마로 그는 자기만의 독특한 글씨체를 만들어 냈는데 이 글씨체는 그의 호를 따서 추사체라고 불리고 있다.

이윽고 김정희는 33세 때인 1819년(순조 19)에 문과에 급제하여 벼슬길에 나아가서 성균관 대사성, 병조 참판 등에 이르렀다. 그러나 그는 나이 54세 때인 1840년 (헌종 6)부터 1848년까지 8년간 억울한 누명을 쓰고서 제주도로 유배되었고, 1851년(철종 2)에는 친구인 영의정 권돈인의 일에 연루되어 함경도 북청으로 유배되었다가 이듬해 돌아왔다.

이 때는 안동 김씨가 득세하던 시기였기 때문에 경주 김씨였던 그는 정계에 복귀하지 못했다.

정치에 회의를 느낀 그는 아버지의 묘소가 있는 경기도 과천에서 여러 학자와 제자들과 함께 유학, 금석학, 서예 등을 연마하며 여생을 보내다가 1856년(철종 7)에 70세를 일기로 이 세상을 떠났다.

그의 저서로는 《금석과안록》 외에 《완당척독》《시선제가총론》 등이 있으며 이 밖에 수많은 글씨와 그림을 남겼다.

# 김 종 서
(1383~1453)

## ─6진을 개척한 장상─

조선 초기의 정치가인 김종서
(金宗瑞)는 1383년(고려 우왕 9)에
도총제라는 무관직에 있던 김추의
아들로 태어났다. 그의 자는 국경,
호는 절재였다.

김종서는 1405년(태종 5)인 22
세 때 문과에 급제하여 벼슬길에
오르기 시작하여, 14년 후에는 사
간원 우정언에 임명되었다. 그리

고 다시 14년이 지난 1433년(세종
15)에는 드디어 함길도 도관찰사
로 임명되었다.

그는 문과에 급제하기는 하였으
나 도총제였던 아버지의 무인다운
기질을 이어받은 듯하다.

그의 소년 시절과 청년 시절에
관하여서는 확실한 기록이 전해지
지 않는다. 다만 문과에 급제한 이

후 30년 가까운 세월이 흐른 뒤에
야 비로소 국경을 개척하고 야인을
정벌하는 함길도 도관찰사가 된 것
으로 보아 세상 권력을 좇지 않고
꾸준히 착실하게 길을 밟아 벼슬길
에 오른 것으로 짐작할 수 있다.

김종서는 세종 때에 이르러
'우리 조상들이 살아왔던 옛 땅
을 무관심하게 방치하여 오랑캐
들에게 내어 주거나 한 치도 버
리는 일이 없도록 하라.'
는 세종의 뜻을 받들어, 1433년
(세종 15)에 함길도(지금의 함경
도) 도관찰사의 직책을 띠고 가서
두만강 유역을 개척했다.

이 때, 김종서는 그 곳에 여섯
방어 진지를 설치하고, 삼남 지방
의 농민들을 그 곳에 데려다가 농
사를 짓고 살게 했다.

그리하여 오랫동안 여진족이 살
던 두만강 남쪽의 땅이 모두 우리
의 땅이 되었다.

김종서가 국경 지방을 개척한 것
에 대해 시기하는 대신들이 있었으
나 세종은

"국경 지방에 대한 일은 누가 무
어라고 해도 김종서가 없었더라
면 성공할 수 없었을 것이며, 또

김종서가 개척한 6진

한 내가 아니고는 아무리 김종서
가 유능하다 하더라도 국경 지방
개척을 주장하지는 못하였을 것
이다."
라는 말로 김종서에 대한 신임을
나타냈다.

그 무렵 김종서는 다음과 같은
유명한 시조를 지었는데, 이 시조
에는 나라에 대한 그의 충성심이
잘 나타나 있다.

삭풍은 나무 끝에 불고 바람은
눈 속에 찬데
만리 변성에 일장검 짚고 서서
긴 파람 큰 한 소리에 거칠
것이 없어라.

한번은 이런 일도 있었다.

한창 국경을 개척하던 어느 날, 김종서는 장병들을 불러서 밤 늦도록 잔치를 베푼 일이 있었다. 그 자리에서 어떤 사람이 활로 술통을 쏘아 맞혀 술통이 산산조각이 나는 사건이 벌어졌다. 갑자기 벌어진 일이라 그 자리에 모였던 사람들 모두가 크게 당황했다.

그러나 김종서는 눈썹 하나 까딱하지 않고 아무런 일도 없었다는 듯이 태연하게 앉아 있었다. 오히려 옆에 있던 사람들이 놀라 떨리는 목소리로 그에게 물었다.

"장군님께서는 어떻게 그렇게도 태연하십니까?"

김종서는 껄껄 웃으며 그 장병에게 대답했다.

"누가 활을 쏘았는지는 모르나, 그 사람이 나를 시험하려고 한 짓이 틀림없는데, 내가 허둥지둥 당황한 모습을 보인다면 되겠는가?"

김종서는 이처럼 담이 컸다.

김종서는 그 후에도 벼슬이 더욱 높아져 우의정이 되고, 1451년(문종 1)에는 고려 시대의 역사를 엮은 《고려사》를, 그리고 이듬해에는 역시 고려 시대의 역사를 엮은 《고려사 절요》를 다른 문신들과 함께 완성했다.

이 두 역사책은, 오늘날 고려 시

대의 역사를 연구하는 데 없어서는 안 될 귀중한 자료들이다.

김종서는 북방 영토의 개척과 역사책의 편찬 등에 있어 역사에 길이 빛날 공적을 세웠다. 그리고 정치를 하는 데 있어서도 그는 남달리 슬기롭고 강직하였기 때문에, 대호(큰 호랑이)라는 별명으로 불렸다. 그가 있는 조정 안팎에서는 누구를 막론하고 언행을 조심했으며, 함부로 무성의한 행동을 할 수가 없었다.

그런데 1453년(단종 1)에 수양 대군(뒤의 세조)이 정권을 잡기 위해서 자기의 반대 세력을 함부로 죽이거나 귀양을 보낸 계유정난이 일어났다.

이 때, 수양 대군은 김종서의 충성심과 용맹함이 남달랐기 때문에 그를 두려워하여 부하들을 시켜서 김종서와 그의 아들까지 한꺼번에 죽이고 말았다.

그러나 김종서의 아들 중에 한 사람이 용케 살아남았는데 그는 충청도 공주의 동학사 부근에 숨어 살다가, 우연하게도 수양 대군의 딸(아버지의 횡포가 싫어 도망쳤음)과 결혼하게 되었다.

그들은 수양 대군의 추격을 피해 경상도 울산으로 가서 살았다. 그래서 그 곳에 그들의 후손인 울산 김씨가 많다고 한다.

# 김 좌 진
(1889~1930)

## ―청산리 전투의 영웅―

김좌진(金佐鎭)은 독립 운동가이며 장군으로, 호는 백야이다. 충청 남도 홍성의 부유한 명문 집안에서 태어났다.

어려서부터 의협심이 강했던 그는 먼 친척뻘 되는 김옥균의 영향을 받아 강한 자를 누르고 약한 자를 도우며, 정의를 목숨보다 더 중히 여기는 소년으로 자랐다.

1904년 15세 때, 사람은 신분의 차별과 빈부의 차이가 있을 수 없다고 생각한 그는, 집안의 종들을 모아 놓고 노비 문서를 불태우고는 토지를 소작인에게 분배하는 등 근대화에 앞장을 섰다.

1905년, 을사조약이 체결되자, 서울로 올라와 육군 무관 학교에 입학하였다.

18세 때에는 자기가 태어난 홍성에 호명 학교를 설립하여 민족 교육에 힘을 기울였다.

1911년 북간도에 독립군 사관 학교를 설립하기 위하여 자금 조달차 돈의동에 사는 먼 친척 김종근을 찾아간 것 때문에 2년 6개월간 서대문 형무소에 투옥되었다.

1918년, 29세 때 김좌진은 만주로 망명하여 대종교에 입교하고, 서일과 군정부를 조직하였다가 1919년 대한 민국 임시 정부의 권고를 받아들여 이를 북로 군정서로 개편하고 총사령관에 취임했다.

1920년에는 북로 군정서의 군대를 이끌고 만주 길림성 청산리에서 이범석·나중소 등과 함께 전투를 총지휘하여 일본군 제 19 사단, 제 21 사단을 상대로 싸워 일본군 3천여 명을 죽이고 승리를 거두었다. 이 청산리 싸움은 독립군 사상 최대의 전과를 올린 싸움으로 역사에 길이 남을 전투였다.

그 후, 부대를 러시아와 인접한 북만주 밀산으로 이동시켜, 대한 독립군단을 결성한 뒤 부총재에 취임했다. 취임한 후, 일본군의 보복 작전을 피해 1921년에 독립군을 이끌고 소련의 이만 시로 이동하여 소련의 정부와 상하이의 임시 정부로부터 원조를 받아 군관 학교를 세우고 훈련을 하였다.

그러나 독립군의 무장을 해제하라는 일본의 압력에 의해 소련군과 충돌하게 되어 많은 전사자를 내고, 소련 국경을 넘어 북만주로 건너왔다.

1925년, 영안에서 신민부를 조직하여 군사 부위원장 및 총사령관이 되었고, 이어 성동 사관 학교를 세워 독립군 양성에 공헌하였다. 1929년에는 한국 총연합회가 결성되자 회장이 되어, 나라를 잃고 만주에 흩어져 사는 동포의 단결에 힘을 기울였다.

1930년, 김좌진은 과거 그의 부하였던 고려 공산 청년회 회원인 김일성과 박상실 등에 의해, 길림성에서 그가 경영하던 정미소에서 암살당했다.

1962년, 대한 민국 건국 공로 훈장 중장이 수여되었다.

# 김 천 일
(1537~1593)

## ―조선 중기의 문신·의병장―

임진왜란 때의 의병장 김천일(金千鎰)은 1537년에 나주에서 태어났으며, 자는 사중, 호는 건재이다. 어려서 부모를 여의었지만 꿋꿋하게 학문과 무예를 익혀 주위 사람들로부터 칭찬이 자자했다.

김천일은 1573년(선조 6)에 군기시 주부가 되었다가 1578년에 임실 현감을 지냈다. 1592년(선조

진주성 임진 대첩 발기 순의단 (진주시)

25)에 임진왜란이 일어나자, 나주에 머물러 있던 그는 고경명, 박광옥, 최경회 등과 함께 의병을 일으켜 선조가 피난 가 있는 평안도를 향했다. 그는 북쪽을 향해 가는 동안 수원의 독성산성에서 왜적과 싸웠으며, 8월에는 강화로 진을 옮긴 후, 연안 각처의 왜병을 소탕해 나갔다. 그런 뒤, 배를 몰아 양화도에 닿자 그 곳의 왜병들과 일대 접전을 벌이게 되었다. 김천일이 이끈 의병은 이 싸움에서도 크게 승리를 거두었다. 조정에서는 공적을 세운 그에게 판결사의 벼슬과 창의사의 칭호를 내렸다.

1593년 5월, 왜적이 퇴각하는 중이었는데 김천일은 조정의 명령을 좇아 의병을 재정비해 경상 우병사 최경회와 함께 진주성을 지키게 되었다. 그것은 10만의 왜병이

마지막으로 진주성을 공격한다는 정보를 입수했기 때문이었다.

"지금 왜병은 서생포와 웅천 사이에서 싸울 힘을 잃은 듯이 가만히 있지만, 정확한 정보로는 지난번 진주성을 치려다 김시민 장수에게 크게 패하자, 그 보복을 하기 위해 10만 대군을 풀어 이 곳으로 다시 쳐들어온다는 게요!"

"그러면 이번에도 놈들을 철저하게 때려 부숴야지요."

의병장 김천일과 경상 우병사 최경회는 진주성으로 침공해 올 왜적을 무찌를 전략을 세우기 위해 정신 없이 바빴다.

드디어 입수했던 정보대로 왜적

10만 대군이 진주성을 향해 물밀 듯 밀려왔다.

"어떠한 일이 있어도 이 진주성을 빼앗길 순 없다!"

김천일은 아들 김상건에게도 진주성을 사수해야 한다고 몇 번이고 거듭 강조했다.

그러나 적들의 병력으로 보나 갖고 있는 조총으로 보나 도저히 감당해 낼 수가 없었다.

온갖 힘을 다하여 성을 지키려고 했으나, 적의 공격을 당할 길이 없어 성이 함락되었다. 이에 김천일은 아들과 함께 촉석루에서 남강으로 몸을 날려 장렬히 순절했다.

후에 영의정에 추증되었다. 저서에 《송천집》《건재집》이 있다.

# 김 천 택
(? ~ ?)

## ─조선 말기의 가인─

김천택(金天澤)은 조선 시대 영
조 때의 가인(노래를 부르거나 잘
짓는 사람)인데, 그가 언제 어디서
출생했고, 언제 세상을 떠났는지
는 확실치 않다. 그는 자를 백함·
이숙이라 했고, 호를 남파라 했다.

그는 평민 출신으로 숙종 때에는
포도청의 포교(조선 시대에 도둑
이나 기타 범죄자를 잡아 다스리던

김천택이 편찬한 《청구영언》

관리)를 지낸 적도 있다.

김천택은 선천적으로 목소리가
고와서 노래를 구성지게 잘 불렀
다. 뿐만 아니라 시조를 짓는 실력
도 가히 천재적이었다.

그가 지은 시조는 《해동가요》에
57수가 수록되어 지금까지 전해지
고 있다.

그리고 그는 1728년 시조집 《청
구영언》을 편찬하였는데 그것은
우리 나라 최초의 시조집으로서,
《해동가요》《가곡원류》와 함께 우
리 나라의 3대 노래집으로 불리고
있다.

특히 그 책에는 580수의 시조가
시대순과 작가별로 잘 구분되어 실
려 있다.

뿐만 아니라 같은 평민 출신인
노가재, 김수장과 함께 '경정산 가
단'(조선 시대의 시인과 가인들이

모여 이룬 단체)을 조직하여 시조에 새로운 바람을 불어 넣었다.

그 때까지만 해도 시조계의 주류를 차지하고 있던 학자, 문인의 시조는 한가로운 정경을 즉흥적으로 노래한 도학적(유교적이거나 도교적인 것), 관념적인 것이었다. 그러나 그는 여기에서 탈피하여 소재를 일상 생활 속에서 찾았고 그 묘사도 사실적이며 해학적인 것이 특색이다.

그는 당시의 일반 가객들보다는 인격이나 지적 수준이 높은 사람이었다고 추측된다.

그는 또한 후진을 양성하는 한편, 시조의 정리와 발달에 크게 이바지하였다.

지금도 우리가 흔히 읊는 김천택의 시조 중에서 하나를 소개하면 다음과 같다.

잘 가노라 닫지 말며 못 가노라 쉬지 마라.
부디 긋지 말고 촌음을 아껴스라.
가다가 중지(中止) 곧하면 아니 감만 못 하니라.

세상의 부귀와 영화를 좇기보다는 편안한 마음으로 노래를 즐겨했던 김천택의 《청구영언》은 오늘날 우리의 전통 시가를 연구하는 데에 귀중한 자료가 되고 있다.

# 김 취 려

## ( ? ~1234)

## ―고려 고종 때의 무신―

김취려(金就礪)가 어느 해에 태어났는지 확실하지 않으나, 1217년(고종 4)에 몽고 장수를 만나서, 자기의 나이가 60세에 가깝다고 말한 것으로 미루어 보면 대략 1160년경에 태어났던 듯하다.

김취려는 예부 시랑을 지낸 김부의 아들이다. 후에 음서로 정위가 되어 동궁위에 배속되었다.

그 뒤, 아무런 탈이 없이 벼슬이 여러 번 올라 장군(정 4 품의 무관직)이 되고, 동북계 병마사(지금의 함경도 지방 장관)를 거쳐서 대장군(종 3 품의 무관직)이 되었다.

1216년(고종 3) 가을, 북방에서 야만인 거란의 일파가 침입하여, 지금의 중부 지방까지 거의 다 전란에 휩쓸렸을 때, 김취려는 후군 병마사로 출정했다.

특히, 그 해 겨울에는 몇 차례 쫓겨났었던 거란군이 대규모로 침입하였다.

김취려는 자신의 얼마 안 되는 병사들과 함께 용감히 싸워 적을 쳐부수고, 무사히 물자를 박주로 호송했다.

이러한 공로로 김취려는 상장군에 올랐다.

그 이듬해에 들어 거란은 더더욱 많은 군사로 개경(개성) 근처까지 침입했다. 김취려는 부상 중에도 불구하고 전군 병마사로 출정하여 양근(양평), 제주(제천), 충주 등지에서 거란군을 크게 무찔렀다.

그 해 가을, 김취려와 고려군은 적을 함주(함흥) 이북의 여진 야인들한테로 내몰았다.

1217년(고종 4) 9월에 거란족이 또 침입하자, 김취려는 다시 출정하여 적을 서북(황해도, 평안도)

지방에서 몰아 냈다.

그런데 같은 해 12월, 몽고군이 거란족을 추격하다가 압록강을 건너오게 되었다. 이 때 그들은 저희 황제 칭기즈 칸의 명령이라면서, 고려에 양식을 요구하였다.

이에 조정에서는 어떤 일을 당하게 될지 몰라 모두들 망설이는데, 김취려는 몇 명의 부하만을 데리고 몽고 진영으로 갔다.

그 때 몽고 장수는 김취려의 우람한 모습(키가 약 1.95미터)과 장중한 언행에 감복하여 스스로 자신을 '아우'라 하고 김취려에게 공손히 접대했다. 다른 고려 장수들에게도 정중히 대했다.

그 뒤, 김취려는 추밀원사(종 2품의 관직)로서, 평안도 의주에서 한순 등이 일으킨 반란을 평정하는 데 크게 공헌했다.

또한 그는 병부 상서, 참지정사 등의 중요한 관직을 거쳐, 1228년(고종 15)부터는 중서 시랑 평장사(정 2품의 벼슬), 시중(종 1품) 등의 최고 관직에 올랐다.

다른 무신들과는 달리 정직하게 살았던 김취려는 1234년(고종 21)에 세상을 떠났다.

시호(높은 이가 죽은 뒤 주어지는 이름)는 위열이다.

# 김 홍 도
(1745~ ?)

## ―고유의 화풍을 이룩한 화가―

김홍도(金弘道)는 조선의 화가로, 자는 사능, 호는 단원이다.

김홍도는 만호를 지낸 김진창의 종손이자 김석무의 아들이다.

전해지는 얘기로는 그가 태어날 무렵 그의 집안이 몹시 기울어져 있었다고 한다.

그러나 김홍도는 그런 가난한 속

김홍도의 그림 〈무동도〉

에서도 어렸을 때부터 그림그리기를 좋아하여 늘 혼자서 그림을 그리고는 하였다.

집안이 어려워 가르쳐 주는 사람이 있을 리 없었지만, 마침 외삼촌이 도화서의 화원 출신이었기 때문에 다행히도 도움을 받을 수 있었고, 외삼촌의 소개로 김응환 밑에서 그림 공부를 하게 되었다.

김응환은 김홍도의 뛰어난 재능을 알아보고, 당시 미술계의 원로였던 강세황에게 김홍도를 추천하였다.

당대의 감식자이며 문인 화가인 강세황은 김홍도의 그림을 보고 감탄하여 도화서에 추천하였다.

도화서 화원이 된 그는 강세황의 지도로 그림의 격이 높아졌다.

그 후, 강세황은 왕세손(뒷날의 정조)의 초상화를 그릴 화원을 추

천하라는 영조의 명을 받고 주저없이 김홍도를 추천하였다.

정조가 왕위에 오른 지 5년째 되는 1781년, 김홍도는 다시 어진화사로 정조의 초상화를 그렸다.

김홍도는 이 무렵부터 명나라의 문인 화가 이유방의 호를 따라 '단원'이란 호를 사용했다. 김홍도의 화풍은 독창성을 가진 것으로, 민중의 애환이 담긴 현실 생활을 표현했다.

김홍도의 그림은 당시 미술계에 큰 파문을 던졌다.

김홍도는 정조의 명령으로 금강산 일대를 기행하며 〈금강 사군첩〉을 그렸다. 김홍도의 나이가 44세 되던 1789년에 또다시 정조로부터

일본 지도를 그려 오라는 명을 받고 일본으로 들어가 일본의 지도를 그려 가지고 돌아왔다.

20여 년 간 화원으로 있으면서 궁중 미술에 큰 업적을 남긴 김홍도는 1791년, 종 6 품 벼슬인 연풍 현감으로 승진되었으나, 4년 후에는 사임했다.

그는 현감으로 있던 동안에도, 우리 나라 산천에 대해 깊은 애정을 가지고 많은 산수화를 그렸다.

김홍도가 특히 잘 그린 것은 풍속도와 신선도인데, 여덟 폭 병풍에 그린 〈군선도병〉은 신선도의 특징을 잘 나타낸 작품이다. 풍속도에서는 해학과 풍자를 조화시켜 서민적인 풍취가 짙게 풍겼다.

# 김홍집
## (1842~1896)

### 一조선 말기의 정치가一

1842년(헌종 8) 김영작의 넷째 아들로 태어난 김홍집은 어렸을 때의 이름이 굉집이었고, 자는 경능, 호는 도원이었다.

그의 나이 25세 때인 1867년(고종 4) 경과 정시로 문과에 급제한 다음, 이듬해 승정원 사변가주서에 임명되었다.

몇 달 뒤 아버지의 상을 당하고, 이어 1870년 어머니 상을 당하여 관직을 사직하고 약 5년 동안 상을 치렀다.

1873년 복직하여 권지 승무원 부정에 임명되었으며, 승문 박사를 겸직하였다.

1875년 부사과, 훈련 도감, 종사관을 지낸 뒤, 약 3년 동안 홍양 현감을 지내면서 백성과 정부의 신망을 받았다.

1880년 38세 때에는 인천 개항 해관 세칙 등 현안 문제를 타결짓기 위해 제 2 차 수신사로 임명되어 일본으로 가게 되었다.

일본에서 돌아온 김홍집은 중국인 황 쭌셴이 지은 《조선 책략》을 소개하며 개화 정책을 적극 추진하였다. 그 공으로 예조 참판에 올랐으나, 개화를 반대하는 유학자들의 척사 운동이 전국적으로 일어나, 김홍집은 결국 책자를 소개한 책임을 지고 예조 참판의 자리에서 물러나고 말았다.

1882년, 구미 열강들과 통상 조약을 체결할 때 실무 책임을 맡았다. 그런데 이 해 6월 군제 개혁으로 천대받던 구식 군인들이 난을 일으켰다. 신식 군대와의 차별 대우 및 봉급을 13개월이나 지불하지 않은 것이 원인이 되어 임오군란이 일어났던 것이다.

이 난으로 세도가 민겸호가 죽고 명성 황후는 충주의 장호원으로 피난을 가는 등 혼란에 빠졌으며, 한편으로는 청나라와 일본과의 복잡한 국제 문제에 부딪히게 되었다. 그러자 정부에서는 김홍집을 다시 불러 그 뒤치다꺼리를 맡겼다.

김홍집은 임오군란의 사후 수습책으로 일본과 제물포 조약을 체결하는 등 외교적 수완을 발휘했다.

1883년 규장각 직제학을 거쳐, 이듬해 지춘추관사를 역임했다.

1884년(고종 21), 우정국(조선 말기에 체신 사무를 맡아보던 관청)의 개국 피로연이 열리는 자리에서 김옥균, 박영효, 홍영식 등의 개화당이 일본을 등에 업고, 반대당인 사대당의 민씨 일파를 죽이는 등 갑신정변을 일으켰다. 개화당은 이로써 정권을 잡았으나, 3일 천하로 끝나고 말았다.

그 때 김홍집은 개화당의 3일 천하에서 한성부 판윤이라는 관직을 받기도 했으나 중도적인 태도를 취했기 때문에 정권을 다시 잡은 민씨 일파는 그를 좌의정으로 임명하고, 외무 독판을 겸직하게 하여 외교 문제를 담당하게 하였다.

그 해 11월, 일본의 이노우에가 사후 수습을 위해 입국하자, 정부

에서는 김홍집을 전권 대신으로 내세워 한성 조약을 체결하도록 하였다.

1885년에 체결된 이 조약으로 우리 나라는 11만 환의 손해 배상을 물었으나, 당시로서는 김홍집이 아니면 그나마도 담당할 외교 전문가가 없었다.

김홍집은 그 해 판중추부사라는 한직에 물러나 있다가, 1887년 다시 좌의정에 임명되었으나 곧 사직하였다.

1889년 수원부 유수로 밀려나 있다가 그 곳에서 일어난 민요 때문에 곤경에 처하기도 했다.

그 후, 청나라와 일본의 군대가 우리 나라에 몰려드는 가운데 1894년에 동학 농민 운동이 일어나고 그 이후 일본의 세력이 강해지자, 그 힘으로 제 1 차 김홍집 내각을 조직하고 외무 겸 총리 대신을 겸직했다.

청·일 전쟁의 결과 우위에 서게 된 일본은 강력한 입김을 불어넣어 친일파를 입각시킴으로써, 제 2 차 김홍집 내각을 조직했다. 이 때 입각한 각료들 중에는 10년 동안이나 일본에 망명을 가 있던 박영효도 있었다.

내각으로 들어선 김홍집은 개화 사상을 가진 세력들과 힘을 모아 개혁의 발걸음을 내디뎠다.

그는 총리 대신으로 홍범 14조와 같은 국가 기본법을 발표하여 새로운 국가의 체계를 세우는 등 갑오개혁을 단행했다.

그러나 심한 재정난과 박영효, 서광범 등의 극단적인 친일파와의 대립으로 결국 내각은 붕괴되고 김홍집 대신 박정양 내각이 탄생하게 되었다.

박정양 내각은 새로 세력을 뻗기 시작한 구미 강대국들을 가까이하려는 정책으로 기울어 갔다. 일본은 을미사변을 일으켜서 명성 황후를 시해하고, 제3차 김홍집 내각을 조직했다.

내각을 조직한 김홍집은 일본의 압력으로 단발령의 강행과 과격한 개혁을 실시해 나갔다. 그러나 이 개혁은 백성들에게 받아들여지지 않았고, 곧 이어 전국적인 의병이 봉기하였다.

이렇게 일본에 대한 감정이 악화될 때, 1896년, 러시아 공사 베베르는 고종과 세자를 자기네 공관으로 피신시켰다(아관 파천).

아관 파천이 일어난 후 김홍집 내각에 참여했던 관료들 중 일부는 일본으로 망명했다. 그러나 김홍집은 형장에서 성난 군중들에 의해 죽음을 당하였다.

1910년 그에게 충헌이란 시호가 내려졌고, 대제학에 추증되었다.

# 나 도 향

(1902~1927)

## －전원적 사실주의 작가－

나도향(羅稻香)은 1902년 서울에서 출생했다. 그의 본명은 나경손이며, 도향은 그의 호이고, 빈은 그의 필명이다.

그는 1917년 배재 고등 보통 학교를 졸업한 후, 경성 의학 전문 학교에 진학했으나, 곧 문학에 뜻을 두고 의학 공부를 중단하기로 결심을 했다.

나도향이 졸업한 배재 학당

그러한 결심이 서자, 그는 가족 몰래 일본으로 건너가 고학을 하며 문학 수업에 전념했다. 그러나 혼자의 힘으로는 학비 조달이 어려워 곧 귀국하고 말았다.

1920년, 그는 안동에서 1년 동안 보통 학교 교사로 근무하며 계속 문학 공부를 했다. 1926년에는 중편 소설 〈청춘〉을 단행본으로 펴냈다. 1921년 4월 《배재학보》2호에 〈출학(黜學)〉을 발표한 이후, 죽을 때까지 6년 동안 30여 편의 소설을 남겼다.

홍사용, 현진건, 이상화, 박종화 등과 함께 문예 동인 잡지 《백조》를 창간하여, 〈젊은이의 시절〉 〈별을 안거든 우지나 말걸〉 〈옛날의 꿈은 창백하더이다〉 등의 단편 소설을 발표했다.

또한 1922년에는 그의 첫 장편

소설인 〈환희〉를 《동아 일보》에 연재하여 천재성을 인정받기도 했으며, 1923년에는 〈17원 50전〉〈은화와 백동화〉〈행랑 자식〉〈여이발사〉 등을 발표하여, 초기의 낭만주의 작품 세계에서 벗어나 냉정하고 객관적인 경향으로 탈바꿈했다. 그 무렵 그는 《시대 일보》라는 신문사의 기자로 1년 동안 활약하다가 다시 《여명》의 동인이 되어 계속 좋은 작품을 발표했다.

1924년에는 〈자기를 찾기 전〉 1925년에는 대표작 〈벙어리 삼룡이〉를 비롯하여 〈물레방아〉〈꿈〉〈뽕〉 등 주옥 같은 단편을 계속 발표하여 문단의 주목을 받았다.

비로소 주관적인 애상과 감상을 극복하고 객관적인 사실주의로 변모했으며 작가로서의 완숙한 경지에 접어들었다.

특히 등장 인물의 성격을 치밀하게 그렸으며 한국 농촌의 현실과 풍속을 잘 묘사했다는 점에서 1920년대 한국 소설의 전원적 사실주의 작가로 꼽히기도 한다.

그 이듬해에는 보다 넓은 작품 세계를 갖기 위해 다시 일본으로 건너갔으나, 역시 생활의 어려움으로 오래 견디지 못하고 곧 귀국했다.

그러나 그 무렵의 무질서한 생활 때문에 그는 병을 앓게 되었고, 〈지형근〉〈화염에 싸인 원한〉 등의 소설을 발표했으나 결국 건강을 회복하지 못하고 1927년, 25세의 젊은 나이로 요절했다.

# 나 석 주

(1892~1926)

## ─ 항일 독립 투사 ─

나석주(羅錫疇)는 1892년(고종 29), 황해도 재령에서 나병헌의 아들로 태어났다.

16세에 보명 학교에 들어가 2년간 공부한 그는 더 이상 학업을 계속하는 것보다 빼앗긴 나라를 되찾는 일이 더 보람되고 급한 일임을 깨닫고, 22세 때에 만주로 건너가

동양 척식 주식 회사 원산 지점

독립군 양성 학교인 무관 학교에서 4년 동안 군사 훈련을 받았다. 그런 다음 국내로 들어와서 항일 공작원으로 일했다.

1919년 3·1 운동 후에는 독립군 군사 자금을 모아서 상하이 임시 정부에 보내고, 뜻이 맞는 여러 사람들을 규합하여 황해도 평산군 상월면 주재소의 일본 순사와 우리 나라 사람으로서 일본의 앞잡이 노릇을 하는 은율 군수를 처단했다.

나석주는 그 길로 다시 중국으로 건너가서 임시 정부의 경무국 경비원을 지내다가 허난 성 한단에 있는 육군 군관 학교를 졸업하고, 한때는 중국군 장교로 복무했다.

그 후 의열단에 들어가 항일 운동에 힘쓰던 그는 일본이 우리 나라를 착취하기 위하여 설립한 동양 척식 주식 회사와 조선 식산 은행

을 파괴할 목적으로 당시 의열단 고문이던 김창숙, 유우근, 한봉근, 이승춘 등과 협의, 거사를 계획했다.

때를 기다리던 그는 1926년 12월, 중국인으로 변장하여 인천에 잠입하였다. 전기공으로 가장하여 조선 식산 은행에 잠입한 나석주는 폭탄을 던졌으나 불발로 목적을 달성하지 못했다. 그러자 그는 다시 동양 척식 주식 회사로 달려갔다. 그러나 여기에서도 애석하게 폭탄이 불발하고 말았다.

그 곳에서 나석주는 권총을 발사하여 수라장을 만들어 놓고는 재빨리 몸을 피하여 이번에는 다시 조선 철도 회사로 내달렸다. 여기서

도 여러 일본 사람들을 죽인 그는 달려온 일본 경찰들과 접전을 벌여 일본 경찰들을 살해하였으나, 혼자의 힘으로는 많은 일본 경찰들을 당해 낼 수가 없었다.

그는 일본 경찰의 총탄에 죽는 것이 싫어 자신이 가지고 있던 권총으로 자결을 시도했으나 중상을 입고 쓰러졌다. 일본 경찰이 즉시 병원으로 이송하여 이름을 묻자, 이름을 말한 후 의열단임을 밝히고 순국하였다.

1926년 12월, 34세의 젊은 나이로 조국의 독립을 위하여 아낌없이 목숨을 바친 나석주에게, 나라에서는 1962년 건국훈장 대통령장을 수여했다.

# 나 운 규
## (1902~1937)

### ─한국 영화계의 선구자─

나운규(羅雲奎)는 1902년(고종 39) 함경도 회령에서 태어났다. 호는 춘사이다.

1912년 회령 보통 학교를 졸업한 뒤 미션 스쿨인 신흥 학교 고등과에 진학했다가 16세인 1918년에 만주 간도에 있는 명동 중학에 입학하였다.

그 후 1923년, 그는 함흥에서 조직된 예림회라는 극단에 끼여 북간도 순회 공연을 따라 나섰다. 그러나 몇 달 안 가서 그 극단은 재정 문제로 해산되고, 나운규는 다시 서울에서 몇 달 간 학교를 다닌 뒤, 부산으로 내려갔다.

당시 부산에는 조선 키네마 주식 회사라고 하는 큰 영화사가 있었는데, 예림회에 있던 몇몇 사람들이 그 회사에 들어가 있었던 것이다.

그 회사의 연구생으로 들어간 그가 최초로 맡은 역은 〈운영전〉이란 영화에 단역인 가마꾼으로 출연한 것이다.

해가 바뀐 1925년, 23세의 나운규는 서울로 올라와 〈심청전〉의 심봉사 역할을 맡아 연기력을 인정받았다.

그 다음의 이광수 원작의 〈개척자〉나 〈장한몽〉 같은 영화에서는 신통한 역할을 맡지 못했다. 그의 못생긴 용모 때문이었을 것이다.

그러나 1926년 일본인이 설립한 조선 키네마 프로덕션의 첫 작품에 출연한 나운규는 연기파로 주목받게 되고, 조선 키네마 프로덕션은 두 번째 작품으로 나운규 자신의 각본, 감독, 주연으로 〈아리랑〉을 제작하게 되었다.

개봉관인 단성사는 연일 〈아리랑〉을 보려는 관객들로 터져 나갈 것같이 만원이 되었으며, 나운규는 하루 아침에 위대한 작가, 명감독, 명배우가 되었다.

나운규는 계속해서 〈풍운아〉 〈들쥐〉 〈금붕어〉 등의 영화를 제작했다. 그는 당시 그야말로 우리 나라 영화계의 제1인자였다.

1927년, 25세의 나운규는 '나운규 프로덕션'을 설립하고, 1929년까지 2년 동안 〈잘 있거라〉 〈옥녀〉 〈사랑을 찾아서〉 〈벙어리 삼룡〉 등의 영화를 직접 각본도 쓰고 감독 겸 주연을 맡아 제작했다.

그러나 1929년 27세 때, 나운규 프로덕션을 해체하지 않으면 안 되었다. 계속되는 방종한 생활로 돈을 마구 썼으며, 후원자도 얻지 못한 것이 그 프로덕션을 해체하게 된 원인이었다.

그 뒤로 나운규는 〈임자 없는 나룻배〉 〈무화과〉 〈강 건너 마을〉 등의 문명 비판, 사회 비판 등 부정 정신을 나타낸 영화를 만들어 냈다.

1936년 그는 〈아리랑〉 제3편을 발성 영화로 제작하고, 이태준의 〈오몽녀〉를 영화화하여 성공하였다. 그러나 오랫동안 무리한 탓에 지병인 폐결핵이 악화되어 1937년 8월 9일, 35세의 아까운 나이로 눈을 감았다.

# 나　철
(1863~1916)

ー대종교의 교주·독립 운동가ー

나철(羅喆)의 호는 홍암이고 본명은 인영이다.

전라 남도 보성 출신으로서, 일찍이 벼슬이 부정자에 이르렀으나 일제의 침략이 심해지자 사임했다. 1905년 을사조약이 체결된 이후 우리 나라에 대한 일본의 간섭과 압력이 날이 갈수록 심해지자 이를 항의하고자 세 번에 걸쳐서 일본에 나갔으나 모두 뜻을 이루지 못하고 귀국했다.

나철은 자신의 실패를 통하여 나라를 구하는 운동에 있어서는 몇 사람의 애국자들만 노력한다고 해서 될 일이 아님을 절실히 느끼게 되었다.

그는 나라의 기틀을 튼튼히 하고 민족을 부흥시키는 원동력은 바로

국민 모두가 민족 의식을 되찾는 데 있다고 보고, 그와 뜻을 같이하는 오기호 등 10명과 함께 1909년 음력 1월 15일에 '단군 대황조·신위'를 모시고 '단군교 포명서'를 공표하였다.

이렇게 함으로써 고려 시대 몽고의 침략 이후 700년간 단절되었던 국조 단군을 모시는 단군교의 교문을 열었다. 단군교를 열었다고 하여 바로 그 날을 중광절이라 하고, 음력 3월 15일을 단군 승천 기념일로 정하여 큰 제사를 지냈다.

새로 단군교를 시작한 지 1년 만인 1910년에는 단군교의 이름을 빙자한 친일 분자들 때문에 원래의 명칭으로 환원한다는 의미와 함께 이름을 대종교라고 새로 정했다.

그리고 그는

'민족의 얼을 지키기 위해 단군을 숭배하는 민족 종교를 창시했지만, 독립 운동을 게을리 할 수는 없다. 하루 속히 빼앗긴 나라를 다시 찾아야 한다!'

라고 늘 강조했다.

나철은 국내외에서 독립 운동을 계속하다가 일제 관헌에게 쫓기게 되자, 1916년에 동포에게 일본의 잔혹한 통치를 통탄하는 유서를 남기고 스스로 목숨을 끊었다.

그가 남긴 저서로 《삼일 신고》 《신단 실기》 등이 있다.

1962년에 건국훈장 국민장이 수여되었다.

# 남 이
## (1441~1468)

### ─ 비운의 젊은 명장 ─

조선 시대 세조 때의 장군인 남이(南怡)는 태종의 외손자이기도 하다. 그는 1441년(세종 23)에 의산군 휘의 아들로 태어났다.

1457년(세조 3), 16세의 나이로 무과에 장원 급제하여 그 후 세조의 총애를 받았다.

1467년, 길주의 호족인 이시애가 동생 이시합과 매부 이명효와

남이 장군 묘 (남이섬)

모의하여 난을 일으킨 사건이 있었다. 이시애는 대대로 함경도에 살던 호족의 아들로, 당시 벼슬이 회령 부사였다. 그런데 세조가 벼슬자리에 북쪽 사람을 쓰지 않고, 중앙에서 직접 뽑아 파견하는 등, 중앙 집권을 강화하자 자기의 벼슬자리가 위태롭다고 느끼고 반란을 일으킨 것이다.

이 반란을 평정할 때 남이는 대장이 되어 이시애의 군사를 대파하였다. 이 공으로 남이는 적개 공신 1등에 오르고 의산군에 봉해졌다. 이어 여진족의 본거지인 건주위를 칠 때에도 큰 공을 세워 이등 군공을 받았으며 그 뒤 공조 판서에 임명되었다.

27세인 1468년에는 젊은 나이로 병조 판서가 되었다. 그러자 많은 신하들이 그를 시기했으며, 그 중

에서도 유자광이 특히 심했다.

남이가 병조 판서에 오른 그 해에 세조가 세상을 떠나고 예종이 뒤를 이어 왕위에 올랐다.

그 무렵, 어느 날 밤의 일이었다. 남이는 그 날 숙직을 하다가 밤하늘에 혜성이 나타난 것을 보고, '혜성이 나타난 것은 묵은 것을 없애고 새 것을 나타나게 하려는 징조다.'라고 말했는데, 옆에서 듣고 있던 유자광이 이 얘기를 가지고 남이가 반란을 일으키려 한다고 예종에게 일러바쳤다.

또한 그는 남이가 여진 정벌 때 압록강에서 읊은 '백두산의 돌은 칼을 갈아 없앨 것이요, 두만강의 물은 말을 먹여 없애겠다. 사나이

가 나이 스물에 나라를 평정치 못하면 후세에 누가 그를 사나이라 하겠느뇨.'라는 시의 맨 끝 구절을 '사나이 나이 스물에 나라를 얻지 못하면'이라 고쳐서, 남이가 반역을 꿈꾸고 있다고 고했다.

유자광은, 왕이 산릉에 행차할 때 남이가 난리를 일으켜 보성군 합의 아들 춘양군 내를 왕으로 추대하려 할 것이라고 거짓 고자질했다.

예종은 유자광의 고자질을 믿고 남이는 물론, 그와 가까웠던 강순, 조경치, 변영수, 변자의 등 숱한 신하들을 처형했다.

그리하여 남이는 스물 일곱의 아까운 나이로 억울하게도 세상을 떠나고 말았다.

# 논 개
## ( ? ~1593)

### ─왜장과 함께 죽은 의기─

논개(論介)는 전라도 장수에서 양가의 딸로 태어났다. 그녀의 성은 주씨였다.

그녀는 어릴 때부터 얼굴이 매우 예쁘고 노래, 춤 등에 남다른 재주가 있었다. 그러나 일찍이 부모를 여의고 의탁할 곳이 없게 되자, 경상도 진주의 어느 기생집에 들어가

논개 사당 (진주시)

서 기생이 되었다.

그 시대의 기생이라 하면, 노래와 춤뿐 아니라 글과 글씨에도 뛰어난 실력을 가지고 있어야 했다.

논개는 이런 여러 가지를 다 잘하면서도 품성 또한 고결했다.

그런데 1592년에 임진왜란이 일어났다. 그리고 그 이듬해 2월, 영남 지방으로 퇴각하던 왜적이 그 전 해에 공격하였다가 실패했던 진주성을 다시 한 번 공략하기 위해 몰려왔다.

그런데 이 싸움에서 불행히도 경상 우도 병마 절도사인 최경회는 성 위를 순시하다가 적이 쏜 흉탄에 맞아 숨지고 말았다.

논개는 최경회의 원수를 갚기 위하여, 몸단장을 곱게 하고 진주성으로 갔다.

마침, 진주성의 촉석루에서는 왜

적의 장수들이 진주성을 함락시킨 승리의 기쁨에 도취되어 잔치를 베풀고 술을 마시는 등 긴장을 풀고 마음껏 즐기고 있었다.

이윽고 왜군의 장수들이 몹시 취하자, 논개는 그들 중에서 가장 우두머리로 보이는 장수 한 명을 유인하여 바싹 끌어안았다. 그리고 끌어안은 왜장과 자신의 몸을 바위 아래 흐르고 있는 남강에 던져, 그 왜장과 함께 목숨을 끊었다.

그 후 이 사실은 많은 사람들의 입을 통하여 널리 퍼지게 되었다. 그녀의 순국 사실이 책이나 비석 등에 기록되기 시작한 것은 대략 1620년경으로 추정된다.

진주 사람들이 논개의 애국적인 행동을 기리고 후세에 길이 전하기 위하여 그녀가 순국한 바위에 '의암'이라는 글자를 새긴 것도 이 무렵의 일이다.

논개를 추모하는 진주 사람들은 촉석루 서쪽에 사당을 세워 놓고, 해마다 성이 함락된 날이면 사당에서 제사를 지냄으로써 그녀의 의로운 혼을 위로하는 한편, 국가적인 추모제가 거행될 수 있도록 많은 노력을 했다.

그녀의 고향 장수에도 논개의 의거를 기리는 정문(충신·효자·열녀 등을 표창하기 위해 그 집 앞에 세우던 붉은 문)이 세워져 있다.

# 단 군
## (?~?)

## －우리 나라의 건국 시조－

단군(檀君)은 우리 나라의 건국 시조로, 《삼국유사》에는 다음과 같은 신화가 전해진다.

아득한 옛날, 하늘 나라를 다스리는 환인 임금이 있었고, 그에게는 여러 아들이 있었다. 그들은 모두 하늘 나라에 태어난 것을 만족하게 여기고 있었다. 그러나 그 중 환웅이라는 아들만은 그렇지 않았

단군이 하늘에 제사를 지냈던 참성단

다. 그는 언제나 하늘 밑의 땅에만 관심이 있었다.

어느 날, 사람들이 사는 세상에 대해 이야기를 듣고 난 아들 환웅은 입을 열었다.

"저는 땅으로 내려가 사람들을 다스리고 싶습니다. 힘센 사람이 약한 사람을 억눌러서 하루도 평화로울 날이 없는 땅에 내려가 그들이 평화롭게 살도록 만들고 싶습니다."

"네 뜻이 정 그러하다면 내가 네게 적당한 곳을 물색해 주겠다. 네가 사람을 다스리기에 알맞은 땅을……."

환인 임금은 이렇게 말하고, 태백산(지금의 평안 북도 영변군에 있는 묘향산) 일대를 물색해 주었다. 그리고 아들 환웅에게 땅에 내려가 다스리는 데에 필요한 신령한

물건 세 개를 주었다. 천부인(天符印)이라는 것이었다.

"이 천부인은 신통한 힘이 있어 어떤 곤란도 이길 수 있는 것이다. 소중하게 간수하여라."

이렇게 말한 환인 임금은 땅으로 내려가는 아들에게 3000명의 무리를 데려가도록 내주었다.

환웅은 많은 무리를 거느리고 땅에 내려오자, 하늘 나라에 제사를 지낼 수 있는 제단을 만들었다. 그리고 그 제단 아래쪽에다 터를 닦아 마을을 만들었다.

환웅은 사람들로 하여금 농사를 짓게 했고, 그들의 목숨과 질병을 맡았다. 나쁜 일을 하면 벌을 주었고, 좋은 일을 하면 상을 주었다. 환웅이 이토록 사람들에 관한 일을 맡은 것이 360여 가지나 되었다. 그런 환웅에게 어느 날, 곰과 호랑이가 찾아왔다.

"임금님, 우리도 사람이 될 수 있게 해 주십시오."

곰과 호랑이가 엎드려 절을 하며 애원했다.

"너희들이 정 그토록 사람이 되길 원한다면, 내가 주는 이 쑥과 마늘을 먹고 어두운 굴 속에 들어앉아 햇빛도 보지 말고 100일 동안 정성껏 기도를 해야 한다. 내 말대로 할 수 있겠느냐?"

"네, 분부대로 하겠습니다."

곰과 호랑이는 환웅에게서 쑥 한 다발과 마늘 스무 쪽을 얻어 가지고 굴 속으로 들어갔다.

참을성이 있는 곰은 굴 속에서 밤낮없이 기도를 했지만, 성미가 급한 호랑이는 따뜻한 햇볕과 넓고 시원한 바깥이 그리워 견딜 수가 없었다.

결국, 견디다 못한 호랑이는 그 냥 바깥으로 뛰쳐나간 뒤 그대로 네 발로 기는 짐승인 채로 살아가게 되었고, 기나긴 날들을 끝끝내 참아 낸 곰은 웅녀(곰이 변하여 된 여자)로 변했다.

웅녀로 변한 곰이 다시 환웅을 찾아가 아이를 갖게 해 달라고 애원하였다.

"그렇다면 신단수 앞에서 기도를 드려라."

신단이란 하늘 나라에 제사를 지내기 위해 쌓아 놓은 제단인데, 그 곳에 있는 커다란 한 그루의 나무를 신단수라고 불렀다.

'제게 귀여운 아이를 갖도록 해 주소서.'

곰은 날마다 신단수 앞에 나아가 빌었다. 날씨가 좋든 궂든 하루도 빠짐없이 기도를 올렸다. 그것을 본 환웅은 속으로 감탄하였다.

그래서 환웅은 그냥 평범한 남자로 변하여 그 웅녀와 결혼 생활을 했다.

그리하여 소원을 이룬 웅녀는 아기를 낳게 되었다. 건강하고 잘생긴 사내아이였다. 아기는 자라면서 환웅을 닮아 갔다. 모습은 물론, 슬기롭고 용감한 것까지도 닮아 갔다. 이제 환웅의 뒤를 이을 사람은 그 아이밖에 없었다.

오랜 세월이 지나 드디어 환웅 임금의 뒤를 잇게 되니, 그가 곧 단군이다. 혹은 단군 왕검이라고 한다. 단군이란 말은 제사를 주장하는 사람을 뜻하고, 왕검이란 말은 권위와 권력을 나타내는 정치 단체의 으뜸을 뜻한다.

단군은 나라의 이름을 '조선'이라고 정했다. 그리고 이어서 서울을 백악산의 아사달(평양 부근 또는 황해도 구월산이라는 주장이 있음)로 정했다.

조선은 평화롭고 살기 좋은 나라였다. 그것은, 단군이 훌륭하게 나라를 다스렸기 때문이었다.

이상에 소개한 것이 곧 '단군 신화'이다. 이 신화를 겉으로만 듣고 흘린다면 황당 무계한 이야기일 뿐이다.

그러나 우리는 이 신화 속에서 우리 민족의 고유한 사상과 우리 민족의 긍지, 또는 자주성이 담겨 있음을 깨달아야 한다.

환웅이 하늘 나라에서 내려올 때, 인간을 널리 이롭게 한다는 홍익 인간의 이념을 가지고 왔다는 것, 우리가 단군이라는 한 조상의 후예라는 것 등이 바로 그런 점들이라고 말할 수 있다.

# 단 종
(1441~1457)

## ―수양 대군에게 왕위를 빼앗긴 왕―

단종(端宗)은 조선 제 6 대 왕으로, 문종의 아들이다. 어머니는 현덕 왕후 권씨이며, 비는 판돈령부사였던 송현수의 딸 정순 왕후 송씨였다.

단종의 이름은 홍위이다. 7세이던 1448년(세종 30)에 의정부의 청으로 왕세손에 봉해졌으며,

영월 영모전에 안치된 단종의 영정

1450년에 문종이 왕위에 오름에 따라 세자로 책봉되었다.

왕위에 오른 문종은 백성들의 뜻을 중요하게 여기고, 신하들도 선비와 무인들 중에서 실력이 있는 사람들을 골고루 썼기 때문에 신망이 두터웠다. 그러나 몸이 약해서 2년 동안 왕위에 있다가 세상을 떠나고 말았다.

1452년, 아버지의 뒤를 이어 왕위에 오른 단종은 겨우 11세의 어린 나이였다.

단종이 이렇게 어린 나이로 즉위하자, 숙부인 수양 대군은 정권을 장악하기 위해 이듬해인 1453년에 왕을 보필하던 김종서, 황보 인 등을 제거하고 정권을 빼앗았다. 그로 인하여, 단종은 글자 그대로 유명 무실한 왕이 되고 말았다.

그리고 1455년에는 수양 대군의

강원도 영월에 있는 단종의 능인 장릉

손발이 되어 움직였던 한명회, 권람 등의 강요에 따라 왕위마저도 수양 대군에게 물려주고 말았다.

단종이 부당하게 왕위를 빼앗기게 되자, 집현전 학자였던 성삼문, 박팽년, 하위지, 이개, 유응부, 유성원 등이 단종을 다시 왕위에 모시려고 일을 꾸몄다.

그러나 그 일은 같이 일을 꾸몄던 김질의 고자질로 사전에 발각되어 거기에 가담했던 6명의 학자들은 심한 고문을 받은 후에 모두 처형되었고, 집현전도 폐지되었다. 이 사육신 사건이 일어난 것은 1456년(세조 2)의 일이었다. 그리고 그 이듬해에는 단종도 강원도 영월로 유배되고 말았다.

그 해, 단종의 숙부이며 세조(수양 대군)의 아우인 금성 대군이 또 한 차례 단종을 다시 왕위에 오르게 하려고 일을 꾸미다 발각되어 사형당했다.

뒤이어 단종마저도 귀양지 영월에서 어린 나이에 끝내 원통한 죽음을 당하고 말았다.

이렇듯 단종이 왕위에 올라 있던 시기는 3년도 채 안 되는 짧은 기간이었다. 그러나 그는 왕위에 올라 있던 동안에 양성지를 시켜《조선도도》《팔도각도》《황극치평도》등을 편찬, 간행케 하는 등 적잖은 일을 했다.

단종의 능은 영월에 있으며, 장릉이라 한다.

# 담 징
(579~631)

## ―호류사의 금당 벽화를 그린 스님―

담징(曇徵)은 고구려 영양왕 때의 스님으로, 610년(영양왕 21) 일본에 건너가서 호류사라는 절의 금당 벽화를 그린 것으로 알려져 있다.

옛날에 한때 일본의 서울이었던 나라는 그 이름부터가 우리 나라의 영향을 받아 지어진 것으로 짐작

담징의 호류사 금당 재현 벽화

된다. 그 곳에 있는 호류사는 6세기에 창건된 목조 건축물로서, 동양 미술사에서 중요한 위치를 차지하는 여러 가지 건축 양식을 간직하고 있는 것으로 유명하다.

그런데 그 절의 금당 벽에다 담징이 사불 정토도를 그렸다 한다. 그러나 1949년 1월 수리 중에 화재를 당하여 없어졌다. 현재는 모사화가 일부 남아 있을 뿐이다.

그 금당 벽화가 실제로 담징의 작품이었는지에는 몇 가지 문제점이 있다. 그러나 그런 문제를 떠나서 담징이 일본의 고대 문화에 끼친 공헌은 실로 대단한 것이었다.

담징은 유학과 불교에 정통한 학자인 동시에 그림을 잘 그리고, 또한 종이, 먹, 벼루, 농사짓는 기구 등을 만드는 재주가 있었다. 이것은 일본의 역사책인 《일본서기》에

도 뚜렷하게 나와 있다.

그 당시의 문화 흐름은, 일본이 중국 대륙의 문명을 우리 나라를 거쳐서 받아들이기 시작할 무렵이었다. 그러므로 일본에서는 담징의 여러 가지 재주는 대단히 신기하고도 고마운 일이었을 것이다.

일본의 최고 권력자가 담징과 고구려 사람들을 환영한 것은 말할 것도 없고, 가능한 한 호류사에 오래 머물면서 여러 학문과 기술을 전해 주길 원했다.

그런데 금당 벽화가 담징이 그린 것이냐 아니냐 하는 것이 문제되는 것은, 첫번째는, 기록의 정확성이 의심스럽고, 두 번째는, 호류사의

금당은 그 후 약 반 세기 후에 중건되었다. 또한 세 번째는, 벽화가 담징의 시대보다 조금 다음 시대의 그림 양식을 나타내었기 때문이라고 한다.

그러나 담징이 직접 그림을 그리지는 않았다 해도 담징이 그린 원화를 충실히 모사한 것이라고 주장하는 견해도 있다.

또한 그것을 모사한 사람은 담징을 따라간 고구려 사람이었을 것으로 짐작되므로, 결국은 담징의 작품이라고 해도 그렇게 틀린 말은 아닐 것이다. 그림의 내용이나 구도, 기법이 모두 담징의 그림과 같은 것이기 때문이다.

# 대 조 영
( ? ～719)

## ―발해의 시조―

대조영(大祚榮)은 발해를 건국
한 시조로 고왕이라 하며, 재위 기
간은 698년부터 719년까지이다.

대조영의 집안이나 고구려 사회
에서 차지하고 있던 그의 지위에
대해서는 잘 알려져 있지 않다. 당
나라가 평양을 점령한 후, 평양에
안동 도호부를 두고, 3만 호나 되
는 유민을 영주(지금의 차오양)로

끌고 갔는데, 대조영도 그 때 끌려
간 것 같다.

696년, 고구려 유민과 마찬가지
로 영주 지방에 끌려와서 억압당하
고 있던 거란의 추장 이진충이 반
기를 들었다. 그러자 그 곳에 끌려
와 있던 모든 사람들은 당나라 관
리의 부당한 대우에 불만을 품고
있던 터라 반군에 호응하였다. 진

작부터 시기만을 기다리던 대조영
도 말갈족의 걸사비우라는 사람과
손을 잡고 동쪽으로 나아갔다.

당나라에서는 장군 이해고를 파
견해서 그 뒤를 쫓게 하여 걸사비
우를 잡아 죽였으나, 천문령(만주
의 동부와 서부를 가르는 분수령)
에 이르러 대조영에게 대패하여 이
해고만 살아 달아났다.

당의 추격을 물리친 대조영은 동
모산(지금의 중국 지린 성의 둔화
부근)에 성을 쌓고, 698년 무렵 나
라를 세워 스스로 왕위에 오르고
국호를 진, 연호를 천통이라 하였
다. 이로써 만주 동부에 고구려의
광복이 이루어지게 된 것이다.

그러는 동안, 당은 랴오둥 방면
에 대한 세력이 약해졌기 때문에
무예와 지략이 뛰어난 대조영의 세
력을 억압하는 대신에 회유 정책을
쓰기로 결정하고 사신을 보냈다.
대조영도 아들 대문예를 당나라에
보내어 화해를 했다.

이 때, 당나라 현종이 대장군 발
해왕이라는 칭호를 보내 왔으므
로, 이 때부터 국호를 발해라고 하
였다. 대조영이 자립한 지 15년이
지난 713년의 일이었다.

발해의 영토

그 후, 대조영은 고구려의 옛 땅
을 회복하는 데 힘써 동만주를 중
심으로 하여 판도가 동쪽에서 서쪽
으로 5천 리에 걸쳤고, 남쪽으로
는 신라에 접하여 신라와도 국교를
맺었다.

이와 같이, 대조영 자신이 창건
한 발해는 그 건국의 목표를 옛 고
구려의 부활에 두고 있었다. 발해
의 전성기는 10대 선왕이 다스리
던 시대였는데, 중국에서도 '해동
성국'이라 불렀다.

발해는 15대에 걸쳐 228년 동안
계속되었으나, 내내 계속 적대 관
계에 있던 거란의 침입으로 926년
에 멸망하고 말았다.

# 도　선
## (827~898)

## －신라 말의 승려이며 풍수설의 대가－

　도선(道詵)은 신라 때의 스님으로 성은 김씨였다. 827년 영암에서 태어났으며, 15세에 월유산에 있는 화엄사에 들어가 중이 되어 불경을 공부하기 시작했다.

　그로부터 약 4년 후에는 19세의 젊은 나이로 도통했으며, 수많은

도선 대사의 비

불교 학도들이 깨달음을 얻고자 모여들어 그에게 배웠다. 그리고 그를 큰스님으로 받들었다.

　23세 때인 850년에는 천도사에서 구족계(불교에 입교한 남녀 중들이 지켜야 할 모든 계율. 비구는 250계, 비구니에게는 348계가 있음)를 받은 후, 굴 속과 움막 속에서 도를 닦으며 지냈다.

　그리고 898년(효공왕 2)에 71세로 백계산(광양에 있는 산)에 있는 옥룡사에서 일생을 마쳤다.

　도선은 죽을 때에 제자들에게 "사람은 이 세상에 태어날 때 인연이 있어 태이나는 것이고, 또 죽을 때는 그 인연이 다하여 죽는 것이다. 그것이 곧 이 세상의 정해진 이치이니 너무 슬퍼하지 말라."

라는 유언을 남겼다.

도선이 살아 있을 때, 어찌나 그 명성이 높던지 임금이 궁중으로 불러다가 불법을 배우기도 하였다.

그뿐만 아니라, 그는 먼 앞날을 내다보는 신통력이 있어, 일찍이 고려 태조 왕건의 탄생과 그가 나라를 세우는 일까지도 예언했다. 도선은 중국에서 생겨나 전파된 풍수 지리설과 음양 도참설을 골자로 한 《도선비기》를 저술했다.

풍수 지리설이란, 땅의 모양이나 방향의 좋고 나쁨을 가지고 사람에게 미치는 길흉을 판단하여 집을 짓거나 묘를 쓰는 이론이고, 음양 도참설은 천재지변이나 세상의 온갖 길하고 흉한 일을 미리 내다보고 예언하는 것이다.

그렇기 때문에, 《도선비기》는 당시의 정치, 사회에 큰 영향을 끼쳤는데 고려 시대의 태조는 〈훈요 십조〉에서, 도선이 정한 곳 이외에는 절을 짓지 말라고 할 정도였다.

이 영향은 조선 시대를 거쳐 오늘날에 이르기까지 우리 국민의 일상 생활에서 떼려야 뗄 수 없는 밀접한 관계를 맺어 오고 있다.

지금도 간혹 나이 드신 분들이 집터나 묏자리를 정할 때, 땅의 생김새나 방향 따위로써 길하고 흉한 것을 점치는 것이 모두 다 그 영향인 것이다. 도선은 고려 숙종 때에 왕사에 추증되었다.

# 동명성왕
(기원전 58~기원전 19)

## -고구려의 시조-

동명왕은 고구려의 시조로, 성은 고씨이며 이름은 주몽이다.

천제의 아들인 해모수와 송화강의 수신인 하백의 딸인 유화가 부모의 허락 없이 결혼을 하였다 하여, 아버지의 노여움을 받아 태백산 기슭의 우발수로 쫓겨났다.

유화는 우발수 강가에서 북부여의 왕인 금와왕의 도움을 받아 궁

중 별당에 기거하며 살게 되었는데, 어느 날, 천제의 아들인 해모수가 햇빛이 되어 유화 부인을 비춤으로써 잉태하게 하여 알을 낳게 되었다고 전한다.

처음 유화 부인이 알을 낳자, 금와왕을 비롯하여 모든 중신들이 괴이하게 여겨 그 알을 개와 돼지에게 주었더니 먹으려 하지 않았고, 길바닥에 버렸으나 소와 말이 모두 피해 갔다. 또한 들에 버려도 새가 날아와 날개로 감싸 덮고 따뜻하게 해 주었다. 그제야 금와왕은 그 알을 유화 부인에게 돌려 주었다.

그런데 하루는 그 알에서 사내아이가 나왔다. 그 아이는 자라면서 더욱 총명해지고, 특히 활을 잘 쏘아서 이름을 주몽이라 지었다.

자라남에 따라 주몽은 기골이 장대하고 무예가 뛰어나 금와왕은 물

평양시 역포구역 무진리에 있는 고구려의 시조 동명왕릉

론, 대신들도 모두 그 아이를 사랑하였다. 그러자 금와왕의 일곱 왕자들은 주몽의 뛰어난 재주를 시기하여 기회만 있으면 주몽을 해치려고 하였다. 주몽은 더 이상 북부여에 머물러 있을 수 없게 되자, 항시 그림자처럼 자기를 따르던 부하 세 명과 함께 남쪽 졸본 땅으로 내려왔다.

이 곳은 땅이 기름지고 넓으며, 주위의 산하가 험준하여 가히 도읍을 정할 만하였다. 주몽은 기원전 37년 드디어 나라를 세워 나라 이름을 고구려라 하고 자기의 성도 고씨로 하였다.

그 후, 주몽을 추종하는 백성의 수가 날로 늘고, 이웃하고 있던 비류국의 왕인 송양의 항복을 받아, 기원전 34년에는 성곽도 쌓고 궁궐도 짓게 되니, 명실 공히 국가의 한 군주로서 군림하게 되었다.

그 이듬해에는 행인국을 정복하여 국토를 넓혔으며, 기원전 28년에는 북옥저를 멸망시켜 국가의 토대를 튼튼히 넓혀 나갔다.

기원전 19년 4월에 부여에서 도망쳐 나온 아들 유리를 태자로 삼은 후, 그 해 9월에 세상을 떠났다.

기원전 37년에서 기원전 19년까지 재위하였다.

# 마 해 송
## (1905~1966)

### ─아동 문학의 선구자─

아동 문학가이자 수필가이기도 한 마해송의 본명은 마상규이며, 1905년(고종 42)에 개성에서 출생했다.

서울 중앙 고등 보통 학교를 중퇴한 뒤 보성 고등 보통 학교로 옮겼는데, 동맹 휴학 사건으로 퇴학 당했다. 그 무렵, 문학에 뜻을 둔 마해송은 문예 동인지 《여광》의 동인으로 문학 활동을 시작했다.

1921년, 일본으로 건너가 일본 대학 예술과에 입학했으며, 작곡가 홍난파 등과 어울려 극단 '동우회'의 회원이 되었다. 그리고 방학 때는 귀국하여 전국 각지를 순회하면서 연극을 통해 개화 운동을 벌였다.

1922년에는 공진항 등과 함께 문학 단체인 '녹파회'를 조직한 뒤, 1923년 '송도 소녀 가극단'을 후원하며 전국을 돌아다녔는데 이 때 그는 자기가 지은 동화 〈바위나리

와 아기별〉〈어머님의 선물〉〈복남이와 네 동무〉 등을 구연했다.

1924년에는 방정환 등과 함께 '색동회'의 동인이 되어 어린이를 위한 문학 창작 활동을 계속했고, 많은 동화를 발표하여 아동 문학 발전에 선구자적 역할을 했다. 1930년 일본에서 펴내는 교양 잡지 《문예 춘추》의 초대 편집장을 거쳐, 자신의 재산을 모두 털어서 잡지 《모던 일본》을 펴내는 등 언론인으로서 활약하다가 8·15 광복이 되어 귀국했다.

1945년, 해방과 함께 귀국한 그는 꾸준히 동화를 집필하는 한편, 여러 단체의 책임자를 역임했으며, 1957년에는 '대한 민국 어린이 헌장'을 기초하여 발표하였다.

또한 1959년에는 마을 문고 보급회 명예 회장이 되어 농촌의 독서 운동에 힘을 기울였다.

마해송은 해방 이후, 장편 동화를 많이 썼는데, 그 대표적인 작품은 〈앙그리께〉〈모래알 고금〉〈토끼와 원숭이〉〈떡배 단배〉 등이다.

이 작품들은 아름다운 문장과 순정적인 내용으로 이루어졌던 그의 초기 동화와는 매우 다른 내용을

마해송의 묘

지니고 있다. 〈토끼와 원숭이〉에서는 약소 민족과 강대국과의 관계를 비유하여 비판, 풍자했고, 〈떡배 단배〉에서는 어린이들의 자주성과 독립성을 길러 주기 위한 깊은 뜻이 담겨 있다.

또 〈모래알 고금〉이나 〈멍멍 나그네〉 같은 작품들 속에는 어지럽고 부조리한 사회상을 비판하려는 의도가 짙게 숨어 있다.

그 외에 소설 〈아름다운 새벽〉이 있고 수필집 《오후의 좌석》 등이 있다.

마해송은 이들 작품으로 제 6 회 자유 문학상(1959년), 고마우신 선생님상(1964년), 제 1 회 한국 문학상(1964년)을 수상했고, 1966년 61세로 세상을 떠났다.

# 만　적

## ( ? ~1198)

## ―채찍에서 벗어나려던 노예―

　　고려 시대 최충헌의 사노였던 만
적은 1198년(신종 1년) 5월에 개
경의 북산에 올라가 나무를 하다
가, 같이 나무를 하던 노예들을 모
아 놓고 연설을 하였다.
　　"정중부의 무신의 난 이후 많은
공경 대부가 우리와 같은 천인
계급에서 나왔다. 나라를 다스

리는 왕후 장상이라 하여 씨가
따로 있는 것이 아니다. 때가 오
면 누구나 재상이 될 수 있다.
그런데 어찌하여 우리들만 상전
의 채찍을 받으면서 신음하며 살
아야 하느냐? 이제 우리도 다
같이 일어나 최충헌 같은 위정자
와 상전을 없앤 다음, 노예의 굴
레에서 벗어나 왕후 장상이 한번
되어 보자!"
　　이리하여 우리 나라 역사상 최초
로 노예 해방 운동이 일어났으니,
그것이 바로 그 유명한 만적의 난
이다.
　　고려 시대에는 노비에 대한 차별
대우가 극심하여 노비들은 말로 다
할 수 없는 비참한 생활을 하였다.
　　노비는 그가 소속되어 있는 곳에
따라 공노비와 사노비로 구별되었
는데, 만적은 최충헌의 사노비로서

상전에게 혹사당하며 채찍질까지 참아야 했다. 이렇게 비참한 생활을 해 나가야 했던 만적이 주인에게 반기를 든 것은 당연한 일인지도 모른다. 또 당시 사회적인 여건상으로도 만적이 해방 운동을 꾀하도록 새로운 시대 풍조가 조성되어 있었다.

즉, 무신의 난이 일어난 지 20여 년이 지나는 동안 세상은 변해 있었다. 정권을 잡았던 문신들은 모두 살육되고, 무시만 당하던 무신들이 정권을 잡은 것이다.

이렇게 새로운 공기가 감도는 시대에 자라난 만적은, 비록 성도 없는 무식하고 비천한 노예이기는 했지만, 사회가 바뀌었다는 것을 느끼지 않을 수 없었다.

젊고 혈기에 찬 만적은 같은 처지에 있는 미조이, 연복, 성복, 소삼, 효삼 같은 동료들과 모의를 하고 노예들을 깨우쳐 거사의 찬동을 얻었다.

그리하여 황지 수천 장을 오려 정(丁)자 모양의 휘장을 만들어 표지로 삼고 그 해 5월 17일 흥국사 뜰에 모여 최충헌 등의 주인을 죽이고 노비 문서를 불살라 없앨 계획을 세웠다.

그러나 막상 거사 날이 되자 몇백 명밖에 모이지 않았다. 만적은 기일을 연기하여 21일에 보제사에 모여 다시 거사하기로 약속했으나, 같이 모의를 했던 순정의 밀고로 백여 명의 노비들과 함께 잡혀 강물에 던져지고 말았다.

# 맹 사 성
(1360~1438)

## ─세종 때의 명재상─

맹사성은 1360년(공민왕 9) 수문전 제학을 지낸 맹희도의 아들로 태어났다. 호는 고불이라고 한다.

1386년 문과에 급제한 후, 1392년에 조선이 개국되자 수원 판관 등을 거쳐 1406년에는 이조 참의가 되었다.

1408년(태종 8)의 일이었다. 무신으로 활을 아주 잘 쏘아 임금의 총애를 받았던 목인해가 반란을 일으키려다 발각되었다. 그 때, 대사헌으로 있던 맹사성이 목인해의 죄를 다스리게 되었다.

"너는 상감마마께 총애를 받는 무신이 아니냐? 그런데 어찌 감히 반란을 도모했느냐?"

"저는 조대림의 지시를 따랐을 뿐입니다."

맹사성은 목인해의 입에서 조대림의 얘기가 나오자, 깜짝 놀라지 않을 수가 없었다. 조대림은 태종의 둘째 딸인 경정 공주와 결혼하여 평년군에 봉해진 왕의 사위였기 때문이다.

다른 사람들은 왕의 사위인 조대림을 잡아다 심문하기를 꺼려했는데 그만큼 조대림은 권세가 당당했기 때문이었다.

그러나 맹사성은 주저치 않고 조대림을 잡아들여 심문하였다. 그러나 알고 보니 목인해가 거짓으로 조대림을 끌어다 댄 것이었다. 그러니 맹사성은 죄 없는 사람을, 그것도 왕의 사위를 잡아다 심문한 것이 되어, 결국 왕의 노여움을 사고 말았다. 그 바람에 벼슬이 떨어져 한주로 귀양살이를 갔다. 그러나 영의정 성석린의 변호로 곧 풀려 나왔고, 태종도 그가 아첨할 줄 모르는 충신임을 알게 되었다. 태

맹사성이 학문을 닦던 행단(충남 아산)

종은 성석린으로부터

"맹사성은 수문전 제학을 지낸 맹희도의 아들로, 열 살 때 어머니를 잃자 7일 동안이나 단식했고 3년간 죽을 먹으며 어머니 묘 앞에서 상을 치러 고향에 효자문까지 선 훌륭한 사람이옵니다. 어찌 그런 효자가 나라에 불충하겠나이까?"

라는 얘기를 들은 것이었다.

맹사성은 그 후, 이조 참판을 거쳐 예조 판서로 승진했으며, 1427년(세종 9)에는 벼슬이 우의정까지 올랐다.

명정승으로 이름 높은 황희와 함께 조선 초기 문화를 이룩하는 데 크게 기여했으며, 한 나라의 재상으로 있으면서도 집에는 비가 새고, 나들이 할 때도 언제나 검소한 옷차림으로 다녔다고 한다. 그에 관한 재미있는 일화 중에 이러한 것이 있다. 하루는 맹사성이 남루한 옷차림으로 고향에 내려갔다. 그 때 그 곳 수령이 초라한 옷차림의 노인이 설마 맹사성인 줄 모르고 그에게 야유를 보냈다. 나중에야 그 사실을 안 고을 수령은 혼비백산하여 도망치다가 관인을 연못에 빠뜨려 그 후에 그 연못을 인침연이라 불렀다는 일화도 있다.

# 명성 황후
## (1851~1895)

## —비명에 간 황후—

명성 황후는 조선 시대 고종의 황후로, 성은 민씨이며, 여주에서 민치록의 딸로 태어났다.

7세 때 부모를 모두 잃고 가난하게 자라다가, 1866년 흥선 대원군의 부인인 부대부인 민씨의 추천으로 왕비에 간택되었다.

1868년, 궁인 이씨에게서 완화군이 태어나자 이를 기뻐하는 대원군에 대한 불만이 폭발하여, 대원군에게 반대할 세력을 규합하고 민씨 일파를 조정의 요직에 앉힌 다음, 대원군과 맞섰다.

1871년에 원자를 낳았으나 5일만에 죽자, 이것은 대원군이 준 산삼을 먹은 때문이라 단정하고, 더욱더 대원군을 증오하게 되었다.

1873년, 경복궁의 중건으로 백성들의 원성이 높아지자, 최익현을 동부승지로 발탁하여 대원군의 모든 실정을 탄핵하게 하는 한편, 고종이 친정을 선포하여 왕비 민씨의 친척으로 하여금 정권을 장악하게 하였다.

왕비 민씨는 이 때부터 대원군 쪽의 사람들을 모두 숙청하고, 대원군이 고집하던 통상 거부 정책을 폐하여 일본과 강화도 조약을 맺는 등 일련의 개화 정책을 실시했다.

1882년, 구식 군대의 봉기로 임오군란이 일어나자 신변이 위험해진 왕비 민씨는 급히 궁녀와 옷을 바꾸어 입고 몰래 빠져 나가 장호원에 몸을 숨겼다.

그러자 대원군은 왕비 민씨가 죽은 것으로 단정하고 국장을 선포하였으나, 왕비 민씨는 장호원에서 윤태준을 고종에게 밀파하여 자신이 살아 있음을 알리고 청국군을 끌어들이도록 요청하였다.

청국군으로 하여금 임오군란의 책임을 묻는다는 명목으로 대원군을 청국으로 압송하도록 시켜 왕비 민씨와 그 일족들이 다시 정권을 잡았다. 그러나 무당을 궁궐로 끌어들여 연일 굿을 하며 명산 대천에 기도를 드린다는 명목으로 국고를 탕진하는 등 실정을 거듭하여 백성들의 원성이 날로 높아 갔다.

1884년, 우정국 개국을 기회로 급진 개화파가 갑신정변을 일으켜 민씨 일족을 비롯한 사대당을 몰아냈으나, 왕비 민씨의 구원 요청을 받고 급히 출동한 청국군에 의하여 정변은 3일 만에 끝나고 개화당 정권은 무너졌다.

그러나 일본 세력의 침투로 차차 친일 정권이 득세하며 대원군이 다시 등장하고, 이어 1894년 갑오개혁이 시작되면서 친일파가 정권을 잡자, 왕비 민씨는 러시아의 힘을 빌려 일본 세력을 몰아 내려고 하였다. 민씨 일파가 계속 친러 정책을 쓰자, 일본은 1895년에 을미사변을 일으켜 미우라 고로가 거느린 일본인 폭도들이 8월 20일 궁궐로 침입해 들어가 왕비 민씨를 비참하게 살해하였다.

왕비 민씨는 죽은 뒤 폐위되어 서인이 되었다가, 그 해 10월에 다시 복위되고, 1897년에 명성황후라는 시호가 내려졌다.

그리고 11월에 국장으로 장례식이 거행되었다.

175

# 묘 청
## ( ? ~1135)

### ―서경 천도를 주장한 승려―

묘청은 고려 인종 때의 승려이나 그의 어린 시절에 대해서는 잘 알려져 있지 않다. 다만, 그가 서경 (지금의 평양) 출신이라는 것만 알려져 있을 뿐이다. 묘청은 일명 정심이라고도 불린다.

당시 고려는 나라 안팎으로 어려운 일이 잇달아 일어나, 나라 사정이 몹시 어지러웠다. 따라서 인종은 마음 속으로 민심을 수습하고, 어려운 세상을 헤쳐갈 수 있는 방법을 찾고 있었는데, 때마침 일관 (길일을 가리는 일을 맡아 보는 관리) 백수한을 통해서 묘청을 알게 되었다. 백수한은 전에 서경에 있을 때에 묘청에게서 음양 지리 도참설(땅의 형세로 앞날의 길흉을 점치는 학설)을 배운 적이 있었다.

이리하여 묘청은 임금과 대신들의 숭앙을 한 몸에 받으며 1127년

왕실의 고문이 되었다. 왕실의 고문이 된 묘청은 나라의 사정이 혼란한 것을 극복하기 위해 임금에게 나라의 서울을 서경으로 옮길 것을 주장했다. 묘청은 오래 전부터 고구려의 옛 땅을 되찾아야 한다는 생각에 서울을 서경으로 옮겨야 한다고 생각하고 있었다.

서경 천도설은 김부식과 같이 유교주의와 사대주의에 사로잡힌 개경 유신들의 반발을 크게 샀지만, 계속 밀고 나아가, 1129년(인종 7)에 서경의 임원역(지금의 평안남도 대동군 부산면)에 대궁을 지었다. 이렇듯 서경 천도설은 잘 진행되어 가는 듯했으나 서경에 궁궐을 지으면 천운이 내린다는 묘청의 말과는 달리 상서롭지 못한 일만 일어났다.

일이 이렇게 되자, 묘청은 서경

천도를 반대하는 문신들의 맹렬한 반대에 봉착했으며, 심지어는 묘청과 백수한의 목을 베어 재난을 막아야 된다는 극한 상황에 부딪치게 되었다. 인종도 개경 유신들의 주장을 따랐다.

묘청은 서경 천도가 실패하였음을 알자, 서경 출신의 관리들을 모아서 난을 일으켰는데 국호를 대위, 연호를 천개라 하였다. 이것을 묘청의 난이라 하는데, 때는 1135년(인종 13)이었다.

묘청은 서북 방면의 군사를 모아 개경으로 쳐들어갈 뜻을 비쳤다. 한편 조정에서도 김부식을 원수로 삼아 토벌군을 조직하여 묘청을 잡아들이도록 하였다. 김부식은 먼저 궁궐 내에 있는 백수한, 정지상 등의 묘청 일당을 잡아 처형하고 토벌군을 이끌고 서경으로 갔다.

토벌군이 들이닥치자, 묘청도 싸울 뜻을 굳히고 대열을 정비했다. 토벌군을 이끌고 온 김부식은 묘청의 진영으로 사람을 들여보내, 반란군을 잡아 죽이는 자에게는 큰 상을 내린다고 하여 민심을 획책하니, 묘청의 진영에서는 군사들의 마음이 점점 흔들려 갔다.

묘청은 군사들의 동요를 깨닫고 싸울 채비를 서둘렀다. 그러나 싸움에 앞서 그는 함께 반란을 일으켰던 조광의 배반으로 그에게 살해되고 말았다. 조광은 토벌군의 기세가 막강함을 알고 묘청에게 항복할 것을 권유했으나, 묘청은 조광의 권유를 뿌리쳤던 것이다.

이리하여 묘청의 난은 1년도 못되어 김부식의 토벌군에 의하여 진압되었다. 결국 고려의 서울을 서경으로 옮겨, 사대주의에 사로잡힌 무기력한 유신들을 꺾고 고구려의 옛 땅을 찾아 보려던 묘청의 꿈은 산산이 부서지고 말았다.

# 무학 대사
## (1327~1405)

### ─조선 초기의 고승─

무학(無學)은 호이고 본명은 자초이며 성은 박씨이다. 그는 고려 충숙왕 14년인 1327년에 태어났고, 고향은 지금의 경상 남도 합천군인 삼가이다.

그는 어려서부터 천재로 소문이 자자했고, 17세 때 출가하여 소지 선사 밑에 들어가 머리를 깎고 중이 되었다. 그 후, 부도암에 들어

석왕사 조계문(이성계가 무학을 위해 지은 절)

가 혜명 국사에게서 불교의 깊고도 넓은 진리를 배워 크게 깨친 바 있고, 1346년(충목왕 2)에는 《능엄경》을 읽다가 도를 깨닫게 되었다.

1353년(공민왕 2)에는 원나라로 가서 인도의 중 지공 선사에게서 도를 인정받았다. 이듬해 법천사에서 고려의 중으로 원나라 방방곡곡에 이름을 크게 떨치고 있던 나옹 선사를 만나 불법에 관한 문답을 나누었다. 그 때, 나옹 선사는 무학이 큰 스님이 될 것을 알고 이렇게 말했다.

"세상에는 서로 얼굴을 아는 사람이 많기는 하지만, 서로 마음을 아는 사람은 극히 드물다. 나와 그대가 서로의 마음을 아니 우리는 일가라 할 수가 있도다. 또 사람이 도를 닦아 깨달음을 갖는 것은 마치 코끼리가 이빨을

가진 것과 같으니, 아무리 감추고자 해도 감추어지지 않는 법이니라. 그대가 지닌 도는 마치 그와 같도다."

무학이 닦은 도가 여러 백성들에게 큰 가르침을 줄 것이라는 얘기이기도 했다.

무학은 이성계가 조선을 개국하여 왕위에 오르자 왕사가 되었는데 그 이유는 이렇다고 한다.

하루는 이성계라는 청년이 찾아와 꿈풀이를 부탁했다. 그런데 그 꿈이란 것이 새 왕조의 왕이 될 꿈이었다. 무학은 이성계에게 주의를 주고 심신을 닦을 것을 권했다. 이성계는 무학의 말대로 했고 벼슬길에 나아가 1392년에는 조선 왕국을 이룩하게 되었던 것이다.

태조는 건국 초부터, 나라의 일이나 혹은 자신의 사사로운 일이나 가릴 것 없이 무학 대사의 의견을 존중하였으며, 모든 것을 그와 의논하여 결정하고 시행하였다.

1393년(태조 2)에는 서울을 옮기라는 태조의 명을 받고 계룡산과 한양(지금의 서울)을 두루 돌아다니며 살피다가 마침내 도읍을 한양으로 옮기는 것이 좋겠다는 의견을 말했다.

1397년(태조 6)에 임금은 무학 대사의 장수를 비는 뜻에서 회암사 북쪽에 수탑을 세워 주었다.

1402년(태종 2)에는 회암사의 감주가 되었으나 그 이듬해에 사직하고, 금강산 진불암에 가 있다가 78세의 나이로 세상을 떠났다.

179

# 문 무 왕
(？~681)

## ―삼국 통일을 이룩한 왕―

신라 제 30대 왕인 문무왕(文武王)은 태종 무열왕의 맏아들로, 이름은 법민이다.

진덕 여왕 때 당나라에 건너가서 외교 활동을 하고 돌아와서, 아버지 김춘추가 654년에 왕위에 오르자 곧 태자로 책봉되었다.

신라와 당나라의 연합이 이루어져, 660년(무열왕 7)에 당나라 장수 소정방이 이끄는 당나라 군사가 남양만으로 들어오는 것과 때를 같이하여 김유신 장군과 함께 출정하여 백제를 멸망시켰다. 뒤이어 고구려를 치려고 나아가는 도중, 무열왕의 죽음으로 군사를 김유신 장군에게 맡기고, 급히 귀국하여 왕

신라의 당군 격퇴와 삼국 통일(민족 기록화)

180

위를 이었다.

667년(문무왕 7), 다시 나·당 연합이 이루어져, 당나라 장수 이세적이 이끄는 당나라군과 연합하여 이듬해 9월, 평양을 포위 공격해서 마침내 고구려를 멸망시켰다.

백제와 고구려가 멸망하자 당나라는 노골적으로 야심을 드러내기 시작했다. 점령지인 백제 땅과 고구려 땅을 자기들이 차지하려는 당나라와, 당나라를 몰아 내려는 신라의 갈등이 겉으로 드러나게 된 것이다. 당나라에서는, 당나라 서울에 머무르고 있던 문무왕의 동생 김인문을 신라의 왕으로 내세우려고 했으나, 문무왕이 사신을 보내 해명을 했으므로 당나라 고종의 오해가 풀렸다.

그러나 신라의 목표는 삼국 통일에 있었고, 백제와 고구려의 땅을 모두 수복해야겠다는 생각이었으므로 기회만을 노리고 있었다.

마침 당나라의 국내 정세가 혼란해진 틈을 타서, 우선 백제 땅을 끌어들이고 차차 북진을 계속하여 대동강 이남의 고구려 땅을 수복했다. 문무왕의 통일 목표는 673년에 김유신 장군이 세상을 떠난 뒤

에도 계속 추구되었으며, 드디어는 676년 당나라의 세력을 몰아 내어 평양에 두었던 안동 도호부를 요동으로 후퇴시킴으로써 반도의 대부분을 차지하여 삼국 통일의 목표를 달성하였다.

한편 나라 안을 다스리는 문제에도 힘을 써서, 부인들의 의복을 당나라 복장에 따르게 하고 당나라 문화를 흡수했다.

681년, 재위 21년 만에 세상을 떠났는데, 그의 유언에 따라 화장하여 감은사 동쪽 바닷가 대왕암에 모셨다. 그 뒤를 신문왕이 이어, 통일 신라의 문화가 꽃을 피우게 된 것이다.

문무왕의 수중릉(대왕암)

# 문 익 점
(1329~1398)

## —목화를 보급한 사람—

문익점(文益漸)은 고려 말엽의 학자로서, 사신으로 원나라에 갔다가 목화씨를 가지고 와 우리 나라에서 처음 재배하기 시작한 사람이다.

문익점의 이름은 처음에 익첨이 었는데, 뒤에 익점으로 고치고 자는 일신, 호를 삼우당이라 불렀다. 일찍이 이곡의 문하에서 글공부를 하면서 이색과 친해지고 정몽주와 함께 문과에 급제했다. 1363년(공민왕 12), 문익점은 서장관이 되어 계품사 이공수를 따라 원나라에 들어가게 됐다.

그 무렵, 공민왕은 원나라와 욕된 관계를 끊고 떳떳한 자주국으로 독립하기 위해 원나라의 관제를 모두 폐지시켰다. 이에 화가 난 원나라에서는 공민왕을 폐하고 덕흥군을 고려의 왕으로 세우려고 했다.

이에 불안을 느낀 고려 조정에서는 사태 수습을 위해서 원나라에 사신을 파견하게 되었는데, 이 때 문익점은 원나라 왕 순제의 오해를 받아 중국 윈난 지방으로 귀양을 가게 되었다.

귀양을 간 문익점은 그 곳에서 처음으로 목화를 발견하고, 이것을 고려에 재배하면 백성들에게 큰 도움이 되겠다고 생각하였다.

문익점은 자신의 결백이 입증되어 원나라에서 유배 생활을 끝내고 귀국할 때 종 김룡을 시켜 밭을 지키던 노파의 제지를 무릅쓰고 목화 몇 송이를 따게 했다. 문익점은 목화씨를 붓두껍 속에 넣어 남의 눈에 띄지 않게 해서, 돌아갈 날만을 기다렸다.

고국에 돌아온 문익점은, 봄이 되자 곧 목화씨를 땅에다 심었다.

중국 윈난에 있을 때에 재배하는 것을 구경은 했지만, 막상 우리 나라 땅과 기후에서 잘 될지 어떨지 몰랐다.

장인(외숙이라고도 전함)인 정천익이 이 일에 협력을 해 주었다. 첫해에는 재배 기술을 몰라 단 한 개만이 싹이 나서 자랐다.

거기서 씨를 받아 이듬해 봄에 다시 심었다. 이렇게 해서, 목화씨는 몇 해 안 가서 십 리에서 백 리, 백 리에서 천 리로 번져 갔다.

재배는 성공을 했지만, 그 다음이 문제였다. 씨를 빼내고, 실을 뽑고 천을 짜는 일을 몰랐기 때문이다.

일일이 사람 손으로 하려면 씨를 빼내는 것만도 여간 큰 일이 아니었다. 그럴 때, 원나라에서 온 홍원이라는 중이 문씨 마을을 지나게 되었다.

문익점은 이 중을 정천익의 집에 오랫동안 머무르게 하여, 여러 가지를 배우고 연구하여 트리개(씨아와 활)를 만들었다. 그리고 꾸준히 연구를 계속하여, 문익점의 손자 문래가 물레를 만들고, 문영이 직조기(베틀)를 만들었다. 무명이

경상 남도 산청의 목화 시배지

라는 말도 문영의 이름에서 온 것이라고 한다.

이와 같이, 우리 나라에서 무명옷을 입고, 옷이나 이불에 솜을 넣어 겨울철에도 따뜻하게 지낼 수 있게 된 것은, 문익점이 붓두껍 속에 숨겨 가져온 몇 개의 목화씨 가운데 하나에서 싹이 난 것을, 다시 그 자손들이 꾸준히 가꾸고 연구한 덕택이다.

세상을 떠난 뒤, 태종은 그에게 참지정부사 강성군이라는 벼슬을 내렸으며, 세종은 1440년 영의정에 추증했다. 시호는 충선공이다.

문익점의 기록은 조식이 쓴 《목면화기》(규장각 도서)가 있다.

# 문　종
## (1019~1083)

### ―고려의 태평 성대를 이룩한 왕―

문종(文宗)은 고려 제11대 왕으로 1019년(현종 10), 현종의 셋째 아들로 태어났다. 처음 이름은 서였는데, 나중에 휘로 고쳤다.

그는 어려서부터 매우 총명하였으며, 자라면서 학문을 좋아하고 활도 잘 쏘았을 뿐 아니라, 성격 또한 너그럽고 어질었다. 1022년 낙랑군에 봉해지고, 1037년(정종 3)에 내사령이 되었다. 부왕인 현종의 뒤를 이어 덕종과 정종이 왕위에 올랐으나 오래 가지 못하여, 1046년에 왕위를 계승받았다.

왕위에 오른 문종은 최충에게 명하여 잘못된 법률을 고치고, 불편한 제도를 없애 백성들이 잘 살도록 했다. 문종은 또 스스로 검소하고 근면한 생활을 했으며, 어질고 훌륭한 인재를 등용하였다.

그리하여 문종이 나라를 다스리

는 동안은 모든 벼슬아치들이 백성을 사랑하게 되었고, 학문을 숭상했으며, 늙은이를 공경하였다. 나라에 공을 세운 자의 자손에게 주는 농토, 땔감을 채취할 수 있는 산 등을 정해 주는 공음 전시법을 실시했으며 억울하게 사형당하지 않도록 심사와 판결을 신중하게 하는 사형수 삼복제 등의 제도를 만든 것도 문종이었다.

그는 친척이라도 공이 없으면 상을 주지 않았고, 또한 아무리 가까운 사람이라도 죄가 있으면 그 죄에 합당한 벌을 주었다. 또 그는, 왕인 자신이 부리는 사람도 그 수를 최소한으로 줄여서 일을 간편하게 처리함은 물론, 쓸데없는 비용이 지출되지 않도록 했다. 그러니 자연, 나라는 부강해졌고, 백성들도 풍족하고 화평한 생활을 누리게 되었다.

또한 문종은 불교를 숭상하여 흥왕사를 비롯한 많은 사찰을 건립하고, 왕자 후를 출가시켰다. 왕자 후는 대각 국사 의천을 말한다. 문종은 유학도 장려하여 최충의 구재를 비롯하여 12도의 사학을 진흥시켰다. 문종은 이처럼 나라 안의

선봉사에 있는 대각국사비

통치에 힘을 기울였을 뿐만 아니라 국방·외교에도 눈을 돌려 동여진이 고려를 침범했을 때 이를 토벌하였고 나중에는 이들을 회유하는 정책을 쓰기도 했다. 그리고 중국 송나라와의 친선을 꾀해 선진 문화의 수입에 힘쓰기도 했다.

그 외에도 문종의 치세에는 유교·불교를 비롯하여 제도·사설·무역, 그리고 미술·공예에 이르기까지 모든 면에서 뛰어난 수준을 보여 주었다.

문종은 고려 전기의 문물 제도가 완비되는 문화적 황금기를 상징하는 영매한 왕이었다. 문종의 시호는 인효이며, 능은 경릉이다.

# 민 영 환
## (1861~1905)

## ─ 대나무로 솟은 애국 충정 ─

민영환(閔泳煥)은 조선 말기의 정치가로, 어렸을 때 이름은 영준, 자는 문약, 호는 계정이다. 1861년 7월 25일, 호조 판서 민겸호의 아들로 태어나, 뒤에 여성 부원군 민태호에게 입양됐다.

황실의 근친인데다가 그의 유년 시절부터 민씨의 세도 정치가 시작되었기 때문에, 그의 관계 진출은 마치 탄탄 대로를 걷는 것과 같이 수월했다.

1877년(고종 14) 동몽 교관에 임명되었으며, 이듬해에는 정시 문과에 병과로 급제해 정자, 수찬, 사인과 같은 청환직을 거쳐 1881년에는 동부승지, 이듬해에는 대사성이 되었다. 이 해에 생부인 민겸호가 임오군란으로 인해 살해되자, 그는 벼슬을 사직하고 3년 동안 거상한 뒤 1884년에 다시 이조 참의에 임명되었다. 이 때, 생부의 참변이 마음에 사무쳐 세 번이나 사직소를 올렸으나 고종이 이를 받아들이지 않아, 하는 수 없이 이조 참의에 올랐다. 그 후 벼슬은 더욱 높아져서 1887년에는 상리국 총판과 친군전영사를 거쳐 호조 판서가 되었다.

1896년, 특명 전권 공사로 러시아 황제 니콜라이 2세 대관식에 참석하였으며, 아울러 영국 빅토리아 여왕 즉위 60주년 축하식에도 참석했다.

이와 같은 빈번한 해외 여행으로 그는 일찍이 선진 문물에 눈을 떠서, 개화 사상을 실천하고자 노력하였다. 또한 같은 해에 독립 협회를 적극 후원하는 한편, 시정 개혁을 추진하다가 민씨 일파의 미움을 사고 파직된 적도 있다.

1904년에는 내부·학부 대신을 지내고 대훈과 이화장을 받았으나, 일본의 내정 간섭에 적극 반대하다가 한가한 벼슬 자리로 밀려나기도 하였다.

1905년에 일본과 을사조약이 체결되자, 조병세 및 백관들과 함께 외부 대신 박제순 등 오적을 처형하고 조약을 파기할 것을 상소하였으나, 순종 황제의 답을 들을 사이도 없이 일본 헌병에 의해 강제로 해산당하였다. 그 후 두 번이나 연거푸 상소를 올렸으나, 이미 대세가 기울어졌음을 깨닫고 죽음으로써 나라의 은혜에 보답하고 국민을 깨우치기로 결심하고, 11월 30일 자신의 집에서 세 개의 유서를 남기고 자결하였다.

'아! 국치와 민욕이 이에 이르렀으니 우리 민족은 장차 생존 경쟁 가운데서 진멸하리라. 대체 살기를 바라는 사람은 반드시 죽고, 죽기를 기약하는 사람은 도리어 삶을 얻나니 제공은 어찌 이것을 알지 못하는고? 영환은 한 번 죽음으로 황은에 보답하고 2천만 동포 형제에게 사죄하려 하노라. 그러나 영환은 죽어도 죽지 않고 저승에서라도 제공을 기어이 도우리니 다행히 동포 형제들은 천만 배 더욱 분력하여 지기를 굳게 하고 학문에 힘쓰며 한마음으로 힘을 다하여 우리의 자유 독립을 회복하면 죽은 몸도 마땅히 저세상에서 기뻐 웃으리라. 아! 조금도 실망하지 말지어다! 우리 대한 제국 2천만 동포에게 이별을 고하노라!'

그가 죽은 이듬해인 1906년 7월, 그의 피묻은 옷과 칼을 봉안해 둔 마룻방의 마루 틈새에서 푸른 대나무가 솟아올라서, 그의 충정이 혈죽으로 솟아올랐다고 사람들은 말하고 있다.

민영환의 유서

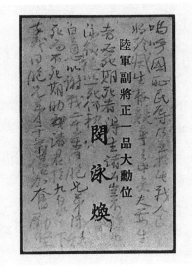

# 박 규 수
## (1807~1877)

### ―조선 말기의 개화 사상가―

박규수(朴珪壽)의 호는 환재이며 자는 환경이다. 연암 박지원의 손자이자 현령 박종채의 아들로 서울에서 태어났다.

박규수는 어려서부터 뛰어나게 총명하여 주위 사람들을 놀라게 하였다.

"이 글을 겨우 일곱 살짜리 어린 애가 썼단 말인가?"

"그렇다는군. 역시 그 할아버지에 그 손자야!"

"세상에, 나도 저런 아들이나 하나 둬 봤으면……."

1848년(헌종 14)에 증광 문과에 급제한 박규수는 사간원 정언 등의 벼슬을 거쳐 1861년(철종 12)에는 연행 사절의 부사로 청나라에 다녀왔다.

1862년 2월, 진주에서 시작된 민란이 경상도 일대로 번졌고 이어 전라도·충청도에까지 확대되었으며, 전국에 걸쳐 50여 곳의 고을에서 크고 작은 민란이 잇달아 일어났다. 이 때 박규수는 안핵사로서 사태 수습에 나섰다. 그는 현지에 내려가 부정한 관리들을 적발하고 양민들을 달랬다.

'음, 먼저 상처받은 민심을 수습하지 않으면 결코 벌을 내릴 수 없겠구나.'

그는 민란의 가장 큰 원인이 무거운 세금에 따른 백성의 궁핍에 있음을 파악하고 환곡 제도의 폐지를 상소했다.

박규수의 상소로 곧 삼정 이정청이 설치되었으나 민란이 잠잠해지자 곧 폐지되고 그도 파직되었다. 그러나 흥선 대원군이 정권을 잡자, 민란 수습에서 보인 그의 바른 행동을 높이 사 다시 사헌부 대사

헌 등에 등용되었다.

1866년 7월, 박규수가 평안도 관찰사로 있을 때, 대동강에 미국의 상선 제너럴 셔먼 호가 들어와 행패를 부렸다.

"아니, 뭐라고? 얌전히 있다가 가도 괘씸한 판에 도리어 행패를 부려?"

박규수는 즉각 군사를 출동시켜 배를 불살라 버렸다.

1869년에 그의 벼슬은 한성 판윤에 이어 형조 판서를 거쳐 대제학에 이르렀다. 흥선 대원군이 조정에서 밀려나고 고종이 친정을 선포한 1873년, 그는 우의정이 되었으나 곧 물러났다.

1876년에는 운요 호 사건으로 일본이 수교를 요구하자 최익현 등의 강력한 척화 주장을 물리치고 강화도 조약을 맺게 하였다.

그러나 수교 후, 그가 주장해 맺은 강화도 조약이 일본과의 불평등 조약이었음을 알고는 근심과 울분으로 남은 세월을 지냈다.

박규수는 서양 사정에 밝아 신문물의 도입과 아울러 문호 개방을 주장하기도 했다.

또한 일찍이 베이징에 다녀와 개화 사상에 눈을 뜬 그는 청나라 학자인 위원의 《해국도지》를 근거로 한 세계 지리서를 작성하였는데, 이것은 서양의 사정을 알 수 있는 자료로서 높이 평가되기도 하였다. 그의 사상은 실학과 개화를 잇는 근대사의 교량적 역할을 한 것으로 평가된다.

# 박 문 수
(1691~1756)

## ―많은 일화를 남긴 암행 어사―

조선 시대 영조 때의 일이었다. 누더기 옷에 다 망가진 헌 갓을 쓴 선비가 서산 땅에 나타났다. 그 선비는 팽이굴이라는 마을에 사는 박 좌수를 찾아가는 길이었다.

"여보시오, 박 어사의 당숙(아버지의 사촌 형제)이 어디 사시는지 아시오?"

선비가 밭에서 일하는 농부에게 물었다. 그러자 농부는 심히 못마땅하다는 투로 대답했다.

"왜 그러시우? 노형도 어사의 당숙을 찾아가서 벼슬 한 자리 사고 싶소? 이 고개를 넘어가면 기와집이 있소. 그 집이 바로 박 어사 당숙의 집이오."

선비는 아무 말 없이 그 집을 찾아가 주인을 만났다.

"듣자 하니, 주인장께서는 이름 높은 박문수 어사의 당숙이시라

던데, 맞는 말씀입니까?"

"이르다 뿐이오."

"이번에 박문수 어사께서 충청도에 출두했다는 소문이 있는데 만나 보셨습니까?"

"그 소문이 정말이라면 충청도에까지 왔으니 당연히 당숙인 날 찾아오겠지요."

"그렇다면 주인장께서 박 어사를 만나시면 당질(사촌 형제의 아들)의 얼굴을 알아보실 수 있겠습니까?"

선비의 무례한 질문에 집 주인 박 좌수가 퉁명스레 대답했다.

"그게 무슨 말이오? 아무리 어사이지만 설마 당숙인 나를 못 알아볼 것이며, 나 또한 당질의 얼굴을 모를 리가 있겠소? 그런데 대관절 댁이 날 찾아온 용건은 무어요?"

박 좌수는 자기 앞에 앉아 있는 남루한 옷차림의 선비가 벼슬을 사기 위하여 자기를 찾아온 사람일 것이라고 생각했던 것이다.

이 때 선비는 아무런 말도 없이 마패를 꺼내 보였다. 그가 곧 암행 어사 박문수였던 것이다. 그제야 박 좌수는 깜짝 놀랐다.

"네 이놈, 네가 그렇듯 거짓말을 하는 데에는 필시 무슨 곡절이 있으렷다! 어서 바른 대로 대답하지 못할까."

박 좌수라는 집 주인의 얼굴이 파랗게 질렸다.

그가 털어놓은 이야기에 의하면, 그는 타지에서 백정 노릇을 하다가 돈이 생기자 양반이 되고 싶어 자기의 신분을 아는 사람이 없는 이 낯선 고장에 와서 양반 노릇을 하다가 보니 그렇게 되었다는 것이었다.

박문수는 박 좌수의 죄를 적당히 다스린 뒤에 다시 길을 떠났다.

문신이면서 암행 어사로 유명했던 박문수는 1691년에 태어났다. 그는 여덟 살 때 아버지 박항한을 여의었다. 그리고 몸을 의탁할 데가 없어서 15세 이후에는 내종 되는 이광좌의 밑에서 그의 지도로 공부를 하였으며, 33세 때에 비로소 증광 문과에 병과로 급제하여 예문관 검열이란 벼슬을 하게 되었다.

암행 어사 박문수는 어명(임금의 명령)을 띠고 전국 각지를 돌아다니며 민정을 살피고, 각 고을의 수령들이 백성을 어떻게 다스리는

가를 일일이 조사하였다.

이와 같이 전국을 돌아다니며 각지의 부정한 관리들을 적발하던 박문수는, 1728년(영조 4)에 이인좌의 난이 일어나자, 사로 도순문사 오명항의 종사관으로 반란을 진압하는 싸움에 출전하게 되었다.

이인좌의 난은, 정권을 잡지 못한 이인좌 일파가 정권을 잡기 위해 청주를 습격하고 이순신의 손자인 충청도 병마 절도사 이봉상 등을 죽이고 스스로 대원수가 되어 밀풍군(소현 세자의 증손)을 왕으로 세우려 했던 반란이었다.

박문수는 이 반란 진압에서 공을 세워 경상도 관찰사에 발탁되었으며, 1730년 대사성·대사간·도승지 등을 거쳐 충청도 암행 어사로 나가 굶주리는 백성을 구제하였다. 1741년, 어영 대장을 역임하며 함경도 진휼사로 부임한 그는 경상도의 곡식 1만 섬을 실어다 함경도 지방의 굶주리는 백성을 구제하여 송덕비(덕을 칭송하기 위해 세우는 비석)까지 세워졌다.

1749년(영조 25)에 호조 판서가 된 그는 나라에서 백성들에게 너무 과중한 부역을 시켜 이를 시정해야겠다고 생각하고 상소를 올렸다.

"백성들에게 과중한 부역을 시키기 때문에 농사를 지을 일손이 모자랍니다. 그래서 봄에는 굶주림에 허덕이는 백성이 늘어 갑니다. 그러니 될 수 있는 대로 백성들은 농사에 온 힘을 기울일 수 있도록 부역을 시키지 말아야 될 줄로 아옵니다."

박문수의 주장은 옳았다. 그것은 그가 직접 각 고을을 돌아다니면서 직접 보고 들은 사실로 하루바삐 고쳐져야 할 일이었다.

그럼에도 불구하고, 다른 대신들은 그의 의견에 찬성하지 않았다. 대신들은 반대하는 것으로 끝나지 않고, 그를 모함하기까지 했다. 그 이유는 박문수가 다른 사람에 비해 빨리 승진을 하자 시기심이 생겼기 때문이다. 그리하여 결국 박문수는 호조 판서에서 충주목사로 좌천되고 말았다.

그 후, 그는 제주도로 귀양을 가기도 했으나 말년에 다시 우참찬의 벼슬에 올랐다.

그는 군정과 세정에 매우 밝아 그 방면에 많은 공을 세웠으며, 또한 암행 어사로 전국 각지를 돌아다니며 이름 없는 억울한 백성을 숱하게 돕기도 했다. 어떤 곳에서는 억울하게 도둑의 누명을 쓴 사람을 구해 주었고, 또 어떤 고을에

가서는 성사되기 어려운 혼사를 이루어지게도 하였으며, 심지어는 억울하게 죽은 넋을 위로해 주는 일까지도 했다.

이렇듯, 언제나 백성 편에 서서 많은 일을 해 온 어사 박문수는 1756년(영조 32)에 65세의 나이로 세상을 떠났다. 후에, 충헌이라는 시호가 내려졌다.

# 박　연
(1378~1458)

## —세종 때의 음악 이론가—

　고구려의 왕산악, 신라의 우륵과 함께 우리 나라 3대 악성의 한 사람으로 꼽히는 박연(朴堧)은 1378년(고려 우왕 4), 충청 북도 영동에서 태어났다. 호는 난계다. 어릴 때에는 향교에 다니며 글을 배우면서도, 한편으로는 저(퉁소)를 잘 불었다.

　박연은 학문을 열심히 닦아 1405년(태종 5) 27세 때에는 과거에 급제를 했다.

　그 때부터 벼슬한 지 얼마 안 되어 세자 시강원 문학(세자의 공부를 돌봐 주는 벼슬의 하나)이 되어, 세자 충녕 대군과 가까워졌다. 그가 바로 성군 세종 대왕이다.

　충녕 대군은 왕위에 오르자 곧, 박연에게 음악을 맡아 보는 관청의 책임자인 관습 도감 제조에 임명했다. 박연은 이 때부터 우리 나라의

아악에 관한 이론이나 문헌을 정리하고, 석경, 편경 등의 악기를 만들었으며, 궁중의 행사에 어울리는 아악의 악보를 만들기도 했다. 처음에는 무조건 옛것을 따르려고 하는 그릇된 생각을 가진 사람들의

박연의 뜻을 기리고자 설립된 난계사

반대가 많아서 어려움도 적지 않았지만, 그의 열성과 세종의 두터운 신임에 의해 10여 년에 걸친 연구 끝에 성공을 거두었다. 이로부터, 우리 나라 고유의 궁중 아악이 그 기초를 잡게 되었다.

그럼에도, 박연은 만년에 이르러 정치적으로 몇 차례의 불행을 겪었다. 먼저 1433년(세종 15)에는 55세의 박연이 어떤 관청의 터를 돌아보며

"그 곳의 형세가 호걸을 낳게 생겼구나!"

라고 무심코 한 마디 한 것을 그 반대파가 트집잡아, 하마터면 귀양살이를 할 뻔하였다. 다행히도 세종의 신임이 두터워 그 뒤 동지 중

추원사라는 높은 벼슬에까지 올랐다. 또 1448년(세종 30)에는 누이의 장례를 소홀히 치른 혐의와, 궁중 악사들을 어느 개인의 연회에 보내어 돈벌이를 시켰다는 혐의로 관직에서 쫓겨났다.

세종이 세상을 떠나고 단종이 왕위에 오른 1453년 계유정난(수양 대군이 정권을 잡기 위해 일으킨 난) 때 그의 막내아들 계우가 처형되었고, 박연 자신은 고향으로 쫓겨 내려갔다. 그로부터 고향에서 2년간, 어릴 적부터의 둘도 없는 친구였던 저를 불며 지내다가, 1458년 여든 살 때 세상을 떠났다. 그의 글을 모아 만든 시문집 《난계유고》가 남았다. 시호는 문헌이다.

195

# 박 영 효
## (1861~1939)

## ─태극기를 창안한 개화파 인물─

박영효(朴泳孝)는 1861년(철종 12) 판서 박원양의 아들로 태어났는데, 1872년 11세 때 철종의 딸 영혜 옹주와 결혼하여 금릉위라는 작위를 얻었다. 판서의 아들로 왕족과 결혼할 만큼 매우 유복한 편이던 그는 아쉬운 것 없는 환경에서 한문 교육도 충분히 받았다. 그리고 그의 일가 중에 박규수라는 사람과 유대치라는 사람이 있어서 개화의 필요성에 관해서 많은 이야기를 들었다.

그뿐만 아니라 20세 이전에 그가 사귄 젊은이들 중에는 김옥균, 서광범과 같은 개화파의 인물이 있었다. 게다가 1882년(고종 19)에는 젊은 나이에 수신사가 되어 서광범, 김옥균 등과 함께 일본에 건너가게 되었다.

이 때, 미리 고종의 승낙을 받아 두었던 박영효는 배 안에서 우리 나라 역사상 최초의 국기를 만들어, 그 해 8월 14일, 일본 고베에 상륙하면서부터 태극기를 사용하였다고 한다.

태극기의 사용을 우리 정부가 정식으로 공포한 것은 이듬해인 1883년 1월 27일이다.

당시에 박영효는 국기를 여러 개 만들어, 우리 나라와 고베의 숙소에도 내걸었으며, 또 도쿄에 가서는 일본의 왕비 탄생일 축하 연회장에도 게양하게 하였다고 한다.

그 곳에서 석 달 가량 머무르는 동안 일본 정치계의 지도자 및 구미 외교 사절들과 접촉하여 국제 정세를 파악하는 한편, 일본의 새로운 문물을 살펴보기도 했다.

그리하여 1883년 초에 귀국하여 한성부 판윤에 임명되어 서울의 살

196

림을 맡은 박영효는 도로의 정리, 가건물의 철거, 복장의 개량 등 개화 시책을 폈다. 하지만 여전히 옛 것만을 숭상하는 수구파의 모략과 반대에 부딪히게 되어 이듬해 3월에는 광주 유수라는 낮은 직위로 좌천을 당했다.

그러나 그와 뜻을 같이하던 개화당(혹은 급진 개화파라고도 부른다.)의 김옥균, 서광범, 홍영식 등과 의논하여, 1884년 10월에 우정국(지금의 체신청) 개국 축하연에서 친청 수구파의 요인들을 공격하는 것을 시작으로 과감한 개화 정책을 추진하였다. 이를 '갑신정변'이라고 하는데, 그는 새 내각에서 전후영사 겸 좌포도대장에 임명되어, 군사와 경찰권을 잡았다.

그러나 그 혁명은 청국 군대의

한국에서 가장 오래 된 태극기

개입 때문에 3일 만에 실패로 끝나고, 박영효는 김옥균, 서광범 등과 일본으로 망명했다.

그 뒤 1894년 '갑오경장' 때에 귀국한 박영효는, 그 해 12월에 내무대신이 되면서부터 다시 세력을 잡았다가 명성 황후를 해치려고 했다는 반역 음모 사건으로 1895년(고종 32) 7월에 다시 일본으로 망명했다.

박영효는 1907년에 또다시 귀국하여 이완용 내각의 궁내부 대신이 되었으나 얼마 후 암살 음모 사건을 일으켰다는 혐의로 1년간 제주도에 유배되기도 했다.

이윽고 1910년 10월, 한국을 합병하는 데 성공한 일본 정부로부터 박영효는 작위(후작)를 받아 중추원 고문이 되고, 1912년에 일본 귀족원 의원이 되었으며, 1918년에 일본의 경제 침탈 기관이던 조선은행 이사에 취임했다.

1932년, 일본의 귀족원 의원과 경제 기관의 간부 등을 지냈으며 1939년에는 중추원 부의장 자리에 있다가 1939년, 78세에 세상을 떠났다.

저서로는 《사화기략》이 있다.

# 박 원 종
## (1467~1510)

## —중종 반정 때의 공신—

박원종(朴元宗)은 1467년(세조 13)에 태어났다. 자는 백윤이다.

그는 어려서부터 몸이 매우 컸고, 다 자라서는 키가 9척이나 되었으며, 생김새도 비범했다. 천성이 순박하면서도 명철하였고, 속이 탁 트여서 거침이 없었다.

어려서부터 책을 많이 읽어 아는 것이 많았고, 또한 활쏘기와 말타기에 능하여 무사로 발탁되었다.

공신 가문에서 태어나 조상의 덕으로 선전관이 되고 1486년(성종 17) 무과에 급제하여 성종의 특별한 관심을 받았다.

1492년(성종 23)에 승정원 동부승지(왕의 명령을 전하는 일 따위를 맡던 정3품의 관직)로 발탁되었다가 곧 공조 참의를 거쳐 병조참지가 되었다.

그 당시 연산군은 어머니 윤씨가

사약을 먹고 죽었다는 것을 알게 된 후부터 포악한 정치를 일삼았다. 연산군이 두 번의 사화를 통하여 많은 사람을 죽이자 나라의 장래를 크게 걱정하던 박원종은 마침 같은 동네에 살고 있던 성희안과 뜻이 통하여, 함께 거사를 일으켜서 연산군을 내쫓기로 결정했다.

그들은 그 당시 인망이 높던 이조 판서 유순정을 설득하여 그도 협력하게 했다.

그는 때를 기다리다가 1506년(연산군 12) 9월 1일 저녁에 드디어 거사를 일으키게 되었는데, 위낙 연산군이 포악했기 때문에 많은 사람들이 거사에 호응했다. 물론, 거사에 호응하기를 거부한 사람도 몇몇 있었는데, 그 중 대표적인 인물은 좌의정 신수근이었다.

그들은 계획대로 거사를 일으켜

신수근 형제 등의 권신(권세 높은 신하들)을 죽이고, 연산군을 몰아 내고 중종을 왕위에 올려 앉혔다. 이 사건을 '중종 반정'이라 부르는데, 이 공으로 박원종은 정국 공신 1등에 오르고, 벼슬은 우의정이 되었다. 그와 함께 거사를 처음부터 도모하였던 성희안 역시 정국 공신 1등, 좌의정에 올랐고, 함흥에 숨어 살던 이장곤은 그 이듬해에 병조 판서가 되었다.

1509년(중종 4년) 박원종은 불과 42세에 영의정이 되자, 자기를 시기할 사람이 많을 것을 염려하여 스스로 조심스럽게 행동하면서도, 그러한 염려를 떨쳐 버릴 수 없어 관직에서 물러나려 했다. 이즈음, 겨울부터 아프기 시작한 다리가 이듬해 봄이 되어도 낫지를 않자 왕의 허락을 받아 관직에서 물러났다. 그런 지 한 달 뒤에 병이 악화되어, 43세로 세상을 떠났다.

그는 어려서부터 교만하지 않고, 관직에 오른 뒤로는 모든 일을 분명하게 처리하고, 사사로이 법을 어기는 적이 없었다.

또한 취미가 고상하여 글씨와 그림을 모으고 감상하기를 즐겼다.

키는 매우 크고 풍채가 좋으며, 위엄이 있어 보이면서도 화기가 돌았다. 또 사람을 한 번만 보고도, 덕망이 있는 사람인가 아닌가를 판별하는 능력을 지니고 있었다.

조선 시대에 들어와서 무신으로 영의정에까지 오른 사람으로는 박원종과, 인조 때의 신경진 두 사람 뿐이다.

시호는 무열이다.

# 박 은 식

## (1859~1925)

## ―한말의 독립 운동가―

박은식(朴殷植)에 관하여는 성
장기 시절에 관한 것이 별로 알려
져 있지 않다. 그러다가 1898년경
부터 갑자기 그의 사회적 활동이
눈에 띄게 드러나기 시작했다. 그
무렵, 박은식은 장지연, 남궁 억
등과《황성 신문》창간에 참여하여
주필이 된 후에, 언론을 통해서 민
중을 계몽하였으며, 한편으로는
경학원(옛 성균관), 한성 사범 학

교 등에 출강하여 청소년을 교육하
는 데 힘쓰기도 했다.

뒤이어 서북 학회 회장, 서북 협
성 학교 교장 등의 중요한 직책을
맡아, 민중 계몽 및 교육 외에도
항일 운동에 앞장 섰다.

그러나 1910년에 우리 나라가
일본에 합병되자 모든 활동에 제약
을 받게 되어, 서간도의 환인현이
라는 곳으로 갔다. 그 곳은 옛날에
고구려의 서울인 환도성이 있던 곳
이기도 하고, 발해의 서원 압록부
가 있던 곳이기도 했다. 이 유서
깊은 땅에서 박은식은 고구려와 발
해의 유적을 살펴보면서, 옛 역사
책을 많이 구해 본 뒤에《동명성왕
실기》《조선 고대사고》《명림 답부
전》《천개소문(연개소문)전》《발
해 태조 건국지》《몽배금 태조전》
과 같은 역사책을 지어, 잃어버린

박은식이 지은《한국 통사》

우리 민족의 옛 자취와 얼을 되찾기에 힘썼다. 그는 우리 민족의 독립 정신을 고취시키기에 힘쓰는 한편 광활한 만주가 독립 운동의 기지로 알맞음을 주장하였다.

그 후, 만주와 시베리아를 거쳐서, 상하이로 가서 항일 독립 운동 단체인 '동제사'를 조직하여 총재가 되어 해외 독립 운동가들을 지도하는 한편,《안중근전》《한국 통사》(이준 열사전)같은 책을 내어 민족 정기를 고취했다.

1923년 국민 대표 회의의 실패 후 여러 가지 혼란한 분위기를 수습하기 위해 1924년《독립 신문》사장으로 취임하여 신문의 간행을 지속시켰다. 1925년 3월에는 임시 정부의 제3대 대통령으로 취임하여, 해외 인사들의 독립 운동을 지도하였다. 그러나 그 때에, 이미 66세에 이른 그는 오랜 해외 생활에서 얻은 병 때문에 더 이상 활동하지도 못하고 그 해 11월에 세상을 떠났다. 마지막으로 그는 우리 민족의 항일 독립 운동에 관한 중요한 기록이 되는《한국 독립 운동 지혈사》를 남겼다.

이 책은 3·1운동을 중심으로, 1884년의 갑신정변부터 1920년의 독립군 전투까지의 일제 침략에 대항해서 싸운 독립 투쟁사이다.

또한 독립 의식의 실천과 행동을 고취시키는 책으로서, 일본 제국주의의 죄상을 고발하고 비판하는 한편, 역사의 대세와 국내외 정세가 일제의 패망을 촉진하고 있다는 낙관적인 미래를 보여 주는 책으로 일제의 탄압에도 불구하고 널리 읽혔다.

이렇게 해서, 그는 독립 운동가, 언론인, 역사가, 저술가로 뚜렷이 역사의 한편에 자리잡게 되었다.

1962년, 정부에서는 건국훈장 대통령장을 수여하여 그의 넋을 위로하였다.

# 박 제 가
## (1750~1805)

### ㅡ조선 후기의 실학자ㅡ

박제가(朴齊家)는 1750년(영조 26) 11월에 승지이던 박평의 서자로 태어났다. 자는 차수·재선이고, 호는 초정·정유 등으로 썼다.

박제가가 초정이란 호를 쓰게 된 까닭에 대해서 스스로 다음과 같이 밝힌 바가 있다.

'나는 어릴 때 중국 초나라의〈이소〉(초나라 시인 굴원이 지은 시로서, 울분과 슬픔을 읊조린 것)를 많이 읽었기 때문에 초정이라고 호를 지었다. 초나라의 시는 대개가 울분이나 깊은 슬픔을 읊조린 것이다.'

박제가가 어린 시절에 이런 초나라의 시를 많이 읽게 된 데에는 그 나름의 이유가 있었다.

첫째로, 그는 서자라 하여 사회적으로 공공연히 천대받는 조선 시대에 태어났다. 더불어 양반의 자제이긴 해도 벼슬을 할 수가 없고, 천민 취급을 받았다.

둘째로, 아버지를 11세 때 여의었는데, 그 뒤로 홀어머니와 함께 이리저리 옮겨다니며 끼니를 제대로 잇지 못할 정도로 매우 가난한 생활을 하였다. 후에, 그는 어머니에 대해 이렇게 글을 썼다.

'그분은 홀몸이 되신 뒤로 몸에 온전한 옷을 입으신 적이 없고, 입에 맞는 음식을 잡수신 적이 없으며, 첫닭이 울 때까지도 잠자리에 들지 못하고 삯바느질을 하셨다.'

그러나 그의 어머니는 남들 앞에서 그런 고통을 조금도 내색하지 않았고, 아들의 친구들을 맞이하면 으레 안주를 갖추어 술을 대접하였다.

그래서 박제가는 학문에 진력하

여 뒤에 명성이 높아지게 된 것은 바로 어머니 덕택이라고 말했다.

그가 시와 글씨, 그림으로 이름 나게 된 것은 이미 15세 때부터다. 또한 19세를 전후하여 박지원·이덕무 등 이름난 청년 시인, 학자들과 어울려 지내게 되었다.

이들은 다른 선비들처럼 유교 철학에 집착하지 않고, 우리 나라의 정치, 경제, 군사, 사회 등 모든 부문의 개혁을 원하여, 청나라를 통해 유럽의 새로운 학문 등을 받아들일 것까지 원하는, 매우 특이하고 새로운 사상가들로서, '북학파'라고 불린다.

박제가 역시 진보적인 생각을 지닌 사람 중의 하나로서 청나라에 다녀오고 싶은 생각이 간절했다. 자기의 눈으로 당시의 선진 강대국이던 청의 문물 제도를 직접 보고, 새로운 지식도 얻고 싶었던 것이다.

이런 그의 열렬한 소망은 1778년(정조 2) 28세 때에 이루어졌다. 채제공이 청나라에 사신으로 가면서 박제가를 데리고 갔던 것이다. 이보다 2년 전에 이미 다른 문사 3명의 작품과 함께 그의 시가 실린 《건연집》이 청나라에 소개되어 그 곳 문사들에게 이미 문명을 떨친 바 있다.

그러므로 직접 청나라에 가게 된 박제가는 그 곳에서 당당한 문사 대접을 받으며 많은 사람들을 만나고, 그 곳의 문물 제도를 살폈다.

박제가의 글씨

그는 귀국하여 그의 명성을 더욱 높여 준 《북학의》를 저술했다. 이것은 그의 개혁 사상과, 청나라에 가서 직접 눈으로 보고 얻은 새 지식을 쓴 것으로, 내편과 외편으로 구성되었다.

먼저 내편에는 수레, 배, 성벽, 기와, 궁실, 도로, 다리, 목축, 상업, 돈, 약, 종이, 활과 화살, 문방구, 골동품 등 대체로 인간의 생활과 관계가 깊은 것들에 대한 개선 방안을 썼다. 그리고 외편에는 농사짓기, 누에치기, 관직과 봉록, 과거, 관리 제도, 장례, 군사, 수리 등 국가 정책의 모순점과 그 개혁 방안에 관해 썼다.

그런 가운데 박제가는 특히 외국 문화의 영향에 의해 매우 부강해진

청나라의 문물 제도를 받아들일 것을 강조했다. 이를테면, 과감한 개혁을 주장한 것이었다.

또한 왕이 보다 훌륭한 정책을 위해 의견을 구하자, 신분적인 차별을 타파하고 상공업을 장려하여 국가를 부강하게 하고 백성의 생활을 향상시켜야 한다고 했다.

박제가는 차츰 정조의 눈에 들게 되었다. 때마침 박제가처럼 재능과 학문이 뛰어나도 양반의 서자로 태어났다고 해서 과거에 응하지 못하고, 벼슬도 못 하는 딱한 선비들이 여러 명 있었다. 정조는 그들을 위해 규장각(역대 왕의 시문과 서화, 친필 등을 관리하던 곳)을 설치한 후 검서관이라는 관직을 마련하고 박제가, 이덕무, 유득공, 서이수 등 4명을 앉혔다. 여기서 박제가는 10여 년 동안이나 서적을 편찬하거나 정리하여 바로잡는 일을 하고, 자신의 학문도 계속할 수 있었다. 서자로 태어난 사람치고는 참으로 보기 드문 행운이었다.

그런 가운데, 1790년(정조 14) 40세 때에는 두 번째 청나라에 다녀왔다. 그의 명성은 청나라에서도 높았거니와, 그에 대한 정조의

총애도 해가 갈수록 두터워졌다. 그리하여 1792년(정조 16) 그의 나이 42세 때부터는 파격적으로 부여 현감, 영평 현령 등의 벼슬까지 하게 되었다. 정조는 그의 개혁 사상을 책이나 자신에게만 밝힐 것이 아니라 실제로 현실에 어느 정도 적용시켜 보라는 뜻에서, 과감하게 벼슬을 시켰던 것이다.

하지만 박제가는 그것으로 만족하지 않았다. 1798년(정조 22), 왕이 농업 정책에 관한 좋은 글을 또 널리 구하자, 박제가는 《북학의》를 골자로 한 〈응지농정소〉를 올렸다.

그러나 당시에는 옛것을 거의 그대로 존속시키고 싶어하는 보수적인 세력이 너무도 강하여, 박제가 같은 북학파 학자들의 의견은 별로 채택되지 못했다.

1800년, 박제가 같은 재능 있는 사람들을 아끼고 사랑하던 정조가 세상을 떠났다. 그리고 박제가는 그 이듬해 봄 사은사 윤행임을 따라 이덕무와 함께 네 번째로 청나라에 다녀온 뒤, 동남성문의 흉서 사건 주모자인 윤가기와 사돈이었기 때문에 이 사건에 혐의가 있다고 하여 멀리 함경도 종성으로 귀양 가게 되었다.

1805년(순조 5)에 귀양에서 풀려났는데, 바로 그 해에 죽었다. 1805년 이후에 쓴 그의 글이 보이지 않는 점 등으로 보아 그 해에 죽었다고 볼 수 있다.

박제가의 재능을 아껴 주었던 정조가 좀더 살아 있었더라면, 박제가 개인도 좀더 행복했을 것이고, 그의 개혁 사상이 더욱 보급되어 국가적으로 큰 이득이 있었을 것이다. 그런데 여러 사정이 그런 것을 허용하지 않았다. 그것이야말로 박제가 개인과 국가에 다 같이 불행한 일이었다.

그의 저서로는 《북학의》와 그의 문학 작품들을 모은 《정유시고》《정유집》과 《명농 초고》 등이 있다.

박제가의 그림 〈목우도〉

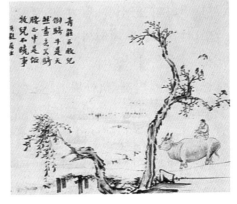

# 박 제 상
( ? ~ ? )

## ―지략이 뛰어난 신라의 충신―

417년, 눌지왕이 신라 제19대 왕위에 올랐다.

이 날, 조정의 벼슬아치들이 눌지왕의 등극을 축하해 마지않았다. 그러나 눌지왕은 조금도 기쁘지 않았다. 외국에 볼모로 잡혀 있는 두 아우 생각 때문이었다.

이를 알아챈 한 대신이 왕에게 아뢰었다.

"소신의 생각으로는 삽량주(지금의 경상 남도 양산군)의 간(벼슬 이름)으로 있는 박제상이라면 전하의 근심을 덜어 드릴 것입니다. 그는 지혜와 용기를 갖춘 자이옵니다."

눌지왕은 박제상(朴堤上)을 궁궐로 불러들였다. 그리고 두 아우를 구출해 줄 것을 부탁했다.

"분부대로 하겠사옵니다."

박제상은 쾌히 승낙했고, 며칠

후, 교묘하게 변장을 하고 고구려 땅으로 들어갔다. 그리고 감시가 소홀한 틈을 타서 눌지왕의 아우인 복호를 데리고 고성이라는 나루터로 나와 배를 탔다.

뒤늦게 그 사실을 안 고구려 군사가 바짝 뒤쫓아왔다.

군사들이 쉽게 활로 쏘아 맞힐 수 있는 거리에 박제상과 복호가 탄 배가 떠 있었다.

화살이 빗발치듯 배 안으로 날아들었다. 그러나 그들은 무사했다. 고구려 군사들은 평소에 복호에게서 여러 가지 도움을 받았기 때문에 그를 쏘아 죽이라는 왕명이 있었지만 죽이지 않았다. 그들은 왕명도 받들고 또 자기들에게 은혜를 베푼 복호를 살리기 위한 방법으로 촉을 뺀 화살을 쏘았기 때문이다.

복호는 무사히 신라로 돌아왔다.

눌지왕은 아우를 무사히 데리고 온 박제상에게 말했다.

"고맙기 그지없소. 하지만 짐은 지금 한쪽 팔과 한쪽 눈이 없는 기분이오. 비록 둘째 아우는 구했으나, 셋째 아우인 미사흔을 구하지 못했기 때문이오."

"전하, 소신이 한쪽 팔과 눈을 마저 구해 올리겠사옵니다."

박제상은 이번에는 일본으로 떠났다. 일본에 도착한 박제상은 일본 왕이 믿게끔 거짓 항복을 하고, 달콤한 말로 환심을 샀다.

그러던 어느 날, 안개가 자욱한 틈을 타서 미사흔만을 탈출시켰다. 만약, 자기가 미사흔과 함께 없어진 것을 알면, 일본 군사가 곧 눈치를 채고 뒤쫓아올 것이라고 생각했기 때문이다.

일은 성공하였다. 그러나 박제상은 그 일로 조사를 받게 되었다.

"어째서 볼모로 잡아 둔 미사흔을 탈출시켰는가?"

"내 나라 사람을 내 나라로 보냈을 뿐이다."

"너는 이미 오래 전에 나의 신하가 되지 않았느냐?"

"당신이 먼저 거짓말을 해서 미사흔 왕자님을 데려왔기 때문에, 나도 왕자님을 구출하기 위하여 거짓말을 했을 뿐이다."

일본 왕은 화가 치밀어 올라, 박제상에게 모진 고문을 가한 후에 처형하였다.

미사흔은 탈출에 성공하여 무사히 귀국했지만 뒤따라 탈출하겠다던 박제상은 영영 소식이 없었다.

한편, 고국에 있던 박제상의 아내는 남편이 일본에서 무사히 탈출해 올 것을 소망하며 매일같이 바닷가에 나가 소식을 기다렸다. 끝내 남편의 소식이 없자 그녀는 애가 타서 죽고 말았다. 그녀는 남편을 기다리는 슬픈 모습 그대로 망부석이 되고 말았다고 한다.

# 박 지 원
(1737~1805)

## ─양반 사회를 풍자한 작가─

백발이 성성한 노인의 몸은 오랜 병으로 앙상해 있었다. 옆에서 침통한 모습으로 무릎을 꿇고 있던 젊은이가 노인의 깡마른 두 손을 덥석 감싸 쥐었다.

"할아버지!"

노인은 감았던 눈을 천천히 뜨며, 가느다란 목소리로 겨우 입을 열었다.

"얘야, 나는 네가 학문을 하리라고는 기대하지 않았지만, 글을

배워 학문의 기초를 닦게 된 것을 다행으로 생각한다. 사람이란 저마다 갈 길이 따로 있는 것이다. 나는 네가 반드시 벼슬길에 나아가기를 바라지는 않는다. 그러나 언제나 네가 처한 현실을 외면해서는 안 된다. 그리고 너의 그 예리한 비판 정신은 절대 버리지 말거라."

말을 마친 노인은 이내 숨을 거두었고, 젊은이는 땅을 치며 통곡을 했다. 이 젊은이, 연암 박지원(朴趾源)은 어렸을 때 재산이 변변치 못해 엄격한 할아버지 박필균의 손에서 자라났다. 할아버지 박필균은 연암을 불운하게 태어난 손자라고 하여, 글을 가르치지 않았다고 한다.

그리하여 연암은 15세에 이보천의 딸에게 장가를 들 때까지 별로

208

글을 많이 배우지 못하였다. 그는 결혼한 후부터 《맹자》를 중심으로 학문에 정진하게 되었다. 특히 처삼촌 양천에게서는 사마천의 《사기》를 비롯하여 역사에 관계된 많은 글을 배워 연암의 학문은 놀라울 정도로 넓고 깊어 갔다.

1768년, 박지원은 백탑 근처로 이사를 해서 박제가·이서구·유득공 등과 이웃하면서 학문적으로 깊은 교우를 가졌다.

그도 다른 선비들처럼 과거를 보아 벼슬길에 올랐더라면 편안히 잘 지낼 수 있었을 것이지만, 그 길을 버리고 초야에 묻혀 가난한 선비로 지내는 것에 만족했다. 그는 당시의 양반 사회를 날카롭게 비판하는 책을 썼다. 《마장전》《민옹전》《양반전》《김신선전》《우상전》《호질》《허생전》 등이 모두 그가 지은 책들이다.

《양반전》은 몰락한 양반 계급의 위선과 무능력을 통하여 올바른 선비의 길이 무엇인가 보여주고 있고, 《허생전》은 《열하일기》에 실려 있는 것으로 허생의 상행위를 통하여 양반의 무능함을 풍자하였다.

그러나 무엇보다도 그의 대표적

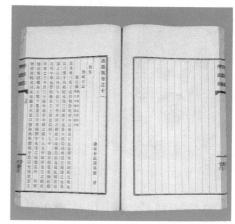
박지원이 쓴 《열하일기》

인 저서는 《열하일기》이다. 이 책은 1780년, 그의 8촌 형님인 박명원이 사은사가 되어 청나라로 떠날 때 수행원으로 따라가서 남만주, 열하 등지를 견문하고 돌아와 기행문으로 쓴 것인데, 정치, 경제, 군사, 천문, 지리, 문학 등 각 방면에 걸쳐 그 곳의 실학 사상과 생활을 상세히 소개한 것이다.

평생을 가난 속에서 지냈던 박지원은 말년에 가서 잠시 벼슬길에 올랐으나, 1800년 양양 부사를 끝으로 관직에서 물러났다.

그러나 그가 남긴 10여 편의 한문 소설은 당시의 고루한 양반과 무능한 벼슬아치들의 세계를 낱낱이 폭로하고 풍자한 작품으로 높이 평가되고 있다.

# 박 팽 년

## (1417~1456)

## ─사육신의 한 사람─

조선 시대 초기의 대표적인 학자이며 사육신의 한 사람인 박팽년(朴彭年)은 1417년(태종 17), 판서 박중림의 아들로 태어났다. 그의 자는 인수, 호는 취금헌이며 본관은 순천이다.

17세 때인 1434년(세종 16)에 알성 문과에 급제하여 이후 집현전 학자가 되어 성삼문 등의 학자들과 한글 창제에 힘썼다.

그는 성품이 강직하고 침착했으며 특히 문장과 필법은 이름이 높아 집현전 학사들 중에서도 따라올 사람이 없었다.

박팽년은 세종의 마지막 명을 받고 황보 인 등과 함께 문종을 보필하였는데, 세종의 뒤를 이어 왕위에 오른 문종이 워낙 몸이 약해 2년 만에 세상을 떠나고 말았다. 이어서 단종이 11세의 어린 나이로 왕위에 올랐다. 그러나 수양 대군(세조)이 단종을 몰아내고 즉위하

자 울분을 참지 못했다. 충청도 관찰사로 있는 동안

'임금을 내쫓고 자기 스스로 임금의 자리에 오른 자를 어찌 임금으로 섬길 수가 있는가. 그러니 수양 대군은 임금도 아니며, 나 또한 수양 대군의 신하가 될 수 없다.'

하고 생각한 박팽년은 조정에 올리는 공문에도, '신(臣) 박팽년'이라고 쓰지 않고 신자와 비슷한 거(巨)자를 썼다. 그는 어떻게 해서든지, 억울하게 왕위를 빼앗긴 단종을 다시 왕의 자리에 앉히고 싶은 생각뿐이었다.

1456년(세조 2)에 형조 참판이 된 박팽년은 성삼문, 하위지, 이개, 유성원, 유응부, 김질 등과 함께 단종을 다시 왕위에 앉히려고 계획을 세웠다. 그러나 김질이 배반하여 밀고함으로써 사전에 발각되어 모두 체포되었다.

세조는 박팽년의 뛰어난 재능이 아까워 여러 차례 그를 달래었다. 그러나 박팽년의 대답은 그 때마다 한결같았다.

"우리의 임금은 단종뿐이오. 어찌 다른 사람을 임금이라 하겠소."

사육신을 기리는 육각비

"다시 한 번 기회를 주겠다. 나를 전하라 부르고 나를 따르라. 그렇지 않으면, 너와 네 일가족을 멸할 것이다."

"죽어도 두 임금을 섬길 수는 없소. 그것이 신하로서의 도리라고 믿고 있소."

세조는 더 이상 박팽년의 마음을 돌릴 수 없음을 알고 성삼문 등과 함께 사형을 시키고 말았다. 뒤이어 그의 아버지 박중림, 동생 박대년, 그의 아들 삼형제까지도 사형에 처하였다.

1456년, 39세의 젊은 나이였다.

후에 이조 판서에 추증되었고, 충정이라는 시호가 내려졌다.

# 박혁거세

(기원전 69~기원후 4)

## ―신라의 시조―

박혁거세(朴赫居世)는 신라의 건국 시조이다. 기원전 57년부터 기원후 4년까지 왕위에 있었다. 왕호는 거서간이었으며, 박씨의 시조이다.

전설에 의하면, 신라가 아직 나라로서 발전하기 전, 고허촌의 촌장인 소벌공이 우연히 산책을 나갔

다가, 나정이라는 우물 곁에서 말 한 필이 무릎을 꿇고 절을 하고 있어 가 보니 말은 없고 붉은 알이 하나 있었다. 소벌공이 그 알을 깨어 보니 속에서 사내아이가 나와서 그 아이를 데려다 기르기로 하였다. 그리고 박처럼 큰 알에서 나왔다 하여 성을 박씨로 정하고, 세상을 밝혀 준다는 뜻에서 혁거세라고 이름을 지어 불렀다. 혁거세는 나이 열세 살이 되자 벌써 기골이 장대하고 인물이 준수하여 보는 사람마다 장차 큰 인물이 될 것이라고 칭찬을 아끼지 않았다.

여섯 마을의 촌장들도 혁거세의 비범한 인물 됨됨이를 눈여겨 보던 중, 하루는 촌장 회의를 연 후에 그를 왕의 자리에 앉히기로 결정을 보았다.

박혁거세는 왕위에 오르자, 나

라 이름을 서라벌이라고 정하고 수
도를 금성으로 정하여 나라의 기틀
을 잡음으로써 고구려 백제와 더불
어 삼국 시대를 열었다.

백성들은 박혁거세와 같은 날 같
은 시에 알에서 태어난 알영 처녀
를 박혁거세의 부인으로 맞아들이
기를 간청하였다.

그래서 박혁거세는 기원전 53년
에 알영 처녀를 왕비로 맞아들여,
이 때부터 왕비와 함께 백성들의
생활을 살펴보고, 또 농사와 양잠
을 장려하여 백성들이 풍요하게 살
수 있도록 하였다. 기원전 28년에
는 낙랑이 침범했으나 국경의 백성
들이 밤중에도 문을 잠그지 않고,

들에는 곡식이 풍성한 것을 보고
물러간 일이 있을 정도였다.

알영 왕비도 박혁거세 못지않게
어질고 슬기로운 사람으로, 백성
들과 생활을 같이하면서 백성들을
따뜻이 보살폈다.

서라벌이 점점 발전하고 백성들
의 살림살이가 풍요해지자, 이웃
의 백성들이 모여들어 서라벌은 날
이 갈수록 번창해 갔다.

서라벌의 백성들은 혁거세와 알
영 왕비를 존경하여 왕과 왕비를
성인이라고 부르며 우러러 받들어
태평 성대를 누렸다. 박혁거세는
61년이라는 긴 세월 동안 나라를
다스리다가 죽었다.

# 방 정 환
## (1899~1931)

## ─아동 문학의 선구자─

방정환(方定煥)은 1899년에 서울 야주개(지금의 당주동)에서 태어났다. 호는 소파이다.

방정환은 보통 학교(지금의 초등 학교)에 다닐 때, 그를 양자로 데려가려 한 미술가로부터 받은 환등기로 자기가 그린 그림을 비추면서 재미있는 이야기를 꾸며, 이웃 어린이들을 즐겁게 하였다.

그 후, 15세가 되던 1914년에는 집안 형편 때문에 선린 상업 학교를 중퇴하고 조선 총독부 토지 조사국에 취직했다.

그 후 천도교 청년회의 일을 보다가, 천도교 교주 손병희의 딸 손용화와 결혼하고, 손병희의 도움으로 보성 전문 학교에 진학했다. 1919년 3·1 운동이 일어나자, 독립 선언서를 배포하다가 일본 경찰에 체포되어 고문을 받고 1주일 만에 석방되었다.

1920년 방정환은 민족의 자립과 자존을 위해 좀더 실력을 쌓고자, 일본의 도요 대학 철학과에 들어갔다. 이 무렵, 그는 우리 나라가 강해지기 위해서는 어린이를 바르고 참되게 길러야 한다는 신념이 차츰 굳어지게 되었다. 1921년 서울로 돌아온 그는 천도교 소년회를 창설하였다.

1922년 봄에는 세계 명작 동화집 《사랑의 선물》을 출판하였다. 이 때에 '어린이'라는 말을 처음으로 썼으며 전국 각지를 순회하며 유교 도덕에 얽매여 있는 어린이들에게 어린이다운 동심을 갖게 해 주어야 한다고 강연했다.

방정환은 이듬해인 1923년에 처음으로 어린이를 위한 월간 잡지 《어린이》를 펴냈으며, 이것을 계기로 우리 나라 아동 문학의 기초가 다져지게 되었다. 또한 방정환은 '색동회'라고 하는 아동 운동과 아동 문학을 위한 단체를 조직하고, 5월 1일을 어린이날로 정하여 그 해 처음으로 서울에서 어린이날 기념식을 가졌다.

그 때, 방정환이 내세운 구호는 '씩씩하고 참된 소년이 됩시다. 그리고 늘 서로 사랑하며 도와 갑시다.'
라는 것이었다.

방정환은 이런 단체를 이끌어가는 한편 1925년에는 서울의 40여 소년 단체를 모아 '소년 운동 협회'를 조직하였다. 또한 그가 간행하는 잡지 《어린이》를 통하여 윤석중, 이원수, 등의 아동 문학가의 육성에 힘쓰기도 했다.

어린이를 위해 평생을 바친 그는 신장염으로 인한 고혈압 증세가 악화되어 1931년 여름에 병원에 입원하게 되었다. 의사와 간호사 들이 정성을 다했으나, 방정환은 그 해 7월 23일 저녁, 끝내 회복되지 못하고 이 세상을 떠났다.

방정환이 내일의 주인공인 어린이를 위해 5월 1일을 어린이날로 제정하였는데, 1946년부터는 5월 5일로 바뀌었다.

1957년 그의 정신을 기리기 위하여 소파상이 제정되었다.

# 배 중 손
(? ~1271)

## ─ 삼별초 항쟁의 지도자 ─

12세기 초, 고려는 몽고의 침입을 받아 서울을 강화로 옮겨 임시 서울로 삼았었다. 이 시기에 세력을 잡고 있던 최씨 정권은 특별히 삼별초라는 군대를 갖고 있었다. 그것은 본디 도둑을 막기 위한 조직인 야별초로부터 시작되었는데, 별초란 '용감한 군사들로 조직된 선발군'이라는 뜻이다.

그 후 야별초에 소속된 군대가 증가하게 되자 이를 좌별초와 우별초로 나누고, 몽고군과 싸우다가 탈출한 군사들로 신의군을 만들어 기존의 좌·우별초와 합하여 새로운 군대인 삼별초를 조직하였다.

배중손(裵仲孫)은 그 삼별초에 소속된 장군이었다.

그런데 1270년(원종 11) 5월에 이르러 몽고에 갔던 왕이 개경에 돌아와 몽고 황제의 지시에 따라 삼별초에게도 개경으로 돌아올 것을 명하였으나, 삼별초는 굴욕적인 지시라 하여 이에 불응했다.

조정에서는 김지저 장군을 보내어 배중손의 직책을 파직(관직에서 물러나게 함)하고 삼별초를 해산시키기 위해, 삼별초에 속한 군사들의 명단을 압수하여 갔다.

그러자 삼별초의 지휘관인 배중손은 삼별초의 명단을 몽고에 넘겨주는 것이 아닌가 하여 야별초의 지휘관인 노영희와 공모하여 삼별초의 군사를 모은 다음, 이 해 6월 1일 강화도에서 당시의 대제국으로 이름이 높은 몽고에 대한 항전을 계속 하였다.

그러나 사태가 불리해져 그는 그를 따르던 수만 명의 군사 및 백성을 1천여 척의 배에 태워 강화도를 떠나 전라도 진도로 향했다. 그들

배중손이 지휘하는 삼별초의 대몽항전

은 그 곳에 새 궁전을 짓고 용장성이라는 성을 쌓아 해상 왕국을 일으키고, 남해안 일대를 완전히 지배하였다. 그런 후 왕족인 승화후 온을 추대하여 왕으로 삼고 관부를 설치하고 관리를 임명했다.

그러자 내륙 지방, 심지어는 개경에서도 몽고의 명령에 따르는 왕(원종)에게 불만을 품은 사람들이 변란을 일으켜 관리들을 죽인 뒤, 배중손의 해상 왕국으로 달려오는 일이 적지 않았다. 배중손의 왕국은 세력이 점점 커졌다.

이윽고, 그 해 겨울부터 관군과 몽고군을 보내어 토벌 작전을 폈으나, 삼별초 군사들이 민첩하게 행동했기 때문에 실패로 돌아갔다.

이렇듯 기세가 높아지자, 배중손과 삼별초 군사들은 차츰 관군과 몽고군을 업신여겨 방어를 소홀히 했다. 결국 이듬해인 1271년(원종 12) 5월에 배중손과 삼별초 군사들은 홍다구가 이끄는 몽고군의 기습 공격을 받아 진도에서 대패하고 말았다. 이 때, 승화후 온은 몽고군에게 잡혀 죽음을 당했고, 배중손 역시 전사하였다.

한편, 배중손의 부하 장군인 김통정은 나머지 군사를 이끌고 탐라(지금의 제주도)로 옮겨 가 2년간 더 항전했으나, 1273년(원종 14)에 고려와 몽고의 연합군이 탐라를 정복하자 산 속으로 들어가 자살하고 말았다.

# 법흥왕

(? ~540)

## ─신라 제23대 왕─

법흥왕(法興王)의 성은 김씨이
며 이름은 원종이다. 신라 제22대
왕인 지증왕의 아들로서 어머니는
연제 부인 박씨이다.

아버지의 뒤를 이어 제23대 왕
위에 오르자 시법(죽은 사람의 공
적을 기리어 이름을 주는 법)을 제
정하고 517년(법흥왕 4)에는 처음
으로 병부를 설치하였으며 520년
에는 율령을 반포하여 처음으로 백

관의 공복을 제정하였다.

521년에는 백제의 뒤를 이어 양
나라에 사신을 보내어 국교를 열었
으며 522년에는 가야국이 청혼을
해 오자 이찬 비조부의 누이동생을
보냈다. 523년에는 감사지(무관
벼슬) 19명을 두었고 524년에는
법흥왕이 남부 지방의 땅을 개척하
여 군사당주(무관 벼슬)를 두었으
며 이듬해인 525년에는 사벌주에

그러나 이차돈은 불교의 근원이 깊기 때문에 반드시 믿어야 한다고 주장하고는 자청하여 죽음으로 순교하였다.

결국 이 일이 있은 지 얼마 후인 527년에 불교가 공인되었다.

531년에는 나라일을 관리하는 상대등이란 벼슬을 새로 두었다. 이듬해에는 금관 가야의 구형왕이 신라에 항복해 와 낙동강 일대를 확보하였으며 536년에는 '건원'이라는 연호를 제정하였다.

이와 같이 발전된 국가의 체제를 만드는 데 힘을 쏟은 그는 재위 27년 만에 죽었다. 시호를 법흥이라 하고 애공사에 장사 지냈다.

군주를 두도록 하였다.

법흥왕은 불교를 일으키고자 하였으나 신하들과 귀족들의 반대에 부닥쳤다. 이 때, 평소 가까이 지내던 승려 이차돈이

"소신을 처형하여 반대 의견에 답해 주십시오."

라고 아뢰었다. 이에 법흥왕은 신하들과 귀족들을 불러들여 불교 공인을 다시 한 번 묻자, 여러 신하와 귀족들이

"불도를 닦고 있는 지금의 승려들을 보게 되면 하는 행동들이 참으로 기이하고 거짓되다 하겠습니다. 만약 불교를 받아들인다면 후회하실 것이며 저희들 모두는 중죄를 받을지라도 감히 불교의 공인을 반대하옵니다."

라고 아뢰었다.

울진 봉평의 신라 고비

# 사명 대사
(1544~1610)

## -조선 중기의 승려-

조선 시대의 고승으로 사명당 (四溟堂)은 호이며, 법명은 유정이다.

사명 대사는 7세를 전후하여 할아버지에게 《사략》을 배우고 13세 때 황여현에게 《맹자》를 배웠다. 1558년 어머니를 여의고 이듬해에 아버지가 죽자 황악산 직지사의 신묵 밑에 들어가 제자가 되었다. 3년 후인 1562년에 승과에 급제하여 많은 유생들과 교제를 하였는데 특히 박순과 임제와 가까웠다.

사명 대사가 쓴 시의 원고

당시의 사회는 불교를 억압하고 유교를 떠받드는 시대였기 때문에 그는 깊은 산을 찾아다니며 도를 닦았다.

사명 대사가 금강산 유점사에 머물며 수양하고 있던 1592년(선조 25), 임진왜란이 일어났다. 당시의 왕인 선조는 왜군에 쫓겨 의주에까지 피난을 갔다.

서산 대사는 노구의 몸을 이끌고 왕을 배알한 뒤에 전국의 승려들에게 '어려운 나라를 위해 모두 일어나라'는 격문을 띄웠다.

사명 대사는 그 격문을 읽고 200여 승군을 모아 서산 대사의 휘하로 들어갔다가, 이듬해에는 서산 대사의 뒤를 이어 승군 부총섭이 되어 평양성을 되찾았으며, 도원수 권율과 의령에서 왜적을 크게 격파하였다. 이 공로로 그는 당상

관이 되었고, 1594년에는 왜장 가토와 담판을 벌였다. 그 때,

　"조선에서 제일 가는 보배는 무엇이냐?"

하고 왜장 가토가 욕심을 드러내고 물었다. 그러자 유정은

　"바로 당신의 머리가 우리 나라의 보배다."

라고 대답했다. 이어서 그는

　"지금 우리 나라에서는 일본의 장군인 그대 머리에다 천금의 상을 걸어 놓았으니, 어찌 보배가 아니겠는가……."

가토는 유정의 이야기를 듣고는 아무 말도 하지 못했다. 담이 커도 보통 큰 것이 아니었기 때문에 세상에 겁날 것이 없는 왜장도 그만 기가 질렸던 것이다.

　이러한 소문은 일본 땅에까지 퍼졌고, 유정은 1604년에 국서(國書)를 휴대하고 일본에 건너가 도쿠가와 이에야스를 만나 수호 조약을 맺었다. 그리고 회담을 성공리에 끝내고 우리 나라 포로 3500명을 인솔하여 귀국했다. 그 공으로 선조는 새로운 벼슬을 주고 말, 모시옷 등의 상을 내렸다. 그리고 그에게 승복을 벗고 조정을 위해 일해 줄 것을 당부했다. 그러나 그는 다시 산 속으로 들어갔으며 1610년(광해군 2)에 해인사에서 조용히 세상을 떠났다.

# 서 거 정
## (1420~1488)

### －조선 초기의 문신－

조선 초기의 문신이자 학자인 서거정(徐居正)의 자는 강중이고, 호는 사가정이며, 본관은 달성이다.

조수, 유방선 등에게 배웠는데 천문, 지리, 성명, 풍수에까지 능통하였으며 문장이 뛰어났고 특히 시에 능하였다.

1444년(세종 26), 식년 문과에 급제하여 사재감 직장을 지냈으며, 1451년에는 부교리에 올랐다. 이듬해에는 수양 대군을 따라 명나라에 종사관으로 다녀왔다.

1457년(세조 3) 문과 중시에 급제한 데 이어, 이듬해에는 임금의 특별 명령으로 당상관 이하 문신들이 치르는 과거 곧, 문신 정시에 응시하여 장원으로 급제하였다.

실력을 인정받게 된 서거정은 그 후 공조 참의와 예조 참의를 지내고, 이조 참의를 지내던 1460년 (세조 6)에 사은사로 명나라에 가서 그 곳 학자들과 시를 논하여 해동(조선을 가리키는 말)의 기재라는 찬탄을 받았다.

귀국 후, 6조의 판서를 두루 지내고 1470년(성종 1), 좌참찬(의정부에 소속된 정 2 품의 관직)에 올랐다가 이듬해, 임금을 잘 보좌하고 정치를 잘 한 공적이 인정되어 좌리 공신 3등으로 달성군에 봉해졌다.

그가 이토록 순풍에 돛 단 듯 평탄하고 원만하게 생애를 보낼 수 있었던 것은, 나라에서 하는 편찬 사업에 항상 중심이 되어 일을 할 정도로 문장이 뛰어났고, 또 23년 간이나 대제학을 지낼 만큼 학문이 깊었으며, 결코 분에 넘치는 벼슬을 탐내지 않고, 지탄받는 처세를 하지 않았기 때문이다.

서거정은 그가 역임했던 많은 벼슬 못지않게 수많은 글을 후세에 남겼다.

《동인시화》《필원잡기》《태평한화골계전》《동인시문》《역대연표》들이 그의 저서인데, 《동인시화》는 신라 때부터 조선 초기에 이르기까지의 시화를 모아 엮은 책으로서, 조선 초기 귀족 사회의 생활과 취미를 엿볼 수 있다.

그리고 《필원잡기》는 일종의 수필 문학집으로서, 옛날부터 전해 오는 일화, 한담(심심풀이로 하는 이야기), 기문(기묘한 글) 중에서 후세에 전할 만한 것을 가려 뽑아 엮은 책이다. 그가 주관하여 편찬된 사서·문학서 등은 전반적으로

왕명에 의해서 사림 인사의 참여하에 개찬되었다.

서거정은 또한 한문학에 대해서도 일가견을 가지고 있어서, 고려 시대의 《한림 별곡》은 중국의 어느 시문학과도 다른 독특한 형태를 가지고 있다고 주장하면서 우리 나라의 한문학이 중국의 것을 완전히 모방한 것은 아니라고 주장하였다.

서거정은 68세로 세상을 떠나기까지 세종, 문종, 단종, 세조, 예종, 성종 등 여섯 왕을 잘 섬기며 45년간 조정에 봉사하는 동안 자신의 직분을 잘 수행하였던 행정가인 동시에 훌륭한 학자였다.

글씨에는 충주의 〈화산군 권근 신도비〉가 있다.

# 서 경 덕
(1489~1546)

## ─송도 삼절의 한 사람─

서경덕(徐敬德)의 자는 가구, 호는 복재다. 아버지는 시골의 가난한 선비인 서호번이었고, 어머니의 가계는 정확하게 전해지지 않는다.

일설에 의하면 그의 어머니가 공자의 사당에 들어가는 꿈을 꾸고 그를 잉태하였다고 한다.

서경덕은 가난 때문에 거의 혼자서 독학하다시피 공부하였는데 일찍부터 스스로 우주의 오묘하기 짝이 없는 신비를 밝혀 내려 하였다. 이것이 훗날의 철학자 서경덕의 출발이었다.

13세 때에는 독학으로 《서경》을 읽고, 서당 훈장도 잘 모르는 태음력을 수학적으로 터득했으며, 17세 때에는 《대학》을 읽다가

"아 ! 사람으로 태어나서 우주의 진리를 깨닫지 못하면 어찌

사람이라 할 수 있겠는가！"
하고 말했다고 한다.

1509년(중종 4)에는 산 속에 들어가 후진 양성과 학문에 전력했으며, 1519년(중종 14), 그의 나이 30세 때에는 중종에게 신임을 받고 있던 조광조가 서경덕에게 현량과에 응시하도록 권고하였다. 그러나 서경덕은 몹시 가난했지만 학문에만 열중할 생각으로 벼슬에 뜻이 없다고 거절하였다. 제대로 먹지도 못하면서 공부에만 전념한 탓으로 몸이 허약해져서, 33세 때에는 전국의 이름난 산과 강을 돌아보며 약 1년간 쉰 뒤, 다시 집에 돌아가 학문 연구에만 정진했다.

1531년(중종 26), 42세의 서경덕은 노모의 간절한 소망을 모른 체할 수 없어, 처음으로 과거에 응시해서 생원 시험에 합격했다. 그러나 여전히 벼슬할 생각이 없었으므로, 고향으로 돌아와 성리학의 연구에만 힘썼다. 이 때부터, 그는 개성의 동문 밖 화담이란 곳에 작은 초막을 짓고 들어앉아 학문에만 몰두하였다. 그래서 사람들은 그를 서화담 또는 화담 선생이라고 불렀다. 그에게는 차츰 학문을 배

송도 삼절로 불리는 황진이의 가비

우기 위해 많은 제자들이 모여들었는데, 제자들 중에는 박순, 허엽과 같은 훌륭한 학자가 나왔다.

서경덕의 학문과 사상은 이황과 이이 같은 학자들에 의해서 그 독창성이 높이 평가되었으며, 한국 기철학의 학맥을 형성하게 되었다.

서경덕이 황진이의 유혹을 물리친 유명한 일화가 있으며 박연 폭포, 황진이와 함께 송도 삼절로 불린다.

1544년(중종 39)에는 조정에서 후릉 참봉이란 벼슬을 주었으나 사양하고, 계속 성리학의 연구와 저술에만 전념했다. 서경덕은 1546년(명종 1년) 57세 때 세상을 떠났다.

저서로는 《화담집》이 있다.

# 서 광 범
(1859~1897)

## ─갑신정변 때의 정치가─

서광범(徐光範)은 조선 고종 때의 정치가로서, 자는 서구, 호는 위산이다.

서광범은 1880년(고종 17) 증광 별시 문과에 급제하여 홍문관 부수찬 등을 거쳐 세자 시강원·승정원 동부승지 등을 역임했다.

1882년, 전권 대사 겸 수신사 박영효의 수행원이 되어 일본으로 건너가, 일본의 개화된 문물 제도를 살펴보고 귀국하였다.

서광범이 귀국할 당시 국내에는 임오군란이 일어나 나라 안이 혼란했다. 이 틈을 타고 청나라와 일본이 우리 나라를 차지하려고 날카롭게 대립하고 있었다.

일찍이 대원군의 쇄국 정책에 반대하던 명성 황후와 민씨 정권의 친청 수구 세력은 그들에 반대하는 개화당을 탄압하였다.

개화당 요인으로는 서광범을 비롯하여 김옥균·박영효·홍영식 등이 있었다.

개화당은 청나라가 안남(지금의 베트남) 문제로 프랑스와 싸우게 되어 청나라 군대 일부가 철수하는 것을 기회로 정변을 일으킬 계획을 세웠다.

무기와 자금은 일본 공사를 통해 빌리고 일본 유학생 출신과 사관 생도를 동원할 계획이었다.

1884년 서광범과 김옥균을 중심으로 한 개화당 요인들은 정치적 혁신을 부르짖고, 당시 정권을 잡고 있던 친청 수구 세력을 제거하기 위해 우정국 개국 축하연을 계기로 정변을 일으켰다.

이를 갑신정변이라 한다.

갑신정변은 우리 나라에 대한 청나라의 지나친 내정 간섭과 민씨 일파의 친청 수구 세력에 반대하는 급진적인 개화당에 의하여 주도된 것이다.

개화당 요원들은 일본 군대를 불러들여 왕을 옹위하는 한편, 민씨 일파의 민영익, 조영하, 민태호 등 친청 수구 세력을 살상하였다. 이로써 정변에 성공한 개화당은 새로운 내각을 조직하고 14개조에 이

르는 개혁 요강을 발표하였다. 서광범은 새로운 내각에서 좌우 영사 겸 우포장 및 대리 외무 독판에 임명되었다. 그러나 후원을 약속했던 일본의 배신과 청나라의 무력으로 정변은 3일 만에 끝이 나고 말았다.

그리하여 서광범은 김옥균, 서재필, 박영효 등과 함께 일본 공사를 따라 일본으로 망명하였다. 그후 1894년에 동학 농민군의 봉기를 계기로 청·일 전쟁이 일어나자, 서광범은 일본 외무성의 주선으로 귀국하였다. 그는 그 해 12월 17일에 수립된 제2차 김홍집 내각의 법무 대신이 되었다.

서광범은 특히 사법 제도의 근대화에 힘썼는데 재판소 구성법·법관 양성소 규정 등을 제정, 공포하고 참형 대신 교수형 제도를 채택하였다.

서광범은 주미 특명 전권 공사로 미국에 있는 동안 임무를 충실히 수행했으나, 일본 망명 시절에 건강을 많이 해친 것이 원인이 되어 오래 앓아 오던 폐병으로 세상을 떠났다.

그의 시호는 익헌이다.

# 서산 대사
(1520~1604)

## ─나라를 위해 종군한 승병장─

서산 대사는 1520년(중종 15)에 평안 남도 안주에서 완산 최씨인 최세창의 아들로 태어났다. 원래 이름은 여신이며 휴정은 그의 법명이다. 흔히 부르는 서산 대사(西山大師)는 그의 별호이다.

휴정은 여덟 살에 어머니가 죽고, 이듬해에 아버지가 죽자 고향인 안주의 목사로 있던 이사증의 양자로 입적되었다.

그 후, 성균관에서 공부하던 그는 1534년(중종 29)인 14세 때에 진사과 시험을 보았으나 낙방하고 말았다. 그러자 그 길로 집을 떠나 지리산으로 들어가 중이 되었다.

중이 된 휴정은 영관 대사에게서 《전등》《화엄경》《법화경》 등을 배우며, 굶주림과 추위와 그 밖의 여러 가지 어려운 환경 속에서 괴로움을 참고 수련을 쌓아 갔다.

수련을 쌓아 가던 휴정은 일선 선사를 비롯한 여러 스님을 모시고 구족계(비구와 비구니가 지켜야 할 일체의 계율. 비구는 250계, 비구니는 500계)를 받고 영관으로서 인가를 받게 되었다.

1549년(명종 4), 29세가 된 휴정은 나라에서 실시하는 승과에 급제하였고 대선을 거쳐 선교 양종 판사가 되었다.

그러나 세상의 명예나 권세에 아무런 욕심이 없었던 휴정은 1556년(명종 11) 36세 때 승직을 사임하고, 금강산, 묘향산, 지리산과 같은 명산 대찰을 두루 돌아다니면서 진리를 얻기 위한 도를 닦았다.

그러던 중, 1592년(선조 25)에 임진왜란이 일어났다. 왜적들의 잔인 무도한 살인과 약탈이 계속되자 선조는 피난길을 떠났다.

서산 대사의 영정이 모셔져 있는 대흥사의 표충사(왼쪽)와 서산 대사의 교시(오른쪽)

묘향산에서 임진왜란이 일어났다는 것과 선조가 피난길을 떠났다는 소식을 들은 휴정은 의주에 피난 가 있는 선조를 찾아가 나라를 구하기 위하여 힘을 다할 것을 맹세했다. 이 때, 그는 이미 72세의 고령이었다.

휴정은 전국의 사찰에 격문을 돌려서 승려들이 나라를 구하는 데 앞장 서도록 했다. 그러자 사명당은 강원도에서, 처영은 지리산에서, 영규는 청주 지방에서 승병을 이끌고 일어났다. 선조는 고령임에도 불구하고 승병을 일으켜 나라를 구하겠다는 서산 대사의 구국 일념에 감복하여 그에게 8도 선교도총섭이라는 승병의 최고의 직함을 내렸으나 나이가 많음을 이유로 군직을 유정에게 물려주었다.

휴정은 묘향산에서 나라의 평안을 기원하다가 선조가 서울로 환도할 때 700여 명의 승군을 거느리고 개성으로 나아가 선조의 어가를 호위하였다.

1604년 1월 묘향산 원적암에서 설법을 마치고 자신의 영정을 꺼내어 그 뒷면에 '80년 전에는 네가 나이더니 80년 후에는 내가 너로구나'라는 시를 적어 유정과 처영에게 전하게 했다.

휴정은 시문에 매우 뛰어나 진리를 깨달을 때마다 그 깊고 오묘한 의미를 시로 읊었는데 그의 시와 글들을 모은 《청허당집》《심법요초》 등이 전해지고 있다. 그는 사명당을 비롯한 70여 명에 달하는 고승들을 제자로 길러 놓고, 84세의 나이로 조용히 입적했다.

# 서 재 필
(1864~1951)

## ─개화기의 정치가·독립 운동가─

서재필(徐載弼)은 1864년, 전라 남도 보성군에서 군수로 있던 서광효의 둘째 아들로 태어났으며, 6세 때에 서울에 살고 있던 외삼촌 김성근 판서의 집으로 올라와 한학을 공부하였다.

어려서부터 몹시 총명하여 10세 전에 이미 《논어》《맹자》《주역》 등을 읽었다고 한다.

1877년, 13세 때에는 전강(경서의 강독을 권장하기 위해 실시했던 시험)에 장원으로 합격하였다.

이 때부터 김옥균, 서광범과 같은 개화당 인사들과 사귀게 되었는데, 특히 김옥균은 외삼촌 김성근의 친척으로 서재필보다 13세나 손위였다.

김옥균은 남달리 총명하고 선진 문물에 대해 이해가 빠른 서재필을 무척 아꼈다.

1883년, 서재필은 김옥균의 주선으로 일본 도쿄 도야마 육군 학교에 입학하여 1년간 근대식 군사 훈련과 교육을 받고 귀국하였다.

귀국한 서재필은 고종에게 사관 학교를 설립할 것을 진언하고 조련국 사관장에 임명되었다.

이 소식을 들은 청나라의 위안스카이는 크게 놀라 사관 학교 설

립을 반대하고 나섰다.

당시, 위안 스카이는 왕비 명성
황후 일족과 결탁하여 우리 나라의
정치에 깊이 관여하고 있었다. 이
런 위안 스카이가 사관 학교의 설
립을 반대한 것은 당연했다.

일본에서 군사 훈련을 받고 온
서재필의 생각대로 사관 학교가 세
워진다면, 대립 관계에 있던 일본
의 세력이 커질 것은 뻔한 일이기
때문이었다. 위안 스카이뿐만 아
니라 사대주의 사상에 젖어 청나라
의 힘에 의존하고 있던 대신들 역
시 사관 학교 설립을 반대하고 나
섰다.

그리하여 결국 사관 학교 설립
계획은 백지화되고 말았다.

서재필과 뜻을 같이하는 개화파
인사들은 우리 나라가 완전히 자주

독립을 하기 위해서는 청나라의 세
력을 몰아 내고, 사대주의 사상에
젖어 있는 친청 수구 세력을 몰아
내야 한다는 데 의견을 모았다.

1884년 12월 4일, 우리 나라 최
초의 우체국인 우정국 낙성을 축하
하는 잔치가 한창 벌어지고 있을
때에 서재필, 김옥균, 박영효, 홍
영식 등의 개화당 요원이 청나라의
세력을 배경으로 정권을 잡고 있던
친청 수구 세력을 몰아 내는 정변
곧, 갑신정변을 일으켰다.

이 사건으로 정권은 개화당의 손
에 들어갔다.

이튿날, 개화당은 고종의 사촌
형인 이재원을 영의정으로 한 새
내각을 세우고 이 사실을 세상에
공표하였다. 서재필은 새 내각의
병조 참판 겸 후영 영관이 되었다.

개화당의 새 내각은 그 날로, 우리 나라는 자주 독립국으로서 모든 백성의 평등과 자유를 보장한다는 내용의 14개 항목에 달하는 개혁 요강을 발표하였다.

그러나 이튿날, 위안 스카이가 이끄는 청나라 군사 1500여 명이 창덕궁으로 난입하자 정세는 뒤바뀌어 서재필 등은 급히 일본 공사관으로 몸을 숨기고 정권은 다시 보수 세력의 손에 넘어가고 말았다.

정부에서는 서재필 등 갑신정변의 관계자에 대한 체포령을 내렸다. 서재필의 가족들도 역적으로 몰려 체포령이 내려지자 부모와 형, 그리고 아내는 음독 자살을 하고, 동생 재창은 참형을 당하였으며, 두 살 된 그의 어린 아들은 굶어 죽었다.

하루 아침에 가족을 모두 잃어버린 서재필은 슬픔을 안은 채 일본으로 망명하였으나 냉대를 받고 다시 미국으로 건너갔다.

미국으로 건너간 서재필은 얼마 후에 미국인의 도움으로 귀화하여, 펜실베이니아 주의 윌크스배러 시로 가서 고등 학교를 마쳤다.

1889년에는 라파예트 대학에 입학했다가, 이듬해 워싱턴으로 가서 컬럼비아 대학 의과 대학에 입학하였다. 졸업 후에는 유명한 월터 리드 박사 밑에서 세균학을 공부하여 한국인 최초로 미국의 의학 박사가 되었다.

독립문(서울 현저동)

1894년, 미국 여성인 암스트롱과 두 번째로 결혼한 서재필은, 민씨 일파가 몰락하자 1895년에 귀국하였다.

귀국하여, 중추원 고문에 임명된 그는 이듬해에 《독립 신문》을 발간하는 한편, 이상재, 남궁 억 등 진보적 지식인들과 '독립 협회'를 결성하였다. 그리고 중국 사신을 영접하던 모화관을 고쳐서 독립 회관으로 사용하는 한편 중국 사신을 맞아들이던 모화관 앞의 영은문을 헐고 그 자리에 독립문을 세웠다. 그러나 독립 협회 활동은 수구파의 방해로 좌절되어 서재필은 다시 미국으로 떠나고 말았다.

미국으로 돌아간 그는, 3·1 운동이 일어날 때까지 펜실베이니아 주에서 의료 사업에 종사하고 있다가 3·1 운동 소식이 전해지자 잡지 《이브닝 레저》에 우리 나라의 독립을 세계 여론에 호소하는 한편, 한인 친목회를 조직하여 재미 교포들을 결속하여 독립 운동 후원회를 만들었다.

1922년에 워싱턴에서 군축 회의가 열리자, 한국의 독립을 청원하는 연판장을 돌렸으며, 1925년에는 하와이 호놀룰루에서 열린 범태평양 회의에 한국 대표로 참석하여 일본의 만행을 폭로하기도 하였다.

그 후에도, 독립 운동을 계속하며 재산을 전부 써 버린 그는 다시 펜실베이니아 대학에서 강의를 하는 한편 여러 병원의 고용 의사로 일했다.

1945년 8월 15일, 조국이 광복을 맞자 미 군정 장관 하지의 요청으로 1947년 7월에 미 군정청 최고 정무관이 되어 조국에 돌아왔다.

1948년 대한 민국 정부 수립 때 대통령에 출마하였으나 이승만에게 실패하여 다시 미국으로 돌아가 그 곳에서 여생을 마쳤다.

# 서 희
## (942~998)

### －국토 회복에 공헌한 전략가－

서희(徐熙)는 942년(고려 태조 25)에 태어났다. 본관은 이천, 자는 염윤이다. 그의 아버지는 내의령을 지낸 서필이다.

어릴 때부터 강직했던 서희는 18세 때인 960년(광종 11)에 과거에 급제하였다. 그 뒤 벼슬이 높아져서 내사령이라는 직위에 올라 있던

18세기에 그려진 평양의 옛 지도

30세 때에는 10여 년간 국교가 끊겼던 중국 송나라에 사신으로 다녀왔다. 그 후, 성종 때에는 좌승, 병관어사 등을 지냈다.

993년(성종 12), 중국의 북방에서 강성해진 거란이 침입을 하자, 서희는 그 해 10월에 중군사라는 직책을 맡아 군사를 지휘하게 되었다. 그러나 전세는 불리하여 거란 장수인 소손녕은 고려에 무조건 항복을 요구하며 압력을 가해 왔다. 고려 조정에서는 많은 신하들이 겁을 먹고

"항복하자."

"서경(지금의 평양) 이북의 땅을 거란에게 내주자."

라는 등 한심한 말들만 하고 있었다. 그러나 서희는

"한번 싸워 보고 나서 항복하든지 어쩌든지 하자."

234

라고 고집하여, 혼자서 거란 장수 소손녕의 진영을 찾아갔다. 그는, 고려는 고구려를 이어받은 나라이므로 옛 고구려의 땅이 모두 고려의 것임을 주장하면서, 거란은 우리의 옛 땅을 내놓아야 한다고 당당히 요구하고, 속히 물러가면 외교 관계를 수립하겠다고 말했다.

이런 서희의 강경한 자세에 겁이 난 소손녕은 낙타 10마리, 말 100필, 그리고 양 1000마리를 서희에게 선물로 주어 돌려 보낸 후, 순순히 자기 나라로 물러갔다. 이로써, 서희는 소손녕과의 1대 1의 담판으로 거란의 대군을 물리쳐 나라를 구하였다.

하지만 서희는 그것으로 만족하지 않았다. 그는 994년(성종 13)부터 3년간에 걸쳐 군사를 이끌고 나아가, 고려의 서북쪽 변방을 어지럽히고 있던 여진족을 압록강 건너편으로 몰아 내고 의주, 안주 등지에는 성을 굳게 쌓았다. 또한 996년에도 선천, 맹산 등지에 성을 쌓아 여진 및 거란의 재침입에 대비하였다. 이로써 서희는 압록강에 이르기까지 고려의 영토를 확보하는 데 공헌하였다.

서희는 56세 되던 998년(목종 1)에 세상을 떠났는데, 목종은 그에게 장위라는 시호를 내려 주었고, 1033년(덕종 2)에는 덕종이 태사라는 칭호를 내려 주어, 서희의 공을 길이 찬양하였다.

# 석주명
## (1908~1950)

## ─ 나비 연구로 이름을 떨친 석학 ─

석주명은 조선 왕조가 점차 쇠퇴의 길을 걷고, 우리 나라가 일본의 침략을 받기 시작한 1908년 11월 13일에 평양에서 태어났다. 아버지는 석승서, 어머니는 김의식이다.

1926년 18세 때 개성에 있는 송도 중학교를 졸업하고, 곧 일본으로 건너가서 가고시마 고등 농림 학교 농학과에 들어갔다. 3년 뒤인 1929년에 가고시마 고등 농림 학교를 졸업한 그는 고국으로 돌아와, 22세라는 젊은 나이로 모교인 송도 중학교에서 교사 생활을 시작하였다.

그는 여기에서 학생들을 가르치는 한편, 곤충에 대해 관심을 기울이기 시작했다. 그 가운데서도 특히 나비에 대해 관심을 보여 본격적으로 나비 연구를 시작했다.

학교의 구석진 방 하나를 빌려 연구실로 만들고, 나비를 채집하는 한편, 나비의 생태와 분포를 연구했다. 일요일이나 방학 때가 되면 채집통을 둘러메고 들로 산으로 돌아다녔다. 뜨거운 햇볕에 까맣게 그을리면서 오직 나비 채집에만 열중하는 것이었다. 채집한 나비는 종류대로 분류하여 표본을 만들어 두었다.

어느덧 나비 표본이 그 작은 연구실을 넘쳐 보관하기 곤란할 정도로 수집되자, 그는 미국의 유명한 하버드 대학교 비교 동물학과의 바버 박사와 한국의 나비 표본을 교환하게 됨으로써 국제적으로 차츰 나비 연구에 대한 기반을 굳혀 갔다. 당시만 해도 아시아의 동쪽에 붙어 있는, 알려지지 않은 한국의 나비 표본에 대해 그들은 많은 관심을 보여서, 하버드 대학교의 바

버 박사로부터 경제적 원조까지 받게 되었다.

이에 용기를 얻은 그는 1940년에 지금까지 채집한 나비 표본을 종류별로 분류한 《접류 목록(蝶類目錄)》이라는 그의 역작을 출간하였고, 이 해에 미국 인시류 학회의 회원이 되었다.

1943년 그의 나이 35세 때에는 경성 제국 대학(지금의 서울 대학교) 부속 제주도 생약 연구소(生藥研究所) 소장으로 부임하면서부터는 제주도의 곤충 연구를 계속하는 한편, 《제주도 방언집》(1947)을 간행하여 이 방면의 선구자가 되었다. 또, 《제주도 문헌집》(1949)

《제주도의 생명 조사서》(1949) 등을 잇달아 출판하였다.

8·15 광복과 더불어 수원 농사 시험장 병리 곤충 부장에 취임하였다. 1946년 국립 과학 박물관 동물 학부장으로 재직하면서도 연구 생활을 계속하였는데 그 동안 제작된 귀중한 표본과 연구 업적은 세계적으로 널리 알려져 있다.

그는 이렇게 학교와 연구실에서 연구 생활에만 전념하면서 42세의 짧은 일생 동안 100여 편의 연구 논문을 남겼는데, 그 가운데서도 특히 《배추흰나비의 변이 곡선》은 생물 분류학과 측정학의 발전에 큰 공헌을 한 논문이다.

# 선덕 여왕
(? ~647)

## ─첨성대를 건립한 여왕─

선덕 여왕(善德女王)은 신라 제 27대 왕으로, 이름은 덕만이며, 진평왕과 마야 부인 김씨 사이의 맏딸로 태어났다.

632년, 진평왕이 뒤를 이을 아들을 낳지 못하고 세상을 떠나자, 화백 회의에서 그녀를 왕위에 추대했다. 선덕 여왕이 즉위할 수 있었던 것은 성골이라는 특수한 배경이 있었기 때문이다.

그녀는 왕위에 오르자, 곧 어진 신하들을 골라 나라의 정치를 맡기고, 자신은 가난한 백성들을 위문하여 민심의 안정을 도모하는 데 온 힘을 기울였다. 그 좋은 본보기로, 여왕이 친히 내을신궁에 가서 백성들이 평화로운 생활을 할 수 있도록 제사를 지내기도 했는가 하면, 가뭄이나 장마가 져서 백성들의 생활이 어렵게 되면 세금을 면

제해 주었고, 죄수들이 자신들의 죄를 뉘우치는 기색이 있으면, 그들을 옥에서 풀어 주어 새로운 삶을 시작할 수 있도록 주선해 주기도 했다. 이렇게 자애로운 마음으로 나라를 다스리니, 백성들은 여왕을 한층 더 높이 떠받들게 되었다.

그러나 당시 이웃 나라였던 고구려와 백제는, 여왕이 다스리는 나라라고 깔보고 자주 침략해 왔다. 그럴 때마다 신라군은 적을 맞아 힘껏 싸웠으나, 여러 번 패하여 나라가 어지러울 때도 있었다.

더구나 백제와 고구려가 연합 작전을 펴서 신라를 침입하였을 때는, 신라 혼자의 힘으로 이들 연합군을 물리칠 수가 없었기 때문에, 부득이 당나라에 응원군을 청해야만 했다.

644년(선덕 여왕 13)에는 김유

신 장군을 시켜 백제에게 빼앗겼던 7성을 되찾았으나, 이듬해 당 태종이 고구려를 칠 때 그를 돕다가 다시 서쪽의 7성을 백제에게 빼앗기고 말았다. 그 일로 해서 647년에는 믿었던 비담, 염종 등의 신하들로부터, '여왕이 무능하여 자꾸만 나라의 영토를 빼앗긴다. 여자가 나라를 다스리면 나라의 힘이 약해져 안 된다.'는 소리를 듣고 배신감을 느껴야만 했다. 이들 비담과 염종이 일으킨 반란은 7일간이나 계속되었는데 가까스로 진압되었으나, 선덕 여왕은 그 해에 병으로 세상을 떠나고 말았다.

선덕 여왕이 나라를 다스렸던 동안에 비록 외침은 잦았으나, 명장 김유신 장군과, 외교 수완이 뛰어난 김춘추가 여왕을 도와 충성을 다했기 때문에, 선덕 여왕이 통치하던 때부터 삼국 통일의 씨앗은 싹트기 시작했다고 볼 수 있다.

선덕 여왕은 재위 당시 자장 율사 같은 훌륭한 스님을 당나라에 보내어 불경을 연구하게 하고, 대장경 일부를 가져오게 하였다. 그리하여 신라는 불교 문화의 큰 발전을 보게 되었다.

선덕 여왕은 황룡사 9층탑, 첨성대, 분황사, 영묘사 등을 건축함으로써 신라의 문화 발전에 크게 기여하였다.

# 설 총
(?~?)

## ─신라 10현의 한 사람─

설총은 신라의 학자로, 신라 10현의 한 사람이고, 신라 3문장의 한 사람이기도 하다. 흔히 이두의 발명자라고 하지만, 568년(진흥왕 29) 북한산 비봉에 세워진 진흥왕 순수비에 이두가 나타난 것으로 보아 이두는 그 이전부터 사용되었고, 설총(薛聰)이 차자 표기법을 정리하여 경서를 우리말로 주해하고 새긴 것으로 보고 있다.

설총은 원효 대사와 요석 공주 사이에 태어났다. 아버지인 원효 대사는 불교의 고승이 되고, 아들인 설총은 유교의 석학이 되었다. 설총의 정확한 생몰 연대는 《삼국사기》나 《삼국유사》에도 나와 있지 않지만, 원효와 요석 공주가 맺어진 때로 미루어 보아 655년 경에 태어나 문무왕, 신문왕을 거쳐, 효소왕이나 성덕왕 때까지 살았을 것으로 추측된다.

《삼국사기》의 설총전에 의하면 자를 총지라 하며, 그 이름과 같이 어려서부터 유달리 총명하여 경서에 통달했고, 이두로 풀어 읽어서 사람들에게 가르치고 문장도 훌륭했다고 한다.

또한 756년(경덕왕 15)에는 박사로서 강수와 함께 국학에서 학생들에게 9경을 지도했다고 한다. 경서를 다 읽고 해석한다는 것은 자전이나 주석이 다 정리된 지금에도 어려운 일인데, 그것을 모두 풀어서 가르쳤다고 하니 그 실력을 짐작할 수 있다.

이두란 한자의 뜻과 음을 따서 우리말을 기록하는 것을 말한다.

전하는 얘기에 의하면 한자 이전에 우리 나라 글자가 따로 있었는데, 그것이 한자에 밀려나 없어진 뒤로는, 한문을 번역하거나 소송문·보고서 등의 관용문을 쓰는 데 이두를 사용하였다.

설총은 한문책을 많이 읽었을 뿐 아니라, 스스로도 많은 글을 썼을 것으로 짐작되나 모두 없어지고, 〈화왕계〉라는 단편 산문 한 편만 전해지고 있다. 그것은 우화로서, 처음에는 설총이 신문왕에게 들려 준 이야기인데, 왕이 글로 써서 바치라 하여 만들어진 것이다. 그 내용은 대략 다음과 같다.

옛날 옛적에 화왕(모란)을 꽃동산에 심자, 화왕은 홀로 뛰어난 모습을 드러냈다. 그러자 이곳 저곳에서 어여쁜 꽃들이 화왕을 만나러 달려오는 가운데, 화사한 장미꽃이 아양을 떨며 화왕의 마음을 끌려고 했다. 이 때 베옷에 가죽 띠를 두르고, 흰 머리에 지팡이를 든 할미꽃이 다가와서 말했다.

"귀한 물건이 있더라도 천한 물건을 버려서는 안 된다."

화왕이 처음에는 장미꽃에게 마음이 쏠렸지만 할미꽃의 지혜로운 말을 받아들였다는 줄거리이다.

이 이야기는 임금이 나라를 다스리는 데 있어서, 도리를 지켜야 한다는 유교의 사상을 담고 있다. 훗날, 고려 현종이 설총을 홍유후에 추증하였는데, 홍유후란 유학을 세상에 편 사람이라는 뜻이다.

# 성 삼 문
## (1418~1456)

## －사육신의 한 사람－

성삼문(成三問)은 세종 때의 대학자로서 자는 근보, 호는 매죽헌이며, 그의 아버지는 도총관을 지낸 성승이다. 1438년, 성삼문의 나이 20세 때에 식년 문과 정과로 급제하였고, 1447년에는 다시 문과 중시에 장원 급제하였다.

성삼문은 집현전에 들어가 왕명

집현전 학사도

으로 신숙주와 함께《예기 대문 언독》이라는 책을 편찬하였고, 집현전 학사로 뽑혀 세종의 가까이에 있으면서 그의 총애를 받았다.

세종 대왕이 나라글이 없음을 몹시 안타깝게 여기고 집현전 학사들에게 연구하도록 하자 정인지, 최항, 박팽년, 신숙주, 강희안, 이개 등의 학자들과 이를 도왔다. 또한 신숙주와 명나라 요동을 여러 번 왕래하면서 유배되어 와 있던, 한림 학사이며 음운 학자인 황찬에게 음운을 질의하고, 그래도 부족하여 명나라 사신을 따라가서 음운과 교장의 제도를 연구하고 왔다. 이와 같이, 성삼문을 비롯한 여러 학자들은 보다 과학적이고 쓰기에 편리한 문자를 만들기 위하여 무척 애를 썼다. 그 결과 1446년에, 세종은 역사적인 훈민정음을 반포하게 된 것이다.

그러나 집현전에서 여러 학자들과 학문 연구에 몰두하던 성삼문의 신변에 위험이 다가오기 시작하였다. 세종과 문종의 대를 지나 문종의 어린 아들 단종이 11세의 어린 나이로 즉위하게 되면서부터였다.

1453년(단종 1), 단종이 즉위하자 단종의 숙부인 수양 대군이 왕위를 빼앗기 위해 김종서를 죽이고 집현전 신하들에게 정난 공신 3등의 칭호를 내렸을 때, 한 사람씩 차례차례 돌아가면서 축하연을 베풀었지만, 이를 수치로 여긴 성삼문은 축하연을 열지 않았다.

결국 1455년에 수양 대군이 단종을 몰아 내고 왕위에 오르자, 성삼문은 예방 승지로서 국새를 끌어안고 한없이 통곡했다.

이듬해, 성삼문은 아버지 성승, 박팽년, 하위지, 이개 등과 함께 단종의 복위를 협의하고는, 6월에 명나라 사신을 접대하는 자리에서 거사하기로 결의하였다.

그런데 연회가 베풀어지는 그 날, 세조는 갑자기 자리가 비좁으니 운검의 시립(왕 앞에 큰 칼을 들고 서는 사람)을 그만두라고 지

사육신 묘

시하였다.

당시의 운검은 성승과 유응부로서 두 사람은 그 자리에서 세조를 처치하려 했던 것이었는데 결국 거사를 이루지 못하고 말았다.

거사가 뒷날로 미루어지자 같이 모의했던 김질과 정창순이 마음이 흔들려, 성삼문 등 모의했던 사람들을 밀고하였다. 그래서 그들은 모두 체포되고 말았다.

그들은 세조(수양 대군)에게 직접 국문을 받고는 형장의 이슬로 사라지고 말았다. 이 때에 국문을 받고 죽은 성삼문을 비롯하여 박팽년, 하위지, 이개, 유응부, 유성원 등을 사육신이라 하는데, 그들의 충절을 기리기 위한 사육신 묘가 서울 특별시 동작구 노량진에 있다. 저서로는 《매죽헌집》이 있다.

# 성 종
## (1457~1494)

### —조선의 제9대 왕—

성종(成宗)은 세조의 손자이며 추존왕인 덕종(세조의 세자로 책봉되었으나 20세에 요절함)의 아들로서, 이름은 혈이다. 어머니는 소혜 왕후 한씨이며 비는 한명회의 딸 공혜 왕후 한씨이다.

1461년(세조 7)에 자산군에 봉해졌고 1468년에 잘산군으로 고쳐 새로 봉해졌다.

그러다가 12세가 되던 1469년에 왕위에 올랐는데 세조의 비인 정희 대비가 수렴 청정(왕이 어린 나이로 즉위했을 때 왕대비나 대왕 대비가 정사를 돌보는 일)을 7년 동안이나 했다.

즉위하던 해에 세조 찬탈의 경험을 두려워한 대신들의 건의에 따라 구성군 준을 유배하고, 1476년 공혜 왕후가 아들이 없이 죽자 숙의 윤씨를 왕비로 책봉했다가 1479년에 폐위하였다.

그리고 3년 후 폐비 윤씨에게 사사(임금이 독약을 내려 스스로 죽게 하던 일)하여 갑자사화의 원인이 되기도 하였다.

실질적인 성종의 정치는 1476년(성종 7)부터 시작되었는데, 젊은 시절의 성종은 현명한 왕으로서 학문을 좋아하여 글과 그림에 능하고 활쏘기 또한 뛰어났다.

15세기의 조선은 새 왕조가 열린 지 얼마 되지 않은 시기였다. 이런 상황에 세종과 같은 훌륭한 왕이 등극하여 새로운 왕조의 기반을 마련해 놓은 상태였고 그 뒤를 이어 세조와 성종을 거치면서 새 왕조의 기틀은 뼈대를 갖추어 나가게 되었다.

재위 기간 중에는 커다란 파란 없이 문운(학문이나 예술이 크게 일어나는 기세)이 바람에 돛을 단 것처럼 왕성히 일어났다. 강력하게 불교를 배척했으며 특히 법령을 정리하여 1470년, 1471년, 1474년, 1485년(성종 16)에 걸쳐 교정 및 개정을 거듭한 《경국대전》을 완성하고 이를 반포하였다. 6년이 지난 1491년에는 《대전속록》을 간행하여 통치의 전거가 되는 법제를 완비하였다. 서적 간행에도 관심을 기울여 《동국여지승람》《동국통감》《동문선》《오례의》《악학궤범》 등을 편찬·간행하였다.

또한 세종 때의 집현전에 해당하는 홍문관을 확충하는 한편 독서당(일명 호당)을 설치하여 젊은 관료들에게 휴가를 주어 독서와 제술에 전념하게 했다.

1484년과 1489년에는 성균관을 비롯한 각 도의 향교에 학전(교육 기관의 경비를 충당하기 위해 설정된 토지)과 서적을 주어 교육과 문화의 진흥에 힘썼다. 또한 세조의 찬역(왕의 자리를 빼앗으려는 반역)을 도와 준 훈구 세력을 견제하기 위하여 신진 사림 세력을 많이 등용하여 훈구와 사림 간의 세력 균형을 잡아 사림 정치의 기반을 조성하였다.

한편 1479년에는 좌의정 윤필상을 도원수로 삼아 만주족을 토벌하게 하였다.

성종은 정치·경제·사회에 걸쳐 탁월한 정책을 펼쳐 조선 왕조의 문물 제도를 정비한 치적이 높이 평가되고 있다.

시호는 강정이고 능은 선릉으로 경기도 광주에 있었는데 현재는 강남구 삼성동에 있다.

# 성 충

(? ~ 656)

## ― 백제 말기의 충신 ―

성충(成忠)은 백제의 마지막 왕인 의자왕 때의 충신이다. 일명 정충이라고도 하며, 태어난 연대는 확실하지 않다.

그는 좌평(16품 관등의 첫째 등급) 벼슬에 있을 때, 의자왕이 방탕해져 나라일을 돌보지 않자 그것을 막으려다 투옥되어 옥중에서 사망하였다.

의자왕은 태자로 있을 때는 용맹하고 효성과 우애심이 깊어 해동 증자로 불리었다.

그리고 642년에는 신라를 공격하여 40여 성을 빼앗는 등 국토 확장에 힘썼으나, 만년에 접어들면서 나라일은 돌보지 않고 점점 사치와 방탕에 빠져들었다.

그러자 성충이 의자왕에게 옳지 못한 일을 고치도록 간언했다. 그러자, 대개의 포악한 왕들이 그렇듯이 의자왕도 크게 노하여 그를 옥에 가두었다.

성충은 본디 절개가 굳은 충신이었으므로, 옥에 갇혀서도 자신의 뜻을 굽히지 않고 계속해서 의자왕에게 국정을 올바로 다스려 줄 것을 간하였다.

그러나 이미 나라일에는 관심이 없고, 오직 노는 일에만 정신이 쏠려 방탕한 생활을 하던 의자왕의 귀에 옥에 갇힌 충신의 말 따위가 들릴 리가 없었다.

성충은 기울어져 가는 나라의 앞날을 걱정하고 자신의 치지를 한탄하여 아래와 같은 시를 읊었다.

묻노라 멱라수야, 굴원이 어이 죽었느냐?
참소에 더럽힌 몸 죽어 묻힐 땅이 없어,

창파에 골육을 씻어 어복리에 장하노라.

성충은 마지막 수단으로 단식을 하여 간절한 마음을 전하려 했다. 그러나 의자왕은 모른 체했다. 식음을 전폐한 성충의 몸은 하루가 다르게 여위어 갔다.

드디어 죽음에 임박한 성충은 의자왕에게 충심으로 마지막 글을 올렸다.

'충신은 죽음을 앞에 두고도 임금을 잊지 않는다 하였으니 마지막으로 한 말씀 아뢰겠나이다. 신이 시세의 변화를 관찰해 보건대, 외적의 침입이 있을 것이옵니다. 무릇 외적을 맞아 싸움에 이기려면 지형을 잘 선택해야 하옵니다. 만약 외적이 쳐들어오면, 육로로는 탄현을 넘지 못하게 하고, 수군은 기벌포(장항)에 들어서게 하지 말며, 험난한 지형에 의거하여 막아야 할 것이옵니다.'

의자왕은 성충의 이 마지막 글을 보고도 조금도 깨닫는 바가 없이 여전히 향락에 빠져 있다가, 결국 660년(의자왕 20) 3월 나·당 연합군의 공격을 받게 되었다.

그제야 비로소 정신을 차린 의자왕은 적군을 물리칠 방도를 강구하였으나, 이미 때는 늦어 나·당 연합군이 사비성에까지 이르렀다. 의자왕은 그 때서야 성충의 말을 듣지 않은 것을 후회하며 웅진(지금의 공주)으로 피했다가, 그 해 7월 18일에 연합군에 항복함으로써 백제는 멸망하고 말았다.

성충·계백·흥수의 위패를 모신 삼충사

# 세 조
## (1417~1468)

### －조선의 제7대 임금－

세조(世祖)는 1417년 세종의 둘째 아들로 태어났으며, 이름은 유, 자는 수지이다. 문종의 아우이며 어머니는 소헌 왕후 심씨이다.

1422년(세종 10), 진평 대군에 봉해진 그는, 1445년에는 수양 대군으로 책봉되었다.

그는 할아버지인 태종으로부터는 호방한 성격을, 그리고 아버지 세종으로부터는 명석한 두뇌를 이어받아서 무예에 능하고 병서에 밝았으며, 세종이 평소 몸이 약했기 때문에 아버지를 대신하여 국정 전반에 걸쳐 폭넓게 참여하는 기회를 자주 가질 수 있었다.

1450년, 세종이 세상을 떠남에 따라 맏아들 문종이 제5대 왕으로 즉위하였다. 하지만 그 역시 몸이 약하여 재위 3년 만에 세상을 떠남으로써 어린 세자가 왕위에 올랐는데, 그가 바로 단종이다.

그러나 단종은 그 때 11세의 어린 나이였으므로, 선왕 문종의 유명에 따라 영의정 황보 인, 좌의정 남지, 우의정 김종서 등이 단종을 보필하게 되었다. 그리고 이 때부터 단종의 숙부인 수양 대군과 안평 대군이 어린 왕을 도와 국정을 보살피며 배후의 실력자로 서서히 발돋움하기 시작하였다.

1452년, 수양 대군은 단종 즉위에 대한 사은사로 명나라에 다녀오던 중, 그의 아우 안평 대군이 함길도(지금의 함경도) 도절제사인 이징옥을 시켜서 경성에 있는 무기를 한성으로 옮기게 하고 장사들을 모은다는 소식을 듣게 되었다.

그렇지 않아도 평소에 안평 대군을 은근히 견제하던 수양 대군은 급히 한성으로 달려왔다. 만약 안평 대군이 조정의 실력자들을 포섭하여 세력을 장악하게 되면, 자기는 자연히 권력 밖으로 밀려나고 말 것이 뻔했기 때문이다.

이듬해 수양 대군은 안평 대군의 세력 확대를 막기 위해 골몰하다가, 안평 대군과 사이가 가까운 대신들 중 당시 최고의 실력자이며 단종의 보호 책임자인 황보 인과 김종서를 제거하기로 계획을 세우고 무사를 이끌고 김종서의 집을 습격하여 다짜고짜 김종서와 그의 아들을 살해하였다.

그리고는 곧장 궁궐로 달려가, 김종서가 모반을 계획하고 있어 죽였는데 사전에 아뢸 여가가 없었다고 단종에게 알렸다. 그리고는 왕

안평 대군의 글씨

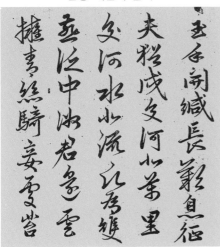

명을 받고 입궐하는 영의정 황보 인, 이조 판서 조극관, 찬성 이양 등의 반대파 중신들을 모조리 살해하였다.

수양 대군은 그래도 안심이 안 되었던지 황보 인과 김종서의 아들 중 16세 이상 되는 자들은 모두 사형에 처하였으며, 안평 대군도 김종서 등과 통하였다고 누명을 씌워 강화도로 귀양 보냈다가 뒤에 사약을 내려 죽게 하였다.

이로써 많은 정적을 물리친 수양 대군은 스스로 영의정, 부사, 이조·병조 판서, 내·외 병마 도통사 등의 벼슬을 독차지함으로써 정권을 장악했다.

주위에 의지할 만한 사람이 모두 죽고 보니 단종은 왕위에 앉아 있는 것이 오히려 불안하게 되었다. 그리하여 1455년 6월, 단종은 왕위를 수양 대군에게 물려 줄 뜻을 밝히고 양위의 교서를 내리고 옥새를 전하여 수양 대군으로 하여금 왕위에 오르도록 하였다.

그리하여 조선 제7대 왕이 된 세조는 우선 권력의 집중과 자기의 권한을 강화하기 위하여 내정 개혁을 단행하였다. 6조의 모든 사무는

의정부를 통하지 않고 직접 왕에게 아뢰도록 했다. 또한, 자기를 받들어 일을 성사시킨 부하들을 좌익 공신으로 봉하여 중요한 직책을 주었으며 지방 관리들까지 자기의 심복 부하로 갈아치웠다.

세조의 이런 처사에 대해 아무도 거역하는 사람이 없었다.

그러나 과거에 세종으로부터 깊은 총애를 받았던 집현전 학사들은 세조가 왕위를 강제로 빼앗은 것에 크게 분개하였다. 그래서 그들은, 단종을 복위시키기 위한 회합을 은밀히 가져 오다가 1456년 6월, 명나라 사신을 위한 연회가 창덕궁에서 벌어지는 것을 계기로 삼아 세조와 그의 무리들을 일거에 제거하기로 하였다.

그런데 이 계획에 차질이 생기자 모의자였던 김질과 정창손이 고자질을 함으로써 거사는 발각이 되어 주동자였던 성삼문 등 모의에 가담했던 집현전 학사들이 모두 처형되고 말았다.

이 때 처형된 6명의 충신들을 사육신이라 부르는데, 세조는 그 모의에 연루된 자들이 더 있을 것이라 하여 색출한 결과, 김문기 등

70여 명의 관계자들이 추가로 잡혀 처형되었다.

이 일이 있은 뒤, 세조는 단종과 금성 대군(세조의 아우)도 이 일에 관계했다 하여 귀양을 보냈다가 나중에 죽게 하였다.

이토록 많은 사람의 목숨을 빼앗은 세조는 이후로는 나라를 위하고 백성을 보살피는 정책을 세워 실행함으로써, 재위 14년 동안에 많은 업적을 이룩하였다.

그 업적을 연대순으로 보면, 1457년에 춘추관에서 《국조보감》을 찬술케 하고 각 읍에 배치되어 있던 군사를 5위에 나누어 소속시켰으며 각 역로를 개정하여 찰방역을 신설했다.

그리고 이듬해에는 호패법을 다시 실시하고 해인사 대장경 50건을 필인했다. 또한 큰 고을 수령이 작은 고을의 군사까지 지휘하는 진관제를 실시했으며 《동국통감》을 새로 편찬했다. 또한 1460년에는 여진족이 회령을 침입하자 신숙주에게 다스리도록 했으며, 궁중에 누에치는 방을 두어 왕비와 세자빈에게도 그것을 배우게 하였다.

또 법전을 제정하고자 최항, 노

사신 등에게 명하여《경국대전》을 편찬케 하였으니, 호전은 이 해에 반포하였고, 형전은 이듬해인 1461년에 완성하여 반포하였다.

그리고 1462년에는 각 읍에 병기를 제조하도록 명했으며, 이듬해에 호패사목 20조를 제정하였다. 또한 1464년에는 각 도의 공물을 상정했다.

1465년에는 불교에 관심을 기울여《원각경 언해》을 편찬케 하고 서울에 원각사를 완공했다.

또한 과전법으로 관리들이 토지를 세습하여 토지가 부족하자 직전법으로 바꾸어 현직 관리에게만 토지를 주도록 했으며 상평창을 설치하여 물가를 조절했다. 또한 버들잎 모양의 팔방 통보를 만들어 사용케 했다.

1467년, 함경도에서 이시애가 반란을 일으키자 강순, 허종 등을 보내어 평정시켰고, 명나라의 요청으로 강순, 남이, 어유소 등을 보내어 여진족을 토벌토록 했다.

이처럼, 세조는 왕위에 있는 동안 국방, 외교, 토지 제도, 관제 개혁, 서적 편찬 등 수많은 치적을 행했으며, 조선 초기의 왕권 확립에 크게 공헌하였다. 하지만, 만년에 이르러서는 왕위 찬탈과 무자비한 숙청으로 인한 인간적 고뇌와 뉘우침에 싸여 번민의 나날을 보내다가 세상을 떠났다. 묘호는 세조이고 능호는 광릉이다.

세조 때에 편찬된《경국대전》

세조의 묘인 광릉

# 세 종
## (1397~1450)

## ─ 한글을 창제한 성군 ─

궁궐 안은 밤의 고요 속에 포근히 싸여 있었다. 대궐의 수많은 전각에도 이미 불이 꺼진 시각이었다. 그러나 집현전 전각에만은 아직도 불이 밝혀져 있었다. 집현전 뜰에 조용히 두 사람의 모습이 나타났다. 왕과 내관이었다. 왕이 내관에게 속삭였다.

"지금까지 불을 밝히고 있는 학사가 누구인지, 또 무얼 하는지 보고 오너라."

내관은 신숙주가 책을 읽고 있다고 보고했다. 그러자 왕은

"그러면 언제까지 책을 읽는지 보고 오너라."

라고 내관에게 분부하고, 돌아와서 기다렸다. 신숙주는 새벽녘이 되어서야 잠자리에 들었다. 그 때까지 잠자리에 들지 않고 책을 읽으며 기다리던 세종 대왕은 신숙주에 대한 내관의 보고를 듣고는 흐뭇한 미소를 짓고

세종 대왕릉인 영릉

"이것을 신숙주가 잠든 뒤에 덮
   어 주어라."
하며, 자기가 입고 있던 겉옷을 벗
어 주었다. 이렇듯 자애로운 임금
이 바로 우리 민족의 성군인 세종
대왕(世宗大王)이다.

세종은 태종의 셋째 아들로서 원
경 왕후 민씨의 소생이다. 그는 어
려서부터 책읽기를 좋아하여, 부
왕의 사랑을 한몸에 받고 자랐다.
1408년에는 충녕군에 봉해지고,
1412년에는 충녕 대군에 친봉되었
다. 1418년에 형인 양녕 대군이 세
자의 자리에서 쫓겨나자, 뒤를 이
어 세자로 책봉되었다가 같은 해에
즉위하였다. 그는 집현전을 궁중
에 설치하고, 우수한 학자들에게
학문을 연구하게 하였다. 본래 학
문에 조예가 깊은 세종은 과학, 농
사, 기계 기구의 제작, 국토의 확
장 등 여러 방면에 걸쳐서 불멸의
업적을 남겼다. 이 때 만들어진 것
이 측우기를 비롯하여 해시계·혼
천의 등의 과학 기계이다. 그러나
세종 대왕은 나라글이 없음을 몹시
안타까워했다. 나라글을 창제해야
겠다고 생각한 그는 집현전 학사들
에게 자신의 뜻을 밝혔다.

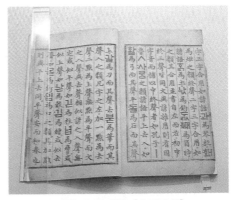
세종이 창제한 《훈민정음》

"우리는 예로부터 찬란한 문화
를 지녀 온 나라였소. 그러한 우
리에게 나라 글자가 없다는 것은
부끄러운 일이오. 경들은 나라
글자 만들기에 심혈을 기울이시
오."
이 날부터 세종 자신도 집현전
학사들과 함께 밤낮을 가리지 않고
연구를 하였다. 피나는 노력 끝에
드디어 자음과 모음 28자가 만들
어졌다. 때는 1443년(세종 25) 12
월의 일이었다.

"이 글은 백성을 가르치는 바른
소리이니, 이 글을 가리켜 훈민
정음이라 이르시오."
훈민정음, 즉 한글은 세계 어느
문자보다도 뛰어나다. 세계의 언
어 학자들 사이에서도 그 사실이
입증되었다.

# 소수림왕
## ( ? ~384)

## ー고구려 제17대 왕ー

　　고구려의 제17대 왕인 소수림왕 (小獸林王)은 고구려가 주권 국가가 되어 세력을 확대해 나갈 때, 왕으로 등극했다. 이름은 구부이며 소해주류왕이라고도 한다.

　　소수림왕은 355년(고국원왕 25)에 태자로 책봉되었다. 371년에 아버지인 고국원왕이 평양성까지 진격해 온 백제군을 맞아 싸우다가 전사하자 백제와는 원수가 되었는데 끝내 관계 회복을 하지 못했다.

　　고국원왕이 전사한 이후에 바로 그 뒤를 이어 왕위에 오른 소수림왕은 중국의 전진과 평화적 관계를 수립하여 발달된 전진의 제도와 문화를 도입하였다.

　　372년에는 전진 왕 부견이 보낸 승려 순도가 불상과 경문(불경과 글)을 가지고 온 것에 대하여 사신을 보내 사례하고 우리 나라에 최초로 불교를 도입하였다.

　　중국에서 승려들이 건너와 포교 활동을 하자 많은 사람들이 불교를 믿게 되었다. 그것은 불교를 믿게 되면 이 땅에서 행복을 얻게 된다는 사실이 대중의 공감대를 형성했기 때문이었다.

　　소수림왕은 또한 인재의 양성을 위해 태학을 설치하였다. 태학은 고구려의 국립 교육 기관을 말하는데, 상류 귀족 계급의 자제들만 이곳에 입학할 수 있는 자격이 부여되는 학교였다. 교육 내용은 경학(공자의 사상을 중심으로 사서 오경을 연구하는 학문)·문학·무예 등이었다.

　　태학을 설치한 이듬해에는 율령(법률의 총칭)을 반포하여 국가의 지도 체제와 왕권의 강화를 확립하였다.

254

소수림왕은 중앙 집권적 국가 체제를 확립함으로써 귀족의 힘을 약화시키고 왕권의 강화를 꾀하려고 부단히 노력하였다.

불교를 도입한 소수림왕은 375년에 이불란사를 창건하여 진나라의 승려 아도를 주지로 삼았다. 그리고 같은 해에 백제를 침공해서 수곡성을 점령하였다.

'어떻게 하면 강력한 국가로 만들 수 있을까?'

하는 생각이 소수림왕의 마음 속에서 잠시도 떠나지 않았다.

소수림왕이 꿈꾸는 나라는 영토가 광대한 나라, 국가의 지도 체제가 견고한 나라, 백성들이 잘 살고 조정이 안정된 나라였다.

이러한 왕의 생각과 노력으로 왕이 된 지 5년여 만에 주권 국가로서의 체제 정비가 되어 갔다.

또한 이것은 그 뒤의 광개토 대왕과 장수왕에게 대대적인 국력 확장을 할 수 있는 예비 단계를 마련해 준 셈이 되었다.

374년부터 잇달아 3년간 백제와 고구려는 서로 상대 국가를 침략하여 끊임없이 전쟁을 벌였다. 그 후 378년에 거란족이 침입하였으나 이를 물리쳤다.

소수림왕은 384년 11월 동생인 고국양왕에게 왕위를 물려 주고 일생을 마쳤다.

# 손 병 희
## (1861~1922)

### －3·1 독립 운동의 선구자－

　인적 드문 길목에서 노인의 앞을 막으며 당돌하게 버티고 선 한 청년이 있었다.

　"도대체 무엇이 못마땅하시다는 말씀입니까? 저의 신분이 양반이 아니고 서자이기 때문에 그러십니까?"

　청년의 물음에, 노인은 얼버무리듯 겨우 입을 열었다.

　"그런 게 아니라……."

　"그럼, 무엇이 부족하다는 말씀입니까?"

　"아니, 그저, 좀……."

　"잘 알겠습니다. 제가 서자니까 그렇겠지요. 그렇다면 애당초 선을 보지 마셨어야 할 게 아닙니까? 선만 보시고 그냥 가시는 법이 어디 있습니까? 오셨다가 그냥 가실 수는 없습니다. 선을 보신 값을 치르시든지, 혼인을 허락하시든지 하십시오."

　처음에는 그저 당황하기만 했던 노인도 청년의 당당한 태도에 슬그머니 대견한 생각이 들었다. 노인은 청년의 태도에서 그가 만만찮은 인물임을 알아차린 것이다.

　"내가 사람을 잘못 봤네. 결혼을 승낙하겠네."

　노인은 그제야 딸과의 혼인을 승낙하였다.

　"고맙습니다."

　청년은 잡았던 노인의 옷자락을 놓으며 넓죽 엎드려 절을 올리는 것이었다. 이 청년의 이름이 바로 손병희(孫秉熙)였다.

　손병희는 1861년 4월 8일, 충청북도 청원군 북이면에서 아전 손의조의 서자로 태어났다.

　그는 어려서부터 적서를 가리는 관습의 희생양으로서, 천대받는 자신의 처지를 생각할 때마다 불합리한 사회 관습이 원망스러웠다. 따라서 보다 나은 사회 곧, 불합리한 신분 제도 등이 철폐되고 만민이 평등하게 자유를 누릴 수 있는 사회를 꿈꾸면서 성장하게 되었다. 불의를 보면 참지 못하는 강한 정의감과 한 곳에 몰두하게 되면 끈질긴 집념으로 임하는 그의 성격은 이러한 환경 속에서 길러져서 결국 그의 천성이 되었다.

그 후, 손병희는 1876년에 곽씨 처녀를 맞이하여 가정을 꾸미게 되었다. 그러나 그는 서자 출신이라고 세상이 온통 외면했기 때문에 사회 생활에 적응을 못하고 건달패의 두목이 되어 의미 없이 청년기를 보냈다.

관습의 희생양이 되어 방황하고 있던 손병희는 21세 되던 1882년에 동학에 입문하게 되었다. 동학을 믿게 되면서부터 그는 완전히 새 사람이 되었다. 나라를 바로잡고 백성들을 편안하게 인도해 주며, 널리 세상을 구제하고, 모든 사람은 만물의 으뜸이므로 모두가 평등하다는 동학의 교리에 그는 완전히 매료당한 것이었다.

그는 동학에 입문한 후에 지성으로 도를 닦았다. 개인적으로는 인격을 갈고 닦아야겠다고 다짐했고, 사회적·국가적으로는 나라의 권리를 확보해야겠다고 다짐했다. 또한 국민의 생활이 안정된 새 나

라를 이룩하고 동학에 의하여 평화롭고 행복한 새 세상을 수립해야겠다고 생각했다.

손병희는 본래 뛰어난 기질을 타고난데다 수양에 대한 열성이 지극하여 동학을 배우는 무리들 중에서 월등히 돋보이는 존재로 인정받게 되었다.

3·1 운동의 지도자인 손병희의 동상

그리하여 그는 김연국·손촌민과 함께 최시형의 수제자가 되었다. 그 후, 최시형으로부터 동학의 도통을 이어받았다. 1894년 주요 간부들이 관군의 추격을 받았으나 함경도와 평안도 지방으로 피신하여 화를 면했다.

1898년 3월 동학 교주 최시형이 원주에서 관군에 의해 체포되고, 같은 해 6월 2일에 서울에서 순교하게 되자, 손병희는 실질적으로 동학 운동을 이끌어 나가는 지도자가 되었다.

동학 운동이 일어나자 북접의 통령으로 혁명의 깃발을 높이들었던 손병희는 동학 교주로서 동학을 위해 온갖 힘을 기울었다.

이 때 동학에 대한 박해가 심해지자 그는 잠시 미국으로 떠날 계획을 세우고 일본으로 건너갔다. 그러나 그 곳에서도 안심하고 있을 수 없게 되어 손병희는 상하이로 밀항했다.

상하이에 도착한 그는 당시 중국의 청년 혁명가인 쑨 원 등과 만나 여러 가지 국제 정세를 논하기도 했다. 손병희가 고국에 다시 돌아왔다가 일본으로 재차 건너간 후,

3·1 운동이 일어났던 탑골 공원

국내에 있는 동학도들 사이에는 배신자가 생기기 시작했다.

그는 이 사태를 수습하기 위해, 1905년 12월 1일을 기해 동학을 천도교라는 이름으로 천하에 선포했다. 5년 후인 1910년, 치욕적인 국권 침탈이 행해지자 손병희는 울분을 참을 길이 없었다. 그러나 그는 낙망하지 않고 천도교의 포교에 더욱더 노력하는 한편, 독립 운동 준비를 착실히 진행해 나갔다. 그리고 일본 경찰의 눈을 속이기 위해 거짓으로 방탕한 생활을 하는 체했다. 그러한 그의 진실을 모르는 사람들은 그에게 손가락질을 하였으나, 그는 더 큰 일을 위해 손가락질 받는 것 쯤은 아랑곳하지 않았다. 천도교를 통한 독립 운동 준비는 순조롭게 진행되어 갔으며, 손병희의 거짓 방탕 생활도 무르익어 갔다.

그는 많은 민족 지도자들과 은밀히 손을 잡고 기회가 오기만을 기다리고 있었다. 드디어 때는 왔다. 1919년 3월 1일, 전국을 뒤흔든 독립 만세의 함성은 일본의 압제를 전세계에 폭로한 장한 쾌사였다.

손병희는 민족 대표 33인의 우두머리로 일본 경찰에 체포되어 투옥되었다. 그 때의 혹독한 고문으로 얻은 병 때문에 1922년 5월, 61세로 일생을 마쳤다.

1962년, 건국훈장 대통령장에 추서되었다.

# 송 상 현
## (1551~1592)

### -조선 선조 때의 충신-

송상현(宋象賢)은 조선 선조 때의 충신으로서 자는 덕구, 호는 천곡, 시호는 충렬이다. 본관은 여산이며 아버지는 현감을 지낸 송복흥이다.

송상현은 이미 10세 때에 경사(유교의 경전과 역사서)에 능통했고, 15세에 승보시에 장원을 하고 1576년(선조 9)에 별과에 급제하였다. 호·예·공조의 정랑, 이어 사재감·군자감의 정(사옹원·군자감 등의 으뜸 벼슬)을 역임했다.

1591년 송상현은 동래 부사가 되었다. 송상현이 동래 부사로 내려갈 때에는 일본과 명나라의 사이가 악화되어 동래는 전쟁 직전의 위험한 분위기가 감돌았다. 왜냐하면 그 곳이 군사적 요지였기 때문이었다.

송상현은 군사를 훈련시키는 등 전쟁에 대한 준비를 하였다. 성 밖의 사면에는 구덩이를 파고 잡목을 많이 심었으며 울타리를 아주 견고하게 만들었다.

결국 그 이듬해에 임진왜란이 일어나 왜적이 부산진성을 함락하고 동래성으로 달려오고 있었다.

이 소식을 들은 병마사 이각은 겁에 질려 성을 지키겠다는 송상현에게 말하기를

"나는 대장이니 마땅히 성 밖에서 공격할 것이다. 이게 바로 양쪽에서 잡아당겨 찢는다는 양면 작전이다."

라고 둘러대며 달아나 버렸다.

혼자 남게 된 송상현은 남문루에 올라 군사와 백성을 거느리고 적을 막았다. 적은 나무판에 글을 써서 성 밖에 세웠다.

'싸우려면 싸우고, 그렇지 않으

면 우리에게 길을 내어라.'
이것을 본 송상현은
'죽기는 쉬우나 길을 내어 주기
는 어렵다.'
라고 써서 적에게 던졌더니 적이
세 겹으로 포위해 왔다.

송상현이 반나절이나 싸웠지만
성의 뒷산에서 물밀듯 내려오는 적
병에게는 역부족이었다. 그러자
부하 장수들이 위험하니 소산으로
물러나자고 하였다.

그러나 송상현의 대답은 한결같
았다.

"성을 죽음으로 지키지 않으면
조정에서 용서하지 않을 것이
다. 또 피한다 해도 어디로 갈
수 있겠는가?"

결국 싸움에서 패하게 되자 죽음
을 각오한 그는 급히 관복을 가져
와 갑옷 위에 입고 남문루에 올라
앉아 가까이 오는 적을 꾸짖었다.
이것을 본 적장은 그의 충절에 감
동되어 팔을 이끌며 피하라고 권고
하였으나 응하지 않았다. 그리고
걸상에서 내려와 태연히 북쪽을 향
해 멀리 임금께 절을 한 다음, 아
버지께 드리는 글을 썼다.

글을 쓰고 난 후에 적병에게 피

부산진 순절도

살되었는데, 적장 히라요시 등은
송상현이 죽었다는 소식을 듣고 슬
퍼하며 그의 충절을 기렸다. 그리
고 그의 시체를 찾아 동문 밖에 매
장하여 나무를 세워 표하고 시를
지어 제사 지냈다.

"조선의 충신은 오직 동래 부사
한 사람뿐이다."

적장 히라요시의 이 말은 송상현
의 충절을 잘 나타내 주고 있다.

훗날 조정에서는 송상현의 충절
을 기리어 그에게 이조 판서·좌찬
성에 추증(죽은 뒤에 벼슬을 주는
것)하고 그의 아들에게 벼슬을 내
렸으며 예관을 보내 동래의 낙안
서원에 제사를 지내 주었다.

# 송 시 열

## (1607~1689)

## ─조선 시대의 문신─

송시열(宋時烈)은 1607년(선조 40)에 지금의 충청 북도 옥천군에서 태어났다. 그가 태어나기 며칠 전에 그의 아버지 송갑조의 꿈에, 공자가 제자들을 거느리고 나타나서 그 중의 한 제자를 가리키며

"이 사람을 그대에게 보내니 잘 가르쳐라."

라고 말한 뒤 사라졌다 한다. 과연, 송시열은 3세 때에 이미 글자를 깨우쳤으며, 7세 때에는 그의 두 형이 읽는 글을 받아 쓸 정도가 되었다고 한다.

1625년 송시열은 이덕사의 딸과 혼인하였다. 그리고 이 무렵부터 김장생에게 예학을 배웠으며, 김장생이 죽자 그의 아들 김집에게 배웠다.

1633년(인조 11) 송시열은 과거에 응시하여 장원 급제했다. 이 때

부터 학문적 명성이 알려진 그는 봉림 대군(뒤의 효종)의 스승이 되었다. 그러나 병자호란 때 인조가 청나라 태종의 발 아래 무릎을 꿇는 것을 보자, 민족적 수치를 느껴 벼슬을 버리고 고향으로 내려가 학문에만 전념했다.

그 뒤, 1649년에 인조의 뒤를 이어서 효종이 임금이 되자, 송시열은 곧 왕의 명을 받들어 다시 조정에 나왔다. 이 때 그는 조정에 정치적 소신을 적은 글을 올렸는데 효종의 북벌 의지와 뜻이 맞아 핵심 인물로 발탁되는 계기가 되었다. 그러나 이듬해 김자점 일파가 청나라에 북벌 동향을 밀고함으로써 송시열은 조정에서 물러나야 했다. 1659년에 효종이 갑자기 죽자 북벌 정책도 중지되었다.

그런데 효종의 장례 때 조 대비

의 복제 문제가 일어나게 되자, 3년설을 주장하는 남인을 몰아 내고 정권을 잡아, 서인의 지도자로서 활약을 하였다.

그 후, 1660년에는 효종의 장지를 잘못 옮겼다는 탄핵을 받아 벼슬에서 물러났다가, 다시 1668년 우의정에 올랐다.

그러나 좌의정 허적과의 불화로 사직하였다가, 다시 우의정, 1673년에 좌의정이 되어 잠시 조정에 나아갔을 뿐, 시종 재야에 머물렀다.

이렇게 송시열은 당파 싸움의 소용돌이 속에서 궁중의 상사에 관한 문제로 반대파와 정쟁이 심화되다가 1675년에 남인에게 져서 귀양길에 올랐다.

송시열은 잘못된 사회 문제의 개선에 대해서 많은 대안을 제시했다. 그는 양반의 특권을 제한시켜야 한다고 주장하면서 양반에게도 군포를 부과하는 호포제의 실시를 건의하였다. 또한 서북 지방(평안도, 함경도)의 인재의 등용과, 양반과 서얼과의 교류를 주장하고 양반 부녀자의 개가를 허용할 것을 주장하였다.

그가 특히 역점을 두었던 사회 정책은 양민의 생활 안정이었다.

성격이 과격한 그는 정적도 많았으나, 학식이 높아 많은 제자를 길러 냈으며, 귀양지에서도 끊임없이 학문 연구에 몰두하여 《주자대전차의》《이정서분류》《주자어류소분》《논맹문의통고》와 같은 우리 나라 유학 사상 명저로 손꼽히는 저서들을 집필하였다.

그는 1689년 정읍에서 사약을 받고 세상을 떠났다. 시호는 문정공이며 많은 제자들에 의해 여러 서원에서 제향되었다.

송시열이 여가를 보낸 정자인 무봉산중

# 순 종
## (1874~1926)

### ―조선의 마지막 왕―

순종(純宗)은 조선의 마지막 왕으로 제26대 왕인 고종과 명성 황후 사이에서 둘째 아들로 태어났으며, 이름은 척이다. 그의 비는 순명효 황후 민씨이고, 계비는 순정효 황후 윤씨이다.

1875년 2월에 세자로 책봉되었다가, 1897년 10월에 고종이 국호를 대한이라 고치고, 연호를 광무라 하여 황제가 됨에 따라 황태자에 책봉되었다. 당시 고종은 명색이 한 나라를 다스리는 왕이기는 했어도, 1876년에 일본의 강압적인 위협 아래 불평등하게 맺은 강화도 조약 이후 매사에 일본의 간섭 때문에 나라일을 소신껏 처리하지 못하고 있었다.

그뿐만 아니라 1904년의 제1차 한·일 협약으로 외교 및 내정을 간섭당함으로써 주권이 유린된 데 이어, 이듬해 맺어진 을사 보호 조약이 체결됨으로써 외교권을 박탈당하자, 고종은 그 조약의 부당성을 전세계에 호소하기 위해 1907년 6월 네덜란드의 헤이그에서 열린 제2회 만국 평화 회의에 이준, 이상설 등을 밀사로 파견하였다.

이 사실을 안 일본은 고종에게 밀사 파견의 책임을 물어 황태자의 섭정(왕을 대신하여 나라를 다스림)을 요구하였다.

이에 고종은 섭정 요구만은 들어 줄 수 없다고 버텼으나, 그들의 강경한 협박이 계속되자 부득이 섭정을 허락하였다. 그러나 교활한 일본은 고종이 내린 황태자 섭정 조서를 순종에의 양위로 왜곡 선전하고 축전까지 보내어, 마침내 섭정을 양위로 만들어 버렸다.

그래서 순종은 1907년 7월 27일

즉위식을 거행하고 황제가 되어 연호를 융희라 하였다. 그러나 즉위하던 해에 순종은 일본의 협박에 의해 한·일 신협약에 조인하여 국정 전반에 걸쳐 일본인 통감의 간섭을 받아야 했다.

이로써, 한국은 사실상 일본의 식민지가 되었으며, 협약에 따라 8월 1일에 한국 군대의 해산이 발표되자 전국 각지에서 무장 항일 운동이 전개되었다. 그리고 같은 달에 그의 동생인 영친왕 은을 황태자로 책봉하였다. 그 해 12월, 황태자가 유학이라는 명목으로 일본에 인질로 잡혀 갔고 이듬해에는 제국주의 일본이 한국의 경제를 독점, 착취하기 위한 특수 국책 회사인 동양 척식 주식 회사의 설립을 허락하였다.

일본에 의해 황제의 자리에 오른 순종은 이처럼 아무 권한도 없었기 때문에 그 후에도 계속해서 나라의 실권을 일본에게 넘겨 주었다.

1909년 7월과 8월에는 사법권을 일본에 넘겨 주고 군부를 폐지하는 대신 친위대를 신설하였다.

이렇게 한국의 모든 정치 조직이 통감부 기능에 흡수되자 애국 개몽

대한 제국의 마지막 황제인 순종

운동이 활발히 전개되었다. 하지만 강경파와 온건파로 분리되어, 민족 저항의 힘이 뭉쳐지지 않아 무력해져 갔다. 또한 순종 주변에는 친일 매국 대신과 친일 내통 분자들만 들끓는 가운데 왕권이 제대로 행사되지 못하여 1910년 한·일 합병 조약을 맺게 되었다.

이렇게 하여 조선 왕조는 27대 518년 만에 망하고 일본의 지배를 받게 되었으며, 순종은 합방 후에 이왕으로 불리다가 나라가 망한 지 16년 만인 1926년 4월, 52세의 나이로 창덕궁에서 세상을 떠났다. 능은 경기도 양주의 유릉이다.

# 신　돈
## (？~1371)

### －고려 공민왕 때의 승려－

　신돈(辛旽)은 계성현(지금의 경상 남도 창녕군 계성면)의 옥천사라는 절의 사비(절에 속한 노예)한테서 태어났다는데, 어느 해에 태어났는지는 전해지지 않는다.

　승명은 편조이고, 자는 요공이며, 왕이 내린 법호는 청한 거사이다. 전하는 바에 의하면 무신 김원명의 천거에 의해 왕을 배알한 후 공민왕의 호감을 샀다고 한다.

　1365년(공민왕 14)에 왕이 매우 사랑하는 왕비가 난산 끝에 죽자, 슬픔에 빠진 공민왕은 정사를 돌보지 않고, 모든 일을 신돈에게 처리하게 했다.

　이처럼 갑자기 신돈이 세력을 얻자, 많은 사람들이 그에게 아첨하기 시작했는데, 심지어 자신의 딸들을 바쳐 아내로 삼게 하는 자도 있었다. 신돈은 여러 신하들을 귀양 보내기도 하고, 벼슬자리를 빼앗기도 하고, 재산을 몰수하여 가로채기도 했다.

　그래도 공민왕은 이미 죽고 없는 왕비 생각만 하느라, 신돈의 그럴듯한 말만 믿고, 신돈을 진평후(국가의 최고 공신으로 우대하는 작위)에 오르게 하고, 정치·종교 양면의 최고 관직을 새로이 만들어 그에게 주었다. 이제 신돈은 과거의 승려가 아닌 새로운 권력자로 등장했으며, 이 때 이름을 신돈으로 바꾸었다 한다.

　권력을 손에 쥔 신돈은 그에게 반대하는 신하들을 하나하나 몰아낸 뒤, 조정 안을 자신을 따르는 무리들로 채우고, 남의 재산이나 부녀자들까지 가로챘다. 그의 집에는 금은 보화가 넘쳐 흐르고, 날마다 술판, 춤판이 벌어졌다.

266

그러나 궁중에 들어가 왕을 대할 때에는 엄숙한 언행으로 성인인 체하고, 채소와 과일만을 먹고, 풀잎을 끓인 차만을 마셨다.

물론, 요사한 신돈이라고 해서 국가와 사회를 어지럽히기만 하고 사람들에게 해를 끼치기만 했던 것은 아니었다. 그는 몇 가지 훌륭한 일을 했는데, 당시 억압받고 있던 하층 계급의 사람들과 농민들을 많이 위해 주었다. 즉, 그는 전민 변정 도감이라는 기구를 설치해 놓고, 자기 스스로 판사(전민 변정 도감의 최고 책임자)가 되어, 억울하게 토지를 남한테 빼앗긴 자들에게 토지를 되찾아 주었다. 또한 강압에 의하여 노비가 된 백성들은 노비의 신분에서 벗겨 주었다. 그래서 백성들한테 "성인이 나타났다."는 찬양을 받기도 했다.

그리고 《도선비기》를 근거로 공민왕에게 수도를 평양으로 옮길 것을 제의하고 스스로 지형을 살펴보고 오기도 했다. 수도를 다른 곳으로 옮김으로써 자신의 세력을 뿌리내리기 위해서였다.

그런데 공민왕은 이미 여러 해째 신돈을 겪어 보았고, 또한 많은 사람들의 항변도 들어 왔으므로, 이제는 신돈에 대해서 뭔가 석연하지 않음을 느끼고, 차츰 그를 꺼리기 시작했다.

1371년(공민왕 20), 신돈은 공민왕의 신임을 잃게 되자 반역을 일으키려는 음모를 꾸몄다. 그러나 반역의 음모는 탄로나고, 왕은 신돈을 수원으로 유배시켰다가, 곧 이어 사람을 보내어 그의 목을 베었다. 또한 높은 지위에 있던 신돈의 일당들도 함께 처형당했다. 뿐만 아니라 신돈의 가족도 모두 처형당했다.

# 신　립

(1546~1592)

－조선 선조 때의 무장－

조선 선조 때의 무장으로 임진왜란 때에 순절한 신립(申砬)은 명종 1년, 황해도 평산에서 생원 신화국의 둘째 아들로 태어났으며, 자는 입지이다.

1567년(선조 1)에 22세의 젊은 나이로 무과에 급제한 그는 선전관을 거쳐 도총관·도사 등을 지내고, 진주 판관에 임명되어 외직으로 나갔다.

신립의 순국 비각

이 무렵, 조선의 북쪽 경계인 두만강과 압록강 일대에서는 야인들이 난동을 일으켜 백성들을 살상하고 재물을 약탈하는 일이 잦아 조정에서는 큰 골칫거리로 여겼다.

그러자 선조는 신립을 불러 온성 부사로 임명하여 야인들을 소탕할 것을 특별히 당부하였다.

신립은 무지막지한 오랑캐들과 싸우기 위해 먼길을 떠나면서 의지를 굳혔다. 평소에 길러 온 무예를 마음껏 발휘할 수 있는 기회가 왔기 때문이었다.

온성에서의 신립의 활약은 그야말로 눈부신 것이었다. 그는 침입해 오는 야인들을 무찌르는 것만이 아니라, 두만강을 건너가 그들의 소굴까지 완전히 소탕하고 돌아왔다. 이 일로 인하여 약 6개월 동안 계속되었던 야인들의 무자비한 약탈과 소란은 마침내 끝이 나게 되었다.

또 경원부와 안원보에 침입한 야인들과 같은 해 5월 종성에 쳐들어온 니탕개의 1만여 군대를 물리쳤다. 그는 평상시에 용감한 병사 500여 명을 훈련시켰는데, 그 민첩함이 귀신과 같아, 적군이 모두 놀라움을 금치 못했다 한다.

그가 육진을 지킬 수 있었던 것은 모두 그의 용맹성 때문이었다.

신립이 한성으로 돌아오던 날, 선조는 친히 교외까지 나아가 그를 맞았으며, 그의 갑옷에 얼룩진 핏자국을 보고는 자신이 입고 있던 어의를 벗어 그에게 걸쳐 주면서 북방에서의 노고를 위로했다. 그리고 고향으로 돌아갈 때에는 그의 공로를 치하하여 함경 북도 병마 절도사의 벼슬을 내리고 남철릭(무관 공복의 하나)과 환도·수은 갑두구 등을 하사하였으며 그의 노모에게는 매일 고기와 술을 보내고 병이 나면 의원을 보내 주었다.

그 후 신립은 1587년(선조 20), 흥양에 왜구가 침입하자 우방어사가 되어 군사를 이끌고 급히 쫓아갔으나, 이미 왜구가 물러난 뒤였

으므로 그대로 돌아오다가 양가의 처녀를 첩으로 맞아들였다.

그런데 이것이 말썽이 되어, 그는 3사(사헌부, 사간원, 홍문관을 합쳐서 부른 속칭)의 탄핵을 받고 파직되었다가 그 후 다시 함경 남도 병마 절도사로 임명되었다. 그 때 병사 한 사람이 자기 상관에게 행패를 부리는 현장을 목격하고 군대의 규율을 엄하게 하기 위해 그 병사를 참형에 처한 일이 있었다. 그러자 사간원에서는 전쟁을 치르고 있는 상황도 아닌데 함부로 병사의 목숨을 빼앗는 것은 오히려 병사들의 사기를 저하시키는 일이라 하여 그의 파직을 요구하였다.

당시, 신립은 그의 맏딸을 선조의 넷째 아들인 신성군에게 출가시킨 터여서 선조와는 사돈간이었다. 그러나 선조는 아무리 사돈간이라고는 하지만 사간원 관리들의 탄핵을 무시할 수는 없는 형편이어서, 안타까운 마음을 누르고 신립의 관직을 삭탈한 후, 당시로서는 별로 중요하지 않은 직책인 동지중추부사로 전직시켰다.

1590년, 신립은 다시 북변 방어를 위하여 평안도 병마 절도사에

기용되었다가 이듬해 한성부 판윤이 되었다. 1592년(선조 25) 임진왜란이 일어나자 삼도 순변사에 임명되었다.

이 때 선조는, 빈약한 병력을 거느리고 싸움터로 떠나는 그에게 보검 한 자루를 하사하며 '명령에 따르지 않는 자는 나라를 위하여 이 칼을 쓰라.'고 하였다.

그 당시 왜적이 조총이라는 놀라운 신무기로 무장을 하고 있었던데 비해, 조선의 병사들은 모두 서리, 유생 들뿐인데다가 당파 싸움만 일삼던 양반 관리들 밑에서 태평하고 안일한 생활을 하고 있었기 때문에, 활도 제대로 다룰 줄 모르는 실정이었다.

고니시 유키나가라는 왜적 장수가 선발대 1만 8000여 명을 이끌고 쳐들어와 부산에 상륙한 후, 왜구는 동래, 양산, 밀양을 휩쓸고 파죽지세로 한성을 향해 진격해 오고 있었다.

신립은 유성룡의 막하에 들어가서 병사 80여 명만을 데리고 왜적을 막기 위해 떠났다.

그는 도중에 훈련 한 번 받아 보지 못한 농민들을 징발하며 충주에 도착하였다.

충주는 영남과 한성으로 통하는 군사적 요충지이다. 만약, 충주에서 왜적을 막지 못하면 한성이 함락되는 것은 너무나 뻔한 일이었다. 이 때, 선조의 특명으로 신립

신립이 싸우다 전사한 충주의 탄금대

을 따라왔던 김여물이 지형이 험한 조령에 군사를 매복시켰다가 적을 쳐야만 적은 군사로써 많은 수의 왜적을 물리칠 수 있을 것이라고 제안하였다. 그러나 신립은 이 제안에 반대하며 말하기를

"왜적은 이미 고개 밑에 모두 당도해 있으므로 고개에서 서로 부딪치게 되면 매우 위험하다. 더구나 우리 병사들은 아무 훈련도 받지 못한 실정이므로, 더 이상 도망갈 곳이 없기 전에는 용기를 내지 않을 것이다."

라고 했다.

그리하여 신립 이하 전 장병들은, 뒤로는 깎아지른 절벽 밑으로 달천이 흐르고, 앞으로는 충주 분지가 넓게 펼쳐진 탄금대라는 곳에 배수진을 쳤다.

비록 오합지졸이지만 신립의 군사들은 용기를 다하여 싸웠다. 그러나 일본 본토에서 오랜 전란을 치르는 동안 많은 전투 경험을 쌓은 왜적을 당해 낼 수가 없었다. 결국 배수진도 소용 없이 참패를 당하고 말았다.

신립은 김여물에게 조정에 보낼 보고문을 쓰게 한 후, 그와 함께 적진으로 돌진해서 10여 명을 죽인 뒤 무장으로서의 사명을 완수하지 못한 책임을 통감하고 탄금대를 끼고 흐르는 강물에 투신하여 스스로 목숨을 끊고 말았다. 이 때 신립의 나이 46세였다.

후에, 조정에서는 나라를 위해 공을 세운 그의 공덕을 추모하여 그에게 영의정을 추증하였다. 시호는 충장이다.

271

# 신사임당

(1504~1551)

## -부덕을 갖춘 여류 예술가-

강원도 강릉의 북평 마을은 앞으로는 푸른 동해가 펼쳐져 있고 뒤로는 대관령을 등진 조용한 마을이다. 그 중 한 아담한 기와집 안채에서는 어머니가 어린 딸을 앞에 앉혀 놓고 조용히 글을 가르치고 있다.

"애야, 잘 듣거라. 여자는 무엇보다도 현숙한 어머니와 착한 아내가 되어야 하느니라. 고대 주나라 문왕의 어머니인 태임은 아기를 위해 항상 마음을 올바르게 갖고 말을 곱게 하며 몸가짐을 단정히 하였느니라. 너는 언제나 부덕의 모범을 보인 태임을 본받도록 해야 하느니라. 알겠느냐?"

"네, 어머님, 명심하겠습니다."

어린 딸은 다소곳이 눈을 내리깔았다. 이 어린 딸이 바로 후세에

272

이름을 드날리게 된 신사임당(申師任堂)이다. 신사임당은 진사인 신명화를 아버지로, 용인 이씨를 어머니로 하여 1504년(연산군 10)에 태어났다.

어려서부터 눈에 띄게 총명하였던 사임당은 현모 양처인 어머니로부터 글읽기와 글씨쓰기, 바느질과 수예, 그림그리기 등을 배우던 중 천재성을 드러내기 시작했다. 사임당은 특히 붓글씨와 그림에 뛰어난 소질을 보였다. 어머니 이씨의 가르침으로 사임당은 여자의 모범인 태임을 본받기로 결심하고, 그녀를 마음 속의 스승으로 삼았다. 훗날 사임당이라는 호를 갖게 된 것도 태임을 본받겠다는 뜻에서였다.

사임당은 나이 18세 때, 22세의 이원수와 결혼했다.

신사임당의 그림·글씨·시는 매우 섬세한 것이 특징인데 그림은 풀벌레·포도·화조·어죽·매화·난초·산수 등이 주된 화제이다. 그녀의 그림들은 마치 생동하는 듯이 섬세해서 풀벌레 그림을 마당에 내놓아 여름 볕에 말리려 하자 닭이 와서 쪼아 종이가 뚫어질 뻔했

신사임당이 그린 〈꽃과 곤충〉

다고 한다.

사임당이 이처럼 좋은 예술 작품을 남길 수 있었던 것은 첫째 훌륭한 어머니의 가르침 때문이었고 둘째는 남성 우위의 허세를 부리지 않는 남편을 만났기 때문이다.

사임당은 아들딸 7남매를 정성을 다해 양육했다. 맏딸 매창은 어머니 사임당의 예술적 소질을 그대로 이어받았고, 셋째 아들 율곡은 대학자로 이름을 떨쳤으며, 넷째 아들 우는 시, 그림, 서예, 악기에 능하여 이름을 드날렸다.

현모 양처이며 문학가이자 화가요 서예가였던 신사임당은 1551년(명종 6), 47세의 나이로 삶을 마쳤다.

# 신숙주
## (1417~1475)

### ―훈민정음 창제에 공을 세운 학자―

신숙주(申叔舟)는 1417년(태종 17)에 한성에서 공조 참판이라는 높은 벼슬을 지낸 신장의 아들로 태어났다. 신숙주는 어릴 때부터 총명하고 책을 좋아하였다.

그의 나이가 22세 때인 1439년 (세종 21)에 친시 문과에 급제하고, 집현전 학사가 된 후에 더욱 학문에 정진하여 세종의 신임을 받게 되었다. 밤 늦게까지 책을 읽다가 잠든 신숙주에게 세종이 어의 (왕이 입는 옷)를 내려 덮어 주게 한 일화는 유명하다.

신숙주는 1443년(세종 25)에 일본에 서장관으로 갔다가 귀국하는 길에 쓰시마 섬에 들러서 무역 협정을 맺었다. 이것이 계해 약조이다. 쓰시마 섬은 왜구들의 본거지로서 그 당시 우리 조정에서는 왜구들의 해안 지방 침입이 큰 걱정

거리였는데, 신숙주가 계해 약조를 맺고 옴으로 해서 한동안 왜구의 침입이 뜸하게 되었다.

그리고 세종이 훈민정음을 창제할 때, 신숙주는 성삼문과 함께 참가하여 많은 공을 세웠다. 그 당시 명나라의 학자 황찬이 요동에 귀양와 있었는데, 신숙주는 요동까지 열세 번이나 찾아가 음운에 관한 공부를 하고 왔다. 신숙주는 무엇이든 한 번만 들으면 곧 이해하였으므로, 황찬은 매우 놀라워했다고 한다.

1452년(문종 2)에 수양 대군이 사은사로 명나라에 갈 때 신숙주는 서장관이라는 직책을 맡아 함께 가게 되었다. 이 때 수양 대군과 가까워진 신숙주는, 수양 대군이 어린 조카인 단종을 몰아 내고 왕위를 빼앗는 데 가담하였다.

이윽고 수양 대군이 왕위에 오르자, 신숙주는 좌익 공신의 호를 받고 예문관 대제학, 병조 판서, 우찬성, 좌찬성 등의 높은 벼슬자리에 올랐다.

그 후, 그는 우의정과 좌의정을 거쳐, 1460년(세조 6)에는 함길도 (함경 남·북도) 도체찰사가 되어 북방의 여진족을 정벌하였다.

1462년에는 영의정 부사가 되고 1464년에 지위가 너무 높아진 것을 염려하여 사임하였다. 세조가 세상을 떠나고 예종이 즉위한 1468년, 어린 임금을 위하여 정치를 도맡는 원상이라는 직책을 맡았다. 그 해 가을에 남이 장군을 숙청하여 또 공신이 되었으며, 성종 즉위 후에는 왕을 잘 보좌한 공으로 영의정의 자리에 올랐다.

이와 같이, 신숙주는 세조의 신임을 받은 다음부터 벼슬길을 순탄하게 밟아서 영의정까지 지냈고, 한편으로는 편찬 사업에도 여러 차례 참여하였다.

조선 왕조의 기본 법령집인《경국대전》을 비롯하여, 역사책인《동국통감》, 한자음을 정리한《동국정운》등을 편찬하는 데 참여하였고,

일본과 여진의 지도도 만들었다. 또한 개인 문집으로는《보한재집》이 있으며, 신숙주가 북방의 여진족을 정벌한 기록인《북정록》을 조석문·노사신 등이 썼다.

신숙주는 6대의 왕을 섬기면서, 뛰어난 학식과 문재(文才)로 공신 칭호를 네 번이나 받았으며 영의정에도 두 번이나 오르는 등 부귀와 영달을 한몸에 누렸다.

하지만 수양 대군의 왕위 찬탈을 도왔다는 점에서 후세의 비난을 받았다.

# 신 윤 복
## (1758~ ? )

## ─천민 출신의 풍속 화가─

　신윤복(申潤福)은 단원 김홍도와 더불어 조선 시대를 대표하는 풍속 화가이다. 자는 입부, 호는 혜원이며, 본관은 고령이다. 그의 아버지 신한평도 도화서(조선 시대에 그림에 관한 일을 맡아 보던 관청)의 화원을 지낸 화가였다.

　화원이란 벼슬길에 오르지 못하는 천민 중에서 뽑히는 것이 보통인데, 신한평이 화원을 지낸 것을 보면 그의 가문은 보잘것 없으며, 집안도 가난했던 듯하다.

　대개의 경우가 그랬지만, 양반 집안에서 태어나지 못한 그는 천민 출신이었기 때문에 벼슬은 화원으로서 첨절제사를 지냈다는 사실 이외에는 그에 대해 전혀 전하는 것이 없다.

　신윤복과 함께 조선 시대의 화가로서 쌍벽을 이룬 단원 김홍도의 풍속화에는 해학과 유머가 넘치면서도 가난한 대로의 즐거움이 나타나는 데 비해, 신윤복의 그림에는 시정의 풍속이 담담하고 사실적으로 그려져 있다. 특히 그 중에서도 기녀, 무속, 주점의 사실 묘사가 많다. 그는 주막에서 술 마시는 장면이라든가, 책을 읽는 선비, 결혼 장면, 뱃놀이, 또는 여인들의 목욕 장면을 통하여 그 시대의 생활상이나 모습을 눈앞에 보는 듯 생생하게 묘사하고 있다.

　이와 같이, 그가 속세를 떠난 신선들의 모습을 그리는 대신에 현실의 세계를 생생하게 그린 것은 엄격하고도 높은 도덕심만 중시하던 양반 사회에 대한 하나의 반항심이 아니었던가 생각되기도 한다. 이렇듯, 그는 같은 풍속화라도 김홍도와는 달리, 사실적인 표현에서

신윤복의 그림 〈선유도〉

그침으로써 화원으로서의 선을 넘지 않았다.

그의 그림 가운데 특히 잘 알려진 것으로는 양반들이 기생을 데리고 들놀이를 즐기는 〈사죽유락도〉, 주막의 풍경을 그린 〈주막도〉, 뱃놀이를 그린 〈선유도〉, 단옷날 여인들이 그네를 타거나 머리를 감는 단오절의 풍속을 그린 〈단오수변희희도〉와 같은 대표적인 풍속화가 있다.

그는 또한 섬세한 필치로 남녀간의 정취와 낭만적인 분위기를 효과적으로 잘 나타내기 위하여 유려한 필선과 아름다운 채색을 즐겨 사용하여 매우 세련된 느낌을 준다. 또한, 그 당시 풍속화에서는 낙관을 찍는 일이 없었는데, 신윤복은 자신의 작품에 낙관을 찍는 대담성을 보였으며, 짤막한 글도 실었다. 그러나 연대를 밝히지 않아 화풍의 변천 과정을 파악할 수가 없다.

그에 관해서는 언제 죽었는지조차 전해지지 않지만, 그의 그림만은 국립 박물관에 보관되어 있다.

277

# 신 재 효
## (1812~1884)

### ―조선 말기의 판소리 작가―

판소리 사설의 창작과 정리에 공이 큰 신재효(申在孝)는 1812년(순조 12) 11월에 전라 북도 고창에서 신광흡의 아들로 태어났다.

신재효의 자는 백원이며, 호는 동리고, 본관은 평산이다. 어려서부터 부모에 대한 효성이 지극하여 조금도 부모의 마음에 거슬리는 짓을 하지 않았다.

신재효는 7세 때 아버지로부터 글을 배우기 시작했는데, 한 번 보

신재효의 생가

고 들은 것은 모조리 외웠으며, 하나를 알면 능히 열을 깨치는 총명한 아이였다.

그의 아버지 신광흡은 풍류에 능한 사람이었으며, 관약방을 하여 많은 재산을 모았다.

어린 시절부터 신재효는 유복한 가정에서 아버지의 영향을 받아 음률을 익힐 수 있었다.

그는 재산 관리에 솜씨를 보여 1850년(철종 1)에는 재산을 많이 불렸다. 가산이 넉넉해지자 신재효는 판소리 명창들을 후원하는 한편, 평소에 결심한 대로 판소리의 연구에 전념하였다.

1876년(고종 13) 흉년이 들자, 그는 굶주림에 허덕이는 가난한 사람들을 구했는데, 그 공으로 정3품 통정 대부의 벼슬에 올랐다.

또 경복궁이 낙성되자 그 축하

잔치에 경축가를 지어 고종에게 바쳤는데, 그 공으로 다시 절충 장군이 되었다.

그리고 나중에는 호조 참판으로 동지중추부사를 겸직하기도 했다.

그 무렵, 그는 평민 문화의 발흥기인 조선 숙종 무렵부터 발생한 판소리(한 편의 이야기를 창[소리]과 아니리[이야기]로 엮어 나가면서 고수의 장단에 맞춰 연출하는 것)를 정리하였다. 그 동안 체계도 없이 불러 오던 광대 소리 열두 마당, 즉 〈춘향가〉〈심청가〉〈흥부가〉〈토별가(토끼 타령)〉〈적벽가〉〈장끼 타령〉〈변강쇠 타령(가루지기 타령)〉〈무숙이 타령〉〈배비장 타령〉〈강릉 매화 타령〉〈숙영낭자전〉〈옹고집 타령〉을 정리하여 〈춘향가〉〈심청가〉〈흥부가〉〈변강쇠 타령〉〈토별가〉〈적벽가〉의 여섯 마당으로 그 체계를 세우는 한편, 대문이나 어구를 실감나게 고쳐 마침내 독특한 판소리 사설 문학을 이룩하였다.

그가 체계를 세워 다시 고친 판소리에는 서민들로 하여금 진실한 생활을 하게 하려는 의도와, 양반들의 틈에서 공생하는 일반 서민들

의 괴로움이 밑바탕에 깔려 있다. 따라서 판소리에는 약한 사람들에 대한 따뜻한 동정이 어리어 있다. 이렇듯 서민들의 진실이 담겨진 판소리는, 훗날에 씌어진 신소설의 밑바탕이 되었다고 해도 과언이 아니다.

그는 제자로 김세종, 정춘풍, 진채선, 허금파 등과 같은 이름난 명창들을 많이 배출하였다.

신재효는 판소리 사설 외에도 30여 편의 단가 혹은 허두가라는 노래를 지었다. 자신의 경험에서 우러난 재산을 모으는 방법을 다룬 〈치산가〉, 서양의 침입을 걱정하는 〈십보가〉·〈괫심한 서양 되놈〉, 경복궁 낙성 공연을 위해 지은 〈방아타령〉, 그 밖에 〈도리화가〉〈허두가〉 등이 대표작이다.

# 신 채 호
## (1880~1936)

### ―독립 운동가·사학자·언론인―

독립 운동가이며 사학자이자 언론인인 신채호(申采浩)의 호는 단재·단생이며, 필명은 금협산인이며, 가명은 유맹원으로 썼다.

그는 1880년 충청 남도 대덕군 산내면 어남리(도리미)에서 신광식의 둘째 아들로 태어났다.

아버지 신광식과는 일찍이 사별하고 형 신재호와 어머니 박씨, 그리고 할아버지와 살았다.

9세 때에는 행시를 지어 스승을 놀라게 하였으며, 13세 때에는 《논어》《맹자》《중용》《대학》《시경》《서경》《주역》, 즉 사서 삼경을 다 읽어 신동으로 불렸다.

1897년 신기선의 추천으로 성균관에 입학한 신채호는 독립 협회에 참여하여 활동하기도 하였다.

그 후, 1905년에는 성균관 박사가 되었으나, 그 해 을사조약이 체결되자 《황성 신문》에 논설을 쓰기 시작했고, 이듬해에는 양기탁의 추천으로 《대한 매일 신보》의 주필이 되었다.

또한 1907년에는 비밀 결사 단체인 신민회에 가담하여 구국 운동을 벌이는 한편, 대구에서 일어난 국채 보상 운동에 적극 가담하였다. 그리고 1908년에는 여성 계몽을 위한 순 한글 잡지 《가정 잡지》를 편집·발행했으며, 《대한 협회 회보》《기호 흥학 회보》 등에도 논설을 발표하였다.

또 한편으로는 우리 역사상 외국의 침략에 대항하여 승리한 영웅들의 전기를 비롯하여 외국의 건국 영웅이나 독립 운동의 역사를 글로 써서 널리 보급시킴으로써 일본의 침략에 직면한 우리 국민들의 사기를 북돋우고, 애국심을 불러일으키는 데 크게 기여하였다.

1910년, 나라가 완전히 일본의 식민지가 될 것을 예감하고 한·일 합방이 조인되기 4개월 전에 안창호, 이갑, 이동휘 등과 블라디보스토크로 망명하여, 《해조 신문》을 발간하며 독립 사상의 고취와 동지들의 규합에 힘썼다.

한편 박은식, 문일평 등과 박달학원을 세워 해외에 나와 있는 우리 청년들을 교육시키는 등 민족 정신과 사상을 불어넣는 데 전력을 기울였다. 그 후, 고대 우리 민족의 주된 활동지였던 백두산과 만주 일대를 답사하였다.

다시 베이징으로 돌아온 그는 《조선 상고사》 집필을 서두르면서 신규식과 함께 '신한 청년회'를 조직하여 해외에 있는 청년들의 단결을 도모하였다.

1919년 4월 상하이 임시 정부 수립에 참가하였으며, 임시 정부 수립 후에는 의정원 의원, 전원 위원회 위원장에 피선되었으나 이승만의 노선에 반대하여 사직하고, 주간지 《신대한》을 창간하여 임시 정부의 기관지인 《독립 신문》과 맞서기도 하였다.

1925년에는 무정부주의 동방 연맹에 참가하여 행동 투쟁에 나섰던 신채호는 1928년에 대만에서 일본 관헌에게 붙잡혀 10년형을 받았다. 그는 뤼순 감옥에서 옥고를 치르던 중, 1936년에 뇌일혈로 옥사하였다.

주체적인 한국사를 정리함으로써 민족주의 역사학의 기반을 확립한 그는 《조선 상고사》《조선 상고 문화사》《조선사 연구초》《조선사론》《이탈리아 건국 삼걸전》《을지문덕전》《이순신전》 등 많은 저서를 남겼으며, 1962년 대한 민국 건국 공로 훈장 복장이 수여되었다.

# 신 흠
(1566~1628)

## ―조선 중기의 문신―

신흠(申欽)은 조선 중기의 문신이자 학자이다.

그의 자는 경숙이며, 호는 현헌·상촌이고, 본관은 평산이다.

1585년(선조 18)에 진사가 되고, 이듬해 별시 문과에 병과로 급제하여 성균관 학유, 경원 훈도, 사재감참봉 등을 역임하였다.

1592년(선조 25)에 임진왜란이 일어나자, 삼도 순변사(군무를 총괄하기 위하여 중앙에서 파견하던 왕의 특사)인 신립을 따라 조령(지금의 경상 북도 문경 새재) 싸움에 참가하였으나, 신립이 왜적에 패하자 강화도로 들어갔다가, 도체찰사 정철의 종사관이 되었다.

신흠은 임진왜란이 끝난 후에 지평, 대사간, 부제학, 도승지, 병조 판서 등 여러 벼슬을 역임하다가, 1609년(광해군 1)에 세자 책봉 주

청사가 되어 명나라에 다녀왔다. 1613년에 계축옥사가 일어나자 파직되었다가 1616년에 춘천으로 유배되었다.

계축옥사란, 선조의 계비인 인목 대비의 아버지 김제남 등이 광해군의 이복 동생인 영창 대군을 왕으로 옹립하려 한다는 대북파의 모함으로 일어난 사건인데, 신흠은 전에 선조로부터 영창 대군의 보필을 부탁받은 바 있는 유교 7신의 한 사람이라 해서 파직과 함께 유배된 것이다.

그러나 신흠은 이 일에 직접적인 관련이 없었으므로 약 4년이 지난 후에 유배 생활에서 풀려나 고향으로 돌아갈 수 있었다. 그리고 1623

년에 이귀, 김유, 이괄·김자점 등이 일으킨 인조 반정이 성공한 후, 조정의 부름을 받아 이조 판서 겸 대제학에 중용되었다.

그 후, 신흠은 우의정이 되었다가 1627년(인조 5) 좌의정 벼슬에 올랐는데, 이 해 후금(뒤의 청나라)이 인조 반정의 부당성을 내세우고 정묘호란을 일으키자, 그는 세자를 모시고 전주로 피난을 하였으며, 돌아와서는 다시 승진되어 영의정에 올랐다.

장유, 이식과 함께 조선 중기 한문학의 권위자로 일컬어지는 신흠은 주자 학자로도 이름이 높았다.

저서로는《상촌집》등이 있으며, 시호는 문정이다.

# 심 훈
## (1901~1936)

## —민족 정신을 드높인 소설가—

소설가이자 영화인인 심훈(沈 熏)은 1901년 9월 12일, 서울 노량진에서 태어났다. 본명은 대섭이며, 어렸을 때의 이름은 삼준 또는 삼보이며, 호는 해풍이다.

서울에서 태어나 줄곧 서울에서 성장한 그는 경성 제일 고보에 다닐 무렵, 3·1 운동에 참가하여 만세를 부르다가 일본 경찰에 체포되어 6개월간 감옥살이를 하였다.

감옥에 갇혀 있는 동안, 민족의 앞날과 자신의 문제에 깊은 생각을 한 그는 출옥 후 공부를 계속하기 위해 중국 상하이로 건너가서 치장 대학에 입학하였다.

학구열이 높았던 그는 객지에서 외로움도 잊고 오직 학교 공부에만 열중하였으나, 3·1운동 후 6개월간 복역할 때 받았던 심한 고문의 후유증으로 건강이 악화되어, 학업을 다 마치지 못한 채 3년 만에 고국으로 돌아왔다.

집으로 돌아와 안정된 생활을 할 수 있게 된 그는 틈틈이 소설을 쓰는 한편 영화에도 많은 관심을 기울였다.

1924년에는 부인과 이혼하고 신문사 기자로 취직을 하였다.

영화에 관심이 많았던 그는 영화 〈장한몽〉에 이수일 역으로 출연하였고 1926년에는 우리 나라 최초의 영화 소설 《탈춤》을 《동아 일보》에 연재하였다. 이 작품을 연재할 때 배우들의 사진을 삽화로 사용하여 장안의 화제를 모은 그는 영화 공부를 본격적으로 해야겠다고 마음먹고 일본으로 건너가 영화 수업을 받은 뒤 귀국하였다.

고국으로 돌아온 심훈은 《먼동이 틀 때》를 자신이 직접 써서, 각

색·감독을 했으며, 무희 안정옥을 만나 재혼하였다. 그 후, 한동안 영화계에서 활동하던 그는 다시 집필 활동을 시작하여, 《조선 일보》에 장편 소설 《동방의 애인》을 연재함으로써 각광을 받게 되었고, 이듬해에는 《불사조》를 연재하다가 중단당했다.

이 시기의 그의 소설에는 낭만적인 남녀가 등장하여 애정 관계를 통한 민족적인 저항을 보여 주었는데, 소설의 배경은 한국과 중국으로 되어 있다.

그 후 심훈은 서울 생활을 정리하고 충청 남도 당진으로 내려가 창작에만 전념하였다.

1935년, 그는 〈상록수〉를 써서 《동아 일보》 창간 15주년 기념 현상 소설 모집에 심훈이라는 필명으로 응모하여 당선되었다. 〈상록수〉는 일제의 압박 아래서 농촌 계몽 운동을 통한 민족 의식과 반일 사상을 잘 보여 준 작품으로서, 그가 남긴 작품 중에서 가장 많이 알려진 작품이다. 〈상록수〉는 그 이전의 작품들에 비해 문학적 수준이 매우 높다는 평을 들었다.

그 때 받은 상금으로 그는 당진

에 상록 학원을 설립하여 농촌 청년들의 교육을 위해 헌신하였으나, 35세라는 나이로 요절함으로써 뜻을 이루지 못하고 말았다.

대표작 〈상록수〉 이후에 그가 발표한 작품으로는 개를 기르는 사람이 개에 대하여 지니고 있는 애착심과 동네 사람들의 인심을 익살스럽게 묘사한 단편 〈황공의 최후〉와 〈그 날이 오면〉 등이 있다. 그리고 1936년에 손기정 선수가 베를린 올림픽 마라톤 경기에서 우승하였다는 신문 호외를 보고 감격하여 그 호외 뒷면에 적은 즉흥시 〈오오, 조선의 남아여 ! 〉 등이 있다.

# 안 견

(? ~ ?)

## —〈몽유도원도〉를 그린 화가—

안견(安堅)은 조선 초기의 화가로 자는 가도·득수이고, 호는 현동자·주경이며 본관은 지곡이다.

세종 때 가장 왕성하게 활동하였던 그는 문종과 단종을 거쳐 세조 때까지도 화원으로 활약했음이 기록에 남아 있다.

벼슬은 화원으로서 정4품 호군까지 올랐으며, 1447년에는 안평 대군을 위하여 〈몽유도원도〉를 그렸다.

이 그림은 안견이 안평 대군의 꿈 이야기를 듣고 그린 것이다.

〈몽유도원도〉에 나타난 그림의 기법에는 중국 북송 때의 뛰어난 산수화가인 곽희의 화풍을 토대로 여러 화풍을 수용하여 자기 나름의 독특한 양식을 보여준다.

그의 작품을 보면 그가 안평 대군이 소장하고 있던 북송 시대의

안견이 그린 〈적벽도〉(부분)

그림들을 많이 대했음을 미루어 짐작할 수 있다.

안평 대군과 깊은 인연을 맺고 있던 안견은, 그의 예술성이나 인품까지 안평 대군의 영향을 많이 받았을 것으로 보인다.

1448년(세종 30) 3월 5일에는 왕명을 받들어 〈대소가의장도〉를 그렸는데, 당대의 이름난 대문장가들이 그의 그림에 자진해서 글을 써 넣은 것으로 보아, 그의 그림도 훌륭했지만, 안평 대군과의 교유로 길러진 그의 기개와 절조, 그리고 인품이 매우 높았음을 알 수 있다.

그런데 안견이 언제 어디서, 누구의 집안에서 태어나서 누구에게 그림을 배웠는지, 확실하게 전하는 것은 없다.

세종 대왕 때의 화원 석경이 안견의 제자였다고 하며, 연산군 때의 정세광과 중종 때의 신사임당도 안견의 화풍을 따랐다고 한다.

그는 특히 산수화에 뛰어났는데, 그와 동시대의 사람인 성현은 안견의 〈청산백운도〉를 최고의 작품이라고 격찬하였다.

안견의 그림은 경물들이 흩어져 있으면서도 조화를 이루는 구도와 공간 개념 및 필법 등에서 한국적 특징이 잘 나타나 있다.

회화사에서는 안견과 그의 영향을 받은 사람들을 합쳐 안견파라고 한다.

# 안 익 태
(1906~1965)

## ─ 〈애국가〉를 작곡한 음악가 ─

1906년(광무 10)에 평양에서 태어난 안익태(安益泰)는 우리 나라의 〈애국가〉를 작곡한 작곡가이자 세계적인 지휘자이다.

평양 숭실 중학교 2학년 재학 중 3·1 운동이 일어나자, 이에 참가했다가 퇴학당한 뒤 교장인 마리오의 배려로 일본으로 건너간 그는

국립 음악 학교에 입학하여 첼로를 전공하였다. 그는 여름 방학이면 국내에 돌아와 연주 활동을 하여 국내 음악인들에게 서양 음악에 관한 관심을 유발시켰다. 평양에서 YMCA의 이상재·조만식 등을 알게 된 그는 애국 운동에 높은 관심을 가졌다. 1932년, 미국의 신시내티 음악 학교에 입학하여 신시내티 교향악단의 첼로 주자로 입단한 그는 동양인 최초의 교향악 단원이 되었다. 그 뒤 필라델피아 교향악단에도 입단하여 여러 곳에서 첼로 독주회를 가졌다.

안익태는 1934년 유럽으로 건너가 독일의 유명한 작곡가 리하르트 슈트라우스에게서 지휘법을 공부했으며, 1936년에는 몇 년 전에 착상한 〈애국가〉를 완성하였다.

1939년, 헝가리의 부다페스트

국립 음악 학교에 들어갔고, 그 학교를 마친 후 세계 각국을 순방하며 여러 교향악단을 지휘하였다.

1945년, 에스파냐 여인 타라베라를 만나 결혼하였고, 마드리드 마요르카 교향악단의 상임 지휘자로 취임하면서 영국·이탈리아·미국 등지의 저명한 교향악단의 객원 지휘자로 활동했다.

1957년, 우리 나라에 일시 귀국한 그는 자신이 작곡한 〈강천성악〉과 〈한국 환상곡〉 등을 지휘하여 고국 팬들을 열광시켰다.

1961년에 다시 고국으로 온 그는, 1963년까지 3회에 걸쳐서 서울에서 국제 음악제를 개최하여 수많은 세계 음악인들에게 우리 나라의 높은 음악적 수준을 알렸다.

후기 낭만파에 속하는 그는 베토벤, 브람스, 드보르자크, 슈트라우스 등의 작품을 즐겨 지휘하였다.

그가 마지막으로 지휘를 한 곳은 영국 런던의 로열 앨버트 홀이었는데, 그 곳에서 그는 〈애! 강상의 의기 논개〉라는 작품을 가지고 뉴 필하모닉 교향악단을 지휘하였다.

그 후, 가족이 있는 에스파냐로 돌아가 1965년 9월 16일, 바르셀로나 병원에서 59세의 일기로 사망함으로써 찬란한 음악인의 생애에 막을 내렸다. 그 해에 문화 훈장 대통령상이 추서되었다.

# 안중근
## (1879~1910)

## ─ 한말의 교육가·의병장·의사 ─

안중근(安重根)은 1879년, 황해도 해주에서 안태훈의 맏아들로 태어났다. 응칠이라는 어렸을 때의 이름이 나중에 그의 자가 되었으며 세례명은 토마스이다.

안중근은 총명하고 재질이 뛰어나 7세 때에 《사서 삼경》을 통독하여 신동으로 불리었다. 또한 틈만 나면 말타기와 활쏘기를 익혔고, 사격에도 명수여서 사람들은 그를 대장이라고 부를 정도였다.

15세 때 일부 폭도들이 동학군을 자처하며 양민을 괴롭히자, 아버지를 따라 수백 명의 장정들과 함께 싸워서 그들을 진압하였다.

그 해에 김아려와 결혼하여 뒤에 2남 1녀를 두었다.

17세가 되던 1896년에는 프랑스 신부인 홍석구에게 세례를 받고 토마스라는 세례명을 받았다.

20세 때 한국 역사 공부를 하는 한편, 《태서신사》라는 세계 역사책을 읽어 세계의 역사에 대한 안목을 넓혔다.

1905년 을사조약이 체결되자, 이듬해 가족과 함께 진남포 용정동으로 이사하여 이듬해에 삼흥 학교와 돈의 학교를 세웠다. 안중근은 한·일 신협약이 체결되어 고종 황제가 강제로 퇴위하고 조선 군대가 해산되었다는 소식을 듣고, 만주를 거쳐 블라디보스토크로 망명했다.

1908년, 이미 30세의 문턱에 선 안중근은 특파 독립 대장 겸 지구군 사령관의 직책을 맡아 의병을 이끌고 함경 북도에 있는 일본군 부대를 습격하여 일본군을 포로로 잡는 등 전과를 올렸다.

1909년 봄, 러시아령인 연해주

에서 안중근은 동지 12명과 왼손 약손가락을 끊어 조국의 독립을 위해 목숨을 바칠 것을 서약했다.

그 해 9월에 일본의 이토 히로부미가 러시아의 코코프체프와 회담하기 위해 하얼빈에 온다는 소식을 입수하고 우덕순, 조도선, 유동하와 함께 조국의 적인 이토를 죽이기로 결정했다.

그로부터 1달 후인 10월 26일, 하얼빈 역에 일본인으로 변장하고 들어간 안중근은 이토가 열차에서 내려 러시아 장교단을 사열하고 환영 군중 쪽으로 몸을 돌리는 순간 권총으로 그를 쏘아 사살하였고, 하얼빈 총영사와 궁내 대신 비서관인 모리, 남만주 철도의 이사인 다나카 등에게 중상을 입혔다.

안중근은 곧 이어 권총을 버린 후, 품 속에 준비해 둔 '독립 자유'라는 혈서로 쓴 태극기를 꺼내 들고 '대한 독립 만세!'를 목이 터지게 불렀다.

결국 안중근은 러시아 헌병에게 체포되어 이틀을 지낸 후 10월 28일, 일본 헌병대에 인계되었고, 동지 우덕순, 조도선, 유동하도 곧 체포되었다.

그 후, 안중근은 뤼순 감옥으로 이송되어 옥고를 치르게 되었다. 재판을 받을 때마다 재판장의 물음에 대답하는 말은 답변이라기보다 자기의 품은 뜻을 숨김 없이 발표하는 연설이었으며, 민족의 적인 일본인의 심장을 도려내는 듯한 웅변에 재판정에 모인 일본인의 간담을 서늘하게 해 주었다.

그는 글씨에 뛰어나 많은 유필을 남겼으며, 옥중에서 집필한 〈동양 평화론〉은 당시의 역사적 현실을 정확히 분석하고 있다.

1910년 2월 14일, 안중근은 마지막 재판에서 사형을 언도받고 그 해 3월 26일 순국했다.

안중근 자필 휘호

# 안 창 남
## (1901~1930)

## ―우리 나라 최초의 비행사―

안창남(安昌男)은 1901년 1월에, 서울 평동에서 목사인 안상준의 아들로 태어났다. 그의 가정은 중류층의 안정된 가정이었으나, 휘문 고등 보통 학교 시절에 어머니가 세상을 떠났기 때문에 학교를 졸업하지 못했다.

1916년, 실의에 빠져 있던 안창남에게 꿈을 갖게 해 준 일이 생겼다. 미국인 비행사 스미스가 한국에 와서 최초로 비행 쇼를 벌였는데, 그것이 계기가 된 것이다.

'그렇다. 내가 할 일은 바로 저것이다. 비행기를 타고 하늘을 나는 일이다. 나는 하늘을 나는 사람이 되겠다.'

결심을 굳힌 안창남은 18세 되던 해에 현해탄을 건너 일본으로 갔다. 일본에서 그는 온갖 고생을 다하며 오사카 자동차 학교에 다녔

다. 그 때, 그는 기계 조작은 물론 운전까지도 배웠으며, 그 후 잠시 귀국하여 당시 우리 나라 사람들이 부러워하는 직업이었던 자동차 운전사가 되었으나, 곧 그 직업을 버리고 다시 일본으로 건너갔다.

그가 찾아간 곳은 아카바네 비행

기 제작소였다. 그는 그 곳에서 비행기 제작에 관한 것을 실제로 보고 배워 비행기의 구조를 알게 되자, 한층 더 비행기를 조종하고 싶은 욕망이 끓어올랐다.

그는 오쿠리 비행 학교에 입학하기 위해서 도쿄로 떠났다. 반드시 그 학교를 졸업해야만 비행사가 될 수 있었기 때문이다. 그러나 그 학교는 아무나 입학할 수가 없었다. 또한 입학을 해도 엄청난 고생을 치러야만 했다. 그는 끝까지 인내하며 노력한 끝에 이 비행 학교를 졸업하였으며, 모교(비행 학교)의 교원이 되어 후배들을 가르쳤다. 그리고 1920년, 꿈에도 그리던 비행사 자격증을 손에 넣게 되었다. 한국인으로서는 첫 번째 비

행사가 된 것이다.

이듬해인 1921년에는 도쿄에서 오사카까지의 우편 비행 경기에 참가하여 모든 일본인 경기자들을 물리치고 우승하였다.

1922년, 《동아 일보》 후원으로 고국 방문 대비행을 하여 우리 나라 최초의 비행사로서 온 국민들로부터 뜨거운 환영을 받았다.

그 후, 그는 고국에서 독립 운동에 참여할 수 없는 것을 비통히 여기고 있던 중 애국 지사들의 도움으로 중국 상하이로 탈출하였다.

그는 그 곳에서 산시 성의 옌시산 군벌 막하에서 비행 학교의 교관이 되었다. 그는 1930년 4월 10일, 전선에 참여하여 비행하던 중 사고로 사망했다.

# 안 창 호
(1878~1938)

## ─독립 운동가·교육자─

독립 운동가이며 교육자였던 도산 안창호(安昌浩)는 1878년 11월 9일, 평안도 강서군 대동강 하류에 있는 도롱섬에서 태어났다.

안창호는 11세 때 아버지가 돌아가시자, 할아버지 슬하에서 자라났다.

그가 17세가 되던 1895년, 청·일 전쟁이 끝난 후, 삼촌과 피난길에 오른 것이 계기가 되어 서울로 올라와 구세 학당에 입학하여 신학문을 배웠다.

1899년, 다시 고향으로 내려간 안창호는 맏형 안치호가 사는 마을에 점진 학교를 세우고, 시골 어린이들에게 신식 학문을 가르치며 독립 정신을 일깨워 주었다.

안창호는 1900년, 보다 큰 뜻을 품고 아내 이혜련과 함께 미국으로 건너갔다. 그리고 이듬해에는 흩어져 살고 있는 재미 교포들의 권익을 옹호하고 생활을 향상시키기 위해 한인 친목회를 만들어 교포들을 한 마음으로 뭉치게 하였다.

1905년 을사조약으로 우리 나라의 외교권을 일본에 빼앗기게 되자 안창호는 1906년 2월에 귀국하여 이갑, 양기탁, 신채호 등과 비밀 결사 단체인 신민회를 조직하여 민족 각성 운동을 전개해 나갔다.

안창호는 신민회 사업을 더욱 힘차게 밀고 나가기 위해서, 평양에 대성 학교를 세우고 민족의 기둥이 될 젊은이들을 교육하기 시작하였다. 또《대한 매일 신보》를 기관지로 사용하였으며, 평양과 대구에 출판사인 태극 서관을 설립하여 국민들에게 올바른 지식과 교양을 전해 주기에 힘썼다.

1909년, 안중근 의사의 이토 암

살 사건에 관련되었다는 혐의로 검거되어 3개월 만에 풀려난 안창호는 1910년 4월, 동지들과 함께 중국으로 망명할 것을 결심하고 베이징을 경유하여 블라디보스토크로 갔다가 유럽을 거쳐 미국으로 다시 망명하였다.

미국으로 건너간 안창호는 우선 1912년에 대한인 국민회 중앙 총회를 조직하고 초대 총장에 선임되었으며, 1913년에는 로스앤젤레스에서 흥사단을 창설하였다.

3·1 운동 후 다시 상하이로 건너간 안창호는 대한 민국 임시 정부 내무 총장, 국무 총리 대리, 노동국 총판을 지내며, 《독립 신문》을 창간하고 흥사단 극동 임시 위원부를 만들어 임시 정부를 돌보는 한편, 민족 계몽에 온 힘을 기울였다.

1932년, 윤봉길 의사의 의거로 일본은 또다시 애국 지사의 일제 검거령을 내렸다. 마침 중국에 있던 안창호는 소년단 기부금을 주기로 한 이만영 소년과의 약속을 지키려고 그 소년의 집에 갔다가 경찰에 체포되었다.

일본 경찰에 체포된 그는 곧 서울로 송환되어 징역 4년을 선고 받고 대전 형무소에서 2년 6개월 동안 복역하다가, 1935년에 가출옥하여 고향인 평양 근처 대보산에 들어가 휴양하였다. 그러나 1937년, 동우회 사건으로 다시 체포되어 감옥에 가게 되었다.

그 해 지병이 악화되어 병보석으로 출감하였으나 끝내 건강을 회복하지 못하고, 1938년 3월 10일 사망하였다. 1962년, 대한 민국 건국 공로 훈장 중장이 수여되었다.

# 안평 대군
## (1418~1453)

## ─학자와 예술가를 후원한 왕자─

안평 대군(安平大君)은 조선 세종 대왕의 셋째 아들로서, 서예가이다. 이름은 이용, 자는 청지, 호는 비해당·낭간 거사이다.

1428년(세종 10), 10세 때에 안평 대군에 봉해졌으며, 1429년에 정연의 딸과 결혼하였다.

12세가 되자, 다른 왕자들과 성균관에 들어가 학문을 닦았는데, 안평 대군은 학문과 무술에 모두 재주가 뛰어났다.

1438년에는 세종이 김종서를 시켜 함경도에 육진을 설치하자, 안평 대군은 다른 왕자들과 함께 북쪽 변두리의 경계를 맡아 여진족을 토벌하는 데 공을 세웠다.

세종이 죽은 후, 안평 대군은 여러 문신들과 가까이 지내면서 조정에서 그의 힘을 차차 키워 나갔다. 특히 황보 인, 김종서와 손을 잡고

수양 대군 편의 무신들을 견제하는 한편, 인사 행정의 하나인 황표정사(왕자들이 추천하는 사람의 명단을 올리면 왕은 적임자를 골라 황색 표시를 하여 임명을 허락했음)를 장악하여 측근 문신들을 요직에 앉히는 데 성공하였다.

1452년, 문종이 세상을 떠나고 어린 단종이 왕위에 오른 후, 수양 대군이 사은사로 명나라에 가게 됨으로써 외교권을 수양 대군에게 빼앗기게 되었다.

그러나 안평 대군도 수양 대군이 없는 사이 이징옥을 시켜서 무기를 한성으로 들여오고, 무계정사에서 무사들을 훈련시킴으로써 수양 대군의 힘을 견제하였다.

그러나 귀국한 수양 대군에 의해 황표정사가 폐지되어 실권을 박탈당하였다. 1453년 9월 다시 황표

정사를 실시케 하는 등, 실권의 회복에 힘썼으나 계유정난이 일어나 모든 일이 수포로 돌아가고 그도 귀양을 가게 되었다.

이 때, 수양 대군은 왕위를 빼앗는 데 방해가 되는 안평 대군을 강화도에 유배를 보내고, 얼마 후에 다시 서울의 교동으로 옮겨 사약을 내렸다.

수양 대군의 야심의 제물이 되어 죽은 안평 대군은 그림과 글씨에 모두 뛰어난 예술가로서, 많은 예술가, 학자들과 사귀며 뒤에서 그들을 후원해 주었다.

예술과 학문을 사랑한 안평 대군은 자하문 밖에 무이정사라는 집을 짓고, 호숫가에는 담담정이라는 정자를 지어 책과 그림, 글씨 등을 수장해 놓고는 당대의 서예가, 미술가, 학자 들을 무이정사로 초청하여 사귀었다.

당시의 유명한 화가인 안견은 안평 대군의 꿈 이야기를 듣고 〈몽유도원도〉를 그렸다고 하는데, 〈몽유도원도〉는 뛰어난 산수화이며, 두 사람의 우정을 말해 주는 것이기도 하다. 중국의 사신들도 우리 나라에 올 때마다 안평 대군의 글씨를 구해 갈 만큼 그의 글씨가 뛰어나, 김구, 양사언, 한호와 더불어 조선 초기의 4대 서예가로 손꼽힌다. 조선 전기의 대표적인 서예가인 안평 대군과 한호를 두고 후세 사람들은 이렇게 말했다.

"안평은 재로 승하고 한호는 공으로 지나친다."

이 말은 석봉 한호의 서법이 노력으로 이루어진 것에 반해, 안평 대군의 서법은 천부적이라는 것을 말해 준다.

그 밖에 안평 대군은 가야금을 특히 잘 탔다고 한다.

1450년의 경오자가 그의 글씨를 바탕으로 하여 주조되었으나 그가 사사되자 녹여서 을해자를 주조하였기 때문에 전하지 않는다.

안평 대군이 쓴 〈몽유도원도 발문〉

297

# 안　향
### (1243~1306)

## ─우리 나라 최초의 주자학자─

안향(安珦)은 홍주(지금의 경상
북도 영주)에서 밀직 부사를 지낸
안부의 아들로 태어났다. 어렸을
때의 이름은 유였으나 뒤에 향으로
고쳤고, 호는 회헌이었다.

어렸을 때부터 글을 좋아했던 그
는 1260년(원종 1년), 그의 나이
17세 때에 과거에 급제하여 교서
랑이라는 벼슬을 시작했다.

이 무렵의 고려는 원나라의 지배
를 받고 있어 매우 불행한 상태에

있었다. 그는 1270년 삼별초의 난
때 강화에 억류되었다가 탈출하였
는데 그 일로 인하여 원종의 신임
을 받았다. 1275년(충렬왕 1), 안
향은 지금의 상주에 판관으로 부임
하게 되었다. 그런데 그가 다스리
게 된 고을에서 여자 무당이 돌아
다니면서 부녀자들을 현혹시켰다.
미신의 폐해를 깊이 알고 있는 안
향은 무당들을 잡아들여서 가두고
벌을 주었다. 그리하여 상주 부근에

미신이 없어졌다고 한다. 안향은 이처럼 황당 무계한 미신 등을 배격하는 일을 했을 뿐만 아니라, 청렴 결백한 관리로서도 이름이 나 있었다.

그 뒤로 안향은 더욱 벼슬이 높아져, 왕을 가까이 모시는 높은 신분이 되었고, 그의 나이 46세 때인 1289년(충렬왕 15)에는 왕을 모시고 원나라에 갔다가 그 이듬해에 돌아왔다.

안향의 초상이 보관된 소수 서원

이 때, 그는 원나라에서 성리학에 관한 서적을 직접 손으로 베껴써서 가져왔으며, 유교의 시조인 공자와 성리학의 창시자인 주희의 초상도 그려서 가져왔다.

그 후 백이정, 이제현 등의 학자들과 함께 원나라에 가서 성리학을 공부하고 돌아왔다.

이리하여 성리학의 기초가 잡히자, 안향은 1303년(충렬왕 29)에 원나라에 김문정을 보내어, 다시 공자와 그의 수제자 70명의 초상, 문묘(공자를 받드는 사당)에서 사용할 제기와 악기, 그리고 제자 백가·사서·주자서 등을 구해 오게 하였다. 이로써, 우리 나라에서 처음으로 문묘 제도가 갖추어졌다.

안향은 유학의 진흥을 위하여 6품 이상의 관리들에게는 각각 은 1근씩, 7품 이하는 포를 내게 하여 이것으로 양현고, 섬학전 등의 장학 기관을 발족시켰다. 그리하여 성리학을 중심으로 한 학문 연구를 촉진시켰다.

이러한 안향의 노력으로 인해 고려 말기에는 이색, 정몽주 등의 훌륭한 학자가 많이 나오게 되었다.

미신 타파, 그리고 성리학의 도입 및 그 발달에 크게 공헌한 안향은 1306년(충렬왕 32) 63세로 세상을 떠났다.

조정에서는 안향에게 문성이라는 명예스런 시호를 내렸을 뿐 아니라 문묘에 모셨다.

# 양 만 춘
(? ~ ?)

## ─고구려 말기의 뛰어난 장군─

고구려 말기의 명장인 양만춘 (楊萬春)은 안시성의 성주로서, 당 나라 태종이 대군을 거느리고 고구 려를 침공했을 때, 성을 잘 지켜 적을 물리친 장군이다.

645년, 당나라 태종은 수나라 때부터의 숙적인 고구려를 치기 위 하여, 직접 30만 대군을 거느리고 고구려 정벌의 길에 올랐다.

이 때, 당나라의 육군은 이세적 장군이 지휘하는 6만여 명이었으 며, 수군은 4만 3천여 명인데, 장 량이 지휘하였다.

그들은 644년 겨울에 동원되었 다가, 645년 봄에 요하를 건넘으 로써 고구려 침공을 시작하였는 데, 이세적은 군사를 나누어서 일 부는 신성(지금의 무순)과 건안(지 금의 개평)을 치게 하였으나 실패 하고, 자신은 개모성(지금의 무순

부근)을 공격하여 점령하였으며, 수군은 요동 반도에 상륙하여 비사 성을 점령하였다.

이어서, 요하를 건너온 당나라 태종은 다음 공격 목표를 놓고 장 군들과 의논을 하였다. 의논 끝에 안시성을 공격하기로 했다. 이 때 고구려의 장수 고연수와 고혜진이 안시성을 구원하기 위해 15만의 군사를 이끌고 달려왔으나 안시성 근처에서 당나라 군사의 계략에 걸 려 많은 고구려 군사가 죽거나 다 치고 두 장수가 항복하였다.

이 승리의 기세를 몰아 당나라 군사들은 태종의 지휘하에 안시성 을 총공격하였다. 그러나 안시성 의 성주 양만춘은 성문을 굳게 잠 그고 출입을 통제하는 한편, 당나 라 태종의 깃발이 보일 때마다 야 유를 하여 태종을 격분시켰다.

양만춘은 당나라 군사들이 성 밖에서 토산을 쌓아 성을 넘으려 하면 성을 더욱 높이 쌓아 이를 막았고, 또 그들이 포거(돌을 나르는 전쟁 무기)를 동원하여 성의 한 귀퉁이를 무너뜨리면 재빨리 목책을 세워 당나라 군사들이 들어오지 못하도록 하였다.

그러는 동안, 당나라 군사들은 60일에 걸쳐 높은 토산을 쌓아 안시성을 넘겨다보게 되었는데, 토산이 갑자기 무너지는 바람에 안시성의 한쪽 귀퉁이가 부서지게 되었다. 그러자 양만춘은 부서진 성 틈으로 군사들을 몰고 나가 토산을 완전히 점령해 버렸다.

이에, 화가 치민 태종은 토산을 쌓은 장수에게 책임을 물어 처형한 후 군사들을 독려하여 계속 안시성을 공격하였다. 그러나 태종이 온갖 방법을 다 동원하여 싸워도 안시성이 무너지지 않자, 당나라 군사들의 사기는 점점 꺾이기 시작하였다.

이러는 가운데, 추운 겨울이 다가오면서 식량도 떨어졌다. 그래서 당나라 태종은 할 수 없이 군대를 돌려 돌아가기로 하였다.

이 때, 양만춘은 성루에 올라 돌아가는 태종에게 작별 인사를 하였다. 그러자 태종은 비록 적이지만 훌륭한 장수라고 칭찬을 한 후, 비단 100필을 선물로 보내 주었다고 한다.

이리하여 용맹과 지략이 뛰어난 양만춘은 당나라의 30만 대군을 맞아 격전을 벌인 끝에 이를 물리쳐 훌륭한 전공을 세웠다.

# 양 사 언
(1517~1584)

## ─조선 4대 명필의 한 사람─

양사언(楊士彦)은 조선 시대 문신으로 안평 대군, 김구, 한호와 더불어 조선 전기 4대 명필의 한 사람이다.

자는 응빙, 호는 봉래·완구·창해·해객이며, 초서와 해서에 아주 능했다.

양사언은 돈령부 주부를 지낸 양희수의 둘째 아들로 태어났는데, 형 사준, 동생 사기가 모두 재주가

뛰어나 문명을 떨쳤다고 한다.

그는 1546년(명종 1)에 식년 문과에 병과로 급제함으로써 대동승이 되었다가, 삼등에서 현감을 지낸 후 평창 군수를 거쳐, 강릉 부사, 함흥 부윤, 회양 군수, 철원 군수 등을 역임하였다.

이와 같이 그는 지방 관직에만 있었는데, 그것은 그가 본래 자연을 즐기는 성격이었으므로 스스로

302

지방 관직을 원했기 때문이다.

그는 회양 군수로 있을 때 특히 금강산을 좋아하여, 일하는 틈틈이 금강산에 들어가 세상을 초월한 듯한 풍모로 대자연을 즐겼으며, 아름다운 경치에 스스로 취하여 만폭동 바위에 '봉래 풍악 원화동천'이라는 여덟 글자를 새겨 놓았다 한다.

그 후, 안변 군수로 옮겨 가서는 마을을 잘 다스려 통정 대부의 관계를 받았다. 그는 북변의 병란을 예지하고 커다란 못을 파서 마초(말이 먹는 풀)를 저장하였는데, 실제로 북쪽에 변란이 일어나서 많은 군사가 북쪽으로 이동할 때, 다른 고을에서는 마초가 부족해 관리가 책임 추궁을 당했으나 안변만은 마초가 남아 돌았다 한다.

그러나 얼마 후, 지릉에 화재가 발생하여, 그 책임을 지고 해서로 귀양을 갔다. 2년 뒤, 귀양이 풀려 돌아오는 길에 병으로 세상을 떠나고 말았다.

양사언은 본래 머리가 좋은데다가 끊임없이 노력하여 읽지 않은 책이 없을 정도였다고 한다. 뿐만 아니라 그는 매우 청렴하여 여덟

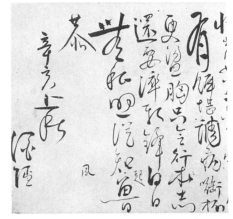

양사언이 홍응룡에게 써 준 송별시

고을을 다스리는 동안 조금의 부정도 저지르지 않았다. 따라서 남은 재산도 거의 없었다고 한다.

그는 글씨뿐만 아니라, 시작에도 뛰어났다고 한다.

그의 작품으로 아래의 시조는 오늘날에도 유명하다.

태산이 높다 하되 하늘 아래 뫼이로다.
오르고 또 오르면 못 오를 리 없건마는
사람이 제 아니 오르고 뫼만 높다 하더라.

이 밖에도 일찍이 그는 금강산을 드나들면서 〈금강산 유람기〉를 쓴 일이 있다.

# 양 성 지
## (1415~1482)

### ―조선 초기의 학자―

양성지(梁誠之)는 조선 초기의 학자로서, 자는 순부, 호는 눌재, 본관은 남원이다.

그는 27세 되던 해인 1441년(세종 23)에 진사와 생원 시험에 모두 합격했으며, 이어서 실시된 식년 문과에 급제하여 경창부승과 성균관 주부를 역임하였다.

그 후, 1442년에는 집현전에 들어가 부수찬, 교리 등을 지낸 양성지는 문장을 다루는 솜씨가 능숙하여 세종한테 몹시 총애를 받았다.

양성지는 춘추관 기주관과 고려사 수사관을 지내는 동안에 고려의 34대 왕과 475년 동안의 역사를 기록한 《고려사》의 내용 중에서 잘못된 부분을 바로잡는 작업에 참여하여 성심껏 일을 함으로써, 그 공로를 인정받아 집현전 직제학으로 승진하였다.

그 후, 1453년(단종 1)에는 왕의 명을 받들어 〈조선도도〉와 〈팔도각도〉를 작성했으며, 다음 해에는 〈황극치평도〉를 지어 바쳤다.

그 무렵, 수양 대군이 단종의 왕위를 찬탈하는 사건이 일어나자, 단종 복위를 꾀하기 위하여 성삼문 등 뜻 있는 선비들이 거사를 일으키려 모의했으나, 함께 일을 꾸민 김질 등의 배신으로 그만 참변을 당하고 말았다.

이런 변을 보고 양성지는 벼슬을 버리려 했으나, 세조가 극구 만류하여 하는 수 없이 다시 조정에 나아가, 동지중추부사라는 벼슬에 오르게 되었다.

다시 조정에 나아가게 된 그는 1463년(세조 8)에는 〈동국지도〉를 작성하였으며, 홍문관의 설치를 건의하여 허락을 얻음으로써 홍문관 제학에 취임하여 궁중의 모든 경서와 문서, 그리고 역대의 서적들을 체계별로 정리하고 보관하는 일에 공헌하였다.

그리고 이듬해에는, 조정에서 유능한 인재를 뽑기 위하여 실시하는 구현시에 응시하여 급제함으로써 이조 판서에 오르게 되었고, 그 후 대사헌으로 있으면서 《오륜록》을 지어 바쳤다.

1466년, 조정에서는 다시 발영시를 실시했는데, 그는 이 때에도 또 급제하여 실력을 발휘하였고, 이 해에 서적의 보전과 간행에 관하여 10개조로 이루어진 상소문을 올려, 학문의 발전을 꾀하는 데 일익을 담당하였다.

1469년에 예종이 즉위하자, 지중추부사, 홍문관 제학, 춘추관사 등 세 가지의 직책을 겸임하게 된 양성지는 《세종실록》의 편찬에 참여하였다. 이듬해 예종이 병으로 죽고 성종이 왕위에 오르자, 《예종실록》을 편찬하는 데 참여했다. 이어 공조 판서를 거쳐 1471년(성종 2)에는 좌리 공신 3등으로 남원군에 봉해졌다.

그 후에도 양성지는 여러 벼슬을

역임하다가, 1481년에는 홍문관 대제학이 되어 《동국여지승람》의 편찬에 참여했으며, 이 해 문신 정시에 응시하여 장원으로 합격함으로써 다시 한 번 그의 탁월한 문재를 드날렸다.

그리고 이듬해인 1482년, 양성지는 다시 서적의 인쇄 및 간행, 그리고 수집·보관에 관한 12개조의 건의문을 올렸는데, 이 해가 바로 그가 세상을 떠난 해이다.

학문의 발전과 서적 간행에 평생을 바친 양성지는 68세로 눈을 감았는데, 그의 시호는 문양이다.

# 여 운 형
(1886~1947)

## ―독립 운동가·정치가―

항일 독립 투사이며 정치가였던 여운형(呂運亨)은 1886년 4월, 경기도 양평군 양서면 신원리 묘곡에서 아버지 여정현과 어머니 경주 이씨 사이의 맏아들로 태어났다.

그의 아호는 몽양(夢陽)이다.

소년 시절의 여운형은 할아버지 여규신에게서 많은 가르침과 영향을 받았다.

특히 그는 중국 정벌을 위해 결사를 꾸미다가 그만 발각이 되어 유배를 갔다 온 할아버지의 큰 뜻을 두고두고 가슴에 새겼다.

그는 13세 되던 해에 용인의 유세영의 딸과 결혼하였는데, 부인은 4년 만에 죽고 말았다.

그는 동네에서 한문을 공부하다가 신학문을 배우기 위해 14세 되

던 해에 서울로 올라와 배재 학당과 흥화 학교에서 공부를 하였다.

1907년에 기독교에 입교한 그는 개화 사상에 점차로 눈을 뜨기 시작하여 이듬해에는 자기 집안에 있던 노비를 해방시키고 노비 문서는 불살라 버렸다.

또한, 봉건 인습을 버린다는 의미에서 상투를 잘랐다. 이 때 선교사 클라크를 따라 서간도의 신흥 무관 학교를 견학한 여운형은 독립 운동의 필요성을 절실히 느껴 학교를 중퇴하였다.

1914년에 중국으로 들어간 여운형은 난징의 금릉 대학에서 영문학과 철학을 전공하고 상하이로 가서 1918년에 신한 청년당을 만들어 총무간사에 취임하였다.

그것은 미국의 윌슨 대통령에게 〈조선 독립에 관한 진정서〉를 보내고 김규식을 파리 강화 회의에 파견하여 조선의 독립을 요구하도록 하기 위해서였다.

1919년에 국내외에서 활동하고 있던 민족 지도자들이 뜻을 모아 상하이에서 임시 정부를 조직하게 되자, 여운형은 임시 의정원의 의원이 되었다. 이 때 한국의 독립

운동에 놀란 일본 정부가 자주 독립 운동을 막으려고 그를 일본의 도쿄로 초청하였는데 그는 오히려 장덕수를 통역으로 하여 한국 독립의 정당성을 역설하고 상하이로 다시 돌아왔다.

여운형은 1920년에 상하이 소련 공산당에 입당하였고, 1921년에는 마르크스의 '공산당 선언'을 최초로 우리말로 옮기기도 하였다.

이듬해, 여운형은 모스크바에서 열린 원동(우리 나라 및 그 주변 지역) 피압박 민족 대회에 참석하는 등 정치·외교의 활동에 중점을 둔 독립 운동을 펼쳤다.

1929년에는 영국의 식민 정책을 비난하다가 영국 경찰에 체포되어 일본에 인도된 뒤, 3년간 복역한 후 1932년에 출옥하였다.

그는 석방된 후 《조선 중앙 일보사》 사장에 취임하였는데, 그 일은 망명지가 아닌 우리 땅에서 합법, 비합법 공간을 활용하여 자연스럽게 항일 운동을 벌이게 된 계기가 되었다.

그러나 그 후에 《조선 중앙 일보》는 1936년에 열린 제11회 베를린 올림픽 대회 마라톤 경기에서 우승한 손기정 선수의 일장기 말소 사건으로 폐간되고 여운형은 사장직에서 물러났다.

1945년 광복이 되자 안재홍과 함께 건국 준비 위원회를 조직하고 위원장에 취임했다. 당시 민중의 지지를 받는 유일한 정치 세력이었던 건국 준비 위원회는 정치범을 석방하고 8월 말까지 전국에 건국 준비 위원회의 지부인 인민 위원회를 설치하는 등의 활발한 활동을 벌였으며, 9월에는 조선 인민 공화국을 선포하여, 부주석에 올랐다. 그러나 남한에서는 미군이 진주하면서 조선 인민 공화국을 부인하고 군정을 실시함으로써 인민 위원회의 활동이 점차 위축되고 말았다. 따라서 그와 같은 중도 좌파는 설 자리가 없어졌다.

비록 조선 인민 공화국이 미군이 진주하기 전인 1945년 9월 6일에 수립되었지만, 그 후 남한에 진주한 미군정이 이를 인정하지 않자 여운형은 그 해 10월에 조선 인민당을 조직해 당수로 취임했다.

이 때부터 그는 10차례에 가까운 테러를 당하면서도 통일 정부 수립을 위해 열심히 일했다.

1946년 5월, 그는 좌익 단체들이 모두 모여 남조선 노동당을 결성하였으나, 여운형은 그러나 지나친 좌경에 반대하여 탈퇴하고 사회 노동당을 조직하였다.

당시 이승만은 남한 단독 정부의 수립 쪽으로 생각을 굳히고 있었고 박헌영의 공산당은 부르주아 민주주의 혁명을 토대로 하여 미국의 군정에 대해 강력한 공격을 하기 시작했다.

1947년 5월, 사회 노동당을 근로 인민당으로 개편하고, 미·소 공동 위원회가 성공하도록 노력하는 등 남북이 분열되는 것을 막고 통일 정부 수립을 위해서 헌신하던 여운형은 공산주의만 고집하거나 민주주의만 고집하는 사람들에게 점차 따돌림을 당하였다.

그러나 이에 굴하지 않고 조국의 분단을 막으려고 노력했던 그는 1947년 7월 19일, 서울 혜화동 로터리에서 남한만의 단독 정부를 지지하는 한지근의 총격에 피살되었다. 이 때 그의 나이 61세였다.

# 연개소문
(? ~666)

## ―고구려 말기의 재상 및 장군―

고구려 말의 명장 연개소문(淵蓋蘇文)은 일명 천개소문이라고도 한다. 그것은 《당서》나 《삼국사기》 등에 그의 성이 천으로 기록되어 있는데, 당나라 고조의 이름이 연이므로 이를 피하기 위해 천으로 바꾼 것이라고 전한다.

연개소문이 언제 태어났는지는 기록에 전하고 있지 않으나, 당나라에 망명하여 낙랑 땅에서 죽은 그의 장남 남생의 묘지에 기록된 내용에 의하면 연개소문의 아버지는 천태조이며, 연개소문의 할아버지와 아버지가 모두 막리지를 지낸 것으로 미루어 볼 때, 권문 세도가였던 것으로 짐작된다.

연개소문은 15세 무렵, 집안 대대로 전해 내려오던 대인의 직책을 아버지에게서 이어받아 동부 대인이 되었다.

하려는 대인들의 움직임을 눈치채고, 642년(보장왕 1) 평양성 남쪽 성 밖에서 부병의 열병식을 구실로 귀족들을 처치한 뒤 왕을 시해하고 보장왕을 왕위에 앉히고 스스로 대막리지가 되어 정권을 잡았다.

연개소문은 강경일변도의 대외 정책을 채택했다. 그는 신라의 김춘추가 찾아와서 백제에게 빼앗긴 대야성을 다시 찾기 위해 고구려의 구원병을 요청하자, 이를 거절하였다.

또한 말갈족과 같은 예하의 복속민들의 이탈을 방지하면서 전쟁에 대비한 준비에 박차를 가하였다.

644년(보장왕 3), 고구려를 지켜 보던 당나라의 태종은 고구려에 사신을 보내어 신라와의 화해를 권고했으나, 연개소문은 태종의 요구를 물리치고 당나라 사신을 감금하는 등 강경책을 썼다.

이에 격노한 당나라 태종은 대막리지 연개소문이 임금(영류왕)을 시해하고, 대신들을 학살하였으며, 신라와의 화평을 권한 자신의 요구를 묵살하였으므로, 그 죄를 다스리겠다는 구실을 붙여, 그 해에 직접 대군을 거느리고 고구려로

동부 대인이 된 연개소문은 당나라의 침입에 대비하기 위하여, 북쪽의 부여성에서 남쪽의 비사성에 이르는 국경 지대에 무려 1천 리에 달하는 장성(천리장성)을 축조하였다. 그리고 이 해에 자신을 제거

당나라의 대군을 물리치는 연개소문과 고구려 군사(민족 기록화)

쳐들어왔다.

당나라 태종이 이끄는 당나라의 대군은 고구려의 개모성, 백암성, 요동성 등을 점령하였으나, 안시성에서는 오히려 고구려군에게 막대한 피해만 입었다.

안시성의 60여 일 동안의 공방전은 실로 역사상 유명한 혈전이었다. 안시성은 주변이 험준한 천연의 요새로서 당나라 군사 10여 만이 집결하여 이 성을 공격하였으나, 안시성의 군사들과 백성들은 참으로 용맹스러웠다.

이 성의 성주 양만춘은 매일 6, 7회 정도 당나라 군사와 접전을 치르면서도 안시성을 잘 지켜 전쟁을 승리로 이끌었다.

그러나 정사에는 연개소문과 더불어 빛나는 공을 남긴 양만춘에 대해서는 기록이 전하지 않고 야사에만 전하고 있다.

9월에 접어들면서 찬 바람이 불고 군량미의 수송이 어려워지자, 당나라 태종은 60여 일 동안의 싸움을 끝내고 기진 맥진하여 전군을 철수시켰다. 이 안시성 싸움이야말로 역사상 유수한 큰 싸움의 하나이며, 최고 지휘자로서의 연개소문의 이름을 드높여 준 싸움이기도 했다.

그러나 싸움에 패한 당나라의 태종은 고구려 정벌에 대한 미련을 버리지 못하고 다시 고구려를 침략할 준비를 하였다. 이에 연개소문은 사신을 보내어 사과했으나 당나라 태종은 연개소문의 사과를 좀처럼 받아들이지 않았다.

그 후, 당나라에서는 군사들을 재정비하여 647년, 653년, 655년, 658년의 네 차례에 걸쳐 고구려를 침공했다. 그러나 그 때마다 고구려 군사들은 굳세게 저항하면서 당나라 군사를 물리침으로써 번번히 그들의 목적을 좌절시켰다.

연개소문은 당나라의 대군을 물리친 것 이외에도, 외교에도 훌륭한 업적을 보였으며, 643년에는 당나라에 사신을 보내 도교의 도사 8명과 《도덕경》을 들여오는 등 문화면에도 공적을 남겼다.

이처럼, 연개소문은 훌륭한 업적을 남긴 이면에, 왕을 시해하고 지나친 독재 정치를 했다는 점에서 비판을 받기도 한다.

그러나 어려운 정국을 잘 해결해 나간 그의 강력한 지도력은 그가 뛰어난 인물이었음을 잘 말해 주고 있다.

만주 벌판에 기상이 드높던 연개소문은 666년(보장왕 25)에 조용히 눈을 감았으며, 그 후 그의 아들 남생과 남건의 싸움으로 결국 고구려는 건국한 지 705년 만에 그 막을 내리게 되었다.

# 연산군
## (1476~1506)

### ─조선 왕조의 폭군─

연산군(燕山君)은 1476년(성종 7)에 성종의 맏아들로 태어났으며, 이름은 융이다.

성종의 계비였던 어머니 윤씨를 일찍 여의고 불우한 소년기를 보냈던 연산군은 18세가 된 1494년에 성종의 뒤를 이어 왕위에 올랐다. 그러나 성장기의 불우했던 처지가, 그의 성격 형성에 악영향을 끼쳐서 그는 이상 성격자가 되어 갔고, 그 뒤에는 갖가지 비극을 초래하게 되었다.

왕위에 오른 연산군은 그 때까지 참고 참았던 울분을 달래려는 듯 국사는 뒤로 하고, 활쏘기나 사냥 같은 놀이에만 몰입하였다. 또 신하들이나 성균관 유생들이 자신의 실정을 탄원하자, 1495년 1월에는 21명의 유생들을 과거에 응하지 못하게 하였고, 6월에는 대간의 신하들을 옥에 가두게 하였다. 왕에게 바른말을 하는 것은 상감을 능멸하는 짓이라 하여 엄금하고, 궁궐 안에서 일어나는 일들에 대해 말하는 것도 엄금했다.

1498년 7월, 왕의 환심을 사고 있던 유자광 등이 이름난 영남 지방 출신의 사림 학자들을 모함하자 이들을 몹시 성가시게 여기던 연산군은 김일손을 비롯한 많은 사림 학자들을 처형하거나 귀양 보냈다. 이것이 무오사화이다.

뿐만 아니라 어머니 폐비 윤씨가 성종의 후궁 정씨와 엄씨의 모함으로 내쫓겨 사약을 받았다는 사실을 알자 엄씨와 정씨를 잡아다가 죽이고, 어머니가 폐위될 때 이를 찬성했거나 또는 가만히 있었다는 죄를 들어 이세좌 등의 신하 수십 명을 죽였다.

또한 이미 죽은 신하들의 시체도 수십 구를 파내어 유해를 다시 처형하였다. 이처럼 많은 사람들이 처형 또는 유배 등의 형벌을 당했는데 이 사건을 갑자사화라 한다.

연산군은 경연과 사간원을 없앴으며, 또 자신을 비방한 투서에 한글이 쓰여졌다고 해서 한글을 사용하지 못하게 하고, 한글이 씌어 있는 책은 모두 거두어 태워 없앴다.

1504년 말에는 자신의 놀이를 위해 한강에서부터 경기도 파주에 이르기까지 여러 곳에 금표를 세워, 해당 구역에는 일반 백성이 함부로 다니지도 못하게 하고, 그 곳에 살던 백성들도 다른 곳으로 이주하게 했다.

그 이듬해의 여름에는, 채홍준사라고 불리는 자들을 시켜 지방에서 미녀와 준마를 찾아오게 했다. 채청녀사라는 자들에게는 따로 예쁜 처녀들만 찾아오게 하고, 채응견사라는 자들에게는 좋은 매와 개를 찾아오게 했다.

이런 식으로 연산군의 상식을 벗어난 행동은 그칠 줄 모르고 계속되고, 그를 싸고 도는 간신배들은 그 못된 짓을 자꾸 부추겼다. 몰지각한 자들은 덩달아 방탕한 생활을 하고, 약한 백성을 착취하고 짓밟았다. 따라서 지각 있는 선비들 사이에서는 나라의 장래에 대한 걱정이 날로 높아 갔다.

마침내 1506년(연산군 12) 박원종, 성희안, 유순정 등이 무사들을 모아서 거사를 일으켰다. 그들은 먼저 임사홍, 신수근 등의 간신배들을 처치하고, 진성 대군(뒤의 중종)을 새 왕으로 추대했다.

중종 반정으로 연산군은 강화도 교동으로 유배되었으며, 그는 왕이 아닌 군으로 불리게 되었다.

연산군은 교동에 유배된 지 4개월 만에 30세의 젊은 나이로 병을 얻어 세상을 떠났다.

연산군의 묘

# 염 상 섭
## (1897~1963)
### ─사실주의를 확립한 소설가─

염상섭(廉想涉)은 자연주의 문학에서 출발하여 사실주의 문학의 확립에 이바지한 소설가로, 호는 횡보이다.

염상섭은 1907년 관립 사범 부속 보통 학교에 입학하였으나 반일 학생으로 지목되어 중퇴하고 1912년 보성 소학교에 입학했다. 이후 일본에 건너가 부립 제 2 중학을 졸업하고 1918년 게이오 대학 예과에 입학하였다. 대학 재학 중에는 3·1 운동에 가담하였다가 체포되어 옥살이를 하였으며, 출옥하자 대학을 중퇴하고 동아 일보사의 정치부 기자로 활약하였다.

1920년 7월에는 문예 동인지인 《폐허》에 김억, 남궁 벽, 오상순 등과 함께 동인의 한 사람으로 참여하여 신문학 운동에 앞장 섰다. 또 이듬해에는 우리 나라 신문학사상 큰 공적을 남긴 《개벽》지에 단편 소설 〈표본실의 청개구리〉를 발표하여 문단에 등단하였다.

1인칭으로 씌어진 이 작품은 우리 나라 최초의 자연주의 소설로서, 3·1 운동을 전후한 패배주의적 경향과 우울 속에 침체되어 있는 지식인의 고뇌가 당대의 식민지 현실을 투영하는 것으로 나타나 있다.

1922년, 종합 주간지 《동명》에 입사하여 기자 생활을 한 그는 그 후, 소설가 현진건과 함께 《시대 일보》와 《매일 신보》의 기자로 있으면서 평론을 쓰다가, 점차 창작에 전념하여 〈죽음과 그 그림자〉 〈해바라기〉 〈만세전〉 등을 발표하였다.

그 후, 〈잊을 수 없는 사람들〉 〈윤전기〉 〈광분〉 〈삼대〉 등 여러 작품을 발표한 그는, 서울을 떠나

평안 북도 정주의 오산 학교에서 잠시 교편을 잡기도 했다.

그러다가 다시 만주로 건너가 1936년 《만선 일보》에서 주필 겸 편집국장으로 일을 하게 되었다. 그로부터 약 10년간 만주에서 생활을 하다가 1945년 8·15 광복이 되자 귀국하였다.

1946년에 경향 신문사에 입사하여 편집국장이 된 염상섭은 1949년에 〈일대의 유업〉과 〈임종〉, 그리고 〈두 파산〉 등의 단편 소설을 잇달아 발표하였다.

6·25 전쟁이 일어나자, 해군 소령으로 참전하여 조국 수호의 일익을 담당하기도 한 그는 1951년에 단편 〈탐내는 하꼬방〉〈비스킷과 수류탄〉을 발표하였고, 1952년과 1955년에는 〈짖지 않는 개〉〈취우〉 등을 발표하였다.

1953년, 그는 서울시 문화상을 받았으며, 이듬해에 예술원이 개원되자 초대 회원이 되어 종신 회원에 추대되었고, 1955년에 서라벌 예술 대학 학장에 취임하였다.

같은 해, 〈짖지 않는 개〉로 제3회 아시아 자유 문학상을 수상하였으며, 1956년에는 예술원 공로상, 1962년에는 3·1 문화상 예술 부문 본상을 수상하였고, 그 해 8월에는 대한 민국 문화 훈장을 받았다.

평소 술을 많이 마시고 고집이 세기로 유명해서, 호가 모로 걷는다는 뜻의 횡보였던 염상섭은, 매사에 자기의 의견을 내세우기를 잘하는 성격인데다 내성적이어서, 오랫동안 문단 생활을 했으면서도 문단에서 특별히 가까이 지낸 친구가 드물었다고 한다.

1963년 3월 직장암으로 죽을 때까지 장편 29편, 단편 150편 이외에 300여 편의 글을 남겼다.

# 영 양 왕
( ? ~618)

─고구려 제 26 대 왕─

고구려 제26대 영양왕(嬰陽王)은, 광활한 중국을 통일하고 일어선 수나라를 멸망시키는 데 결정적 영향을 끼쳤다. 영양왕 휘하의 을지문덕 장군이 지략을 발휘해 살수에서 수나라의 대군을 물리친 것은 널리 알려진 사실이다.

영양왕은 평원왕의 아들로 태어났으며, 이름은 원·대원이라 했고, 일명 평양왕으로도 불린다.

그는 기골이 장대하고 성품이 너그러워, 태자로 있을 때부터 아랫사람들을 매우 사랑하였으며, 왕위에 오른 뒤에는 살기 어려운 백성을 구제하고 편안하게 하기 위하여 많은 노력을 기울였다.

영양왕이 왕위에 오른 직후에는 수나라에 사신을 보내어 선물을 주는 등 화친을 꾀하였다. 그러나 여의치 않자 욕심 많은 수나라의 침

략에 대비하기 위하여 598년, 1만여 명의 말갈 군사를 이끌고 요서 지방을 먼저 공략해 전략적인 지점을 확보하였다.

이 소식을 들은 수나라 문제는 크게 노하여, 30만 군사로 고구려를 공격했으나 패하여 물러갔다.

영양왕은 지략이 뛰어났던 왕으로서 국방력 강화에 힘을 쓰는 한편 학문의 발전에도 관심을 기울였다. 그래서 600년에는 태학 박사인 이문진으로 하여금 《유기》 100권을 다시 편찬하도록 하여 《신집》 5권을 만들게 했다.

영양왕이 즉위한 지 18년째 되는 해인 607년에 수나라의 양제는 영양왕에게 '입조하여 신하의 예를 갖추라.'는 전갈을 보내 왔다. 그러나 영양왕은 이를 단호히 거절하였다.

영양왕은 608년, 신라의 변경을 습격하여 우명산성을 함락시킨 후, 8000여 명의 포로를 잡아 왔다.

이 무렵, 수나라의 양제는 영양왕의 입조를 기다리고 있었으나 소식이 없자 드디어 612년, 고구려를 정벌하여 대국의 체면을 유지하고자 130만 명의 대군을 이끌고 공

격해 왔다. 이 때에 수나라 군사의 행렬이 무려 960리나 뻗쳐 있었다고 한다.

수나라 군사는 많은 수의 병력을 이용하여 단번에 고구려를 짓밟으려 하였으나, 명장 을지문덕의 지략에 빠져 살수에서 기습 공격을 받고 크게 패하여 물러갔다.

이 때, 30만 5천 명의 수나라 육군 중 살아서 돌아간 사람은 2700여 명에 지나지 않았다고 한다.

그 후에도, 영양왕은 여러 번 수나라의 공격을 받았으나, 그 때마다 지략으로 눌러 물리쳐서 국위를 떨쳤으며, 백성들의 안정된 생활을 위하여 훌륭한 정치를 베풀다가 618년, 왕위에 오른 지 29년 만에 세상을 떠났다.

# 영조
## (1694~1776)

## ―문예를 부흥시킨 탕평책의 영주―

"경들은 들으시오. 무릇 선비란 학문을 갈고 닦아 마음과 몸을 바르게 하고, 나라를 위해 일하는 것이 그 본분이라 할 수 있소. 그러나 요즈음은 선비들이 모여 붕당을 만들어 서로 헐뜯고 싸우고 있으니, 심히 한스러운 일이오. 이러한 붕당 싸움으로 조정이 편안한 날이 없으니, 어찌 나라의 사직이 온전할 수가 있겠소. 앞으로는 붕당을 만들지 말 것이며 서로 싸우지 말기를 바라노니, 경들은 과인의 뜻을 헤아려, 사직을 온전히 보존토록 하기 바라오."

왕의 말에, 열지어 서 있는 문무백관들은 그 자리에 엎드려 황공한 뜻을 나타내었다.

이 왕이 바로 영조(英祖)이다. 숙종의 넷째 아들인 그는 이복 형인 경종의 뒤를 이어 왕위에 올랐는데, 왕이 되기 전인 왕세제 시절부터 조정 신하들의 붕당 싸움을 못마땅하게 생각하고 있었다.

본래 생각이 깊고 영특하였던 영조는 왕위에 오르자마자, 붕당 싸움의 폐해를 없애기 위해 탕평의 교서를 내려 신하들에게 엄중히 경고하였던 것이다.

그리하여 왕 자신도 나라의 인재를 구할 때에는 붕당에 관계 없이 실력 있는 사람을 공정하게 뽑아서 벼슬을 주는 탕평책을 썼다.

그러나 붕당의 세력이 비대해진 정치 상황 아래에서는 정국의 수습과 안정을 도모하기에 한계가 있었다. 따라서 영조는 붕당 간의 균형을 이룰 수 있는 힘은 왕권의 강화에 있다고 결론을 내렸다.

이에 영조는 왕권 강화에 주력하

였고, 이로써 치열하던 붕당 간의 다툼은 어느 정도 안정되었다.

또한 영조는 백성들의 생활을 윤택하게 하기 위해 노력했다.

절약과 검소한 생활을 장려하였고, 농업을 장려하여 백성들이 편안히 살 수 있도록 힘을 썼다. 영조는 또 백성의 살림을 걱정하여 그 부담을 덜어 주려고 1750년에 균역법과 같은 제도를 확립했다.

영조는 또한 학문을 좋아해서 학자들을 양성하여 우리 나라에 문예 부흥을 가져오게 하였고, 신하들에게는 새로운 명령을 내렸다.

"국초에는 태종께옵서 신문고를 궐문에 두어 억울한 백성이 없게

하였는데, 그 제도가 이어지지 못한 것은 심히 유감스러운 일이오. 다시금 이 제도를 실시하여, 억울한 백성이 없도록 하오."

영조는 대궐문 앞에 신문고를 달고, 억울한 백성이 북을 쳐서 왕께 직접 호소할 수 있도록 하였다.

사도 세자를 죽이는 등 불행한 일도 없지 않았으나, 영조는 백성을 사랑하고 예의·도덕을 권장했으며, 풍속을 바로잡고 학문을 크게 발전시켜 《속오례의》《속대전》《증수무원록》과 같은 서적을 펴내는 등의 많은 업적을 남겨 정조 시대와 함께 조선 후기의 황금 시대를 이루었다.

# 오 달 제
## (1609~1637)

### ─ 삼학사의 한 사람 ─

오달제(吳達濟)는 조선 중기의 문신으로서, 여주 목사를 지낸 바 있는 오윤해의 아들로 태어났다.

그의 자는 계휘이고, 호는 추담이며, 본관은 해주이다.

1627년에 사마시에 합격하였고, 1634년(인조 12)에 별시 문과에 장원 급제하여 성균관의 학생을 지도하는 벼슬인 전적에 기용되었으며, 이어서 병조 좌랑, 시강 사서 등을 거쳤다.

1635년에는 정언직에 등용되었다가, 이듬해 수찬을 거쳐 부교리가 되었다.

후금은 1627년에 일으킨 정묘호란 이후 조선과 형제지국의 맹약을 맺고 있었다. 그런데 세력이 날로 커져, 명나라를 치겠다는 명목으로 조선에 군량미와 병선을 요구하는 등의 압력을 가하더니, 급기야

는 1636년에 나라 이름을 청이라 고치고 왕을 황제라 칭하면서 조선에 대해 형제 관계를 고쳐 군신의 관계를 맺자고 요구해 왔다.

이에 오달제는, 청나라는 오랑캐의 집단이므로 그들과 군신 관계를 맺을 수 없다고 강력히 주장하였다. 이를 전해 들은 청나라 태종은 대군을 이끌고 그 해 12월에 선양을 출발한 지 12일 만에 서울 근교에 다다랐다.

청군이 침입해 왔음을 전해 듣고 인조 이하 세자와 문무 백관은 서둘러 남한산성으로 피난하였다. 그러나 이 때에도 청나라와 화친을 맺자는 주장보다도 오달제 등 척화론자들의 주장이 우세하여, 남한산성에서는 청군에 맞서 싸움을 벌이게 되었다.

싸움이 45일 간이나 계속하자,

성 안의 식량은 바닥이 나고, 군사들은 추위와 굶주림으로 싸울 용기를 잃기 시작했다.

결국 사태가 점점 기울어진 것을 깨닫고, 주화파인 최명길 등이 중심이 되어 청군과 화평 교섭을 진행하게 되었다.

이 때, 청나라 태종은 조선의 왕이 친히 성문 밖에 나와 항복하고, 양국의 관계를 악화시킨 주모자였던 오달제 등 2, 3명을 인도하면 화의에 응하겠다고 하였다.

이러한 요구 조건을 듣고, 인조는 처음에는 주저하였으나 사태를 돌이킬 수 있는 가능성이 희박하므로 부득이 성문을 열고 나가 굴욕적인 항복을 하고 말았다.

그리하여 오달제는 홍익한, 윤집과 함께 척화파의 강경론자로 지목되어, 청군 진영으로 끌려가 청군의 장수 용골대에게 극심한 고문을 받게 되었다.

용골대는 오달제에게, 진심으로 청나라에 항복하고 앞으로 신하로서 충성할 것을 약속한다면 지난날의 잘못을 모두 용서해 주겠노라고 설득했다. 하지만 오달제는 끝내 그들을 오랑캐라고 부르며 용골대

의 요구를 묵살했다.

선조가 이미 항복을 하여 조선은 청나라의 속국이 되었지만, 자신은 오랑캐의 신하가 될 수 없다는 것이 오달제의 신념이었다.

청나라는 오달제, 홍익한, 윤집의 절개를 끝내 꺾을 수 없자, 마침내 그들을 참혹하게 처형하고 말았다. 이에 후세 사람들은 그들의 충절을 찬양하여 '삼학사'라고 부르고 있다.

후에 영의정에 추증되었고, 광주의 현절사, 평택의 포의 사우, 홍산의 창렬 서원, 영주의 장암 서원에 제향되었다. 시호는 충렬이다.

# 온 조 왕

(? ~28)

## ─ 백제의 건국 시조 ─

고구려 시조인 주몽(동명왕)의 셋째 아들로 태어난 온조(溫祚)는 커서 남쪽으로 내려와 위례성에 자리를 잡고 백제를 세웠다.

온조의 아버지인 주몽은 부여에서 졸본 지방으로 이주해 와 졸본 공주와 결혼하였는데, 이 때 얻은 아들이 비류와 온조이다.

그런데 주몽은 졸본 지방으로 오기 전 부여에 있을 때에 이미 예씨

온조왕을 모신 숭렬전

에게서 유리라는 맏아들을 두었다. 그 후 예씨와 유리가 주몽을 찾아왔으므로, 그 맏아들인 유리를 태자로 세웠다. 이에 비류와 온조는 혹시 태자의 미움을 받을까 염려하여 10명의 신하를 거느리고 남쪽으로 내려왔는데 그를 따르는 백성이 많았다.

그들은 부아악(지금의 삼각산)에 올라 사방을 내려다보며 좋은 땅을 물색하였다.

비류는 바닷가를 택하여 미추홀(지금의 인천 일대)을, 온조는 위례성을 택했다. 10명의 신하가 온조를 따르며 보필하니, 나라 이름을 '십제'라 했다.

한편 신하들의 말을 듣지 않고 바닷가로 간 비류는 자기 나라의 땅이 너무 습하고 물이 짜서 사람이 살기에 적합하지 못한 데 비해,

위례성에 서울을 정한 온조의 나라에서는 사람들이 행복하게 살고 있는 것을 보고 부끄러운 나머지 스스로 목숨을 끊었다고 한다.

그 후 온조왕이 세운 나라에 사방으로부터 많은 사람들이 모여드니, 온조왕은 나라 이름을 '백제'라고 고쳤다.

온조왕은 자기가 부여 출신으로서 고구려와 형제 나라임을 생각하여 성을 부여라 하고, 온조왕 1년에 동명왕묘를 세워 제사를 지냈다고 한다.

그 후 《삼국사기》의 기록에 따르면, 온조왕 8년에 말갈의 침입을 받았으나 성을 굳게 지키다가 그들이 지쳐 되돌아갈 때 적을 추격하여 격파했다고 한다.

그리고 온조왕 14년에 남한산으로 서울을 옮기고, 온조왕 18년에는 낙랑과 싸웠으며, 온조왕 24년에는 마한과 싸워서 국토를 확장하였다고 한다. 그리고 온조왕 28년에는 자신의 아들 다루를 태자로 세우는 등 백제의 기틀을 튼튼하고 바르게 잡아 놓고, 재위 46년 만에 세상을 떠난 것으로 되어 있다.

그러나 백제가 그 국가적 기틀을 확립한 것은 훨씬 후인 고이왕 시대로 보는 것이 일반적이다.

백제는 부여의 여러 집단이 남하해서 한강 유역에 정착하여 세운 연맹체로서, 그 중 위례성 집단이 패권을 장악하고 세력을 키워 한반도의 서남쪽 일대를 다스리는 국가로 발전한 것으로 보인다.

# 왕 건
## (877~943)

### -고려의 시조-

왕건(王建)은 고려의 첫번째 왕으로, 918년부터 943년까지 왕위에 있었다.

왕건은 금성 태수 왕륭과 한씨 사이에서 태어났는데, 일찍이 도선 대사가 왕건의 탄생을 예언한 바가 있다. 왕건은 용모가 빼어날 뿐만 아니라 무예 또한 뛰어나서 어릴 때부터 주위 사람들의 사랑을 받으며 컸다.

당시 신라는 왕권의 약화와 귀족의 부패로 정국이 매우 혼란한 상태였다. 정치 기강은 무너지고, 국가 재정의 궁핍으로 백성들은 생활고에 시달려야 했다.

뿐만 아니라 이러한 혼란을 틈타서 독자적인 정권을 수립하여 신라에 대항하는 무리들도 생겨나게 되었는데, 그 중 대표적인 인물이 견훤과 궁예였다.

왕건은 896년에 아버지와 함께 당시에 가장 큰 세력을 형성하고 있는 궁예의 휘하로 들어가, 많은 활약을 하여 정기 대감, 아찬의 벼슬에 올랐다.

901년이 되자, 궁예는 나라 이름을 후고구려라 칭하고 서울을 철원으로 옮겼으며 911년에는 국호를 다시 태봉이라 고치고 연호를 수덕 만세로 고쳤다.

왕건의 도움으로 나라가 커지자, 궁예는 차차 오만해져서 스스로 미륵불이라 칭하고, 신하들을 학대하는 등 온갖 횡포를 일삼아 마침내는 민심을 잃게 되었다.

이 때 신숭겸, 복지겸, 홍유, 배현경 등 네 장군은 왕건을 찾아가, 궁예를 몰아 내자고 건의했다.

왕건은 이들의 추대를 처음에는 거절했지만, 곧 장군들의 뜻에 따르기로 결심했다.

왕건은 1만여 군사와 함께 궁궐로 들어가 궁예를 몰아 내고 왕위에 올랐다. 이로써 왕건은 고려의 태조 곧, 제1대 왕이 되었다.

왕위에 오른 왕건은 나라 이름을 고려라 하고, 연호를 천수라고 하였다. 이 때 왕건의 나이 41세로, 이 때부터 고려 왕조 475년의 터전을 닦아 나가기 시작했다.

919년 1월, 태조 왕건은 서울을 철원에서 송악(지금의 개성)으로 옮기고 만월대에 궁터를 닦고 궁궐을 지었다.

곧 이어, 태조 왕건은 관제를 개혁하여 나라의 기틀을 마련하였으며 융화 정책, 북진 정책, 숭불 정책을 건국 이념으로 삼고 이를 수행해 나갔다. 그리고 지방 호족들을 회유하여 무마시키는 한편, 유대 관계를 위해 힘썼다.

한편 왕식렴을 서경으로 보내어 그 곳을 개척하도록 하였다. 또 발해의 유민들도 받아들였으며 여진족을 공략했다.

또 건국 초부터 불교를 호국 신앙으로 삼아 각처에 절을 세워 불교를 믿도록 권장하였다.

왕건을 모신 숭의전

그 외에도 왕건은 935년 왕실 내분으로 내쫓긴 견훤을 맞아들였으며, 그 해 10월 신라왕의 자진 항복을 받았다. 그리고 936년, 후백제를 멸하고 마침내 후삼국 통일을 이루었다.

후삼국을 통일한 태조 왕건은 《정계》 한 권과 《계백료서》 8권을 손수 지어 반포했다.

940년에 왕건은 역분전법을 실시하여 공로에 따라 공신들에게 토지와 임야를 나누어 주고, 양민이면서 억울하게 노비가 된 자들을 해방시켜 주었다.

이렇게 어진 정치를 베풀던 태조 왕건은 943년 5월, 손수 지은 〈훈요 10조〉를 신하들에게 유훈으로 남기고 세상을 떠났다.

# 왕 산 악
## ( ? ~ ? )

## ―거문고를 만든 재상―

왕산악(王山岳)에 대해서는 옛 기록에 자세히 전해지지 않고 있으나, 대체로 4세기 후반인 고구려 광개토 대왕 때의 재상이었다고 알려져 있다.

당시 고구려는 중국의 진나라와 가까이 지내고 있었기 때문에 진나라로부터 중국의 학문을 비롯하여 미술, 과학, 기술 등이 전래되고 있었다.

거문고 연주 장면

우리 나라 문화에 절대적인 영향을 끼친 불교가 우리 나라에 전래된 것도 진나라를 통해서였다. 그 밖에도 진나라에서 전래된 것이 여러 가지가 있었겠지만 지금은 그에 관한 기록이 자세하게 전해지지 않고 있다.

당시 고구려에는 〈지서가〉〈지서무〉〈공후인〉 등의 악곡이 유명했다고 전해진다. 현악기로는 탄쟁, 비파, 오현 등이 있었고, 관악기로서는 생, 횡적, 소, 소필률, 도피필률이, 타악기로서는 요고, 제고, 담고, 패 등 모두 열네 가지의 악기가 있었다고 한다.

그러나 이런 악기들은 모두 중국에서 수입한 것들이지, 우리의 독창적인 것은 아니었던 듯하다.

그런데 진나라에서 보내온 악기 중 칠현금이 있었다.

328

칠현금이란 악기의 이름으로 짐작건대, 줄이 일곱 개였던 듯한데, 안타깝게도 이 새로운 악기를 전해 받은 고구려에서는 아무도 그 악기의 연주 방법을 몰랐다.

그런 중에, 재상이던 왕산악이 그 악기를 연구하여 고구려의 음악에 맞게 약간 개조하고, 또한 그 악기에 맞는 새로운 악곡을 1백여 곡이나 지었다고 한다.

뿐만 아니라 그가 그 악기를 연주할 때에는, 검은 학이 날아와서 음악 소리에 맞추어 춤을 추었다고 한다.

이로 인하여 왕산악이 개조한 칠현금을 현학금 또는 현금이라 부르게 되었다고 한다.

사학자 문일평은 왕산악에 대한 기록에 검은 학 이야기가 나오는 것에 관하여, 이 일은 왕산악이라는 음악가와 신선 사이에 무슨 인연이 있었을지도 모르는 기적적인 사건이므로, 왕산악을 음악의 신선, 즉 악선이라고 부르는 것이 옳다고 말한 적이 있다.

어쨌든, 삼국 시대의 위대한 음악가로서는 왕산악과 우륵을 꼽는다. 왕산악은 위에서 말한 것처럼 검은 학과 더불어 칠현금을 연주했고, 우륵은 왕산악보다 좀 뒤에 가야국에서 태어나 신라 백성이 된 뒤, 가야금과 노래와 춤으로 유명했었다고 하여 악성이라고 불리기도 한다.

# 왕　인
(？～？)

― 일본에 《천자문》을 전한 학자 ―

일본에 한문을 전해 주었다는 왕인(王仁)에 대하여 알려져 있는 사실이나 기록은 그다지 많지 않으나, 대략 다음과 같이 그의 행적을 더듬어 볼 수 있다.

왕인은 백제 근구수왕 때의 학자로, 지금의 전라 남도 영암군 구림리 성기동에서 태어났다고 전해지고 있다.

왕인 박사 유허비

그 무렵의 백제는, 근초고왕 때에 왜국(지금의 일본)과 처음으로 외교 관계를 수립한 이후, 두 나라 사이에 사신들이 오고 가며 교류를 나누던 때였다.

어느 해, 근초고왕의 사신으로 아직기가 말 두 필을 끌고 왜국으로 건너갔다.

일본으로 건너간 아직기는 말 두 필을 일본 왕에게 선물한 후, 그 곳에서 말을 돌보는 일을 했다.

그런데 일본 왕이 아직기가 백제의 학자로서 유교 경전에도 해박한 지식을 갖고 있음을 알게 되었다. 그래서 태자인 우지노와키 이라쓰코의 스승으로 삼았다.

아직기는 고국에 있는 박사 왕인을 일본 왕에게 추천하여, 왕인도 일본으로 건너오도록 했다.

왕인은 곧 《논어》 10권과 《천자

일본에 백제 문화를 전한 왕인 박사

문》1권을 가지고 일본을 향해 떠났다.

이로써 일본에 처음으로 《논어》 10권과 《천자문》 1권을 전한 왕인은 그 곳에서 태자를 가르치는 한편, 신하들에게도 《논어》와 《천자문》을 가르쳤으며, 그 밖에도 역사를 가르쳐 주었다.

왕인은 일본에 한문을 전해 주고 한문학을 일으켜 오늘날 일본 문화의 기초를 다져 주었으며, 또한 우리 나라와 일본의 문화 교류에도 많은 기여를 한 셈이다.

왕인은 일본 사람들에게 한문을 가르치며 그 곳에서 여생을 보냈다고 한다.

뿐만 아니라 왕인의 후손들도 일본의 서부 지방에 있는 가와치라는 곳에 살면서 대대 손손 학문에 관한 일을 맡아 보는 관리로 일본의 고대 문화 발전에 크게 기여했다고 한다.

이와 같은 왕인에 관한 기록은 우리 나라 역사책에는 전하지 않으나, 일본의 《고사기》와 《일본서기》라는 책에는 전해지고 있는데, 《고사기》에는 그의 이름이 와니키시 (和邇吉師)라 기록되어 있고, 《일본서기》에는 와니(王仁)라고 기록되어 있다.

# 우 륵
## ( ? ~ ? )

### ─가야금을 발명한 음악가─

우륵(于勒)은 처음에 대가야국의 궁정 악사로 있다가 뒤에 신라로 귀화한 음악가이다.

전해지는 바에 의하면, 우륵은 노래와 춤과 연주를 다 잘 했으나, 특히 가야금의 명수였다고 한다.

가야금은 가야국의 거문고라는 뜻을 가진 악기이다. 가실왕의 명을 받은 우륵이 십이현금, 즉 가야금을 만들었다고 한다.

우륵 추모비(충청 북도 충주시)

가야금은 길이가 151센티미터이며, 너비가 28.5센티미터인 오동나무로 된 울림판 위에 열두 줄을 매어 만든 현악기이다.

가야금은 무릎 위에 올려 놓고 손가락으로 줄을 튀기어 연주하게 되어 있다.

겉모양은 그다지 복잡하지 않으나, 가야금의 열두 줄이 열두 달을 나타내는 동시에, 12음계를 고루 간직하고 있다. 음계의 조직이 과학적이며, 오늘날의 오르간이나 피아노와 같다.

우륵은 성열현(지금의 청풍) 사람이라고 하나 어린 시절에 대해서는 알 수 없고, 가실왕의 분부에 따라 12곡을 만들었다는 것이 기록에 남아 있다.

그 곡들은 우륵이 당시의 지방 민요나 전래의 음률을 정리한 것으

로 짐작된다.

그 후, 우륵은 신라에 투항하여 제자 이문과 함께 낭성에서 살았는데 차츰 그의 명성이 신라 전역에 널리 퍼지게 되었다.

결국 우륵이라는 훌륭한 악사가 있다는 소문은 그 당시 신라의 왕이었던 진흥왕에게까지 알려지게 되었고, 진흥왕은 우륵을 하림궁으로 불러 연주를 하도록 했다.

우륵은 제자인 이문과 함께 하림조와 눈죽조를 새로 지어 진흥왕 앞에서 가야금을 연주했다.

그 아름답고 오묘한 가락에 감탄한 나머지 진흥왕은 그들을 국원 (지금의 충주)에서 살게 했다.

그 후, 진흥왕에 의해서 가야금 곡이 궁중 음악이 되었다. 뿐만 아니라 진흥왕은 신라의 악사들 중 계고, 법지, 만덕 세 사람을 뽑아서 우륵에게 음악을 배우게 했다.

우륵은 세 사람의 재능을 살펴서 계고에게는 가야금을, 법지에게는 노래를, 만덕에게는 춤을 가르치기로 했다.

우륵이 그 후 어떻게 되었는지 전해지지 않지만, 그가 즐겨 가야금을 탔다는 충주 탄금대나 금휴포는 모두 우륵의 이름에서 유래한다고 한다.

# 우 장 춘
## (1898~1959)

### －육종학 연구의 선구자－

육종학자 우장춘(禹長春)은 한 말 개화당의 지사였던 우범선의 맏 아들로 태어났다. 그의 아버지는 을미사변에 가담했다가 실패하자, 일본으로 망명해서 사카이라는 일 본 여자와 결혼했다. 그러나 우범 선은 장춘이 4세 되던 해에 명성 황후 시해 음모에 연루되었다는 혐 의로 수구 사대당이 보낸 자객 고 영근에게 암살당하고 말았다.

한편 남편을 잃은 사카이는 그 뒤 유복자인 홍춘을 낳았다. 생활 이 점점 더 어려워져서 할 수 없이 장남인 장춘을 도쿄에 있는 한 고 아원으로 보내기로 결심하였다. 그리고 몇 년 뒤에, 살림이 차차 나아지게 되자 그를 집으로 데려다 가 학교에 보냈는데, 그는 기특하 게도 공부를 잘 하여 중학교를 수 석으로 졸업했다.

우장춘은 도쿄 제국 대학 공과를 지원했다. 그러나 조선 사람은 농 과에 입학해야만 장학금을 지급받 을 수 있다고 하여 하는 수 없이 농 과를 택하였다.

그 후, 그는 온갖 어려움을 다 이겨 낸 끝에 대학을 무사히 졸업 하고 농림성 농사 시험장의 고원이 되었으며, 18년간이나 육종학 연 구에 몰두했다.

그는 약 10년 동안에 무, 배추, 양배추 따위의 게놈(Genom : 생물 이 목숨을 유지하기 위한 염색체 수의 최소 단위) 분석에 모든 정열 을 쏟았다.

그 결과 배추, 양배추가 세포학 상으로 동질임을 발견했는데, 이 로써 종간 잡종을 인위적으로 실시 하여 지금 우리가 흔히 기르는 조 선유채를 만들어 내었다.

또한 피튜니아에 대한 연구를 거듭한 결과 겹꽃이 피는 피튜니아 계통을 육성해 냈다.

이러한 세계 육종학계가 깜짝 놀랄 연구와 다윈의 진화론을 수정한 업적으로 1936년 모교로부터 농학 박사 학위를 받았으며, 1937년 농사 시험장 기사로 승진되었다.

그러나 그는 한국식 성을 그대로 쓴다는 이유 때문에 기사직에서 물러나야 했는데, 그 뒤에 도쿄의 다키 연구 농장에서 농장장으로 연구 생활을 계속하는 한편 자신의 농장을 직접 경영해 보기도 했다.

그러던 중 그가 늘 그리던 조국 땅을 밟게 되었는데, 이것은 그의 귀국을 추진하는 협회에서 그를 정식으로 초청하여 한국에서 일을 할 수 있도록 주선했기 때문이었다.

그는 가족들의 만류도 뿌리치고 그리던 고국으로 돌아와, 한국 농업 연구소 소장(1950), 농업 개선 임시 위원회 위원(1952), 농업 지도 요원 양성소 부소장(1953), 중앙 원예 기술원 원장(1953), 학술원 추천 회원(1954), 농사원 원예 시험장장(1958) 등을 역임하면서 계속 연구에 몰두했다.

그 결과 채소 종자의 육종 합성에 성공했고, 또 유명한 씨 없는 수박을 비롯하여 벼의 일식 이수작 연구에도 성공을 거두었다.

이와 같이 연구와 후배 양성이라는 고된 일과로 인하여 건강을 해친 그는 1959년 5월, 국립 중앙 의료원에 입원하여 세 차례에 걸쳐 수술을 받아야만 했다.

그러나 그는 수술 경과가 좋지 않아 1959년 8월 11일, 61세의 나이로 조용히 숨을 거두고 말았다. 장례는 사회장으로 치러졌다.

그가 남긴 저서로는 《십자화과 식물체 속의 게놈 분석과 유채의 합성》이 있다.

# 원 광
(555~638)

## —세속 오계를 가르친 고승—

원광(圓光)은 신라 진평왕 때의 승려로 성은 박씨, 혹은 설씨라고도 한다.

처음에는 한문과 유학을 공부하였고, 후에 불경을 공부하다가 13세에 출가하여 승려가 되었고 30세에 금곡사라는 절을 세워 수도하였다. 34세에 중국으로 건너가, 진나라의 금릉(지금의 난징)에 있는 장엄사에서 《열반경》과 《성실론》을 연구했으며, 다시 오나라 호구산에 가서 《구사론》을 비롯하여 여러 경전에 통달했다고 한다.

그의 중국에서의 행적이 신라에까지 전해져서 진평왕이 귀국을 요청하므로, 600년에 조빙사 일행과 함께 돌아왔다. 신라에 돌아온 원광은 불교의 새로운 지식을 전하기 위해 책을 써내기도 했다.

608년, 신라가 고구려와 백제를 무찌를 계략으로 수나라의 도움을 요청할 때, 원광이 왕명에 따라 걸사표를 지었는데, 수나라 양제가 그 문장에 감동하여 30만 대군을 보내게 되었다고 한다.

또 613년에는 왕과 고관들 앞에서 《인왕경》을 설법했으며, 그의 의복과 음식을 왕후가 손수 장만할 만큼 존중을 받았다.

어느 날, 가실사에 있는 원광을 두 젊은 화랑이 찾아왔다. 용모가 준수한 이들은, 한 사람은 무장으로 있던 무은의 아들인 귀산이었으며, 또 한 사람은 추항이었다. 이들은 모두 사량부 출신의 화랑으로서, 몸과 마음을 닦기 위한 평생의 교훈이 될 만한 좋은 말을 들으러 온 것이었다.

이 때, 원광이 일러 준 말이 유명한 세속 5계이다.

사군이충(事君以忠)

충성으로써 임금을 섬길 것.

사친이효(事親以孝)

효도로써 부모를 섬길 것.

교우이신(交友以信)

믿음으로써 벗과 사귈 것.

임전무퇴(臨戰無退)

전쟁에 나아가 물러서지 말 것.

살생유택(殺生有擇)

산 것을 죽일 때 가려서 할 것.


승려들에게는 보살계라 하는 열 가지 계율이 있으나, 보통 사람으로는 그것을 다 지키기가 어려우므로, 이 다섯 조목을 가르친 것이었다.

원광의 이 세속 5계는 유교의 덕목과도 합치되며, 이것이 신라 화랑의 신조가 되었다. 실제로 원광을 만난 두 젊은이는 그 후 602년(진평왕 24), 백제가 아막성을 침공해 왔을 때 용감히 출전하였다. 추항과 귀산은 이 전투에서 신라군이 위기에 처한 것을 보고 적진에 뛰어들어 수십 명을 죽이고 전사함으로써, 원광의 세속 5계를 몸과 정신으로 실천하여 신라군의 승리를 가져오는 원동력이 되었다. 이와 같이, 원광의 불교는 호국 불교라는 점에 특색이 있으며, 신라는 왕법과 불법을 일치시켜서 왕권을 튼튼하게 하고 국민을 단합시킴으로써, 마침내 삼국 통일의 대업을 이루었다.

원광은 황룡사에서 입적, 삼기산 금곡사에 부도가 세워졌다.

# 원 효
(617~686)

## ─신라 말기의 고승─

성은 설이고, 어릴 때 이름은 서당, 원효(元曉)는 그의 법명이다. 경상 북도 경산 출신으로, 이두를 정리한 설총의 아버지이기도 하다.

원효가 태어난 때는 신라에서 불교가 국교로 공인(527년)된 지 이미 90년이 지난 뒤였으므로, 풍습이나 학문, 예술을 비롯한 모든 부문에 이르기까지 불교의 영향이 매우 컸다.

불교의 영향을 받으며 성장한 원효는 648년에 황룡사에 들어가 중이 되었다. 그리고 자기가 살던 집을 불문에 바쳐 초개사를 짓고, 자기가 태어난 터에 사라사라는 절을 지었다.

650년(진덕 여왕 4), 원효는 불교를 좀더 공부하기 위해 의상과 함께 당나라로 유학을 떠났으나, 고구려의 국경 수비대에 잡혀 되돌아오고 말았다.

원효는 661년(문무왕 1)에 다시 의상과 함께 당나라로 유학을 떠나기로 마음먹고는 당주계(지금의 남양만)로 갔다.

원효와 의상은 긴 세월에 걸쳐 인도를 다녀온 당나라의 고승인 현장처럼, 석가모니가 태어난 나라인 천축(인도)으로의 대여행을 꿈꾸고 있었다.

그러나 해가 저물어서 당항성 (남양) 근처에 도착한 원효는 의상과 함께 옛 무덤이었던 동굴 속에서 하룻밤을 자게 되었다.

깜깜한 동굴 속에서 갈증을 느낀 원효는 모르고 해골에 괸 물을 시원히 마신 후 다시 잠이 들었다.

그러나 이튿날 이 사실을 알게 된 원효는 '모든 것은 마음에 달렸으며, 사물 자체에는 정(淨)도 부정(不淨)도 없다.'라는 커다란 깨달음을 얻고는 당나라 유학을 포기하고 혼자 되돌아오고 말았다.

깨달음을 얻은 원효는 분황사에 있으면서, 독자적으로 법성종을 개창하여 불교의 대중화를 위해 힘을 기울였으며, 《화엄경소》를 쓰기 시작했다.

그러던 중, 요석 공주의 초청으로 요석궁에서 법회를 열었는데 이 일로 공주와 인연을 맺어, 뒷날 대학자가 된 설총을 낳았다.

이와 같은 사실을 스스로 파계라고 단정하고 승복을 벗은 원효는 소성 거사, 또는 복성 거사라 칭하면서 〈무애가〉라는 노래를 부르며 무엇에도 얽매이지 않는 초연한 생활을 했다.

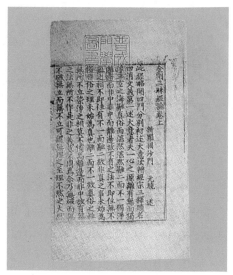

원효가 저술한 《금강삼매경론》

또 당나라에서 《금강삼매경》이라는 경전이 들어오자, 왕과 고승들을 모아 놓고 이를 강론하여 많은 존경을 받았다.

그리고 그 뒤로는 절에서 은거하며 저술에만 힘써 약 240권이라는 많은 책을 남겼다.

신문왕 6년, 홀연히 길을 떠나 혈사라는 절에서 예순아홉의 나이로 입적했다. 뒤에 고려 숙종이 대성화정국사라는 시호를 내렸다.

원효는 불교의 대중화에 힘썼으며, 그의 사상은 신라 통일의 중요한 요소로 작용했다. 또한 우리 나라 불교사상 위대한 고승의 한 사람으로 추앙되고 있다.

# 월 명
(? ~ ?)

## －통일 신라 시대의 승려－

월명(月明)에 대해서는 자세히 전하는 것이 없고, 다만 고려 시대의 승려 일연이 엮은 《삼국유사》에 그의 행적의 일부가 전한다.

신라의 승려들은 대개가 학문을 많이 쌓은 사람들인데, 월명은 아름다운 우리말 시가인 향가를 지은 것으로 유명하다. 전하는 바에 의하면 그의 시가는 뛰어난 문학 작품이었을 뿐만 아니라 '천지와 귀신을 감동시킨 작품이 여러 편 있었다.'고 한다.

월명이 세상을 떠난 누이동생을 위해 재를 올릴 때, 향가를 지어 불렀다. 그러자 귀신이 감응하여, 갑자기 회오리바람이 일더니 지전(종이를 돈 모양으로 만든 것인데, 죽은 이가 저승 가는 길에 쓰라고 대개는 관 속에 넣어 줌)을 날려 서쪽으로 사라지게 했다고 한다.

또한 760년(경덕왕 19) 4월 초 어느 날, 두 개의 해가 나란히 나타나더니, 열흘이 지나도록 그대로였다. 왕이 걱정하자, 일관(자연 현상을 관찰하고, 길일을 가리던 관리)이 이렇게 아뢰었다.

"인연이 있는 중을 데려다가 산화 공덕(꽃을 뿌려서 부처에게 공양하는 일)을 행하면, 재앙을 물리칠 수 있을 것입니다."

그래서 왕은 곧 궁궐 속의 조원전이라는 전각에 제단을 정결하게 만들고, 친히 청양루에 나갔다.

그리고 인연이 있는 중이 나타나기를 기다리는데, 마침 월명이 근처에 있는 밭둑으로 가기 위해 그 곳을 지나고 있었다. 왕은 신하를 보내어 월명을 데려오게 했다. 뒤이어, 그를 제단 앞에 데리고 가서 기도하는 글을 짓게 했다.

340

왕의 부탁을 받은 월명이 〈도솔가〉라는 향가를 지어 바치자, 열흘 동안이나 계속되던 해의 변괴가 사라졌다. 왕은 매우 기뻐하며, 그 보답으로 좋은 차 1봉지와 108개의 수정으로 만들어진 염주를 월명에게 주기로 했다.

그 때, 어디선가 갑자기 한 동자가 나타났는데, 모습이 매우 곱고 깨끗했다. 그는 방금 왕이 월명에게 주기로 한 차와 염주를 받들고, 대궐의 서쪽에 있는 작은 문으로 나갔다.

월명은 그 동자가 궁궐 안의 심부름꾼인 줄로 생각했고, 왕은 월명의 시중을 드는 동자인 줄로 생각했다. 그러나 사실을 알고 보니 전혀 모르는 사람이었다.

왕은 매우 기이하게 여겨서, 곧 신하를 시켜 그 동자의 뒤를 따라가 보게 했다.

그랬더니 동자는 내원(궁궐에서 가까운 곳에 있던 절간이나 암자 이름일 듯함)의 탑 속으로 숨었고, 차와 염주는 그 남쪽의 벽화에 그려져 있는 미륵 보살 앞에 놓여 있었다.

이 일은 월명의 높은 덕과 깊은 정성이 미륵 보살을 감동시켰기 때문이라 하여, 왕을 비롯해 온 백성이 큰 화제로 삼았다. 모든 백성들이 이 일로 해서 월명을 더욱 공경하게 되었고, 왕은 다시 비단 1백 필을 보내 주었다.

# 위　만
## (?～?)

### ―위만 조선을 세운 사람―

위만(衛滿)은 기원전 2세기경에 위만 조선을 세운 사람이다.

그는 본래 중국의 연나라 사람이었는데, 연나라 왕인 노관이 한나라에 대하여 반란을 일으키고 흉노쪽으로 도망감으로 해서 나라가 혼란해지자, 망명을 원하는 1000여 명을 이끌고 패수를 건너 조선으로 들어왔다.

이 때의 조선은 준왕이 다스리고 있었는데, 위만은 준왕을 찾아가 망명 경위를 설명한 후, 자신들을 받아 줄 것을 간청했다.

이에 준왕은 위만을 믿어, 지방 장관직인 박사 벼슬을 내리고 서쪽 100리에 이르는 땅을 다스리도록 허락했다. 그리하여 위만은 조선에서 살게 되었는데, 유랑민을 통솔하다 보니 왕위를 차지하고 싶은 욕심이 생겼다.

기원전 194년 어느 날, 위만은 준왕에게 사람을 보내어 거짓으로 고하기를 ‘지금 한나라 군사들이 쳐들어오고 있으니 곧 왕검성(지금의 평양)으로 들어가 왕을 호위하겠다.’고 하였다.

준왕은 위만의 보고를 믿고 허락하였는데, 위만은 왕검성으로 들어오자, 곧 준왕을 내몰고 왕위를 차지하여 스스로 조선 왕이라고 칭했다.

준왕을 몰아 낸 위만은 주위의 여러 씨족 사회를 통합하여, 강력한 국가를 형성함으로써 한나라로 하여금 불안을 느끼게 했다.

그가 죽은 후 그의 손자 우거왕이 나라를 다스리면서부터는 국력이 더욱 강성해져서 진나라가 한나라와 직접 교역하려 하자 무력으로 이를 막기도 했다.

뿐만 아니라 요동 방면으로 진출하여 패권을 잡아 보려는 계획까지 세우게 되었다.

그러자 한나라는 날로 강성해 가는 위만 조선을 방치해 둘 수 없다고 여겨 대군을 이끌고 침입하였는데, 위만 조선은 이에 맞서 싸우다가, 기원전 108년에 왕검성이 함락되어 멸망하고 말았다.

한나라는 위만 조선을 멸망시킨 후 그 곳에 낙랑, 진번, 임둔, 현도의 4군을 두어 식민지로 만들었다. 그 후 임둔군과 진번군은 한나라의 세력을 몰아 내려는 토착민들에 의해 곧 없어졌으며, 통구의 현도군도 요동 방면으로 쫓겨났다. 낙랑군과 후한 말기에 옛 진번군 지역에 설치되었던 대방군은 오래 남아 있었으나, 고구려와 백제에게 각각 망하고 말았다.

중국의 역사책인 《사기》《한서》《위략》등에는 위만이 연나라 사람이라고 기록되어 있다. 그러나 우리 나라 역사가 중에는, 위만이 망명하여 올 때 상투를 틀고 조선 옷을 입었다는 점, 그 무렵 요동 방면에는 지리적으로 보아 한나라 계통의 사람뿐만 아니라, 동호(중국

주나라 말경에 동부 내몽고 지방에 살던 오랑캐)나 조선인 계통의 사람이 많이 살았을 것이며, 혼란한 틈을 타서 조선인 계통의 사람들이 집단적으로 모국에 들어왔을 것이라는 점, 위만이 준왕으로부터 신임을 받은 것은 순수한 외족이 아니었기 때문일 것이라는 점, 위만이 나라를 세운 후 나라 이름을 종전대로 조선이라고 한 점, 위만 조선 말기의 관직의 명칭이 조선적이었다는 점 등을 들어, 위만은 패수 이북의 요동 지방에서 대대로 살았던 조선인 계통의 연나라 사람이라고 주장하기도 한다.

# 유 관 순
(1902~1920)

## －충절의 순국 소녀－

유관순(柳寬順)은 일제의 침략으로 우리 나라가 점점 기울어져 가던 때인 1902년 3월 15일, 충청 남도 천안시 용두리에서 유중권의 외동딸로 태어났다.

아버지 유중권은 한학만 중시하고 새로운 학문인 소위 양학을 천시하는 그런 사람이 아니라, 새로운 문화에 일찍 눈을 뜬 독립 지사였다. 그렇기 때문에, 유관순은 어려서부터 아버지에게 많은 감화를 받으며 자랐다.

유관순이 9세가 되던 1911년, 아버지 유중권은 배우지 못한 마을 사람들을 안타까이 여겨, 사재를 털어 고향에 흥호 학교를 세웠다. 기울어져 가는 나라를 바로잡기 위하여 마을 사람들에게 글을 가르치기도 했으며, 주민들을 위해 마을에 교회를 세우기도 했다.

1916년, 유관순은 공주 교회에 근무하는 외국인 여자 선교사의 소개로 이화 학당 보통과에 교비생으로 입학하게 되었으며, 1918년에는 이화 학당 고등과에 역시 교비생으로 진학했다.

유관순이 이화 학당의 고등과에 진학할 당시의 국내 사정은 참으로 험악했다. 일본 침략자들의 무단 통치로 인하여 국민의 생활은 말이 아니었으며, 나라 없는 국민이라 하여 기본적인 인권마저 짓밟히는 상황이었다.

우선 민족 애국 지사들에 대한 탄압을 시작으로 우리말과 우리의 정신이 담긴 책들의 발간을 모두 중지시켰다.

또한 조선인의 자유로운 모임을 갖지 못하게 하였고 재산과 토지를 강제로 빼앗았다.

유관순이 태어난 집(충청 남도 천안시)

그러나 일제의 이러한 탄압에도 불구하고 국민들의 항일 투쟁은 더욱 거세어졌으며 거국적인 3·1 운동까지 이어지게 되었다.

1919년 3·1 운동이 일어나자, 유관순도 이에 참가하였고, 일본은 이 때문에 학교에 휴교령을 내렸다. 유관순은 이화 학당에 다니고 있던 사촌 언니 애다와 함께 만세 시위 운동을 벌이기 위해 고향으로 내려왔다.

유관순은 우선 마을 예배당에 가서 귀향 보고를 하고 만세 시위 운동에 앞장 설 것을 촉구하고는, 천안, 연기, 공주, 청주, 진천 등지의 학교와 교회를 방문해 만세 시위 운동을 협의했다.

유관순과 애다는 태극기를 만들어 모든 마을에 돌린 후, 음력 3월 1일 12시, 천안 아우내(병천) 장날을 기하여 군중들을 지휘하며 독립 만세를 외쳤다. 시위 군중은 헌병대로 몰려가 유치장을 부수고 갇혀 있던 사람들을 구출했으나, 일본 제국주의 경찰과 헌병들의 무자비한 총칼에 의해 수많은 사람들이 학살당했다.

이 때, 유관순의 부모도 목숨을 잃었으며, 유관순도 체포되어 온갖 고문을 받고 7년 형을 언도받았다. 그녀는 서대문 형무소 안에서 항쟁을 하다가 1920년 10월, 순국하였다. 1962년, 건국 공로 훈장 단장이 수여되었다.

# 유 길 준
## (1856~1914)

### ― 개화 사상가 · 정치가 ―

정치가이자 개화 사상가인 유길
준(兪吉濬)은 1856년(철종 7) 서
울에서 태어났다. 양반의 가문에
서 태어난 그는 부친 유진수에게서
한문을 배우다가, 1870년(고종 9)
14세쯤부터 서양의 새로운 문물에
눈을 떴다.

1881년(고종 18) 25세 때, 다행
히 일본에 가는 신사 유람단과 동
행하게 되었는데, 그 곳에서 그는
일본 개화의 선구자 후쿠자와 유키
치가 경영하는 게이오 의숙에 다니
며 서양의 새로운 제도와 사상에
대해 공부했다.

1883년 27세 때에는 국비 장학
생으로 우리 나라 최초의 미국 유
학생이 되었다가, 1884년 갑신정
변이 실패했다는 소식을 듣고 유럽
을 여행하며 견문을 넓히고 1885
년에 고국으로 돌아왔다.

그러자 개혁이나 개화파 사람들
을 싫어한 권력자들은 유길준을 개
화파의 일당이라고 간주하고 체포
했다. 그러나 한규설의 도움으로
연금 생활을 하며 미국과 유럽에서
보고 들은 것을 정리하여 《서유견
문》을 썼다. 이 책을 통해서 국민
을 계몽하려고 한 것이다.

《서유견문》은 최초의 국·한문
혼용체로 된 책으로 전체가 20편
으로 구성되어 있다.

1, 2, 19, 20편은 세계의 인종과
물산, 도시에 관한 것이 수록되어
있고 3, 4편은 국가의 주권 및 국
민의 권리와 교육에 관한 문제가
수록되어 있다.

5, 6편은 정부 제도와 직분이,
7, 8편은 세금, 9편은 군대 양성
문제, 10편은 화폐, 법률, 경찰에
대해 수록되어 있다.

11편은 직업, 개인의 건강 문제, 12편은 서양의 학술과 종교, 역사, 14편은 상업인의 역할, 15편은 예절 문제, 16편은 서양의 풍속과 습관, 17편은 사회 복지 제도, 18편은 서양의 근대 기술 등이 수록되어 있다.

이 책의 출간으로 신문이나 잡지가 국·한문 혼용체를 많이 따르게 되었고, 개화 사상에 눈을 뜨는 계기가 되었다.

그의 연금 생활이 거의 끝날 무렵에는 정부의 대외 정책 수립에도 많은 도움을 주었다. 특히, 1894년에 김홍집 내각이 수립되어 개혁을 추진할 때, 유길준은 음력 폐지, 우편 제도 도입, 종두법 실시, 단발령 실시를 행하게 하고, 우리 나라 최초의 한글 신문인 《독립 신문》의 발행에 힘쓰기도 했다.

그러다가 1896년, 40세 때에 내부 대신이 되었으나 정치 세력에 큰 변동이 생기어, 유길준은 개혁의 뜻을 미처 다 펴지도 못한 채 일본으로 망명하게 되었다. 그는 몇 년 뒤, 일본에서 국내의 장교들과 서로 연락하여 쿠데타를 일으킬 계획을 세웠다가 실패하였다.

유길준의 내부 대신 임명장

이 무렵 그는 우리말 문법책인 《대한 문전》을 써내기도 하였다.

유길준은 자신을 못마땅해하던 고종이 황제의 자리에서 물러난 1907년, 11년 동안의 오랜 일본 망명 생활을 정리하고 꿈에도 못 잊던 고국으로 돌아왔다.

그는 다시 우리 나라의 정치, 사회, 경제, 문화 등 모든 부문에 걸쳐 개혁을 일으키기 위해 많은 노력을 기울였다.

그러나 1910년, 우리 나라는 일본에 강제로 합병되고 말았다. 분개한 유길준은 일본 정부가 준 귀족의 칭호를 물리고, 이 때부터 일체의 활동을 중지한 채 서울의 노량진에서 조용히 지내다 1914년, 58세로 가슴에 한을 품은 채 세상을 떠났다.

# 유 성 룡
## (1542~1607)

## -조선 선조 때의 정치가-

조선 제14대 선조 때의 정치가이며 학자인 유성룡(柳成龍)의 자는 이견이며, 호는 서애이다.

그는 1542년 10월 1일, 경상도 의성현에서 유중영의 둘째 아들로 태어났는데, 그의 가문은 고려 시대부터 내려오는 명문의 집안으로 조부 유작은 간성 군수를 지냈으며, 그의 아버지는 벼슬이 황해도 관찰사에까지 이르렀다.

유성룡은 4세 때부터 글을 읽기 시작하여, 6세 때 《대학》을 배웠고, 8세 때 벌써 《맹자》를 배우기 시작했다고 한다.

그는 어려서부터 아버지의 근무지를 따라 유신, 의주 등지로 옮겨 다녔지만, 항상 공부에 열중하여 드디어 16세에 향시에 합격하고, 19세 때에는 관악산에 있는 외딴 암자에 들어가 《춘추》를 읽었다.

이듬해, 그는 퇴계 이황 선생을 찾아가 그 문하에서 학문을 닦게 되었는데, 퇴계는 유성룡을 가리켜 '하늘이 내린 사람'이라고 크게 감탄을 했다 한다.

그러나 유성룡은 학문은 깊었지만, 벼슬에는 뜻이 없어 과거를 보지 않고 책읽기에만 열중하였다. 그러다가 1564년, 아버지와 형의 강권에 못 이겨 사마시에 응시하여 생원, 진사 양과에 합격하여 이듬해 성균관에 들어갔으며, 1566년에는 대과에 급제함으로써 외교 문서를 다루는 승문원의 권지 부정자 직에 임명되었다.

그 후, 그는 성균관 전적과 공조 좌랑을 거쳤으며, 1569년(선조 2)에는 27세의 나이로 성절사의 서장관으로 명나라에 가 사신의 임무를 훌륭하게 마쳤다.

다음 해 3월에 귀국한 그는 홍문관 부수찬에 임명되었다가, 이조 좌랑을 거쳐 병조 좌랑이 되었는데, 스승인 퇴계가 세상을 떠나자 슬픔을 이기지 못하여 벼슬을 버리고 안동으로 내려가 후진을 양성하고자 하였다. 그러나 1572년, 유성룡은 다시 왕명에 의해 홍문관 수찬이 되어 서울로 올라와 정사를 돌보게 되었으며, 그 후 군기시정, 사간원 사간, 이조 참의, 홍문관 부제학 등을 지냈다.

그는 여러 벼슬을 거치는 동안, 한결같이 성실한 자세로 맡은 바 소임을 다하였으므로 선조로부터 여러 차례 칭찬을 받곤 하였다. 그러나 그의 생각은 늘 고향의 늙은 어머니에게로 향해 있어서, 여러 번 상소하여 고향으로 돌아가게 해 줄 것을 간청하였다.

그러자 선조도 그의 지극한 효심에 감동하여 그를 고향에서 가까운 상주 목사로 임명하였다.

그리하여 유성룡은 벼슬길에 나아간 지 10여 년 만에 지방의 한가로운 직책을 맡아, 그가 바라던 바대로 늙은 어머니를 모시고 효도를 할 수 있게 되었다.

유성룡은 이제 비로소 편안한 마음으로 후진 양성에 전념해도 되겠다고 생각하였다.

그러나 조정에서는 그를 한가롭게 지내게 하지 않았다. 그 후, 유성룡은 사헌부 대사헌을 비롯하여 경상도 관찰사와 홍문관 부제학을 거쳐, 42세에는 예조 판서의 직위에 오르게 되었다.

그 당시, 일본은 여러 차례 사신을 보내어 국교를 열어 줄 것을 간청해 왔는데, 우리 나라 조정에서는 찬반 양론이 분분하였다.

양론이 대립되어 확고한 정책을 수립할 수 없게 되자, 선조는 대제학 유성룡에게 의견을 물었는데, 유성룡은 만일 일본이 쳐들어오면 당시의 국내 정세로 보아 도저히

독립 기념관에 있는 유성룡 어록비

그들을 막을 수 없으므로, 일본을 회유하기 위하여 국교를 재개하자고 대답하였다.

선조는 유성룡의 의견을 받아들여 일본에 통신사를 보내 그들이 일본의 국내 정세를 탐지해 오도록 지시하였다.

그러나 일본에 파견되었던 통신사들은 그 곳에서 탐지한 결과를 사실대로 보고하지 않았다.

그들은 각기 자기들의 당론에 맞도록 서로 다른 탐지 결과를 주장함으로써 국론의 통일을 보지 못하여 임진왜란이 일어났을 때 우리 군사가 어이없이 참패당하는 비참한 결과를 가져오고 말았다.

1592년 4월 14일, 일본의 무장 고니시 유키나가는 수십 척의 병선을 이끌고 부산포를 공격, 이후 7년간 계속되었던 임진왜란의 화문을 열었다.

불과 며칠도 되지 않아 서울이 왜적에 의해 함락될 위기에 놓이자, 선조는 피난길에 올랐다. 선조는 신하들에게 안전하게 명나라로 피하는 게 어떠냐는 의견을 내놓았다. 그러나 유성룡은 '만약에 임금의 대가(임금이 타는 수레)가 한 치라도 우리 땅을 떠나면 조선은 그 때부터 우리 나라가 아니다.'고 주장하며 한사코 의주로 피난할 것을 주장하였다.

임진왜란은 병자호란과 함께 조선 시대에 있었던 가장 큰 국난의 하나인데 특히, 임진왜란 때 큰 어려움을 당한 것은 모든 국민의 마음이 조정을 믿을 수 없다는 쪽에 있었기 때문이었다.

왜적이 상륙하자 관군은 사기를 잃고 우왕좌왕하였으며, 백성들은 흉년이 들어 기근이 심하던 때라 약탈과 방화를 일삼았고, 심지어는 왜적과 결탁하는 자들까지도 있었다.

이에 유성룡은 군량의 일부를 풀어 어려운 백성들을 구제하고, 흩어진 농민을 모아 농사를 짓도록 독려하였다.

그리고 난리 중에도 소금과 철의 생산을 장려하여 경제 재건에 노력하였다.

또한 그는 난중에 《기효신서》를 비롯한 여러 병서를 연구하여 군의 명령 계통을 단일화하였다. 또 군대 훈련을 위하여 새로이 훈련도감을 설치하였으며, 조총을 위시한 총포류를 연구하여 이를 제조토록 했고, 남한산성 등 여러 산성을 고쳐 쌓도록 하였다.

임진왜란이 끝난 후, 그는 관직을 내놓고 고향으로 돌아와 책을 읽는 일에만 열중하고 있었는데, 이 무렵 조정으로부터 염근리(마음이 청렴하고 신중한 관리)로 뽑혔으며, 1604년에는 부원군 및 호성 공신에 봉해졌다.

수많은 벼슬을 역임하면서도 재산을 하나도 모아 놓지 않을 정도로 청렴했던 그는, 낙향한 후 끼니를 거를 때가 있을 정도로 어려운 생활을 하면서도 《난후잡록》《징비록》 등을 저술하였다.

1607년 3월, 그가 병석에 누웠다는 소식이 조정에 전해지자, 선조는 급히 내의를 보내어 그를 돌보도록 하였다. 그러나 그의 병세는 너무 나빠졌기 때문에 돌이킬 수 없었다.

1607년 5월 6일, 유성룡은 65세를 일기로 세상을 떠났다.

유성룡은 생전에 늘 세 가지 한이 있다고 하였는데, 첫째는 왕의 은혜를 갚지 못한 것이요, 둘째는 관작이 분에 넘치게 과분한데 벼슬에서 물러나지 못하고 있는 것이며, 셋째는 도학에 뜻을 두었으면서도 아무것도 이룩하지 못했다는 것이다.

# 유 성 원

(? ~1456)

## ─사육신의 한 사람─

유성원(柳誠源)은 조선 초기의 문신이며 사육신의 한 사람이다.

유성원의 자는 태초, 호는 낭간이며, 본관은 문화인데 그가 태어난 연대는 분명하지가 않다.

그는 1444년 식년 문과에 급제하여 그 이듬해 저작랑이 되었으며, 세종의 명에 의해 《의방유취》의 편찬에 참여하였다.

유성원의 친필

白山控海磨天嶺里水
橫坤豆漰江此是
孛侯飛騎慶剩看胡
虜自來降
文城柳誠源

《의방유취》란 의학 서적으로서 중국의 당나라와 송나라, 원나라, 그리고 명나라 초기까지 중국에서 사용되어 오던 의학 서적 135부를 원형 그대로 부분별로 모아서 엮은 책을 말한다.

1447년에 다시 문과 중시에 응시하여 급제한 그는 재주 있는 학자로 인정을 받아 호당에 들어가 공부하는 특혜를 누렸다.

그리고 그 후에는 집현전 학사로 뽑혀 문명을 떨침으로써 세종의 총애를 받았다.

1450년, 문종이 즉위하자 그 해에 여러 벼슬을 역임하고, 그 후 다시 집현전으로 돌아와 학사로 근무하였다.

이 무렵, 문종이 재위 3년 만에 세상을 떠나자 그 뒤를 이어 어린 단종이 왕위에 올랐다.

야심에 찬 수양 대군은 정권을 장악하기 위해 단종의 보호책인 김종서, 황보 인 등을 살해했다.

이로 인해 실권을 얻게 된 수양 대군은 자신의 훈공을 기록하기 위해 집현전 학사들을 불러들이도록 하였다.

이 때, 미처 피하지 못한 유성원만이 수양 대군 앞에 끌려가 온갖 협박을 받다가, 정난 녹훈의 교서를 작성하고는 집으로 돌아와 옳지 않은 일에 가담한 자신의 처지를 개탄하며 통곡하였다고 한다.

그 후, 수양 대군이 단종을 내몰고 왕위에 오르자, 유성원은 성삼문, 박팽년 등과 단종을 복위시키기 위하여 거사를 계획하였다.

그러나 모의에 가담했던 김질, 정창손 등이 밀고함으로써 거사가 발각되고 말았다.

이로 인해 성삼문, 박팽년, 유응부, 이개, 하위지 등 다섯 사람은 사형에 처해졌으며, 유성원은 성균관에 있다가 이 소식을 듣고는, 관대도 벗지 않고서 패도를 뽑아 자기의 목을 찔러 자결하였다.

정의를 실현하려다가 뜻을 이루지 못하고 죽은 그는 영조 때 이조 판서에 추증되었다.

노량진의 민절 서원, 홍주의 노운 서원, 영월의 창절사 등에 제향되었다.

시호는 숙종 때 절의라 내려졌다가 뒤에 충경으로 고쳤다.

# 유 응 부
( ? ~1456)

## ─사육신의 한 사람─

유응부(兪應孚)는 조선 초기의 무신이었으나 유학에도 조예가 깊었으며, 단종의 복위를 모의하다 사전에 발각되어 처형당한 사육신의 한 사람이다.

그의 자는 신지이고 호는 벽량이며 본관은 기계이다.

그는 효성이 지극하여 몹시 가난했지만 어머니를 모시는 데는 온갖 정성을 다했다고 한다.

사육신 사당

기골이 장대하여 무예에 무척 뛰어났던 유응부는 일찍이 무과에 급제한 후 세종과 문종의 지극한 사랑을 받았다.

그는 첨지중추원사·평안도 도절제사를 거쳤으며, 1455년(세조 1)에는 동지중추원사로 정2품의 벼슬에 올랐다.

그러나 야심 만만한 수양 대군이 어린 조카 단종을 몰아 내고 그 뒤를 이어 왕위에 오르자 유응부는 성삼문, 박팽년 등과 함께 단종을 다시 임금 자리에 오르게 하기 위해 거사를 모의하였다.

유응부는 이 거사에서 명나라 사신을 초대하는 연회장에서 세조를 죽이는 임무를 맡게 되었다.

그러나 이들의 거사는 함께 일을 꾸민 김질, 정창손 등의 배신으로 실패하고 말았다.

유응부는 세조에 의해 혹독한 고문을 당하면서도 끝내 뜻을 굽히지 않아 죽음을 당하였다.

일찍이 유응부가 북병영의 병마절도사로 재직하고 있을 때 지었다는 시를 보더라도 의연한 그의 기상을 엿볼 수 있다.

장군이 절개를 가지고
국경을 진압하니
변방에 티끌이 맑아지고
군사들이 조는도다.
긴 낮 빈 뜰에
구경하는 것이 무엇인가.
날랜 매 삼 백이
누 앞에 앉았다.

학문이 뛰어났던 유응부는 당시의 절의파 학자로 이름이 높았다. 그리고 그는 무예에도 뛰어났는데 특히 활쏘기에 능했다고 한다.

유응부는 성격이 곧고 강직했으며 청렴 결백하기 이를 데 없어, 높은 지위에 있을 때도 끼니를 거를 정도였다고 한다.

그가 죽은 날 그의 아내는 울면서 '살아서도 남에게 의지함이 없었는데 죽을 때는 큰 화를 입었구나' 하고 말했다 한다.

숙종 때 병조 판서에 추증되었으며, 시호는 충목이다. 노량진의 민절 서원과 홍주의 노운 서원 등에 배향되었다.

# 유 자 광
(1439~1512)

## ─조선 연산군 때의 간신─

유자광(柳子光)의 자는 우복, 본관은 영광이며 부윤을 지낸 유규의 서자이다.

용맹이 뛰어났으며, 1468년(세조 14)에 무과에 올라 남이, 강순 등을 역모로 몰아 죽인 공으로 훈봉되었다.

남이는 태종의 외손이었는데, 용맹이 특히 뛰어나서 이시애와 건주위를 정벌할 때에 앞장 서서 힘껏 싸웠으므로 일등공으로 책정되었다. 또 세조는 남이의 벼슬 등급을 높여 병조 판서로 임명했는데 당시 세자이던 예종은 그러한 남이를 탐탁지 않게 여겼다.

예종 즉위 후, 혜성이 나타나자 남이는 대궐 안에서 숙직을 하다가 같이 있던 사람에게 '혜성은 곧 묵은 것을 제거하고 새로운 것을 배치하는 형상'이라고 말하였다.

유자광은 평소 남이의 재능이 뛰어나고, 그의 명성과 벼슬이 자기보다 위인 것을 시기하였다.

그런데 공교롭게도 이 날 마침 대궐에 들어와 숙직을 하던 유자광은 벽을 사이에 둔 가까운 곳에서 남이의 말을 엿듣게 되었다.

그는 남이의 말에 거짓을 보태어 '비밀히 남이가 반역을 꾀한다.'고 고자질하여 끝내 남이는 28세의 젊은 나이로 처형되었다.

일찍이 유자광이 지어 현판에 써 걸어 놓은 시를, 김종직이 함양 군수로 부임해 떼어 버린 적이 있었다. 유자광이 이를 괘씸하게 생각하여 김종직 학파와 반목하던 터에 이극돈이 김종직의 문인인 김일손과 사이가 나쁜 것을 이용해 이극돈과 손을 잡았다.

1498년(연산군 4)에 유자광은

연산군이 사림을 싫어하는 것을 기회로 삼아《성종실록》을 편찬할 때 김일손의 사초 가운데 조의 제문이 있는 것을 트집잡아 김종직의 저서나 현판 등을 모두 거두어들여 불태우게 하였다.

이어 노사신, 윤필상, 한치형 등과 함께 김종직을 탄핵하여 대역죄인으로 몰아 그의 많은 제자들까지 희생시킨 무오사화를 일으켰다.

때로는 대간의 탄핵으로 불리한 입장에 놓이기도 했으나 1506년 9월에 대왕 대비의 명으로 연산군을 폐하자 이번에는 성희안과의 인연으로 또 중종 반정에 참여하여 무령 부원군으로 봉해졌다.

그 후 영경연사가 되었으나 대간, 홍문관, 예문관 등의 탄핵으로 마침내 모든 벼슬을 빼앗기고 귀양가 죽기 두어 해 전 장님이 되었고, 그 곳에서 죽었다.

간사한 꾀를 써서 모략으로 일을 만들기 좋아했던 유자광은 반정에 참여한 후로도 그 습성을 고치지 못하여 조정을 어지럽게 하려 하다가 결국 귀양 가 비참한 최후를 맞게 되었다.

그가 죽은 후에 조정에서는 그의 시신을 거두어 장사지내는 것을 허락했으나, 방탕한 그의 두 아들 진과 방은 가보지 않았다. 결국 그들도 귀양 가 죽었다.

# 유 치 환

(1908~1967)

## ー 생명의 의지를 노래한 시인 ー

유치환(柳致環)은 1908년 경상 남도 충무에서 유생인 유준수의 아들로 태어났으며, 호는 청마이다.

11세 때까지 사숙에서 한문을 공부한 그는 그 후 통영 보통 학교 4년을 수료하고, 일본으로 건너가 도요야마 중학교에 입학하였다. 그러나 집안 형편이 어려워지자, 1926년 귀국하여 동래 고등 보통 학교에 편입하였으며 이듬해 졸업을 하고 연희 전문 학교 문과에 입학하였으나, 지나치게 폐쇄적인 학교 분위기에 불만을 품고 1년 만에 중퇴했다.

그 후, 고향으로 돌아온 그는 시 습작에 열중하면서 문학 서클을 만들고 동인지 《생리》를 발간하였다. 1931년 《문예 월간》 12월호에 시 〈정적〉을 발표함으로써 문단에 나오게 되었다.

그러나 시작만으로는 생활을 꾸려 나갈 수 없어서 사진관을 개업했으나, 오래지 않아 문을 닫고 말았다.

그 후에도 그는 백화점 사원, 교사 등 여러 직업을 전전하였다.

그 동안에도 열심히 시를 써, 1939년에는 〈깃발〉 등이 수록된 첫 시집 《청마시초》를 간행했다.

그는 1946년 조선 청년 문학가 협회에서 수여하는 제1회 시인상을 받았고, 이듬해에는 그 동안에 써 두었던 시를 모아 두 번째 시집 《생명의 서》를 발간하였다.

이 무렵의 그는 시작에만 몰두하여 많은 작품을 발표하였으며, 이 때 발표된 시들을 모아 1947년 세 번째 시집 《울릉도》를 발간하였고, 이어서 그 이듬해에는 네 번째 시집 《청령 일기》를 펴냈다.

6·25 전쟁이 일어나자 보병 3사단에 종군, 이 해에 제2회 서울시 문화상을 받았다. 다음 해에는 동족 상잔의 비극을 시로 쓴 〈보병과 더불어〉를 발표했다.

1953년, 전쟁이 소강 상태에 접어들자 군복을 벗은 그는 고향으로 돌아가 잠시 쉬면서 수상집 《예루살렘의 닭》을 발간하였다.

유치환이 잠시 다녔던 연희 전문 학교

그 후, 교육계에 투신한 그는 1954년 경남 안의 중학교 교장으로 취임하였고 초대 예술원 회원으로 피선되었으며, 또 그 해 10월에 《청마 시집》을 발간하였다.

이 무렵, 경주 고등 학교 교장으로 재직하며 주로 경주에서 활동을 한 그는 1956년 제1회 경북 문화상을 수상하고, 1957년 한국 시인 협회 회장에 선출되었으며, 그 해 《제9시집》을 펴냈다.

또한 1958년에는 제5회 자유 문학상을 받았고, 《유치환 선집》을 발간했다.

왕성한 의욕으로 줄기차게 저작 활동을 계속한 그는 1959년 수상집 《동방의 느티》와 자작시 해설집 《구름에 그린다》를 간행하였으며, 보다 충실한 창작을 위해 경주 고등 학교 교장직을 사임하였다.

1960년 12월 시집 《뜨거운 노래는 땅에 묻는다》를 간행한 그는 이듬해 다시 경주 여자 중·고등 학교 교장이 되었다. 1962년에는 제7회 대한 민국 예술원상을 받았으며 대구 여자 고등 학교 교장으로 취임하였다.

1963년 수상집 《나는 고독하지 않다》, 1964년 시집 《미루나무와 남풍》, 1965년 시집 《파도야 어쩌란 말이냐》를 간행하였다.

이렇듯 마치 거대한 바다와 같은 시심의 흐름으로 온갖 고난에도 굽히지 않고, 꿋꿋이 나아가는 생명의 의지를 노래하던 시인 유치환은, 1967년 2월 13일 부산에서 교통 사고를 당해 59세의 나이로 안타깝게 세상을 떠나고 말았다.

# 유 형 원
## (1622~1673)

## ─최초로 실학을 체계화한 실학자─

유형원(柳馨遠)은 1622년(광해군 14) 서울에서 태어났다. 그의 자는 덕부, 호는 반계이며, 우의정 유관의 후손이다.

두 살 때 아버지가 돌아가시자, 네 살 때부터 외삼촌이나 고모부 등 집안의 어른들에게 글을 배우기 시작한 유형원은 여덟 살에 《역경》을 읽었다고 한다.

그는 1640년(인조 18), 18세에 결혼을 하였다.

유형원의 저서 《반계수록》

22세가 되던 해에 할머니가 돌아가신 뒤로 어머니, 할아버지를 여의었고, 과거에도 낙방하는 등 30세 초까지는 불행을 겪었다.

그 후 1653년(효종 4) 31세 때, 전라 북도 부안의 우반동이라는 바닷가로 이사하여 소나무와 대나무가 우거진 곳에 세 칸짜리 초가를 짓고 저술에만 전념했는데, 이 때 겨우 진사 호칭을 얻게 되었다.

그에 관한 옛 기록에 이런 말이 전한다. 그는 밤낮을 가리지 않고 학문에만 전념하면서도, 오히려 자기의 노력이 부족하다 하여, 매일 해가 저물 때에는

'오늘도 허송했구나. 진리는 무궁무진하고 세월은 한도가 있는데, 옛 사람들은 무슨 정력으로 저 같은 업적을 성취했는가?'
하고 부러워했다 한다.

차츰 그의 높은 학식이 세상에 널리 알려지자, 조정에서는 그에게 벼슬을 시키려 했고, 많은 사람들이 그를 가까이하려 했다. 그러나 유형원은 고결한 학자답게 돈 많은 집, 권세 있는 집에는 한 번도 가 본 일이 없었다고 전해진다.

천성이 청렴 결백하였던 유형원은 농민을 지도하면서 기근에 대비하여 양곡을 미리 준비하게 하고 큰 배나 말 등을 바닷가에 비치하여 구급의 방책으로 준비하는 등 이웃 사람이나 아랫사람에 이르기까지 모든 사람들을 극진히 사랑했다. 또한 다방면에 관심을 갖고 철학, 역사, 지리, 언어, 문학, 군사, 경제 등 여러 부문에 걸쳐 폭넓게 많은 책을 썼다.

그러나 지금까지 전해지는 것은 《반계수록》뿐이며, 이 책에는 여러 부문에 있어 그의 사상과 이념, 그리고 이상 국가 건설의 구상이 담겨져 있다.

특히, 토지 소유가 공정하게 되면 모든 일이 자연적으로 이루어진다고 굳게 믿었기 때문에 최우선적으로 토지 개혁을 실시하여 농민에게 생존에 필요한 최저 기본량의 경작 농지를 갖게 하며, 농병 일치의 균제 개혁, 부역의 균형, 모든 국민의 균등한 세제 실시, 국가 재정의 확립, 농업을 해치지 않는 한도 내의 상공업 장려, 과거 제도의 폐지 등을 주장하여 조선 시대 후기의 실학이라는 새로운 학풍에 선구자적인 역할을 했다.

# 윤 관
## ( ? ~1111)

### ─문신 출신의 명장─

윤관(尹瓘)은 경기도 파주에서 검교 소부 소감 윤집형의 아들로 태어났다. 글읽기를 좋아했던 윤관은 문종 때 과거에 급제해서 일찍이 벼슬길에 올랐다.

1101년(숙종 6), 추밀원 지주사로 있을 때 왕명으로 남경(지금의 서울)을 살펴본 뒤, 이 곳으로 도읍을 옮기는 것이 좋겠다는 의견을 말했다. 그 결과, 남경에 새로운 궁궐이 세워지기는 했으나 도읍이 옮겨지지는 않았다.

1104년(숙종 9)에 이르러 윤관의 가장 빛나는 공적인 여진 정벌이 시작되었다.

윤관은 문신이었으나 중요한 싸움의 군사 지휘자로 문신을 임명하는 제도가 있었으므로, 그는 처음으로 동북면 행영 병마 도통사라는 사령관의 직책을 맡게 되었다.

그리고 지금의 함경도 방면에서 강원도 쪽으로 남침하는 여진족 토벌에 나섰으나 패하자, 윤관은

"적은 기병인데 우리는 보병이어서 패배했습니다."

라고 왕에게 보고하고, 즉시 신기군이라는 기병 부대를 중심으로 별무반이라는 군대 조직을 편성해 여진 정벌을 준비하였다.

1107년(예종 2), 드디어 고려의 국위를 만방에 떨친 여진 정벌이 결행되었다.

예종은 윤관을 행영대 원수에 임명하고 군사 17만을 주어 진군령을 내렸다.

윤관은 동계에 이르러 군사를 4군으로 나누어 여진의 근거지인 함흥 평야로 향했다. 그가 거느린 고려군은 오랫동안 훈련을 쌓은 대군으로 그의 뛰어난 전략과 더불어

여진군을 대파하였다.

이 싸움에서 그는 적군 5천 명 이상을 사로잡았고, 약 5천 명을 사살하는 큰 공을 세웠다.

윤관은 여진족을 북쪽으로 추방하고 함주, 영주, 웅주, 길주, 복주, 공험진, 숭녕진, 통태진, 진양진 등의 동북 지방 일대에 9성을 쌓아 방비를 굳건히 하는 동시에 공험진에 '고려지경'이라는 비석을 세워 우리 나라 북쪽 지역의 경계로 삼았다.

그 이듬해에 윤관은 군사들을 거느리고 전승 장군으로 개경으로 돌아와 있다가, 몇 달 안 되어 생활 터전을 잃은 여진족이 9성을 자꾸 공격한다는 소식을 받고, 7월에 다시 함경도로 출정했다.

이로부터 1년 이상 여진족과의 전투가 계속되는 한편, 여진족이 조공을 바치겠다는 조건으로 9성의 반환을 애원했다.

뿐만 아니라 고려는 서북쪽에 거란 세력과도 대치해 있었으므로 동북쪽의 여진 토벌에만 국력을 기울일 수가 없었다.

1109년(예종 4), 고려 조정은 윤관이 지키던 9성을 여진족에 돌려 주고, 오랜 전쟁을 끝냈다.

이 때, 윤관은 여진족과의 싸움에서 여러 번 패배한 죄의 책임을 물어야 한다는 반대파의 모함을 받게 되었다. 그러나 예종은,

"윤관 장군은 명령을 받고 군사를 일으켰으며, 또한 옛날부터 전쟁에는 이기는 수도 있고 지는 수도 있는 법이거늘 그 어찌 죄가 된다는 말이오!"

라며 윤관에게 벌을 내리는 것을 허락하지 않았다. 그러나 반대파들의 집요한 모함에 예종도 하는 수 없이 윤관의 관직과 공신의 칭호를 삭탈했다.

그 후, 약 2년 동안 윤관은 죄인처럼 지내다가 세상을 떠났다. 나라에서는 문경이라는 시호를 내리고 예종의 묘정에 배향했다.

윤관을 모신 사당인 여충사

# 윤 동 주
## (1917~1945)

### ―요절한 항일 시인―

일제 말기의 저항 시인 윤동주 (尹東柱)는 북간도 명동촌에서 아버지 윤영석과 어머니 김용의 장남으로 태어났다.

그의 할아버지 윤하현은 한말 일본 관리들의 횡포로 날로 어지러워지는 조국을 등지고 만주의 북간도로 이주했다. 그의 외삼촌인 김약연도 일찍이 북간도로 이주해 온 열렬한 독립 운동가였다.

윤동주 시비

윤동주는 외삼촌이 세운 명동 소학교와 중국인 관립 학교에서 수학한 후, 용정의 은진 중학교에 입학했다. 1935년에는 평양 숭실 중학교로 전학하였으나, 다음 해 숭실 중학교가 신사 참배 거부 문제로 폐교되자, 용정으로 돌아와 광명학원 중학부에 편입했다.

이 때부터 간도 연길에서 발행하는 《카톨릭 소년》지에 여러 편의 동시를 발표했다. 1938년 광명 학원을 졸업하고, 고종 사촌 송몽규와 함께 연희 전문 학교 문과에 입학하여 《조선 일보》와 《소년》지에 산문과 동요를 발표했다.

1941년, 연희 전문 학교를 졸업하고 일본 유학을 가기 전에 19편의 시를 묶은 자선 시집 《하늘과 바람과 별과 시》를 출간하려다 뜻을 이루지 못하였다.

윤동주는 1942년 도쿄의 릿쿄 대학 영문과에 입학하였다가, 다시 도시샤 대학 영문과에 편입하여 학업을 계속하던 중 독립 운동에 가담했다는 혐의를 받아 일본 경찰에 체포되었다.

1943년, 윤동주는 2년형을 언도받고 일본 규슈 후쿠오카 형무소에서 복역하던 중 안타깝게도 1945년 바로 광복하던 해에 옥중에서 사망하고 말았다.

유해는 유족들에 의해 고향인 북간도 용정으로 운구되어 동산에 안장되었다.

1946년 봄, 유작 〈쉽게 씌어진 시〉가 《경향 신문》에 발표되었으며, 1947년 2월 16일에는 서울 플라워 회관에서 추모회가 열렸다.

그 후, 1948년 1월에는 유고를 모아 시집 《하늘과 바람과 별과 시》가 출간되었으며, 1955년 2월에는 고인의 타계 10주기를 맞아 시집 《하늘과 바람과 별과 시》가 다시 출간되었다.

유고 시집의 출간으로 비로소 세상에 널리 알려지게 된 윤동주는 일제 말기의 저항 시인으로 크게 각광받게 되었다.

주로 1938년에서 1941년 사이에 씌어진 그의 유시들은 민족의 애수와 이상, 정열을 상징적 필치로 다루고 있어 문학사적 견지에서도 그 가치가 높이 평가되고 있다.

유시로 〈자화상〉 〈쉽게 씌어진 시〉 〈별 헤는 밤〉 등 주옥 같은 작품이 있다.

# 윤 봉 길
## (1908~1932)

## ─ 항일 독립 투사 ─

국제 도시 상하이의 봄바람은 한결 훈훈했다. 4월의 아침 공기를 마시며 도시는 바쁘게 움직일 준비를 서두르고 있었다.

1932년 4월 29일 아침, 당시 상하이의 대한 민국 임시 정부를 이끌고 있던 백범 김구는 다른 날과는 달리 긴장된 표정을 감추지 못하며 한 젊은이와 함께 아침 식사를 하고 있었다.

무거운 공기가 감도는 가운데 식사는 그럭저럭 끝이 났다.

식사를 마친 젊은이가 시계를 보며 자리에서 일어섰다. 김구도 말없이 그를 따라 일어서며 창 밖으로 시선을 보냈다.

"선생님!"

젊은이가 부르는 소리를 듣고 김구는 얼른 그 젊은이에게로 눈길을 옮겼다.

"이 시계는 어제 선서식 후에 선생님 말씀대로 6원을 주고 산 것입니다. 선생님의 시계는 2원짜리이니 제 시계와 바꾸시지요. 제 시계는 앞으로 한 시간밖에는 쓸 수가 없으니까요."

김구는 말없이 자신의 시계를 풀어 젊은이의 시계와 바꾸어 들었다. 집을 나선 두 사람은 자동차를 잡았다. 젊은이가 자동차에 올라타면서 주머니에 있던 돈을 꺼내어 김구에게 건네 주었다.

"선생님, 저는 이제 돈이 필요 없습니다."

"그래도 돈은 좀 가지고 있는 것이 좋을 텐데……."

"아닙니다. 자동차 값을 주고도 5, 6원은 남습니다. 그럼……."

"후일 지하에서나 다시 만나기로 하세."

젊은이는 차창으로 고개를 내밀어 김구를 향해 머리를 숙였다. 자동차는 홍커우 공원을 향해 달려가고 있었다.

김구는 멀리 사라지는 자동차의 모습을 언제까지나 말없이 바라보고 있었다.

이 때, 김구와 헤어져서 홍커우 공원으로 자동차를 타고 가는 이 젊은이가, 바로 그로부터 한 시간 후, 홍커우 공원에서 상하이 사변 전승 기념 식장에 참석한 일본인들에게 폭탄 세례를 퍼부어 우리 민족의 의기를 세계에 떨친 의로운 사나이 윤봉길이었다.

윤봉길(尹奉吉)은 1908년 5월 23일 충청 남도 예산군 덕산면에서 윤황의 맏아들로 태어났다.

그는 10세 때 고향에 있는 덕산 공립 보통 학교에 입학하였으나, 그 이듬해 스스로 학교를 그만두고 말았다. 기미년 3월 1일의 독립 운동이 있은 지 얼마 되지 않던 때라, 그는 식민지 교육을 받고 싶지 않았기 때문이었다.

학교를 그만둔 그는 서당에서 한학을 공부하며 민족 의식을 키워 나갔다. 18세 때는 한문학뿐 아니라 우리 나라 역사와 신학문을 독학으로 공부하는 한편, 마을에 야학을 설치하여 불우한 농촌 어린이들을 가르치기도 했다.

21세 때에는 '월진회'라는 농촌 계몽 운동 단체를 조직하여 독립 정신을 불러일으키는 데 많은 노력을 기울이기도 했다.

그러나 이런 활동으로 탄압을 받게 되자 고통받는 동포를 구하기 위해서는 해야 할 일이 따로 있다고 생각했다. 1930년, 그는 결혼한 지 얼마 안 되는 아내와 아들을 두고 망명의 길을 떠났다. 만주를 돌아다니며 동지들을 모으고, 독립 운동의 방법을 논의하며 세월을 보내던 그는 1931년 8월, 다시 활동 무대를 상하이로 옮겼다.

상하이는 당시 우리 나라 독립 운동의 본거지이며 상하이 임시 정부가 자리잡고 있는 곳이었다.

윤봉길은 상하이에서 세탁소 외교원, 모직 공장 직공 등으로 일하며, 1931년에는 '한인 애국단'에 가입하였다.

그리고 그는 상하이의 홍커우 시장 입구에서 야채를 팔면서 나라를 위해서 일할 기회가 오기를 기다렸다. 그러나 1932년 1월 28일에 터진 상하이 사변이 중국군의 패배로 어이없이 끝나고 말자, 이 기회에 일본군 무기 창고를 폭파하려던 '한인 애국단'의 계획은 수포로 돌아가고 말았다.

무기 창고 폭파 계획이 실패로 돌아가자, 윤봉길은 울분을 참을 길이 없었다. 그는 김구를 찾아가, 민족을 위해 죽을 기회를 만나기가 힘들다고 한탄을 했다.

"선생님, 도쿄의 이봉창 사건 같은 계획이 있으시면 저를 써 주십시오. 제발 부탁입니다."

윤봉길을 기념하여 세운 사당인 충의사

김구는 윤봉길의 조국 독립을 위한 희생적 정신에 감동하지 않을 수 없었다.

"기다리게. 마침 자네와 같은 인물을 구하던 참일세."

그 후, 곧 기회가 왔다. 상하이 사변에 승리한 일제는 자기네 천황의 생일인 천장절 축하 기념 행사와 더불어, 상하이 사변 전승 기념식을 4월 29일에 홍커우 공원에서 개최한다는 것이었다.

이 소식을 듣자, 김구와 윤봉길은 흥분을 감추지 못하며 그 준비에 열중하였다.

"그런데 기념 식장에 들어가려면 검문이 심할 텐데 폭탄을 어떻게 가지고 들어간다……."

"방법이 있습니다. 기념 식장에는 도시락 한 개와 물통 한 개만 지니고 들어갈 수 있다고 하니 도시락과 물통 모양의 아주 강력한 폭탄을 만들면 됩니다."

"음, 좋은 생각이오."

곧 김구는 윤봉길이 사용할 폭탄을 상하이 병공창장인 송식마에게서 받아왔다.

드디어 4월 29일 아침, 윤봉길은 김구와 함께 아침 식사를 나눈 다음 준비한 폭탄을 가지고 홍커우 공원의 행사장으로 향했다.

이윽고 11시 40분, 홍커우 공원의 행사장을 가득 메운 일본인들이 묵념을 시작할 때였다.

단상에서 10여 미터 떨어진 곳에 있던 윤봉길이 미리 준비한 폭탄을 일본 고관들이 앉아 있는 단상을 향해 힘차게 던졌다.

"쾅!"

하는 요란한 폭음이 홍커우 공원의 공기를 뒤흔들었다.

이 날, 홍커우 공원에서 열렸던 일본인들의 천장절 경축 식장에서 행한 윤봉길의 의거로 많은 일본인들이 죽거나 다쳤다.

일인 거류민 단장 가와바타와 일본 상하이 파견군 사령관 시라가와 대장이 죽고, 주중 일본 공사 시게미쓰, 제3함대 사령관 노무라 등이 중상을 입었다.

거사 직후, 일본 헌병에게 체포된 윤봉길은 상하이 군법 회의에서 사형을 언도받고, 일본 오사카 형무소로 이송되어 그 해 12월 19일, 24세로 순국했다.

1962년 대한 민국 건국 공로 훈장 중장이 수여되었다.

# 윤 선 도
## (1587 ~ 1671)

### ─불운을 이긴 시조의 대가─

윤선도(尹善道)는 조선 시대의 문인이며 시조 작가로, 자는 약이, 호는 고산이다.

18세에 진사 초시에 합격하고, 20세에 승보시에 1등을 하였으며 향시와 지사시에 연이어 합격하였다. 1616년 성균관 유학생으로서 권신 이이첨 일파의 불의를 비난하는 상소를 올렸다가 경원으로 유배되었다.

1623년, 인조 반정으로 8년 만에 귀양살이에서 풀려나 의금부 도사가 되었으나, 곧 사직하고 고향 해남으로 내려갔다.

1628년, 별시 문과의 초시에 장원 급제하여 왕자의 사부가 되었으며, 1633년에는 증광 문과에 병과로 급제하여 정랑과 문학을 지냈으나, 주위의 모함으로 성산 현감으로 좌천되었다가, 1635년에 파직되었다.

1636년, 병자호란이 일어나자 우리 나라는 청나라 군대의 말발굽에 짓밟히고 인조는 청 태종 앞에 무릎을 꿇고 항복하는 치욕을 당하게 되었다.

청나라와 화의를 맺은 후, 윤선도를 질시하던 몇몇 신하들은 윤선도가 병자호란 때 남한 산성에서 고생하고 욕을 본 왕에게 문안을 드리지 않았다고 트집을 잡았다. 따라서 윤선도는 다시 영덕으로 유배되었다가 이듬해에 풀려 나왔다.

귀양에서 풀려난 윤선도는 집안 일은 제자들에게 모두 맡기고 수정동, 문소동, 금쇄동 등을 돌아다니며 은거 생활을 시작하였다.

윤선도의 대표작인 〈산중신곡〉 〈산중속신곡〉 같은 시조 작품은 이 때 씌어진 것이다.

그 후 효종이 왕위에 오르자, 1652년 효종의 부름을 받고 상경하여 성균관 사예가 되었으나, 반대파의 질투가 더욱 심하여 효종에게 낙향을 허락받았다.

윤선도는 양주에 있는 별저에서 쉬면서 시조 〈몽천요〉를 지었다.

효종은 다시 그에게 예조 참의의 벼슬을 내렸으나, 곧 사직하고 다시 은거 생활로 들어갔다.

1657년, 그의 나이 70세에 다시 효종의 부름을 받고 서울에 올라와 첨지중추부사로 임명되었다가 다시 공조 참의에 올랐다. 그러나 이미 벼슬에 뜻이 없는 그로서는 벼슬을 내놓고 물러가게 해 주기를 효종에게 재삼 간청하였으나, 효종은 이를 허락하지 않았다.

1658년, 동부승지로 있으면서 남인 정개청의 서원 철폐 문제로 서인 송시열과 논쟁하다 삼사의 탄핵을 받고 벼슬을 삭탈당했다.

그 후, 양주 고산에 초가집을 짓고 지내던 윤선도는 1659년 효종이 죽자, 장지 문제와 조대비의 복상 문제가 원인이 되어 반대파로부터 공박을 받고, 73세 되던 4월에 삼수로 귀양을 떠나야 했다.

해남에 있는 윤선도의 집

치열한 당파 싸움으로 일생을 거의 귀양지에서 보내거나 은거 생활로 보낸 그는 많은 작품을 남겼는데, 그 작품들은 《고산 유고》에 수록되어 있다.

그의 작품은 말년에 은거 생활 중에 지은 〈어부사시사〉, 경원으로 귀양 갔을 때 지은 〈견회요〉와 〈우후요〉, 영덕 귀양지에서 풀려난 후 지은 〈산중신곡〉 〈산중속신곡〉 등은 우리말에 새로운 뜻을 불어넣은 서정적인 작품들이다.

자연을 벗삼아 살아가는 은둔 생활의 즐거움을 잘 표현한 윤선도 시조는 정철의 가사와 더불어 조선 시대 시가에 있어서 쌍벽을 이루고 있다.

# 을지문덕
## (? ~ ?)

## ─살수 대첩의 명장─

을지문덕(乙支文德)은 고구려 영양왕 때의 장군으로 평양 석다산 사람이다.

을지문덕은 어려서부터 열심히 무술을 연마하여 고구려의 제26대 영양왕 때에는 장군이 되었다.

612년(영양왕 23), 수나라는 대군을 거느리고 고구려로 침입해 왔다. 수 양제는 일부는 먼저 요동성을 공격하고, 수군은 대동강을 거슬러 올라 고구려의 서울인 평양성을 공격하게 하였으나, 모두 실패하고 말았다. 이에 수 양제는 다시 작전을 세워, 그의 부하 장수 우문술, 우중문 등에게 약 30만 명의 날쌘 군사로 압록강을 건너 고구려 땅을 침입케 했다.

한편, 고구려의 을지문덕은 적군의 형세를 살피기 위해 단신으로 적진 속에 들어가서 적장 우중문을 만났다. 양제에게 을지문덕을 사로잡으라는 명령을 받았던 우중문은 을지문덕이 찾아오자 그를 잡아 가두려고 하였다. 그러나 그의 부하 유사룡이 만류하므로 을지문덕을 그냥 놓아 주었다. 곧 자신의 잘못을 알고는 을지문덕을 추격하기 시작했다.

그러나 수나라 군사들이 굶주리고 있음을 알고 돌아온 을지문덕은, 적군이 지칠 대로 지쳐서 그냥 돌아가기를 원한다는 사실을 알아차렸다. 그래서 그들과 싸우는 체하다가는 물러서고 또 싸우다가는 물러서기를 하루에 일곱 번이나 되풀이하여 적군의 힘을 뺐다.

그러나 우문술은 자기의 군사들이 강하기 때문인 것으로 오판하고 있었다. 이윽고 그들은 고구려 군사를 얕잡아 보며, 마음 놓고 살수

(지금의 청천강)를 건너, 평양성에서 북쪽 30리밖에 안 되는 곳까지 침입했다.

이 때, 을지문덕은 시 한 편을 지어 적장 우중문에게 보냈다. 한편 을지문덕은 적장 우문술에게도 사람을 보내어 거짓으로 항복하는 말을 전했다.

적장 우문술 등은 그것이 거짓말인 줄 알았지만, 이미 그들의 군사들이 지친 지 오래이고, 또 평양성을 공략한다는 것은 여간 어려운 일이 아니므로, 을지문덕의 말을 받아들이는 체하고 북쪽으로 철수하기 시작하였다.

그러자 을지문덕은 그 때까지 대기시켜 놓았던 고구려의 정예 부대로 추격하여 적군이 절반쯤 살수를 건너갔을 때, 사방에서 공격하여 죽이거나 강물에 빠져 죽게 하였다. 뒤이어, 을지문덕은 살수를 건너간 적군에 대해서도 급히 추격전을 벌였다.

이 때, 압록강의 북쪽으로 살아서 돌아간 적군은 약 30만 명 중에서 고작 2700여 명밖에 안 되었다고 한다. 이 싸움이 그 유명한 을지문덕의 살수대첩이다.

한편, 수 양제는 그 나머지 군사를 만주의 오열 홀성이라는 곳에 모았다. 이것을 안 을지문덕은 곧 뒤쫓아 가서, 수 양제의 지친 패잔병들을 공격하여 크게 승리를 거두었다는 기록이 있다.

살수 대첩 (민족 기록화)

# 을파소

(? ～ 203)

## ―고국천왕 때의 재상―

고구려 제9대 임금인 고국천왕은 179년에 왕위에 올라, 이듬해 2월, 부인 우씨를 왕후로 삼았다.

그런데 그 우씨의 친척 중에 좌가려라는 사람이 평자 벼슬에 있으면서 권력을 장악하여 불의를 저지르는가 하면, 남의 논밭을 마구 약탈하였다. 또한 그 자녀들까지도 아버지의 세도를 믿고서 교만하고 다른 아이들을 괴롭혀서 백성들이 원망하고 분개하였다.

고국천왕이 이를 알고 크게 노하여 좌가려 등을 잡아 처형하려 하자, 그들은 도리어 화를 내며 반역을 도모하여, 191년(고국천왕 13) 4월, 왕도를 공격하였다.

이에 병사를 모아 난리를 평정한 후에 고국천왕은 4부에 명령을 내렸다.

"근래 나라의 관직이 사사로운 정에 의해 거래되고, 벼슬은 덕으로써 승진되지 아니하여, 그에 따르는 해독이 백성에게 미칠 뿐만 아니라 우리 왕가를 흔들리게 하였으니, 이러한 일은 모두가 나의 덕이 부족한 소치이다. 그대들 4부는 각각 현명한 인재를 한 사람씩 뽑아, 내게 천거하도록 하라."

이에 4부에서는 모두 동부의 안유라는 사람을 천거하였다.

그래서 고국천왕이 그를 불러들여 국정을 위촉하니, 안유는 왕에게 아뢰기를

"소인은 어리석고 대범하지 못하여 큰일을 맡아 처리할 능력이 없사옵니다. 하오나, 서압록곡 좌물촌의 을파소(乙巴素)라는 사람은 유리왕 때에 대신을 지낸 을소의 손자로서, 지혜가 뛰어

나고 덕이 큰 인물이오니, 그를 맞아들여 국정을 다스리도록 하면, 가히 태평 성대를 이룰 줄로 아옵니다."
라고 하였다.

이에 고국천왕이 곧 을파소에게 사람을 보내 가르침을 청하니, 을파소는 쾌히 응낙하고 고국천왕을 만나러 왔다.

그러나 을파소는 고국천왕이 자기에게 중외대부의 벼슬과 우태의 직위를 주자, 그 직책이 국사를 처리해 나갈 자리가 아니므로
"신 같은 둔재로는 감히 엄명을 당할 수 없사오니, 대왕께옵서는 보다 현명한 사람을 맞아들여 높은 관직을 제수하여 대업을 이루도록 하옵소서."
하고 사양하였다.

그러자 고국천왕은 을파소의 마음을 알아차리고 국상에 임명하니, 그는 비로소 수락하였다.

이 때, 대신들과 왕의 친척들이 을파소를 시기하여 반발하니, 고국천왕은
'누구를 막론하고 국상에게 거역하는 자는 엄히 다스리겠다.'
라는 교서를 내렸다.

이에 을파소는
"때를 만나지 못하면 숨어 살지만, 때를 만나면 기꺼이 나와 벼슬하는 것이 선비의 도리이다. 대왕께옵서 나를 후의로 대하시는데, 어찌 전날의 은거하던 생각을 다시 하겠는가!"
라고 소신을 분명하게 밝힌 후, 지성으로 나라를 받들고 정교를 명백히 하며, 상벌에 관한 사항을 엄격하게 다루니 온 나라가 평화스러워졌다.

그 해 겨울, 고국천왕은 안유를 불러 을파소를 천거한 것을 칭찬한 후, 안유에게도 대사자라는 벼슬을 내려 주었다고 한다.

# 의　상
(625 ～ 702)

## －해동 화엄종의 시조－

의상(義湘)은 신라 때의 고승으로, 화엄종의 시조이다. 속성은 김씨이며, 19세 때에 경주 황복사에 출가하였다.

650년(진덕 여왕 4) 원효와 함께 당나라로 가던 도중 고구려 순찰대에 잡혀 그 뜻을 이루지 못하고, 그 후 661년(문무왕 원년)에 다시 원효와 함께 당나라로 길을

떠났다.

그런데 원효는 해골에 담긴 물을 마시고 깨달은 바가 있어서 되돌아오고, 의상은 당나라에 건너갔다.

당나라에 도착한 의상은 종남산 지상사를 찾아 중국 화엄종의 시조인 지엄 화상 밑에서 10년간 꾸준히 공부했다. 지엄 화상의 문하에는 수백 명의 제자들이 있었지만, 화엄의 오묘한 뜻을 잘 이해하는 사람은 오직 의상뿐이었고, 긴 경문을 잘 외는 사람은 현수뿐이었다. 그래서 현수를 가리켜 '문지(文持)', 의상을 '의지(義持)'라는 별명으로 불렀다. 문지는 글을 잘 왼다는 뜻이고, 의지는 그 의미를 잘 터득한다는 뜻이다.

의상이 당나라에 온 지 10년이 되자, 신라와 당나라 사이에 미묘한 움직임이 일어났다.

신라가 백제와 고구려의 유민을 유입하였는데, 이 일을 당나라의 승인을 받지 않고 처리했다고 해서 그만 말썽이 난 것이다.

그래서 그 일이 일어나게 된 사정을 해명하기 위해 신라에서 각간 김흠순을 사신으로 보내 왔는데, 당나라에서는 사신으로 간 김흠순을 잡아 가두고 장차 신라를 칠 계획을 꾸미고 있었다.

김흠순은 이 사실을 신라에 알리고 싶었으나, 갇혀 있는 몸이라 어쩔 수 없어 의상에게 급히 귀국하여 알리게 하였다. 그래서 의상이 급히 신라로 돌아와 문무왕에게 그런 사정을 고하니, 왕은 명랑(明郞) 법사를 청하여 법회를 열어 호국 기도를 드리게 했다.

얼마 후, 신라의 외교적 노력으로 당의 오해도 풀리고, 김흠순도 살아서 돌아왔다.

의상은 그 후 문무왕의 분부로 영주 태백산에 부석사를 창건하여 화엄종을 가르쳤으며, 그 법회에 참석한 3천 제자 가운데서 많은 고승이 나왔다.

의상이 불법으로 나라에 이바지하자, 임금이 땅과 종을 내린 일이

의상이 창건한 낙산사의 원통보전

있으나, 중은 법계를 집으로 삼는 몸이라 그런 것이 모두 소용이 없다고 하여 받지 않았다. 문무왕이 경주에 새로 성을 쌓으려고 공사를 시작할 때, 나라를 올바르게 다스리면 풀언덕 땅에 금을 그어서 성이라 하여도 백성이 감히 넘지, 못하고 재앙을 씻어 복이 될 것이오나, 그렇지 못하면 장성으로도 재난을 막지 못한다고 진언하여, 왕이 그 공사를 중단하였다고 한다.

저서로는 간략하면서도 화엄 사상의 요체를 제시해 주는《화엄일승법계도》와 《백화도량발원문》《십문간법관》《소아미타경의기》등이 있다. 시호는 해동 화엄 시조 원교국사이다.

377

# 의 자 왕

(? ~ 660)

## ─ 백제의 마지막 임금 ─

의자왕(義慈王)은 백제 제30대 무왕의 맏아들이다.

대개의 다른 왕들은 휘가 따로 있고, 또 사후에 공덕을 기리어서 주던 시호가 따로 있어 후세에는 시호로 불리지만, 의자왕의 경우는 마지막 임금이므로 시호가 없었기 때문에, '의자'라는 휘에 의하여 의자왕이라 불리게 되었다.

의자왕은 천성이 용감하고, 담력과 결단성을 지니고 있었다. 또한 부모에게 효성스럽고 형제간에 우애가 지극하여 일찍부터 '해동증자'라 불렸다.

해동은 우리 나라를 가리키는 말이요, 증자는 옛날 중국의 대철학자인 공자의 제자로서 효도의 중요함을 역설하던 사람으로, 해동 증자는 흔히 우리 나라의 효자를 가리키는 데 쓰이던 말이다.

641년 아버지인 무왕이 죽자, 그가 왕위를 이어받았다.

의자왕은 초기에는 당나라, 고구려와 화친을 맺고 동쪽의 신라를 공격하는 데 열중했다.

642년(의자왕 2), 의자왕이 직접 군사를 지휘하여 신라의 40여 성을 함락시켰고, 곧이어 장군 윤충이 신라의 대야성(지금의 경상 남도 합천)을 함락시켰다. 또한 그 다음 해에도 신라의 주요 항구인 당항성(지금의 경기도 남양)을 쳐서, 신라가 당나라와 접촉하지 못하게 하려고 했다.

645년(의자왕 5)에도 신라의 일곱 성을 쳐서 빼앗고, 647년에는 장군 의직으로 하여금 무산성(지금의 전라 북도 남원시)에서 신라로 쳐들어가게 하였으나 오히려 패하였다.

의자왕의 이런 의욕도 한때였다. 그는 말년에 이르러서는 사치와 향락을 일삼았다. 태자궁을 화려하게 수리하고, 망해정이라는 정자를 세웠다. 그러고는 날마다 연회를 열어 간신배와 궁녀들과 함께 즐기는 것을 일과로 삼았다.

그 모습을 보다 못해, 좌평 성충이 왕의 잘못을 아뢰자, 뉘우치기는커녕 오히려 화를 내고, 그를 감옥에 가두어 죽게 했다. 뿐만 아니라 왕의 실정을 간한 좌평 흥수도 이 무렵에 유배되었다.

660년, 나·당 연합군이 백제로 쳐들어 오자 의자왕은 계백 장군에게 5천 명의 결사대를 이끌고 황산벌에 나아가 싸우게 했다.

계백 장군과 그의 결사대는 신라군을 맞아 용감하게 싸웠지만 네 번을 이긴 뒤에 지칠 대로 지쳐, 다섯 번째의 싸움에서 그만 전멸하고 말았다. 다른 백제 군사들도 웅진(지금의 공주) 근처에서 당나라 군사에게 패하였다.

의자왕과 태자, 다른 여러 왕자들 및 신하 등 88명과, 백제 백성 1만 3천여 명은 소정방에 의해 당나라로 압송되었다.

일찍이 신라를 자주 공격하여 위세를 보이다가, 나중에는 사치와 향락에 빠져 스스로 자기 자신과 나라까지 망하게 만든 의자왕은 그해, 낯선 당나라 서울 장안에서 병들어 죽었다고 전한다.

# 의　천
(1055 ～ 1101)

## －천태종의 시조－

고려 시대의 명승 의천(義天)은 고려 제11대 임금인 문종의 넷째 아들로 태어났다.

의천은 그의 자이며, 이름은 후이다. 그러나 송나라의 철종과 이름이 같아서 보통 그의 자인 의천으로 불리었다.

의천은 왕손이었지만, 10세 때 중이 되었다.

1067년(문종 22) 12세 때, 승려를 다스리는 승통이라는 직책에 임명되고, 넓은 지혜로 세상을 다스리라는 뜻으로 우세라는 호를 문종으로부터 하사받았다.

그는 송나라에 유학을 하고 싶어 문종에게 허락을 청하였으나, 문종은 그를 고려에 두고 싶어 허락하지 않았다.

그러나 1083년에 문종이 승하하자, 의천은 1085년 4월 변장을 하고 송나라의 상선 편으로 유학의 길을 떠났다.

송나라에 건너간 의천은 송나라의 황제인 철종의 환대를 받았다.

그는 허난 성 변경에 있는 계성사에서 당대의 대학자 유성 법사에게서 화엄종과 천태종을 배우고, 상국사 등지를 찾아다니며 고승들에게 불법을 배웠다.

이듬해인 1086년에는 항저우에 가서, 정원 법사에게서 《화엄소초》에 대한 의문점을 교수받았으며, 자변 대사로부터는 천태종의 경론을 교수받았다.

이와 같이, 그는 이름난 사찰을 돌면서 송나라의 고승들과 불법을 논하며 도를 닦았다.

그 해 6월, 의천은 어머니인 인예 왕후와 형인 선종 임금의 간절한 청을 받고 고려로 돌아왔다. 그는 곧 개경에 새로 지은 흥왕사의 주지가 되었다.

의천은 그 곳에 교장도감을 설치하여 송나라에서 가져온 많은 경전과 유교 서적, 그리고 요나라와 일본에서 구입한 4000여 권에 달하는 방대한 서적을 다시 고쳐서 간행했으며, 아울러 《속장경》도 이 때 완성했다.

1095년에 숙종이 즉위하자, 의천은 화폐의 사용을 건의하여 그 실현을 보기도 했다. 2년 뒤인 1097년, 42세가 된 그는 어머니인 인예 왕후의 명복을 빌기 위하여 지은 국청사가 완성되자, 그 절의 주지를 겸임하면서 처음으로 천태 교학을 강론하기 시작했다.

의천의 저서인 《대각 국사 문집》

의천은 불교뿐만 아니라 주전론을 주장하여 경제와 사회면에서의 개혁을 왕에게 진언하기도 했다.

그는 교종과 선종으로 갈라져 서로 대립해 있던 그 당시에 교선 일치를 주장했다.

화엄종인 규봉의 학설로 교종을 통일했으며, 선종의 교리에 입각해 천태종을 개창, 선종의 종파를 통합하고, 원효의 근본 사상인 일불승 회삼귀일의 원리에 입각하여 불교의 융합을 실현한 그의 업적은 우리 나라 불교 사상 획기적인 것이었다.

1101년 국사에 책봉되었으며, 시호는 대각(大覺)이다.

# 이 개

(1417 ~ 1456)

## ─사육신의 한 사람─

조선 제6대 단종을 위해 죽은 사육신의 한 사람인 이개(李塏)는 고려 삼은의 한 사람인 이색의 증손으로서, 자는 청보·백고이며, 호는 백옥헌, 본관은 한산이다.

1436년(세종 18) 문과에 급제하였으며, 집현전 학사로서 훈민정음 창제에도 참여했다.

1447년, 문과 중시에 급제한 뒤, 1456년(세조 2)에는 벼슬이 집현전 부제학에 이르렀다.

집현전 학사로 있을 때부터 세종의 각별한 신임을 받았던 그는 세조가 단종을 몰아 내고 왕위를 찬탈하려고 하자, 세조의 불미스러운 행위에 격분을 금치 못하는 성삼문, 박팽년, 하위지, 유성원, 유응부 등과 함께 동지들을 규합하여 단종 복위를 위한 거사 계획을 진행하게 되었다.

그들의 단종 복위를 위한 거사 계획은 아무 이상 없이 진행되었으며, 1456년 6월, 창덕궁에서 명나라 사신을 위한 잔치를 베풀 때를 거사일로 정했다.

그러나 그 날은 사정이 여의치 못하여 기회를 미루고 말았다. 그러자 모의에 참여하였던 사람들 중 김질, 정창손 등이 모의가 발각될까 두려워 배신함으로써 모두 체포되고 말았다.

이개는 본래 세조와 친교가 있었던 사이였으므로, 세조는 그에게 진상을 밝히고 잘못을 뉘우치면 죄를 용서해 주겠다고 했다. 그러나 그는 끝내 진상을 밝히지 않았을 뿐 아니라, 세조에게 즉시 왕위를 내놓아야 한다고 주장함으로써, 모의에 가담했던 다른 충신들과 함께 처형당하고 말았다.

이 때, 그는 불에 달군 인두로 살을 지지는 등의 견디기 힘든 형벌을 받으면서도 안색을 조금도 일그러뜨리지 않아, 보는 사람들을 놀라게 했다.

그는 시문이 맑고 깨끗하였으며, 글씨도 무척 잘 썼다고 한다. 그리고 세조가 왕위를 찬탈한 후, 자신의 충절을 나타내는 뜻으로 아래와 같은 시조를 짓기도 했다.

방 안에 혓는(켜 있는) 촛불
누구와 이별하였기에
겉으로 눈물지고 속 타는 줄
모르는고
저 촛불 날과(나와) 같하여
(같아서) 속 타는 줄 모르더라.

세조의 왕위 찬탈에 반대하고 단종의 복위를 꾀하다 젊은 나이에 아깝게 목숨을 잃고 만 그에게, 조정에서는 1758년(영조 34)에 이조 판서를 추증했다.

조정에서는 의롭고 장렬한 그의 행동을 찬미하는 뜻에서 의열이라는 시호를 내렸다가 뒤에 충간으로 고쳤다.

대구시에 있는 낙빈 서원, 노량진의 민절 서원, 홍주의 노운 서원, 한산의 문헌 서원, 연산의 돈암 서원, 의성의 충렬사, 영변의 창절사 등 여러 곳에 배향되었다.

사육신의 무덤은 서울 특별시 동작구 노량진의 한강 남쪽 기슭에 마련되어 있다.

383

# 이 광 수

(1892~1950)

## ─신문학의 개척자─

이광수(李光洙)는 1892년(고종 29), 평안 북도 정주에서 태어났다. 그의 부친 이종원은 이광수가 태어나기 전에 늙은 중한테 거울을 얻는 꿈을 꾸고는 아들이 태어나자, 그의 이름을 보경이라고 지어 주었다 한다.

그의 집안은 그가 태어날 무렵까지는 꽤 잘 살았으나, 갑자기 쇠퇴했다.

8, 9세 무렵에 이광수는 산에 가서 나무도 하고, 소를 끌고 밭에 다니는 등 고생이 많았다. 그러면서도 틈을 내어 서당에 다니며, 한문을 공부했다.

그 뒤 1902년, 10세 때에는 전염병이 유행하는 통에 갑자기 부모를 여의었다.

그런 후로 여기저기 친척 집에 엎혀 지내다가, 1903년부터 정주

군의 동학 간부에게서 후원을 받았으나, 관헌의 탄압이 심해지자 상경했다.

1905년에는 일본 유학을 떠나게 되었으며, 먼저 메이지 학원 중학부 3학년에 편입했다.

그런데 이광수는 그 사이 일본어 학습서를 열흘 동안에 다 암기했을 만큼, 어학에 뛰어난 재능을 가지고 있었다.

메이지 학원 재학 중에 일본 및 서양의 새로운 문학을 접하게 된 이광수는 소년회를 조직하고 회람지 《소년》을 발행하는 한편 시와 평론 등도 발표하기 시작했다. 1909년에는 《대한 흥학 학보》라는 유학생 회보에 소설, 논문 등을 발표했다. 그 이듬해 메이지 학원을 졸업하고 일시 귀국한 이광수는 곧 정주로 돌아가 오산 학교 교사로

취임해서, 학교 일은 물론이요 마을 환경을 개선하는 데에도 힘썼다. 그러나 조국이 일본의 식민지가 되자, 그는 나라 잃은 슬픔을 안고 정처 없이 여행을 떠났다.

1915년에는 다시 일본에 건너가 도쿄의 와세다 대학 고등예과에 입학하고, 유명한 장편 소설《무정》을 비롯한 많은 소설과 시를 발표하기 시작했다.

특히, 소설에 있어 우리 나라에서 서양식으로 쓰기 시작한 것은 이광수가 처음이었다.

한편 1918년부터 3, 4년 동안, 그는 일본과 중국에서 독립 운동에 참여해 맹활약을 벌이며 소설, 시 이외에도 논문을 많이 쓰는 등 천재로 알려졌다.

이광수의 소설《무정》

그러나 1938년 이후, 일제의 강압에 못 이겨 독립 운동을 전혀 하지 않고, 오히려 일본 사람들을 편드는 듯하여 사람들에게 많은 비난을 받았으나, 끊임없이 훌륭한 작품을 써냈다.

그는 8·15 광복 후에 반민족 행위자 재판에 회부되었으며, 그 무렵《나의 고백》이란 자서전을 내기도 했다.

6·25 전쟁 때 이북에 납치되어 간 후 사망한 것으로 전해진다.

이광수의 호는 춘원, 필명으로는 고주 등 여러 가지를 썼으며, 주요 작품으로는 〈무정〉〈흙〉〈재생〉〈유정〉〈개척자〉〈마의 태자〉〈사랑〉 등이 있다.

# 이 규 보
## (1168 ~ 1241)

### ―고려의 문신・재상―

이규보(李奎報)는 고려 시대의 문인으로, 1168년 12월에 호부 시랑 이윤수의 아들로 태어났다.

그 무렵 고려는 의종이 다스리고 있었는데, 그는 매일같이 호화스러운 잔치를 벌여 술을 마시고 문신들과 어울려 놀거나 시를 짓는 일에만 마음을 썼기 때문에 백성들의 생활은 말이 아니었다.

의종을 가까이 모시는 문신들도 왕과 똑같이 어울리며 무신들을 박대하였으므로 무신들은 이에 큰 불만을 품고, 기회가 오면 아니꼬운 문신들을 모조리 제거하려고 마음 먹고 있었다.

그러던 어느 날, 의종이 여러 문신과 무신들을 거느리고 보현원에 행차하였을 때 무신 정중부가 이의방, 이고 등과 모의하여 반란을 일으키고 말았다.

정중부는 의종을 폐위하여 거제도로 귀양 보내고, 의종의 아우 호를 받들어 임금 자리에 오르도록 했으며, 문신들에게 천대받던 때의 분풀이를 하기 위하여, 당시 벼슬 자리에 있던 많은 문신들을 잡아 처형하였다. 이 때, 이규보의 나이는 두 살이었다.

이규보의 자는 춘경이고, 호는 백운 거사・지헌, 또는 삼혹호 선생이라 했으며, 본관은 황려이다.

이규보는 어려서부터 매우 총명하여 9세 때부터 중국의 고전을 읽었으며 경사, 백가, 노불의 문헌을 두루 읽고 깨우쳐 신동이라는 말을 들었다. 그는 15세 때부터 과거에 응시했으나 번번이 떨어지다가 21세 되던 해에 사마시에 응시하여 합격하였고, 이듬해에 다시 문과에 응시하여 급제했다.

그러나 1192년, 그의 나이 24세가 되었을 때, 그의 아버지가 세상을 떠났다.

이제야 겨우 벼슬길로 나아갈 길을 마련하게 되어 몹시 기뻐하던 이규보는 너무나 슬프고 실망이 되어, 벼슬을 단념하고 천마산으로 들어갔다.

천마산으로 들어간 이규보는 술로 세월을 보내면서 많은 작품을 창작했다. 이규보의 대표적인 걸작이며, 우리 국문학사에 영원히 빛날 《동명왕편》도 이 무렵에 씌어진 것이다.

그는 원래부터 신화나 전설 같은 것은 황당 무계하다 해서 좋아하지를 않았다.

그러나 동명왕의 사적에 대해서만은 '미혹한 것이 아니라 거룩한 사실이며, 이것은 귀신의 일이 아니라 신의 사적'이라고 말하였다. 그는 자신의 저서 《동명왕편》에서 동명왕을 고구려 건국의 위대한 영웅으로 칭송하였다.

그가 동명왕의 사적에 관해서 보다 자세히 알게 된 것은 《구삼국사》라는 책을 구해 보고 난 뒤부터라고 한다.

당시 그 책은 구하기가 퍽 힘든 것이었던 듯, 이규보는

'후세에 이 성인의 사적이 전해지지 않을 것을 염려하여 글을 짓는다.'

라고 《동명왕편》 마지막에 자기 자신이 이 글을 쓰게 된 이유를 밝혀 놓았다.

이규보는 시를 좋아하고 술을 좋아한 것 못지않게 벼슬길에 나아가기를 늘 원했다고 한다.

그러나 젊어서는 관운이 없어서인지 나이 31세에 겨우 전주목 사록이라는 말단 외직에 임명되었다. 그러나 동료의 비방으로 1년 4개월 만에 면관되었다.

387

그러다가 34세가 되었을 때, 청도 운문산 일대에서 반란이 일어나자 자진해서 종군하였다. 반란을 진압하고 1년 3개월 만에 개선해 돌아올 때 은근히 상을 받을 것으로 기대했으나 아무것도 얻지 못하였다. 다른 많은 군사들에게는 상을 주고 그에게는 아무 상도 내려 주지 않자,

사냥을 마치고 누가 제일인가 논공하니,
상을 타야 할, 지휘한 사람의 이름은 빠졌더라.

라는 시 한 수를 남겨 놓고, 벼슬자리에의 미련을 떨치려 했다.

다시 세월은 흘러 1207년 그의 나이 39세가 되었을 때, 당시 고려 조정에서 모든 정권을 잡고 있던 최충헌이 정자를 지어 놓고 많은 대신을 불러 연회를 베푼 자리가 있었다. 이규보는 이 때 시인의 자격으로 참석하게 되었다.

이규보는 이 연회석상에서 다른 시인들을 물리치고 시를 제일 잘 지음으로써 최충헌의 눈에 들게 되었다.

그는 이 일로 인하여 직한림이라는 벼슬을 받게 되었다. 그는 39세에 겨우 한림이라는 벼슬에 올랐음에도 불구하고 대단히 만족해서, 〈초입한림시〉라는 글을 지어 자찬하였다.

시를 좋아하고 술을 즐겼던 그는 또한 거문고를 아주 좋아했다. 그래서 자신의 호를 스스로 '시금주 삼혹호 선생(詩琴酒三酷好先生)'이라 지어 부르기도 했다.

그는 기개가 있고 성격이 강직해서 조정에서는 인중룡(人中龍)이란 평도 있었다.

젊어서 그렇게나 관운이 없었던 그는 39세에 한림이 된 후에는 순조롭게 벼슬이 올라, 만년에는 신하로서 누릴 수 있는 최고의 벼슬인 상국에까지 올랐다.

그는 금자 광록 대부, 수태보 문하 시랑 평장사, 수문전 대학사 감수 국사 판례부사 한림원사 태자대보 등의 벼슬을 두루 지내고 정계에서 은퇴하여, 73세 되던 해에 세상을 떠났다.

그러나 그는 관리로서보다는 역시 문인으로서 더 잘 어울리는 사람이었다.

호탕하고 활달한 성격의 그는 시풍 또한 그러해서 당대를 풍미하기에 충분했다.

특히 새로운 벼슬에 임명될 때마다 그 감상을 읊은 즉흥시로도 무척 유명하였다.

이규보의 묘 (강화도)

처음에는 도연명의 영향을 받은 듯한 그의 시풍은 차츰 자기의 개성을 살려 마침내 독자적인 시 세계를 이룩하였다. 몽고군이 침입했을 때, 이규보가 써 보낸 진정표를 읽고 몽고군이 감탄하여 물러간 사실만 보더라도 역시 그는 당대 제일의 문장가요, 시인이었음을 알 수 있다.

벼슬 자리에 있는 동안, 술 한 잔에 시 한 수라는 말을 들을 정도로 많은 시를 썼던 그는 은퇴 후에는 불교에 귀의하였으며, 유명한 〈대장 각판 군신 기고문〉이라는 글을 남겨 놓았다.

저서로는 《동국이상국집》《백운소설》《국선생전》 등이 있으며, 시호는 문순이다.

# 이 덕 형
## (1561 ~ 1613)

### ―조선 중기의 문신―

이덕형(李德馨)은 조선 선조 때의 문신으로서, 자는 명보이고, 호는 한음·쌍송·포옹산인이며, 본관은 광주이다.

1580년(선조 13), 별시 문과에 을과로 급제하여 승문원에 보직되었으며, 같은 해에 급제한 이항복과 함께 재주 있는 신하로 선발되어 사가 독서(유능한 젊은 문신들을 뽑아 휴가를 주어 독서당에서 공부하게 한 일)를 했다.

사가 독서를 마치고 나서는 박사가 되고 부수찬, 부교리, 이조 좌랑을 거쳐 대사간, 대사성을 역임했다. 그 후 1592년에 예조 참판에 올라 대제학을 겸하던 중, 일본의 침략으로 임진왜란이 일어나자 동지중추부사로서 전쟁을 종결시키기 위하여 회합을 벌였으나 실패하고 말았다.

그 후, 그는 선조를 호종하여 평안 북도 정주까지 피난을 갔으며, 청원사의 임무를 띠고 명나라로 가서 원병을 요청해 승낙을 받고 귀국했다.

이 때, 명나라에서는 5천 명의

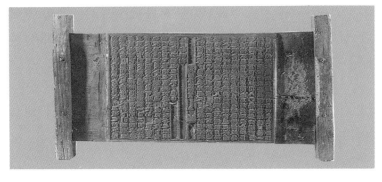

한음 선생 문고 목
각판

구원병을 보냈으며, 이듬해인 1593년에는 이여송의 군대를 보내 조선군과 함께 공격을 감행하여 왜군으로부터 평양과 서울을 수복했다.

이 때 이덕형은 이여송을 도와 서울을 수복케 한 공이 있다 하여 병조 판서에 승진되었다.

이듬해에는 이조 판서로 전직하여 서울 수비의 책임을 맡은 훈련도감 당상을 겸임했고, 1595년 4도 체찰부사가 되어 경기, 황해, 평안, 함경도 4도를 순회하며 일반 군무에 관한 사항을 점검했다.

1597년 1월, 일단 물러났던 왜군이 재차 침입하여 정유재란을 일으키자, 이덕형은 서울에 머물고 있던 명나라 어사 양호를 설득하여 우선 서울을 위기로부터 벗어나도록 했다. 우의정으로 승진되고, 이어 좌의정에 올라 훈련도감 도제조를 겸했다.

1601년, 도체찰사가 되어 임진왜란과 정유재란으로 인해 큰 피해를 입은 경상, 전라, 충청, 강원도의 4도를 돌아보며 민심을 수습하고 군대를 정비하였으며, 서울로 올라와 쓰시마 섬 공격을 건의하였으나 실현되지 못했다. 1605년,

영의정에 승진되었다가 이듬해인 1606년에 영중추부사로 밀려났다.

1608년, 선조의 뒤를 이어 선조의 맏아들인 임해군이 즉위하지 않고 둘째 아들인 광해군이 즉위하자, 명나라에서는 광해군의 즉위를 인정하지 않았다. 그는 진주사로 명나라에 가서 광해군 즉위에 따른 사연을 설득시키고 돌아옴으로써 다시 영의정이 되었다.

그러나 그는 1613년(광해군 5)에 영창 대군의 처형 문제와 폐모론이 일어났을 때 강력하게 반대 의사를 표함으로써, 광해군을 즉위케 할 때 공이 컸던 이이첨의 미움을 사게 되어 관직을 삭탈당하고 용진에 내려가 있다가 그 곳에서 세상을 떠나고 말았다.

이덕형은 본래 남인 출신이었으나, 북인의 영수인 이산해의 사위가 됨으로써 중간 노선을 지키다가 뒤에 남인에 가담했다.

삭탈되었던 관직은 인조 때 복관되었으며, 포천의 용연 서원과 상주의 근암 서원에 제향되었다.

특히 글씨에 뛰어났던 그는 저서로 《한음문고》가 있으며, 시호는 문익이다.

# 이 동 녕
(1869 ~ 1940)

## ─일생을 독립 운동에 바친 애국자─

일생을 우리 나라의 독립을 위해 노력한 이동녕(李東寧)은 충청 남도 천안에서 이병옥의 아들로 태어났으며, 호는 석오이다.

1892년 진사시에 합격하였으며, 1904년에 제1차 한·일 협약이 체결되어 국권이 위축되자 서울 상동 교회에서 청년회를 조직하여 국권 회복 운동을 하였다.

이동녕 선생의 어록비

1905년, 을사조약이 체결되자 이동녕은 조약 폐기 운동을 벌이다가 체포되어 2개월간 갖은 고문을 받았다. 이 해 그는 북간도로 건너가 용정에서 이상설, 여준 등과 함께 서전 의숙을 설립하여 교포 2세의 민족 교육에 힘썼다.

그러나 1907년에 재정난으로 학교가 폐쇄되자 귀국하여 안창호, 김구 등과 함께 애국 단체인 '신민회'를 조직하고, 그 자매 단체인 청년 학우회의 총무가 되어 국권 회복에 힘썼다.

1910년, 다시 만주로 건너간 이동녕은 동지들과 함께 북간도에 교포들의 자치 단체인 '경학사'를 설립하고, 그 부속 기관으로 신흥 학교를 세워 초대 소장이 되었으며, 그 곳에서 독립군 양성과 교포 교육에 힘썼다.

1911년에 재정난으로 경학사가 해체되자 블라디보스토크로 가서, 1915년 권업회를 조직하고, 《해조신문》을 발행해 독립 정신을 높였다. 1918년 대종교 서도본사의 포교책으로 활약하였으며 1919년에는 상하이 임시 정부에 참여하여 초대 의정원 의장과 내무 총장을 역임하였으며, 1921년에는 국무 총리 대리를 역임했다.

그러나 상하이 임시 정부가 파벌 싸움으로 위기에 처하자, 1922년에 안창호, 여운형 등과 함께 '시사책진회'를 조직하여 임시 정부의 단결을 촉구하였다.

1924년에 다시 국무 총리로 정식 취임한 이동녕은 군무 총장을 겸임하였고, 이어 대통령 대리직을 맡았다가 사퇴하였다.

1926년에 국무령에 취임하였고, 이듬해에는 법무 총장에 임명되었으며, 1929년에는 다시 의정원 의장이 되었다. 1935년에는 김구 등과 한국 국민당을 조직하여 그 당수가 되었다. 1937년, 중·일 전쟁이 시작되자 임시 정부의 외곽 단체인 '대한 광복 진선'에 참여하여 일제에 강력히 반대하는 항일 운동을 전개하였다. 1940년, 중화민국 정부가 충칭으로 옮길 때 그도 임시 정부를 이끌고 창사로 이전했다가, 쓰촨 성에서 병을 얻어 일생을 마쳤다. 임시 정부는 국장으로 그의 장례를 치렀다.

1962년, 건국 훈장 대통령장이 추서되었다.

# 이 범 석
## (1900 ～ 1972)

## －청산리 전투의 명장－

이범석(李範奭)은 1900년(고종 37) 서울에서 태어났으며, 호는 철기이고, 본관은 전주이다.

15세의 나이에 중국 대륙으로 건너간 그는 윈난 강무 학교 기병과를 수석으로 졸업했고 1919년 한국 독립군 부대인 북로 군정서군에 들어가 총사령관 김좌진 휘하에서 중대장이 되었다.

이 무렵은 3·1 운동이 일어난 뒤여서 고국으로부터 많은 청년들이 독립군에 들어왔고, 블라디보스토크나 러시아 령 자유시에서 무기를 싼값에 사들일 수 있어서, 한국 독립군은 막강한 대부대 편성이 가능했다. 이에 당황한 일본군은 이 일로 중국에 트집을 잡았다.

일본에 비해 상대적으로 군사적 열세에 놓인 중국은 일본의 요청을 받아들였다.

중국 당국은 간도에서 활동하는 독립군 부대에 대해 일본군의 눈에 띄지 않는 산 속으로 들어가 달라고 권고했다.

이에 독립군 부대들은 1920년 8월 하순부터 이동을 시작했다. 북로 군정서군의 총사령관 김좌진도 화룡현 삼도구 청산리 부근으로 근거지를 옮기기로 하고, 이범석을 여행 단장으로 임명했다.

그러나 이 때 이미 일본군은 간도에서 활동하고 있는 독립군을 토벌하기 위해 2만 5천여 명의 무장 병력을 불법으로 출병시키며 북로 군정서군에 대한 협공 작전을 개시하고 있었다.

1920년 10월 20일, 일본군이 진격해 올 때, 이범석이 쏜 총탄이 전위 중대 장교의 심장을 꿰뚫음으로써 싸움은 시작되었다.

광복군 (1940)

북로 군정서군의 공격에 맞서 응사를 하려 해도 일본군 전위 중대는 독립군이 어디에 숨어 있는지를 전혀 알 수가 없었다.

결국 교전 20여 분 만에 일본군 전위 중대 200여 명은 전멸했으며, 뒤따라온 일본군 토벌 연대 또한 화력만 낭비하다가 1200여 명의 전사자를 남기고 후퇴했다.

청산리 싸움은 6일 동안 계속되었는데, 전투에 동원된 병력은 독립군이 2000명, 일본군이 5000명이었고, 일본군의 사상자가 3300여 명에 달한 데 비해 독립군의 사상자는 350여 명에 불과했다.

이것이 바로 우리 무장 독립 운동 사상 가장 빛나는 전과를 올린 청산리 대첩이다.

그 후, 이범석은 소련으로 들어가 합동 민족군을 지휘했으며, 시베리아와 중국 대륙을 무대로 조국 광복 운동에 젊음을 바치다가, 1945년 중국 땅에서 한국 광복군의 제2지대장을 지낼 때 조국의 광복을 맞이하게 되었다.

광복 후 1946년 6월, 그는 꿈에도 그리던 조국으로 돌아왔다. 그는 청년 운동을 위해 많은 노력을 기울였으며, 국무 총리, 국방 장관, 주중 대사, 내무 장관 등을 역임하였고 1960년에는 초대 참의원에 당선되는 등 정치 일선에서 많은 활약을 하였다.

저서로는 회고록《우등불》이 있으며, 1963년에 대한 민국 건국 훈장 대통령장을 받았다.

# 이 병 기

(1891 ~ 1968)

## ─국문학 발전에 공헌한 학자─

국문학자이며 시조 시인인 이병기(李秉岐)는 전라 북도 익산 출신으로, 호는 가람이다.

1913년, 한성 사범 학교를 졸업한 그는 전라 북도 남양 보통 학교와 전주 제2공립 보통 학교에서 교편 생활을 했으며, 그 무렵부터 고문헌을 수집하는 한편, 시조에 관한 연구를 하기 시작했다.

1919년 중국을 다녀온 후, 우리말을 체계적으로 연구하기 위해 권덕규, 임경재 등과 함께 조선어 연구회를 조직하였다. 1925년 《조선문단》 10월호에 〈한강을 지나며〉라는 시조를 처음으로 발표하였고, 이듬해 〈시조란 무엇인가〉라는 제목의 시조론을 《동아 일보》에 발표하여 주목을 끌었다. 또, 시조 문학의 발전을 위하여 '시조회'를 조직하기도 했다.

1931년에는 삼남을 순회하며 우리말과 우리 문학에 관한 강연회를 열고, 여러 차례에 걸쳐 《동아 일보》에 문학론을 발표했다.

이병기는 1938년, 연희 전문 학교의 강단에 서게 되었으며 이듬해 4월 월간 문예지 《문장》이 창간되자 〈한중록 주해〉를 발표하였다. 또 그 해에 그 동안 써 두었던 시조 72편을 모아 한지에 엮은 《가람 시조집》을 발간했다.

그 후 계속해서 우리 나라 고문학의 연구에 열성을 다한 그는, 1940년 《역대 시조선》과 《인현 왕후전》을 간행했다.

일본은 국어 말살을 꾀하기 위하여 1939년부터 각 학교의 국어 과목을 없애고, 각 신문과 잡지를 폐간했으며, 1942년에는 '조선어 학회'에도 검거의 손길을 뻗었다.

그 해 10월 21일에 검거된 이병기는 함흥 형무소에 수감되어 약 1년간을 복역한 후, 기소 유예로 출감했다.

그 후, 일제의 탄압을 피하여 고향으로 내려가 있던 그는, 광복이 되자 다시 서울로 올라와 1946년 미 군정청에서 편찬 과장을 지내고 서울 대학교 문리대 교수를 역임했다. 또한 〈고전 문학에 나타난 향토성〉 등의 논문을 발표하여 고전 문학 연구에 대한 꾸준한 열성을 보여 주었다.

1948년, 《의유당 일기》와 《근조 내간집》 등을 역주 간행했고, 동국 대학, 숙명 여자 대학 등에서 강의를 하다가 1951년에는 전북 대학 문리대 학장에 취임했다. 1954년에는 학술원 회원이 되었고, 1956년에는 중앙 대학 문리대 교수로 재직하면서 〈별사미인곡〉과 〈속사미인곡〉을 발표했다.

1957년에 학술원 추천 회원이 되었고, 평론가 백철과 함께 《국문학 전사》를 집필, 발간했다. 그 해 10월 9일, 한글날 기념식에 참석하고 돌아가던 도중 뇌일혈로 쓰러져 병석에 눕게 됐다.

고향으로 내려간 그는 병석에 있으면서 1960년 학술원에서 수여하는 공로상을 받았고, 1962년에는 《국문학 개설》을 발간하여 전북 대학으로부터 명예 문학 박사 학위를 받기도 했다.

1966년, 병석에 눕기 시작한 지 10여 년에 이른 그는 초기 작품을 포함해 시조 93편과 시조론, 고전 연구, 일기 등을 한데 모아 《가람 문선》을 발간했다. 시조 시인으로서 현대적인 시풍을 확립하였고, 국문학 연구사의 초창기 학자로 많은 자료를 발굴하여 소개하는 등 큰 공로를 세웠던 그는 1968년 11월 29일 생가에서 사망, 전라 북도 예총장으로 장례가 치러졌다.

# 이 봉 창

## (1900 ~ 1932)

## ─일본 천황을 저격한 독립 투사─

이봉창(李奉昌)은 서울에서 이진규의 아들로 태어났다. 가정 형편이 넉넉지 못하여 문창 보통 학교를 졸업한 후, 진학하지 못하고 과자점 점원을 거쳐 용산역 만선 철도 견습소에서 일했다.

1924년, 만선 철도 견습소를 그만둔 그는 일본으로 건너가 철공소 직공으로 일하다가 독립 운동을 하기로 결심하고, 1931년 1월에 상하이로 건너갔다.

상하이에 도착한 이봉창은 임시 정부 청사를 찾아가, 자기는 일본에서 노동을 하던 사람으로 독립 운동에 참여하고 싶어서 왔는데, 자기와 같은 노동자도 독립 운동을 할 수 있느냐고 물었다.

그러자 임시 정부의 간부들은 그가 혹시 일본 정부에서 보낸 첩자일지도 모른다 하여 일단 그의 동태를 살펴보기로 했다.

얼마 후, 이봉창은 다시 임시 정부 청사로 김구를 찾아가, 일본 천황을 저격하고자 하는 자신의 계획을 설명했다.

김구는 그를 신임하게 되어, 거사 자금이 마련되는 대로 그를 일본으로 밀파하기로 하였다.

이봉창은 그 동안 인쇄소와 악기점에서 직공으로 일을 하며 때가 오기를 기다렸다.

드디어 1931년 겨울에 미국의 한 교포로부터 거사 자금이 도착했다. 김구는 곧 일을 착수하기로 하고, 우선 중국군 대령으로 있는 왕웅(김홍일의 중국 이름)과 중국인 유치에게 부탁하여 수류탄 2개를 구입하였다.

그 해 12월 13일, 이봉창은 돈 300원과 수류탄 2개를 받아 들고 "나는 참된 정성으로 우리 나라의 독립과 자유를 회복하기 위해 한인 애국단의 일원으로 적국의 수괴를 죽이기로 맹세하나이다." 라는 선서를 한 후 곧 일본으로 떠났다. 도쿄에 도착한 이봉창은 곧 김구에게 1월 8일에 거사하겠다는 뜻을 암호문으로 알렸다.

1월 8일, 이봉창은 사쿠라다문 앞에서 히로히토가 도착하기를 기다리다가 히로히토가 만주국 황제 푸이와 함께 도쿄 교외에 있는 요요키 연병장에서 관병식을 마치고 마차를 갈아타려는 순간, 재빨리 수류탄을 던졌다.

수류탄은 굉장한 폭음과 함께 폭발했으나, 거리가 미치지 못해 천황 암살은 실패로 돌아가고, 이봉창은 그 자리에서 체포되어 이치가

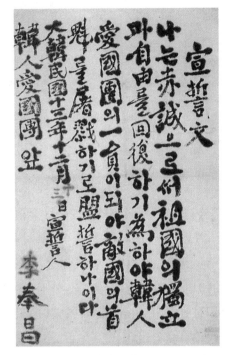

이봉창 의사 선서문 (1931. 12. 13)

야 형무소에 수감되었다.

체포된 후, 이봉창은 예심조차 거치지 않고 비공개 재판에서 사형을 선고받아 1932년 10월 10일에 순국하고 말았다.

이봉창의 일본 천황 암살 미수 사건은 세계 각국에 전해졌으며, 특히 중국 국민당 기관지인 《국민일보》는 이봉창의 일본 천황 저격 실패에 대해 애석한 뜻을 나타내기도 했다.

1962년 대한 민국 건국 훈장 대통령장이 추서되었다.

# 이 상
## (1910 ~ 1937)

### ―심리주의 문학의 천재 작가―

시인이자 소설가인 이상(李箱)은 일본 제국주의자들에 의해 치욕스런 국권 강탈이 이루어진 해인 1910년 9월 23일, 서울 사직동에서 김연창의 아들로 태어났다. 본명은 김해경이다.

8세 때 서울 누상동에 있던 신명 학교에 입학했는데, 머리가 좋아서 학교 성적이 우수한 것은 물론이요, 그림에도 소질이 있어서 10세쯤에 그가 담뱃갑을 보고 그린 그림이 어찌나 뛰어났던지 그의 어머니가 그 그림을 오래도록 간직하고 있었다 한다.

1921년, 신명 학교를 졸업한 그는 곧 재단 법인 조선 불교 중앙 교무원에서 경영하던 동광 학교에 입학했다. 몇 년 후에 이 학교가 보성 고등 보통 학교에 병합됨으로써 4학년에 편입하게 되었다.

그 해에 그는 교내 미술 전람회에 유화 〈풍경〉을 출품하여 우수상을 타게 됨으로써 이 무렵부터 화가가 될 것을 꿈꾸기도 했다.

그 후, 이상은 경성 고등 공업 학교에 입학하여 건축을 공부했는데, 그 당시 그는 많은 책을 읽었던 듯, 이사를 할 때면 책이 두 수레나 되었다 한다. 그러나 당시 누구의 책을 주로 읽었으며, 어떤 작가의 영향을 받았는지에 대해서는 전혀 알려지지 않고 있다.

1929년 4월, 그는 총독부 내무국 건축과에 기사로 취직을 했다. 그러나 그는 직장에 다니면서도 낙서만 하며 하루를 보내기가 일쑤였다. 그러다 보니, 자연스럽게 시를 쓰게 되었다. 그래서 당시 그의 노트에는 무려 2000여 편의 시가 씌어 있었다 한다.

시를 쓰는 한편으로 그림에 대한 정열도 여전히 가지고 있던 이상은 1930년에《조선과 건축》이라는 잡지의 표지 도안 현상 모집에 응모하였다.

그 결과 1등과 3등에 당선되었으며, 1931년에는 서양화 〈초상화〉를 조선 미술 전람회에 출품하여 입선되기도 했다.

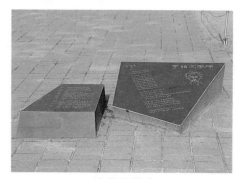

이상 문학비

뿐만 아니라 그 해 〈이상한 가역반응〉과 〈파편의 경치〉를《조선과 건축》지에 발표했고, 1932년에는 단편 소설 〈지도의 암실〉을 비구라는 익명으로 발표하였으며, 이어서 〈건축 무한 육면각체〉라는 제목의 시를 이상이라는 이름으로 발표하였다.

'이상'이라는 이름은 건축 공사장에서 일할 때, 인부들이 그를 '리상'이라 부른 데서 따 온 이름이라고 한다.

이 무렵, 그는 4년 동안 다니던 직장을 버리고 말았다.

그 동안 앓아 오던 폐병이 악화된 데에 근본 원인이 있었다고는 하지만, 사실은 그것보다는 철저하게 지켜야 하는 시간이나 격식에 얽매여야 하는 자유롭지 못한 계급

제도가 그의 생리에 맞지 않아서였을 것이다.

직장을 그만둔 뒤, 이상은 요양을 하기 위해 배천 온천으로 갔다. 그는 그 곳에서 금홍이라는 여인을 만났다.

이상은 온천으로 내려갈 때보다 더욱 나빠진 몸으로 서울로 올라와, 1933년 제비라는 다방을 차려 금홍을 마담으로 있게 했다.

다방은 개업 초에는 그럭저럭 영업이 되기는 했지만, 이상이 본디 장사꾼이 아니었으므로 제대로 수지를 맞출 수가 없었다.

1934년, 그는 '구인회'에 가입하여 박태원, 김기림 등과 함께 구인회의 중심 인물로 활동하면서 틈나는 대로 몇몇 문인과 함께 제비에 들러 큰 소리로 떠들며 문학을 논하곤 했다.

이상은 구인회에 가입하면서 본격적인 문학 활동을 하기로 결심하여, 그 해 7월 24일부터 이태준의 소개를 받아 《조선 중앙 일보》에. 시 〈오감도〉를 30회 예정으로 연재하기 시작했다. 그러나 이 작품은 연재 시작부터 독자들의 빗발치는 항의를 받고 중단하지 않으면 안 되었다. 이해하기 어려워서 도대체 뭐가 뭔지 모르겠다는 것이었다. 결국 30회 예정이었던 것이 10회 만에 중단되고 말았다.

그 때, 이상은 만나는 사람들에게마다 〈오감도〉에 대한 변명을 늘어놓았다. 그 작품은 이제부터가 점입 가경인데, 사람들은 뭘 너무 모른다는 것이었다.

그러나 이상의 변명을 듣는 사람들은 모두가 하나같이 묵묵 부답이었으므로, 이상의 주장은 독백으로 끝나곤 했다.

〈오감도〉로 인한 상처가 어느 정도 치유될 무렵, 이상이 며칠간 인천에 다녀와 보니 금홍이 집을 나가고 없었다.

그 후, 두어 달 만에 금홍은 다시 나타났다가 이듬해 봄이 되자 또 가출, 이번에는 영영 자취를 감춰 버리고 말았다. 이로써 이상과 금홍의 관계는 막을 내리고, 다방은 실패로 돌아갔다.

1936년에 들어서면서 이상은 그동안의 잡다했던 일들을 떨쳐 버리고 작품 집필에만 몰두했다.

그리하여 그 해 〈지주회시〉를 발표했으며, 이어 《조광》에 단편 소설 〈날개〉를 발표했다.

〈지주회시〉는 당시 문단에서 일반적으로 널리 통하던 개념에 항상 반기를 들고 나오는 이상의 작품 가운데서도 특히 그 문장이 파격적인 것으로, 띄어쓰기는 물론이고 소설론에 있어서의 정해진 방법인 객관적 방법도 전혀 의식하지 않고 쓴 것이다. 연이어 발표한 〈날개〉는 우리 나라 최초의 심리주의 소설로서, 발표되자마자 큰 화제를 불러일으켰다.

그는 소설을 발표하는 한편으로, 수필도 부지런히 써 거의 매달 한 작품씩 발표할 정도였다.

이상은 질서를 되찾은 듯 보였으나, 사실은 그렇지 못했는지 갱생의 뜻을 품고 일본으로 건너가게 되었다. 1936년 10월 17일의 일이었다.

그러나 막상 가서 보니 일본은 그가 기대했던 것과는 너무나 동떨어진 곳이어서 실망이 컸다. 밤낮을 구분하지 않는 무질서한 생활로 인하여 그의 건강은 날이 갈수록 악화되어 갔다.

그 당시 그가 사귀고 있던 사람들은 도쿄에 있는 유학생을 중심으로 결성된 '삼사 문학'의 동인 몇 사람뿐이었는데, 그들은 이상에게 아무런 도움도 주지 못했고, 이상 또한 마찬가지였다.

이상은 몇 번이나 귀국을 결심했다. 일본에서의 무의미한 생활 때문에 그렇기도 했지만, 두고 온 가족들을 생각하면 하루라도 더 있을 수가 없는 형편이었다.

그러나 이상은 결국 돌아오지 못하고 말았다. 그의 성격 탓이었다. 참담한 심정으로 거리를 배회하다가, 그는 어처구니없게도 불온 사상 혐의로 일본 경찰에 연행되었다. 이상은 연행된 지 한 달 만에 병 보석으로 풀려났으나 그 당시의 그의 건강은 이미 돌이킬 수 없을 정도로 악화되어 있었다.

친지들이 서둘러 도쿄 대학 부속 병원에 입원시켰으나, 워낙 병이 악화된데다 겨울 한 달을 유치장에서 보내고 나왔기 때문에 다시는 건강을 되찾을 수가 없었다.

그리하여 그는 애석하게도 1937년 4월 17일, 이국 땅에서 숨을 거두고 말았다.

# 이 상 설
## (1870~1917)

## ―조선 말기의 독립 운동가―

대한 제국 의정부에서 참찬을 지낸 바 있는 이상설(李相卨)은 독립 운동가로서, 자는 순오이고 호는 보재, 본관은 경주이다.

1894년, 식년 문과에 병과로 급제하여 여러 벼슬을 거치다가 1905년 법부 협판을 역임했으며, 11월에 의정부 참찬으로 승진했다.

그 해 11월 을사조약이 체결되자, 그는 조약의 폐기를 상소하고 자결하려 했으나 뜻을 이루지 못했다.

그는 국외에서 독립 운동을 하기로 결심하고, 1906년에 이동녕과 함께 북간도 용정으로 망명했다.

8월경 그 곳에 항일 민족 교육의 요람인 서전 서숙을 건립하고 숙장이 되어 교포 자제의 교육과 독립 정신 고취를 위해 노력했다.

이 무렵, 고종은 강제로 체결당한 을사조약을 무효화하기 위해 많은 노력을 하고 있었는데, 1907년에 헤이그에서 만국 평화 회의가 열린다는 소식을 듣고는, 일본의 침략상을 널리 폭로함으로써 세계의 여론을 환기시키기로 마음먹었다. 그래서 고종은 블라디보스토크에 망명해 있는 전 군부 대신 이용익에게 헤이그에 파견할 특사의 인선을 의뢰하였다. 이렇게 하여 추천된 사람이 이상설, 이준, 이위종 들이었다.

이상설은 고종으로부터 전권 위임장과 기타 각종 친서를 받아 가지고 이준, 이위종과 함께 러시아의 수도 페테르부르크를 거쳐 헤이그에 도착했다.

이상설은 만국 평화 회의 의장인 러시아 대표를 방문하여, 외교권이 없어 초청장을 받지 못한 사정을 설명하고, 평화 회의에 참가시켜 줄 것을 요청하였다.

그러나 러시아 대표는 이미 일본 측으로부터 우리 나라 대표를 불참시키라는 부탁을 받은 후였기 때문에 이상설의 요청을 들어 주지 않았다. 이에 이상설은 네덜란드의 외상과 각국 대표들을 만나서 우리 나라의 입장을 호소하고 회의 참석권을 얻기 위해 노력했다. 그러나 일본의 철저한 방해 공작으로 끝내 회의 참석권을 얻어 내지 못했다. 동료 이준은 한스러운 조국의 운명을 풀지 못한 울분에 못 이겨 그 해 7월 14일 순국하고 말았다.

특사로서의 책임을 완수하지도 못한 채 동료만 잃은 이상설은 귀국 준비를 하던 중, 본국에서 열린 궐석 재판에서 사형 선고를 받았다는 소식을 듣고는 귀국을 단념하고 다시 블라디보스토크로 갔다.

그 후, 1910년에 국권 침탈이 발표되자, 그는 유인석 등과 성명회를 조직하여 일본의 침략 행위를 규탄하는 성명서를 세계 각국에 발송하였다. 일본의 요청을 받은 러시아에 의해 연해주 쪽으로 잠시 추방되었다가 블라디보스토크로 돌아온 그는, 1911년 이동녕 등과 권업회를 조직하여 교포들의 계몽과 산업 발전에 많은 노력을 기울였다. 그러던 중 1917년 블라디보스토크에서 세상을 떠났다.

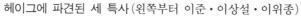

헤이그에 파견된 세 특사(왼쪽부터 이준 · 이상설 · 이위종)

# 이 상 재
(1850~1927)

## ─정치가·민권 운동가─

이상재(李商在)는 1850년 10월 26일, 충청 남도 서천에서 태어났으며, 호는 월남이다.

그는 1867년에 과거에 응시했으나, 관리들의 농간으로 낙방을 하고 말았다.

이상재는 벼슬길을 포기하고 낙향하여 당시 진보적 개화 사상을 가진 박정양의 집에서 그의 개인 비서 일을 보아 주고 있었다.

이상재 비(충청 남도 서천군 한산면)

한 사람의 야인으로 박정양의 사랑방에서 세월을 보내던 그에게 세상에 나설 기회가 왔다. 박정양이 일본 시찰단인 신사 유람단의 단장이 되자, 그도 따라가게 되었던 것이다. 이상재는 이 때 동행이었던 홍영식, 김옥균 등을 알게 되어 교분을 쌓았다. 그 후, 홍영식이 우정국 총판이 되자 이상재는 우정국 주사로 일하게 되었으며, 이것이 그의 벼슬길의 첫출발이었다.

그러나 갑신정변이 3일 천하로 끝나고 개화당이 허물어지자, 그도 고향으로 돌아가 은거 생활을 했다. 그가 다시 벼슬길에 오른 것은 박정양이 초대 주미 공사로 임명된 1887년의 일이었다.

그는 박정양의 추천으로 2등 서기관이 되어 미국에 건너가 첫 외교관 생활을 시작했다.

이상재는 미국에서도 청나라의 부당한 외교 간섭을 물리치고 우리 나라의 자주적 정신을 힘껏 발휘하기 위해 노력했다.

을미사변 이후 새로운 내각이 구성되어 박정양이 내부 대신에 오르자, 이상재는 학부 아문 참의 겸 학무 국장이 되었으며, 1896년에는 또다시 내각 총무국장에 임명되기도 했다.

그는 관직에 있는 동안 옳은 일이 아니면 거들떠보지도 않았으며, 옳다고 믿는 일은 목숨을 걸고 관철시키려고 노력했다.

나라를 일본에게 빼앗기게 된 것은 순전히 우리 백성이 무지하여 힘이 없었기 때문임을 뼈저리게 느끼고, 이상재는 서재필, 윤치호 등과 함께 독립 협회를 조직하고 만민 공동회를 열어 민중을 계몽하는 일에 앞장 섰다.

그는 이 운동을 지도하다가 1898년 11월 4일, 일본 경찰에 체포되어 잠시 갇히는 신세가 되었다. 심상훈의 간곡한 상소로 감옥에서 나오자 그는 모든 벼슬을 버리고 민중 속으로 들어가 그들을 계몽하는 일에 헌신했다.

1902년 개혁당 사건으로 복역하는 동안 크리스트 교를 믿게 된 이상재는 출옥한 후 황성 기독교 청년회(YMCA)에 들어갔다.

그 후 20여 년 동안, 그는 백발 청년으로서 풍자와 해학으로 일제와 맞서 투쟁했다.

그는 언제나 우리 나라의 앞날을 청년들에게서 찾았으며, 그들을 아끼고 사랑했다. 그리고 그는 젊은이들과 진솔한 대화를 나누며 그들의 정신적인 지주가 되었다.

그는 실로 청년들의 친구요 스승이며, 그 자신이 바로 청년이었다. 소탈하면서도 강직하고, 날카로우면서도 사랑으로 감싸는 그의 성격은, 그로 하여금 평생 초야에 묻혀 있으면서도 젊은이를 사랑으로 지도하고 기쁨과 슬픔을 함께 나누어 그들을 교화하기에 심혈을 기울이게 했다.

1927년 3월 29일, 오랫동안 병석에 누워 있던 이상재는 77년의 생애를 조용히 마감했다.

그의 장례는 우리 나라 최초의 사회장으로 치러졌으며, 1962년 대한 민국 건국 훈장 대통령장이 추서되었다.

# 이 상 화
(1901~1943)

## ─현대시 초창기에 활약한 시인─

이상화(李相和)는 1901년 경상 북도 대구의 한 선비 집안에서 태어났다.

3세 때 부친을 여읜 이상화는 홀어머니 슬하에서 자라며, 대구 지방에서는 매우 인망이 높은 큰 인물이던 그의 큰아버지 이일우의 보살핌을 받았다.

이상화는 어렸을 적부터 도량이 커서 사소한 일에 구애되지 않았고, 성품이 곧고 어질어서 친구가 많았다. 또 옛 위인들에 관한 이야기도 썩 잘 하였다.

1916년, 서울로 올라온 그는 경성 중앙 학교에 다녔는데, 한문과 학교 공부에 모두 뛰어났고 야구도 잘 했다. 그러나 그가 경성 중앙 학교 3년을 마쳤을 때에는 학교 생활보다도 인생에 대해 더 많은 생각을 하게 되었다.

그는 홀연히 대구로 내려가 독서와 명상으로 여러 날을 보내다가 금강산 등의 명산 대천을 유람하기도 했다.

이 무렵에, 유명한 그의 시 〈나의 침실로〉를 썼다고 한다.

그 뒤, 이상화는 1919년 3·1 독립 운동이 일어나자 대구에서 학생 시위 운동을 지휘하다가 일본 경찰에 쫓기는 몸이 되었다.

그는 일본 경찰의 눈을 피하여 다시 서울로 올라와 문학 수업을 시작했다.

그는 1922년 21세 때 문예지 〈백조〉의 동인으로 활동하는 한편, 〈말세의 희탄〉〈단조〉〈가을의 풍경〉〈나의 침실로〉〈이중의 사망〉 등 여러 편의 시를 발표하여 곧 일류 시인으로 높이 평가를 받게 되었다.

　1922년, 그는 파리로 유학을 가기 위해 우선 일본으로 건너갔다. 도쿄에 도착한 그는 아테네 프랑세라는 프랑스 어 학원에서 2년간 공부했다. 그러나 도쿄에서 큰 지진을 겪고는 바로 귀국했다.

　귀국 후 생각이 많이 달라졌는지 이상화는 이 때부터 우리 민족이 당하는 슬픔을 시로써 표현하고, 일본인에게 학대받는 민족을 위로하기에 힘썼다.

　주로 《개벽》지를 중심으로 시, 소설, 평론 등을 발표하였으며 이 무렵 그가 쓴 〈빼앗긴 들에도 봄은 오는가〉라는 시는 그 때의 우리 민족의 슬픔을 노래한 가장 훌륭한 작품의 하나로 꼽는다.

　1927년, 이상화는 민족주의 사상 때문에 다시 일본 경찰에 쫓겨 대구로 내려가 지냈으며, 1934년부터는 《조선 일보》 경북 지사를 맡아 경영하기도 했다.

　그 이듬해에는 중국으로 건너가서 1년간 중국 각처를 여행하고 돌아왔다.

　그 후, 3년간 대구 교남 학교에서 교편을 잡고 권투부를 창설하기도 했다.

　39세에 학교를 그만둔 후, 독서와 연구에 몰두하여 〈춘향전〉을 영역하고 〈국문학사〉와 〈불란서시 정석〉 등을 집필하려 했으나, 불행히도 위암에 걸려 1943년, 42세의 젊은 나이로 세상을 떠났다.

# 이 색
## (1328~1396)

## ─고려 말기 유학의 거봉─

포은 정몽주, 야은 길재와 더불어 고려 말기 삼은(三隱)의 한 사람이라 불리는 이색(李穡)은 1328년(충숙왕 15) 5월 9일에 찬성사인 이곡의 아들로 태어났다.

그의 자는 영숙이며, 호는 목은, 본관은 한산이다.

그는 주로 어머니로부터 가르침을 받으며 자랐는데, 그것은 그가 6세 때 아버지 이곡이 원나라 연경에 가서 과거에 급제하고 그 곳에서 오랫동안 살았기 때문이었다.

1341년(충혜왕 복위 2)에 진사가 되었으며, 15세 때에는 구재 학당(고려 때 사학의 하나로서 최충이 창건하여 많은 인재를 길러 냈음)에 들어가 공부했는데, 구재 도회가 있을 때마다 나아가 각촉부시에서 항상 1등을 차지했다.

구재 도회라는 것은 구재에서 공부하는 유생들에게 시 짓는 연습을 시키기 위해서 시행하는 일종의 시 짓기 대회이다. 또 각촉부시라는 것은 이 대회에서 시간을 재는 방법으로서, 불을 켜는 초에 금을 그어 놓고 그 금에까지 초가 타면 지어 놓은 시를 제출하도록 하는 것을 말한다.

그 후, 18세에 결혼하고, 20세 되던 해에 원나라로 가서 국자감의 생원이 되어 성리학을 연구하였다. 그러나 이듬해 아버지가 돌아가셨다는 전갈을 받고 고려로 돌아왔다.

1352년, 상중에 있으면서도 당시의 문란하기 짝이 없는 사회 현실을 개혁하기 위하여 토지 제도의 개혁, 국방 강화, 교육의 진흥, 불교의 억제 등 네 가지의 시정 개혁안을 공민왕에게 상서했다.

이듬해에 3년상을 마친 이색은 공민왕이 이제현과 홍언박을 고시관으로 하여 실시한 향시와, 원나라에서 고려에 세운 관청인 정동행성에서 실시한 향시에서 각각 1등으로 합격했다.

뿐만 아니라 이색은 원나라 태자의 책봉을 축하하러 가는 사신의 서장관으로 원나라에 갔다가 연경에서 실시하는 회시에도 1등으로 합격하였으며, 전시에도 2등으로 합격하여 응봉 한림문자 승사랑 동지제고 겸 국사원 편수관이라는 벼슬을 하게 되었다.

이 때 이색은, 어린 나이에 공명심에 동요되어 성현의 학문을 다 배우기도 전에 과거에 응시한 것을 부끄럽게 여기고, 벼슬보다 우선 학문에 마음을 쓰기로 스스로 다짐하였다 한다.

그 후, 이색은 26세 때에 고려로 돌아오게 되었다.

당시, 공민왕은 나라의 정치를 혁신하기 위해 인재를 찾던 중, 이색이 귀국하자 곧 그에게 전리정랑 겸 사관 편수관 지제교 겸 예문응교의 벼슬을 내렸다가, 이듬해에는 중서사인으로 승진시켰다.

이 때도 이색은 벼슬을 하느냐 학문을 하느냐로 고민하다가, 자식이 성장하면 집안을 빛내야 된다는 유교의 윤리 사상에 따라 벼슬을 하기로 결심했다 한다.

1355년, 이색은 다시 원나라에 가서 한림원에 등용되었다가 1356년에 귀국했다. 이부 시랑 겸 병부 낭중에 임명되어 인사 행정을 주관하였고, 공민왕에게 개혁을 건의하여 정방을 폐지시켰다.

이듬해 우간의 대부에 오른 이색은, 유학에 의거한 3년상 제도를 실시할 것을 공민왕에게 건의하여 채택되도록 했으며, 1361년에는 홍건적이 쳐들어오자 공민왕을 호종하여 1등 공신이 되었다.

그 후에도 이색은 공민왕으로부터 대단한 신임을 얻어, 공민왕이 죽을 때까지 20년간 모두 17개의 벼슬직에 있었다. 그 중에서도 그는 춘추관과 예문관의 직에 가장 오래 있었고, 밀직사와 성균관의 직에도 오래 있었다.

성균관은 국자감이라고도 불리는 교육 기관이었으나 이색이 대사성이 되기 전에는 학생도 별로 없고 공부할 수 있는 시설도 제대로 갖춰져 있지 않았다.

이색은 대사성에 임명되자, 조정으로부터 교육비를 대폭 늘려 받고 정몽주, 이숭인 같은 대유학자를 교수로 채용해 주자의 학설에 근거를 둔 강의를 실시함으로써 성리학 발전에 크게 기여했다.

그리고 그는 춘추관에 18년간이나 머물러 있었는데, 그것은 그의 학식이나 문장이 능했기 때문만이 아니라, 사관으로서의 공평, 정직을 지킬 수 있는 사람이라고 공민왕이 인정했기 때문이다.

1373년, 이색은 한산군에 봉해지고, 이듬해 예문관 대제학 지춘추관사 겸 성균관 대사성에 임명되었으나, 중병으로 사퇴하고 지방으로 내려갔다.

그러나 공민왕의 뒤를 이어 즉위한 우왕의 거듭되는 요청에 따라 다시 벼슬에 나아가 정당 문학 판삼사사를 역임했으며, 1388년(우왕 14) 명나라가 고려의 영토 내에 철령위를 설치하고자 했을 때는 주화론을 주장했다.

이색의 고택

1389년, 이성계의 위화도 회군으로 우왕이 강화로 쫓겨나자, 이색은 조민수와 함께 창왕을 옹립하여 즉위케 했다. 그리고 그는 명나라에 사신으로 가서 창왕의 인정과 명나라의 고려에 대한 감국(명나라 관리를 고려에 보내어 내정을 감시하는 일)을 주청하여 이성계의 세력을 억제하려 했다. 이 때문에 이성계 일파가 권력을 잡게 되자 장단으로 유배되었다.

이 때부터 이색은 귀양살이와 감옥살이를 되풀이하다가, 1392년 이성계가 조선 왕조를 창립하고 왕위에 오르자, 비로소 귀양에서 풀려나게 되었다.

나라를 위해 평생을 몸바쳐 일했던 이색은 한낱 야인이 되었고, 고향으로 돌아가는 도중에

소리를 안 내자니 가슴이 답답하고
소리를 내자니 남의 귀 무섭도다.
이래도 아니 되고 저래도 아니 되니
에라, 산 속 깊이 들어가
종일토록 울어나 볼까.

라는 시를 지어 읊으면서 당시 자신의 답답하고 괴로운 심정을 토로했다고 한다.

이색은 공민왕이 세상을 떠난 뒤, 병이 악화되어 벼슬에서 물러나 있을 때와 이성계 일파에 의하여 귀양살이를 하는 동안 많은 시를 지었다고 한다. 그 중에 《목은시고》에 수록되어 있는 것만도 4300여 수에 달한다.

그 후, 이색은 1395년 5월 오대산으로 들어가 조용히 지냈다. 그해 11월에 태조 이성계가 그의 재능을 아껴 보국 숭록 대부 한산백으로 책봉하고 예를 다해 출사를 종용했으나, 끝내 사양했다.

이듬해 5월, 그는 여강으로 내려가던 중에 갑자기 발병하여 운명하고 말았다.

이색은 고려 말기 성리학의 기초를 확립하였을 뿐만 아니라, 또한 그의 문하에서 권근을 비롯해 김종직, 변계량 등의 인재를 배출하여 조선 성리학의 기초를 이루는 데 크게 기여했다.

그가 남긴 저서는 《목은시고》《목은문고》가 있다.

시호는 문정이다.

# 이 성 계
(1335~1408)

## ─조선 5백 년의 문을 연 군주─

이성계(李成桂)는 조선 왕조 제 1대 임금으로, 자는 중결, 호는 송헌, 본관은 전주이다.

어려서부터 총명하고 담대했으며 특히 활쏘기와 말타기를 잘했다. 이성계의 아버지 이자춘은 1356년에 공민왕의 부름을 받아 쌍성 총관부를 공격하여 원나라의 세력을 쫓아 냈다.

이 싸움에서 공을 세운 이자춘은 대중대부 사복병이 되었고, 1361년에는 삭방도 만호 겸 동북면 병마사로 승진해 동북면 지방의 실력자가 되었다.

이성계는 이러한 가문 배경과 타고난 군사적 재능을 발휘함으로써 점차 두각을 나타내기 시작했다.

1361년 10월, 독로강 만호 박의가 반란을 일으켰으나, 이성계에 의해 곧 진압되었다.

같은 해, 10만의 홍건적이 침입하여 개경이 함락되었을 때도 이성계는 개경 탈환 작전에 참가하여 제일 먼저 개경에 입성하는 전공을 세웠다. 또한 1362년 원나라의 장수 나하추가 홍원으로 쳐들어왔을 때도 큰 공을 세웠으며, 1364년 1월에는 최유가 덕흥군을 추대하고 쳐들어오자, 최영과 함께 이들을 격파하였다.

1377년, 이성계는 노략질을 일삼는 왜구를 물리쳤으며, 1380년에는 양광, 전라, 경상도 도순찰사가 되어 왜구 토벌에 성공했다.

1382년 동북면 도지휘사가 되었고, 1383년에는 이지란과 함께 호바투 군대를 길주에서 크게 물리쳤으며, 1384년에는 동북면 도원수 문하 찬성사가 되어 함주에 쳐들어온 왜구를 크게 격파했다.

1388년, 수문하시중에 오른 이성계는 그의 세력 기반을 확고히 닦은 후, 정적인 임견미, 염흥방을 살해했다.

1389년, 명나라가 철령위를 설치하려 하자, 고려 조정에서는 이를 막기 위해 요동을 정벌하기로 결정했다. 이 때, 이성계는 이를 반대하였으나 묵살되었다.

그리하여 이성계는 우군 도통사가 되어 요동을 향해 출발했다가, 위화도에서 군사를 돌려 개경으로 향했다.

개경으로 돌아온 이성계는 최영을 제거하고 우왕을 폐위시킨 뒤, 9세의 창왕을 왕위에 앉히고 자신은 수문하시중으로서 도총중외제군사를 겸하여 인사권과 군사권을 한손에 장악했다.

이성계는 민심을 수습하기 위하여 사전 개혁을 실시, 귀족 소유의 넓은 땅을 백성에게 나누어 주려 했다. 그러나 귀족들의 반발에 부딪치자, 이성계는 창왕을 몰아 내고 공양왕을 세우는 한편, 반대파를 모두 귀양 보내거나 죽여 버렸다. 그런 후, 1390년에는 전국의 토지 대장을 모아들여 모두 불태워

황산 대첩비(전라 북도 전주시)

버렸다.

1392년, 정도전, 조준, 배극렴 등과 함께 공양왕을 원주로 추방하고, 7월 17일에 태조로 왕위에 올랐다. 안으로는 숭유 정책과 농본 정책을 제시하고, 밖으로는 사대 교린을 기본 외교 정책으로 삼아 조선 500년의 문을 열었다.

1393년, 나라 이름을 조선이라 칭하고, 1394년에는 도읍을 한양으로 옮겼다.

그 후, 세자 책봉 문제로 1398년에 제 1차 왕자의 난이 일어나자, 방과에게 왕위를 물려주고 상왕이 되었다. 그 후 1400년, 방원이 즉위하여 태종이 되자, 태상왕이 되어 동북면에 가서 오랫동안 있다가 돌아와 세상을 떠났다.

# 이 수 광
## (1563~1628)

### ─최초의 백과 전서를 남긴 이─

이수광(李晬光)은 1563년(명종 18) 경기도 장단에서 병조 판서를 지낸 이희검의 외아들로 태어났다. 그의 자는 윤경, 호는 지봉이며, 본관은 전주이다.

그는 천성이 어질고 착한 한편 재질이 뛰어나서 신동 소리를 들으며 자랐다. 12세경에 이미 유교 경전을 거의 다 익혔다고 한다.

이수광은 1585년(선조 18) 별시 문과에 급제했다.

1592년(선조 25)에 임진왜란이

일어나자, 경상 우도 방어사 조경의 종사관으로 참전하는 한편, 왕을 가까이 모시고 피난을 다니며, 왕명을 전하는 글을 거의 도맡아 쓰다시피 했다. 그의 학식과 글이 모두 뛰어났기 때문이었다.

그 공로로 이수광은 부교리가 되었고, 의주에서 돌아와서는 대사간, 대사헌을 역임했다.

또 1597년에는 형조 참판으로 명나라를 다녀온 후 성균관 대사성에 올랐다.

그 뒤로 학자와 정치인들의 붕당 싸움이 심하여 이수광도 여러 관직을 수없이 거치다가, 1600년부터는 다시 성균관 대사성의 직책을 여러 번 맡아서, 임진왜란 때 불타 버린 성균관의 재건을 위해 힘을 기울였다.

그러나 1613년(광해군 5)에 인

#### 이수광의 시 원고

목 대비를 폐모하는 등 광해군의 어지러운 정치에 싫증을 느낀 이수광은 경기도 수원에서 은둔 생활을 하며 학문과 저술에 몰두했다.

그 뒤에 광해군이 쫓겨나고 인조가 새 임금이 되었을 때에야 다시 관직에 나아가 도승지, 대사간을 지냈다.

1624년에 이괄이 난을 일으키자 인조를 공주로 호종했으며, 1627년 정묘호란 때에도 인조를 강화로 호종했다.

뿐만 아니라 그는 중국을 왕래하면서 《천주실의》《교우론》 등의 책을 구해 돌아와 우리 나라에 최초로 서학을 도입했으며, 《지봉유설》이란 책을 지어 서양의 사정과 천주교 지식을 소개했다.

《지봉유설》은 평소에 이수광이 보고 듣고 생각한 것을 기록해 놓은 3435개 항목의 많은 글을 한 곳에 모아 놓은 것으로, 1614년에 완성했다.

내용은 정치, 경제, 사회, 군사, 문화, 과학 등을 비롯하여 우주, 자연, 인간에 관한 것을 모두 포함하고 있다. 이 《지봉유설》이야말로 우리 나라 최초의 백과 전서라고 해도 지나친 말이 아니다.

특히, 이 책에서 이수광은 지구가 둥글다는 것, 유럽의 종교에 천주교가 있다는 것, 유럽에는 어떤 나라들이 있다는 것 등등 새로운 지식을 많이 소개했다.

사후 영의정에 추증되었으며, 시호는 문간이다.

# 이 순 신

## (1545~1598)

## ─거북선으로 나라를 지킨 성웅─

이순신(李舜臣)은 1545년(인종 1) 4월 28일 서울 건천동에서 이정의 셋째 아들로 태어났다. 어려서부터 활쏘기를 좋아하고 전쟁놀이에 열중했던 이순신은, 글공부와 무예를 익혀 1572년 훈련원 무과 시험에 응시했으나, 안타깝게 떨어지고 말았다.

그 후, 뜻을 굽히지 않고 더욱 무술 공부에 정진한 이순신은 1576년(선조 9)에 식년 무과에 병과로 급제했다. 그리하여 함경도 동구비보 권관을 첫 출발로 관직에 나서게 되었다.

1580년 발포의 수군 만호, 1583년 건원보 권관, 1586년 사복시 주부에 이어 조산보 만호 겸 녹둔도 둔전관을 지냈다.

1591년, 비로소 이순신은 전라 좌도 수군 절도사에 임명되었다.

이는 죽마고우였던 유성룡의 천거로 이루어졌는데, 왜적의 내침을 예측하고 있던 조정의 일부 대신들이 일본과 지리적으로 가장 가까운 경상도와 전라도의 수군 지휘관으로 이순신과 같은 명장을 천거하여 일본의 조선 침략을 대비케 하였던 것이다.

이순신은 어떤 직책에 있든, 언제나 자신의 직무에 충실하여 오직 나라를 위한 일념으로만 일했다. 옳은 일이 아니면 아무리 상관의 말이라도 듣지 않았다. 그랬기 때문에 그는 여러 번 모함을 받기도 했으나, 그래도 옳은 일을 위해서 정성을 쏟았다.

전라 좌수영에 부임한 이순신은 머지않아 전쟁이 일어날 것을 예측하고, 미리 무기를 정비하고 군량을 갖추기에 여념이 없었다.

418

그는 연구를 계속해 드디어 거북선을 만들어 내기에 이르렀다.

1592년에 임진왜란이 일어나자, 이순신은 그 동안 전쟁이 일어날 것에 대비하여 훈련에 주력해 온 수군을 거느리고 왜적을 옥포, 사천, 당포, 당항포 등지에서 격파하여 바다를 지켰다.

이처럼 이순신이 제해권을 장악하자 1593년 이순신은 삼도 수군 통제사에 임명되었다.

그러나 이순신은 1597년에 왜군의 모략으로 서울로 압송되어 사형을 당할 뻔했다. 그러나 정탁의 변호 덕분에 위기 일발의 순간을 모면하고 권율 장군 휘하에서 다시 백의 종군하게 되었다.

이순신이 없는 우리 수군은 여지없이 왜군에 참패하여 나라의 형세가 더욱 위급해졌다. 정유재란 때 원균이 참패하고 전사하자, 조정에서는 이순신을 다시 삼도 수군 통제사로 임명하기에 이르렀다.

삼도 수군 통제사로 다시 임명된 이순신은 남아 있는 13척의 배를 이끌고 왜적의 대함대 133척을 명량 앞바다에서 크게 쳐부수었다.

1598년, 도요토미 히데요시가 죽어 후퇴하게 된 왜선 300여 척이 노량 앞바다에 집결하자 이를 맞아 치열한 전투를 벌이다가, 불행하게도 그는 왼편 가슴에 적탄을 맞고 장렬한 최후를 마쳤다.

시호는 충무이다.

이순신이 활쏘기를 연습하던 활터의 은행나무

# 이 승 만
## (1875~1965)

## ─대한 민국 초대 대통령─

초대 대통령을 지낸 이승만(李承晩)의 초명은 승룡, 호는 우남이며, 본관은 전주이다.

어려서 이건하에게 한문을 배운 이승만은 1894년 배재 학당에 입학했고, 졸업한 후에는 모교에 영어 교사로 남았다. 이 무렵부터 그는 서재필이 이끄는 협성회와 독립 협회의 간부로 활약하다가, 1898년 황국 협회의 무고로 독립 협회 간부와 함께 투옥되었다. 종신 징역 선고를 받고 복역하다가, 1904년 민영환의 주선으로 석방되었다. 그 해 겨울, 한규설, 민영환과 협의하여 미국으로 건너가, 우리 나라의 사정을 알렸으나 실패했다. 그 후, 미국에 머물면서 워싱턴 대학과 하버드 대학에서 수학한 후, 1910년에는 프린스턴 대학에서 철학 박사 학위를 취득했다.

이 해, 일본에 의해 국권마저 강탈당하자 이승만은 귀국하여 조선 기독교 청년 연합회(YMCA)의 일을 맡아 보았다.

1912년, 이승만은 미국에서 열린 세계 감리교 대회에 한국 대표로 참가한 후, 박용만의 초청으로 호놀룰루에 있는 한국인 학교 교장에 취임했으나, 박용만과의 대립으로 교장직을 사임하고, 1916년 독자적으로 학교를 설립했다.

박용만과 이승만은 독립 운동에 있어서 타협할 수 없는 견해 차이를 가지고 있었다.

즉, 박용만은 우리 나라가 독립할 수 있는 길은 일본에 대해 저항하는 길뿐이라고 생각하는 데 반해, 이승만은 일본에 대한 저항이나 투쟁 방법은 어리석은 짓이라고 생각했다.

그는 오직 서구 열강, 특히 미국 정부와 미국 국민들의 이해와 지지를 얻는 외교 방식에 의해야만 한다고 주장했다. 그러나 이러한 이승만의 독립 운동 방식이 성공하리라고 믿는 사람은 거의 없었다.

중국 상하이에서 임시 정부가 수립되자, 그는 대통령에 추대되었다. 그러나 1921년, 임시 정부의 배척으로 대통령직을 사임하고, 미국의 본토와 하와이에 머물며 한국의 독립을 호소했다.

1921년 11월, 미국의 워싱턴에서 개최된 세계 군축 회의에 큰 기대를 건 이승만은 한국 문제를 제기시키기 위해 각국 대표들과의 면담을 요청하였으나, 한국 문제는 의제로 제출되지 않았다.

1931년 9월에 일어난 만주 사변 문제를 해결하기 위해 제네바에서 국제 연맹 회의가 열렸는데, 이승만은 이 회의에서 한국 문제를 호소하기 위해 1932년 12월 유럽으로 떠났다.

그러나 그 곳에서도 이승만의 호소는 묵살되고 말았다. 이 때, 이승만은 오스트리아 여성인 프란체스카와 결혼을 했다.

대통령 취임식 장면(1948. 7. 24)

광복이 되자 이승만은 김구 일행보다 한 발 앞서 1945년 10월에 귀국하여 기반을 잡았다.

1948년 5월에 제헌 국회 의원에 무투표로 당선되어 의장이 되었으며, 그 해 8월에는 초대 대통령에 취임했다. 그는 강력한 반공, 배일주의를 표방하면서 국내의 공산주의 운동을 분쇄하고 일본에 대해서는 외교를 단절했다.

그는 장기 집권을 위해 불법적으로 개헌을 했으며, 1960년에는 부정 선거로 대통령에 4선되었으나, 4월 혁명으로 정치 생활의 막을 내려야 했다.

실각 후 하와이로 망명하여, 그 곳에서 병사한 그의 유해는 국립 묘지에 안장되었다.

# 이 승 훈

(1756~1801)

## －우리 나라 최초의 천주교인－

이승훈(李承薰)의 본관은 평창, 천주교 세례명은 베드로이다.

이승훈은 1780년 진사시에 합격했으나, 벼슬을 단념하고 학문에 전심하던 중, 천주교 교리를 연구하고 있던 이벽을 만나 서학에 대해 관심을 갖기 시작했다.

1783년, 부친을 따라 청나라에 간 이승훈은 그라몽 신부를 찾아가 교리를 익히고 영세를 받았다. 그 뒤, 교리 서적과 십자 고상 등 여러 가지 성물을 얻어 1784년 3월 조선으로 돌아왔다.

이승훈은 이벽, 권철신, 정약용, 정약종 등에게 그가 배운 교리를 은밀하게 전파하고, 역관 김범우의 집에서 비밀리 예배를 보았다. 그러나 1786년 발각되어 체포되자 이승훈은 가족들의 권유로 배교하고 척사문을 공표했다.

그러나 배교 1년 만인 1787년 다시 복교하여 권일신, 정약종, 정약용 등과 함께 자치적인 교회 활동을 시작했다.

그들은 미사도 거행하고 성체와 고해 등 제반 의식을 진행했다. 이것은 천주교 교회법상에는 어긋나는 행위였지만, 그러한 행위가 위법인 줄을 몰랐다고 한다.

1789년, 베이징에 밀파되었던 윤유일이 가져온 서한에는, 뜻밖에도 자치적 교회 활동은 위법이니 성세 성사 이외의 성사는 하지 말 것과, 조상 제사도 지낼 수 없다는 내용의 글이 씌어 있었다.

이승훈은 다시 고민에 빠지게 되었다. 유교적 관습에 젖어 있던 그로서는 제사를 그만둘 수는 없었다. 그리하여 이승훈은 1790년 또다시 배교하고 말았다.

그러나 이승훈의 신앙심은 그를 다시 교회로 돌아가게 했다.

그 무렵, 전라도 진산 사람 권상연이 모친이 별세하자 신주를 불사르고 천주교식으로 장사를 지냈는데, 이 사실이 관가에 알려져 처형당한 사건이 일어났다.

이 사건으로 투옥된 이승훈은 죽음이라는 협박 앞에 굴복, 세 번째 배교를 하고 말았다.

배교의 고민으로 괴로워하던 이승훈은 1794년 중국인 신부 주문모가 밀입국했다는 소식을 듣자 다시 복교하기로 결심했다. 주문모는 어느 신자의 집에 몸을 숨겨 화를 면하였으나, 그를 맞아들인 최인길, 윤유일 등은 국사범으로 체포되어 처형당하고 말았다.

이 사건으로 또다시 투옥된 그는 예산으로 유배되었다가 얼마 뒤에 풀려났다.

정조가 죽고 순조가 즉위한 이듬해, 섭정을 맡은 대왕 대비 정순왕후에 의해 신유박해가 일어났다. 이 때 이승훈은 정약종, 홍낙민 등과 함께 다시 체포되어 갖은 악형을 받으며 취조를 받았으나, 끝내 신앙을 버릴 수 없다고 주장하자, 권엄 등 60여 유생들의 상소로 1801년 2월 26일 사형 선고를 받고 서소문 형장에서 처형되었다.

이로써 조선 천주 교회의 창설자이며, 종교를 통하여 당시 사회의 새로운 전환을 이룩하려던 베드로 이승훈은 세 번씩이나 배교한 죄과를 순교로 씻은 것이다.

# 이 승 훈
## (1864~1930)

## ―오산 학교를 설립한 독립 운동가―

3·1 운동 민족 대표 33인의 한
사람이며 교육자인 이승훈(李昇
薰)은, 1864년 3월 25일 평안 북
도 정주에서 태어났다.

이승훈의 본명은 인환(寅煥)이
며, 호는 남강이고, 승훈은 그의
자이다.

그가 태어났을 무렵에는 국내 정
세가 혼란하여 모든 벌이가 시원치
않았다. 그래서 그의 아버지는 놋
그릇 만드는 업이 성한 납청정으로
가족을 이끌고 이사하였다.

그러나 이승훈의 집이 납청정으
로 이사온 지 몇 년 안 되어 그의
할머니가 세상을 뜨고 두어 달 후
아버지가 또 세상을 떠났다.

어머니는 그를 낳고 8개월 만에
세상을 떠났으므로, 형과 함께 천
애 고아가 된 셈이다.

그 후, 이승훈은 임권일이란 사
람 밑에서 부지런히 일하며 장사
수완을 익혀 나갔다.

그리하여 그의 나이 24세가 되
던 해에 그 동안 임씨의 일을 해 준
대가로 받은 돈으로 독자적인 사업
을 벌여 크게 성공을 거두게 되었
다. 그러자 그는 오산의 용동으로
이사를 한 후 그 곳에다가 승천재
라는 서당을 세우고, 배우지도 못
하고 고생만 했던 자신의 어려웠던
어린 시절을 생각하며, 동네 어린
이들에게 글을 배울 수 있도록 해
주었다.

그러는 한편으로, 그는 평안도
와 황해도 일원에 있는 재벌들의
힘을 모아 하나의 큰 민족 자본을
만들었다. 장차 들어올 외국 자본
을 물리쳐야 한다는 생각에서 보다
더 큰 장사를 벌인 것이다.

그러나 그 무렵, 러·일 전쟁이

424

일어남으로써 이승훈은 큰 손해를 본 후, 계속 장사를 하지 않고 고향으로 내려갔다.

1907년, 이승훈은 평양에서 당시 청년 애국자로 이름이 높던 안창호의 시국에 관한 연설을 듣고 크게 감명을 받았다. 개인의 영달보다는 민족을 구해야겠다는 생각에 그는 상투를 자르고 금주·금연을 실천에 옮겼다.

또, 이승훈은 안창호, 이동녕, 신채호, 이동휘, 이회영, 전덕기, 등이 조직한 단체 '신민회'에 가담하였다.

신민회는 나라의 독립을 위하여 정치, 교육, 문화, 경제 등 여러 방면에서 새로운 운동을 전개하여 국가의 실력을 기르는 데 그 목적을 둔 비밀 결사 단체였다.

신민회 회원들은 우선 교육, 실업에 힘을 기울이기로 했다.

이승훈은 신식 교육을 위해서 서당 승천재를 개편해 강명 의숙을 세웠고, 11월에는 중등 교육 기관인 오산 학교를 설립하였다. 실업을 위해서는 평양 마산동에 자기 회사를 세워 사장으로 취임했다.

장사를 해서 돈을 벌어 자수 성가하겠다는 생각에만 몰두해 있던 이승훈은, 이제 자신만의 이익을 떠나 진정으로 나라를 위해 동분서주하는 일꾼이 되었다.

신민회는 일본 경찰의 눈을 피해 가면서 운영이 되었다. 오산 학교도 적은 수의 학생밖에는 없었지만 그들에게 민족 정신을 일깨워 주며, 배움의 터전으로서의 역할을 충실히 수행해 나갔다.

이 무렵, 이승훈은 아예 집을 나와 학교에서 먹고 자며 오산 학교에 온 정성을 쏟고 있었다.

그런데 1911년 2월, 신민회가 독립 운동 단체임이 일본 경찰에 발각되었다. 이 일로 인해서 함께 일하던 많은 애국 지사들이 나라 밖으로 도피하고, 그는 제주도로 유배되고 말았다.

유배지에서도 이승훈은 제주도민을 상대로 민족 정신을 고취시키느라 여념이 없었다.

그러나 그 해 9월, 이승훈은 다시 105인 사건에 연루되어 서울로 압송되었다. 모진 고문 끝에 10년 형을 언도받고 징역살이를 하다가, 1915년 2월에 감형이 되어 풀려 나왔다.

이승훈은 출옥한 후에 오산 학교로 돌아와 학교와 교회 일에 정성을 다하는 한편, 평양 신학교에 입학해서 신학을 공부했다.

1918년 미국의 제28대 윌슨 대통령이 민족 자결주의를 발표하자, 그에 힘입은 국내외의 독립 지사들이 3·1 운동을 계획하게 되었다. 이승훈도 민족 대표 33인 중의 한 사람으로 독립 선언문에 서명하고 3·1 운동을 주도하다가 일본경찰에 체포되었다.

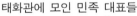

태화관에 모인 민족 대표들

경성 지방 법원에서 징역 3년형을 선고받고 감옥으로 들어갔던 이승훈은 1922년 7월 22일에야 석방되었다.

출옥 후 다시 용동으로 돌아온 이승훈은 자면회를 구성한 후, 자신의 땅을 기증하여 공동 경작하도록 했다. 수확된 곡식은 서로 나누어 갖도록 했고, 그들의 뒤떨어진 생활 양식을 점차 개선해 나가도록 권장했다.

그 무렵, 이승훈은 오산 학교를 고등 보통 학교로 승격시키기 위해 관청을 드나들다가, 많은 사람들로부터 변절자라는 비난과 함께 손가락질을 받게 되었다.

그러나 이승훈의 생각은 오산 학교를 정식 자격을 갖춘 학교로 승격시켜 젊은 학생들에게 떳떳한 교육을 시키고자 하는 데 그 목적이 있었으므로, 자신에게 손가락질을 하는 사람들 앞에서도 얼마든지 떳떳할 수가 있었다.

이승훈은 1924년, 김성수의 간청으로 동아일보사 사장으로 취임, 1년 동안 경영을 맡기도 했다.

이 때 그는 물산 장려 운동과 조선 교육 협회에도 관여했다.

또, 순수한 우리 민족의 자금을 바탕으로 한 민립 대학을 건립하여 후진을 교육시키려는 등 여러 방면으로 활동했다.

그 후, 이승훈은 오산 학교 이사장에 취임해 학교 운영에 심혈을 기울였다. 그러나 1930년 졸업생들의 발기로 오산 학교 교정에 그의 동상이 건립된 지 6일이 지난 5월 9일, 협심증을 일으켜 세상을 떠나고 말았다.

장례는 사회장으로 치러졌으며, 그의 시신은 오산 성현동에 안장되었다. 1962년에 정부로부터 대한민국 건국 공로 훈장 중장이 추서되었다.

# 이 완 용
## (1858~1926)

### ─민족의 반역자─

이완용(李完用)은 1858년 경기도 광주에서 태어났다.

이완용은 1882년, 증광 별시에 병과로 급제한 후, 규장각 대교와 의정부 검상 등을 지냈고, 1886년에는 육영 공원에 학생으로 들어가 신학문과 영어를 공부했다.

1887년, 주미 특파 전권 공사인 박정양과 함께 미국으로 건너가게 되어 새로운 세계 사조를 접한 그는, 이 때 조국의 개화에 뜻을 두게 되었다.

이듬해, 병으로 귀국한 그는 이조 참의 겸 전보국 회판, 외무 참의를 지내고, 그 해 12월에 다시 주차 미국 참찬관으로서 미국으로 건너가 2년을 지냈다.

귀국해서는 대사성과 교환서 총판 등을 지냈고, 1895년에는 학부 대신, 중추원 의관이 되었다.

1896년 을미사변인 명성 황후 시해 사건을 계기로 격분한 민중이 의병을 일으키자, 이완용은 아관 파천을 주도해 그 공으로 친러 내각의 외부 대신 및 농상공부 대신 서리가 되었다.

1901년 궁내부 특진관으로 있다 친일파로 변신한 그는, 1905년에는 박제순 내각의 학부 대신으로 기용되었다.

이완용은 이 해에 일본 특파 대사 이토 히로부미가 보호 조약 체결을 제의하자 여러 대신들의 반대에도 불구하고 어전 회의를 열었다. 그리고 법부 대신 이하영, 내부 대신 이지용, 군부 대신 이근택, 농상공부 대신 권중현 등 이른바 을사 5적신과 함께 왕을 위협하여 조약을 체결함으로써 조국을 배반하고 일본의 앞잡이가 되었다.

을사조약으로 전국 각지에서 의병이 일어났을 때, 이완용은 '지방에 흩어진 군인들이 어리석은 백성들을 선동하여 소요를 일으키고 있는데 우리 나라 사람을 헌병 보조원으로 뽑아 이러한 소요를 진압하고자 한다. 이는 오랑캐로써 오랑캐를 다스리는 방법이다.'라고 하는 등의 자기 민족과 백성을 야만시하는 말도 서슴지 않았다.

그 후, 내각 총리 대신이 된 이완용은, 헤이그 특사 사건이 일어나자 일진회로 하여금 '합병을 바란다'는 연판장을 일본 정부에 보내게 하고, 고종에게는 책임을 추궁하면서 일본으로 건너가 사죄할 것을 요구하기도 했다.

또한 고종에게 퇴위를 강요하여 마침내 왕위를 순종에게 물려주게 했다. 이러한 이완용을 벌하기 위해 1909년 12월, 이재명 의사의 의거가 있었으나 하늘도 무심한 탓인지 이완용은 목숨을 부지했다.

1910년, 총리 대신으로 정부 전권 위원이 된 그는 일본과 한일 합방 조약을 체결했다. 그는 나라를 팔아먹은 대가로 백작의 작위와 함께 조선 총독부 중추원 고문의 자리에 올랐고, 1911년에는 조선 귀족원 회원을 역임했다.

이완용은 1919년 3·1 운동 때에도 동포를 협박하는 경고문을 발표하는 등 세상을 떠날 때까지 일본에 협력했다.

# 이 원 익

### (1547~1634)

## ─조선 중기의 청백리─

이원익(李元翼)의 자는 공려, 호는 오리, 본관은 전주이다.

17세에 사마시에 합격하였고, 22세에 별시 문과에 급제했다.

1573년, 성균관 전적에 임명된 그는, 2월에 성절사의 질정관이 되어 명나라에 다녀온 후 호조·예조·형조의 좌랑을 지내고 1575년에 정언이 되었다.

1583년에, 승정원의 부승지로 있을 때, 그 당시 도승지로 있던 박근원의 죄에 연루되어 파직되었다가 1587년(선조 20)에 안주 목사로 기용되었다.

그는 이 때, 1년에 4번제로 3개월씩 복무하던 안주의 군병 방수 제도를 6번제로 고쳐 백성들에게 편의를 주었고, 또 누에치는 법을 가르쳐 주어 농가의 소득을 올리는 데 기여했다.

안주에서의 치적을 인정받아 중앙으로 올라온 이원익은 1591년 형조 참판을 거쳐 대사헌과 호조·예조·이조 판서를 두루 지냈다.

임진왜란이 일어나자, 이조 판서로서 평안도 도순찰사가 된 이원익은 백성들을 잘 다스렸으며, 왜적과 싸워 많은 전과를 올렸고, 1593년에 이여송과 합세해 평양을 탈환하는 데 크게 기여했다.

왜적이 퇴각한 뒤 한성으로 돌아온 이원익은 우의정 겸 4도체찰사가 되어 자주 지방을 순시하며 전화로 피해를 입은 지역의 복구에 전력했다.

임진왜란 동안의 공적으로 그는 1604년에 호성 공신에 뽑히고 완평 부원군에 봉해졌으며, 1608년 광해군이 즉위하자, 다시 영의정 자리에 오르게 되었다.

그는 왜란으로 인하여 바닥이 드러난 국가 재정을 보충하고 백성의 부담을 덜어 생활의 안정을 기하기 위하여 조세 제도를 정리했다. 김육이 제시한 대동법의 실시를 건의하여, 우선 경기도에서 시험적으로 실시해 본 후 반응이 좋게 나타나자 전국적으로 실시하여 큰 성과를 거두었다.

그런데 광해군이 즉위 초와는 달리 점차 붕당 싸움에 휩쓸리고 성품 또한 난폭해졌다. 이 때 이원익은 신변의 위험을 무릅쓰고 간언을 하다 광해군이 형인 임해군을 기어이 처형하자 사직하고 고향으로 내려갔다.

광해군이 또다시 인목 대비를 폐위시키려 하자 상소를 올렸다. 이로 인해 광해군의 노여움을 산 그는 마침내 홍천으로 유배되었다.

1623년 인조 반정으로 광해군이 물러나고 인조가 왕위에 오르자, 이원익은 다시 영의정에 임명되어 한성으로 올라오게 되었다.

그 때, 인목 대비는 광해군에 대한 분노가 가시지 않아 그를 처형토록 명하였으나, 이원익은 끝까지 반대하여 광해군을 유배 보내는 것으로 그치도록 했다.

그 후, 이원익은 북변의 부원수로 있던 이괄이 난을 일으키자 인조를 공주로 호종하였고, 1627년 1월 정묘호란이 일어났을 때는 왕세자를 전주로 호위해 모셨다.

그 때, 이원익의 나이는 이미 80세였다. 더 이상 나라를 위해서 일을 하고자 해도 몸이 말을 듣지 않게 되어 인조의 만류에도 불구하고 고향으로 내려갔다.

그는 고향에 내려온 지 7년 만인 1634년(인조 12) 1월에 87세를 일기로 세상을 떠났다.

# 이 육 사
(1904~1944)

## ─ 민족의 비극을 노래한 시인 ─

상징주의적이면서도 화려한 시풍으로 민족의 비극을 노래했던 이육사(李陸史)는 1904년 4월 4일에 경상 북도 안동에서 태어났다.

그의 본명은 원록, 또는 원삼이라 했는데, 나중에 활이라 고쳤으며, 육사는 그의 호이다.

한학을 배우던 그는 예안의 보문 의숙에 들어가 신문학을 배웠으며, 1921년 대구 교남 학교에 입학하여 잠시 공부했다.

1925년, 대구에서 의열단에 가입했던 그는, 1927년에 조선 은행 대구 지점을 폭파한 장진홍의 사건에 연루되어 대구 형무소에서 3년 동안 옥살이를 했다.

그의 호 육사는 대구 형무소에서 지낼 때 그의 감방 번호 264에서 딴 것이라 한다.

형기를 마치고 출감한 그는 1929

년의 광주 학생 운동, 1930년의 대구 격문 사건 등에 다시 연루돼 수차례 옥고를 치렀다.

중국을 자주 오가며 독립 운동을 하던 그는 《아큐 정전》으로 유명한 중국의 작가 루쉰을 만나 가깝게 지내기도 했다.

이육사의 문단 활동은 조선 일보사 대구 지사에 근무하던 중 《조선 일보》에 〈말〉을 발표하면서부터 시작되었다. 본격적인 시작 활동은 1935년 《신조선》에 〈황혼〉을 발표하면서부터이다.

1934년에 접어들면서, 중외 일보사, 조광사, 인문 평론사 등 언론 기관에서 일하게 된 그는 꾸준히 시를 쓰면서 한시, 시조, 논문, 평론, 시나리오, 번역 등 문학 전반에 걸쳐 재능을 보였다.

그는 1936년에서 1940년 사이에

가장 왕성한 활동을 하여 많은 작품을 발표하였는데, 〈아편〉〈광야〉〈남한산성〉〈청포도〉〈절정〉〈교목〉 등이 이 무렵에 발표된 그의 작품들이다.

그 중에서도 그의 대표작이라고 할 수 있는 〈청포도〉와 〈절정〉은 다 같이 월간 순수 문예지, 《문장》을 통해 발표된 것으로써, 1939년 8월호와 1940년 1월호에 각각 수록되어 있다.

일찍부터 독립 운동에 가담하여 중국과 만주, 일본 등지에 돌아다니느라 건강을 많이 해친 그는, 1941년에 성모 병원에 입원하여 잠시 요양을 했다.

그러나 잃어버린 국권을 하루 속히 되찾고자 하는 일념으로 1943년 초에 다시 베이징으로 가서 독립 운동을 전개하다가 그 해 4월 잠시 고국으로 돌와왔다. 그러나 그를 따라다니던 일본 순사에 의해 6월에 체포되어 베이징으로 압송되어 감옥살이를 하다가, 1944년에 베이징 감옥에서 조국의 광복을 보지 못한 채 그만 세상을 떠나고 말았다.

불과 39년밖에 안 되는 짧은 생

안동군에 세워진 이육사 시비

애를 시를 짓는 일과 독립 운동에 모두 바쳤던 이육사는, 나라 안팎에서 크고 작은 사건이 있을 때마다 검거되어 무려 17회나 감옥살이를 했다고 한다.

문학사적으로 보아 암흑기에 해당하는 시기에 문학 활동을 한 그는, 수많은 문인들이 일제의 탄압을 극복해 내지 못하고 친일 문학으로 변절할 때도 강직하고 타협할 줄 모르는 굳은 성격으로 끝까지 지조를 지켜 민족적 신념을 잃지 않았으며, 끝내 죽음으로써 일제에 항거했다.

이육사의 묘소는 그의 고향 뒷산에 있으며, 1968년에 안동에 이육사 시비가 세워졌다.

# 이　이
(1536~1584)

## ―동방의 성인―

이이(李珥)는 조선 시대의 학자이며 문신이다. 자는 숙헌, 호는 율곡이다.

12세의 어린 나이에 진사 초시에 급제하여 시험관은 물론 부모와 주위 사람들을 놀라게 하였다.

1558년, 이이는 당시 대학자인 이황을 찾아가 학문의 여러 가지 근본 문제를 토론했다.

이이는 1564년, 생원시와 식년 문과에 모두 장원으로 급제하였는데, 이로써 그는 과거에 아홉 번 장원 급제한 기록을 세웠다. 이이가 거리를 지날 때면 아이들까지도 구도 장원공이 지나간다고 우러러 보았다 한다.

이이는 식년 문과에 급제한 후, 곧 호조 좌랑이 되었다가 예조 좌랑·이조 좌랑을 맡아 나라를 위해 일하기 시작했다.

1569년, 홍문관 교리를 지냈으며, 정철과 함께《동호문답》이라고 하는 책을 써서 선조에게 바쳤다.

1571년, 청주 목사로 임명되어 내려간 그는 서원 향약을 짓고, 백성들의 자치 생활을 권장하여 큰 성과를 거두었다.

다음 해, 그는 신병을 핑계로 벼슬에서 물러나서 율곡촌으로 돌아와 학문에 힘썼다.

그러나 1573년 7월에 선조의 부름을 받아 승정원의 동부 승지가 되었다가 이듬해 우부승지로 옮겨 성학의 대요를 적은 책《만언 봉사》를 지어 올렸다.

이이는 평생 동안 대사간에만 아홉 번 임명되었는데, 이것만 보아도 선조의 신임이 얼마나 두터웠던가를 알 수 있는 일이다.

뿐만 아니라, 그는 경제론에도

밝았으며, 백성의 소리에도 귀를 기울여야 한다고 여러 번 조정에 건의하기도 했었다.

이이는 선조에게 올린 상소문 중에서 '언론을 자유롭게 하여 일반 백성의 좋은 의견과 방책을 들어야 한다.'고 주장했다.

그리고 그는 당시의 여러 가지 정치적 사회적 모순과 대외적인 미묘한 관계에 대해서도 직언을 서슴지 않았다.

그리고 그는 나라를 큰 집에 비유하여, 이 집이 붕괴 직전에 있는데 이 문제를 해결하기 위해서는 백성들의 기본적인 생활고가 먼저 해결돼야 한다고 주장했다.

뿐만 아니라 그 시대는 그 시대에 가장 적합한 가치관이 있으므로 시대에 맞는 법으로 나라를 다스려야 한다고 주장하기도 했다.

그는 글씨와 그림에도 뛰어났으며, 많은 저서도 남겼다. 그의 시와 문집을 엮어 《율곡집》을 간행했으며, 그 후 후손들에 의해 《율곡전서》가 간행되기도 했다. 또 1583년 2월에는 국방을 튼튼히 하기 위해 시무 육조를 임금께 올리고, 10만 양병설을 주장했으나 주위의 반대로 채택되지 않았다.

붕당 싸움을 조정하려고 노력하다 뜻을 이루지 못한 이이는 모든 관직에서 물러난 후 병을 얻어 1584년 1월 새벽에 48세를 일기로 눈을 감았다.

이이가 태어난 집인 오죽헌(강원도 강릉시)

# 이    익
## (1681~1763)

## ―실학의 대가―

이익(李瀷)은 조선 시대의 학자로서 자는 자신이요, 호는 성호, 본관은 여주로, 대사간을 지낸 이하진의 아들이다.

그는 벼슬길에 나가기 위해 1705년(숙종 31)의 증광시(나라에 경사가 있을 때 시행되던 임시 과거 제도)에 응시했으나, 그의 형 이잠이 장희빈을 두둔하다가 당쟁의 재물로 희생되는 것을 보고 큰 충격을 받았다.

'쓸데없는 세력 다툼에나 휩쓸리게 될 벼슬은 해서 무엇 하랴. 오히려 조용한 곳에서 학문을 닦음이 더 보람 있는 일이지.'

이렇게 결심한 뒤, 벼슬을 포기하고 경기도 광주 첨성리에 칩거하며 학문에만 전념하였다.

이익은 그 곳에다가 성호장이라는 서재를 꾸미고, 아버지 이하진이 물려준 수많은 책을 읽는 일로 시간을 보냈다.

처음에는 성리학에서 출발하였으나, 점차 이이, 유형원의 학문에 심취하게 되었고 천문이나 지리, 율산, 의학에도 능통하였다.

숙종에 이어 왕위에 오른 영조는 학문이 깊은 이익의 명성을 듣고 1727년(영조 5), 그를 선공감 가감역으로 임명하였으나 그는 끝내 사양하고 학문 연마와 저술에만 전념하였다.

평생 동안 관직에 뜻을 두지 않았던 이익은 늘 탄식처럼 친구에게 이렇게 말하곤 했다.

"벼슬을 하려는 사람이 너무 많아서 큰 탈이야. 나까지 벼슬을 해 보게나, 세상이 어떻게 되겠나……."

뿐만 아니라 그는, 학문은 실제

의 생활에 유용한 것이어야 가치가 있다는 생각을 갖고 있었다.

그리하여 조선 실학의 학풍을 일으킨 유형원의 뒤를 이어 실제 사회에 유용한 학문을 계속 연구해 《성호사설》이라는 책을 비롯한 많은 책을 저술하였다. 그가 지은 책들의 주된 내용은, 나라가 부강해지기 위해서는 부패한 정치, 모순된 사회, 잘못된 경제 제도를 바로잡아 백성을 어려운 생활 속에서 구해야 한다는 것이었다.

그는 또, 당쟁의 원인을 이해 관계에서 생기는 것으로 보았다. 즉 관직의 획득으로 생활의 안정을 꾀할 수 있는데, 관직의 수가 한정되어 있기 때문에 당쟁은 자연발생적이라고 생각하였다.

따라서 이러한 문제를 해결하기 위해서는 양반도 생업에 종사해야 한다고 주장하였다.

이러한 그의 학풍을 이어받기 위해 많은 제자들이 모여들었는데, 그 중에서도 안정복, 이가환, 이중환, 윤동규, 권철신, 정약용 등이 그의 학문을 이어받았다.

1763년(영조 39)에 조정에서는 82세가 된 그에게 노인직으로 첨지 중추 부사라는 벼슬을 내렸다.

그러나 이익은 그 해 12월 17일에 평생을 학문 연구로 보낸 성호장에서 세상을 뜨고 말았다.

초서에 능했던 그는 저서로《성호사설》《곽우록》《성호문집》《관물편》《사칠신편》《자복편》《백언해》《상위전후록》 등을 남겼다.

# 이 인 로
## (1152~1220)

### ―고려 명종 때의 학자―

이인로(李仁老)는 고려 제 19 대 명종 때의 학자로서 자는 미수, 호는 쌍명재이며, 어렸을 때 이름은 득옥이었다.

그는 어려서부터 매우 문장과 글씨에 재능을 보였으나, 부모가 모두 일찍 세상을 떠나 고아가 되어, 스님인 요일에게 의지하여 소년 시절을 보냈다.

이 당시 고려는 의종이 다스리고 있었는데, 의종은 문신과 무신의 차별이 무척 심하였다.

의종이 문신들과 잔치를 벌이고 있을 때면, 무신들은 그들을 호위해야 하기 때문에 자리를 함부로 뜰 수도 없었고, 따라서 끼니를 거르는 일도 한두 번이 아니었다.

이에 불만이 쌓여 가던 무신들은 1170년(의종 24)에 난을 일으켰는데, 정중부의 난이 바로 그것이다.

이 무렵, 이인로는 장차 과거에 급제하여 벼슬을 할 생각으로 학문을 열심히 닦고 있었다. 그러나 정중부가 난을 일으켜 수많은 문신과 학자들을 처형하자 머리를 깎고 산으로 들어가 난을 피하였다.

절에서 몇 년을 보낸 그는 환속하여 1180년(명종 10)에 진사과에 응시해 장원 급제했다. 31세에 계양군 서기로 임명된 그는 그 후 14년 동안 사국과 한림원에서 벼슬살이를 하였다.

이인로는 신종이 나라를 다스릴 때는 예부 원외랑으로 있다가, 고종 초에는 비서감, 우간의 대부가 되었으며, 좌간의 대부까지 벼슬이 올랐다.

그러나 그는 타고난 성품이 혼탁한 사회와 잡다한 간신배들을 싫어하는 성격이었다. 그러므로 관직

에 있는 동안에도 오직 여섯 명의 벗을 사귀어 그들과 더불어 시와 술을 즐기며 보내는 날이 많았다.

오세재, 임춘, 조통, 황보항, 함순, 이담지 들이 그의 벗들이다. 그들은 나이가 많고 적음을 따지지 않는다는 뜻으로 '망년우'라는 동지회를 조직하여 술과 시를 즐겼기 때문에 주위에서는 중국 진나라 때의 죽림 칠현에 비교하여 그들을 강좌 칠현이라 칭하였다.

이인로는 세속적인 출세에 뜻이 없었기 때문에 관직에 있었던 기간은 얼마 되지 않지만, 문장에는 뛰어난 재능을 보였다.

이인로는 문장에 있어서는 중국 당·송 8대가의 한 사람인 한유의 문장을 따랐으며, 또 시에 있어서는 중국 송나라 제일의 문인으로 일컬어지는 소식을 본받았다. 그는 또 글씨에도 능했는데, 특히 초서와 예서를 잘 썼다.

그의 저서로는 《은대집》 20권, 《후집》 4권, 《쌍명재집》 3권, 《파한집》 3권이 있었다고 하는데, 현재는 《파한집》 3권만이 전해져 오고 있다.

《파한집》은 이름난 선비들의 시화, 문담, 그리고 작자 자신의 시를 수록한 시화 문학서인데, 경주의 옛 풍속을 비롯하여 서경(지금의 평양)의 풍물들을 소개하고 있어서 고려사를 연구하는 데 귀중한 자료로 평가되고 있다.

# 이 인 직
## (1862~1916)

### ㅡ개화기의 신소설 작가ㅡ

신소설 작가이며 신극 운동가인 이인직(李仁稙)은 1862년(철종 13)에 경기도 이천에서 태어났으며, 호는 국초이다.

그의 청소년기에 대해서는 별로 밝혀진 것이 없고, 1900년에 관비 유학생으로 뽑혀 일본으로 건너가, 도쿄 정치 학교의 청강생이 되었던 38세 때부터의 행적만이 대체로 알려져 있다.

도쿄에서 공부하고 있을 때 이인직은 무엇보다도 일본의 통속적인 신파극에 많은 관심을 기울였다. 또 이 때 일본 여인을 아내로 맞이하는 등 친일의 기미를 보였다.

1904년(고종 41), 러시아와 일본 사이에 전쟁이 일어났을 때, 이인직은 일본 육군의 한국어 통역관이 되어, 일본 제1군 사령부 소속으로 종군했다. 러·일 전쟁에서 일본이 승리한 후, 이인직은 그들의 후원에 힘입어서, 그 이듬해에 친일파들이 만든 《국민 신보》의 주필 및 천도교의 《만세보》 주필이 되었다.

1907년, 이인직은 운영난에 빠져 있던 《만세보》를 인수하여 이름을 《대한 신문》으로 바꾸어 친일 내각과 일본 정부를 공공연히 지지하거나 찬양까지 하는 신문으로 만들어 내었다.

또한 이인직은 우리 민족이 스스로 일본에 합병되기를 원해야 한다든가, 또는 원하고 있다는 투의 매국적, 반민족적 언동을 서슴지 않았다. 당시에 그가 잘 찾아간 사람은 친일파의 앞잡이인 이완용과 그가 유학했던 도쿄 정치 학교의 선생이며 통감부 외사국장이 된 정치 학자 고마쓰(小松綠)였다.

바로 그들에 의해 실무적인 절차가 이루어져서, 1910년 8월 29일, 일본은 마침내 우리의 국권을 강탈하였다. 그 때까지 일본측을 도왔던 이인직은 그 대가로 큰 돈을 받았는지는 모르지만, 국치 이후 경학원 사성이었다는 것만이 밝혀져 있다.

그는 1906년, 자신이 주필로 있던 《만세보》에 〈혈의 누〉라는 신소설을 처음으로 발표했다. 그 뒤에도 〈귀의 성〉〈치악산〉〈은세계〉 등의 소설을 차례차례 발표하였다.

그의 소설들은 이전의 우리 나라 고대 소설에 비하여 문장이 산문적이고, 표현이 구체적이며, 주제가 계몽주의적이거나 또는 개화를 촉구하는 내용으로 되어 있는 등, 여러 방면에서 새로운 것이었다.

이 같은 그의 소설은 신소설이라는 범주에 들어간다.

신소설은 서유럽의 현대 소설과 근대 소설의 중간에 낀 과도기적 소설로서 신문학 운동의 한 계기를 만들었다.

이인직은 또, 1908년에 궁내부 대신이던 이용익의 양해와 고종의 칙허를 얻어서 나랏돈으로 지금의 서울 신문로 새문안 교회터에 원각사라는 우리 나라 최초의 국립 극장을 세웠다.

여기서 〈은세계〉를 무대에 올려 상연한 그는, 또한 신파극을 공연해 상업적 호응을 얻는 등 신연극 운동의 선구자 역할을 하였다. 물론 연극의 내용, 무대의 구성, 배우의 연기 따위가 다 이전의 창극과는 전혀 다른 것이었다.

이인직은 친일파 인사로서 비판의 여지도 많지만 최초, 최고의 신소설 작가로서 평가된다.

그는 1916년 11월 조선 총독부 병원에서 54세로 세상을 떠났다.

# 이 제 마
## (1837~1900)

### ─ 한방 의학의 새로운 개척자 ─

조선 시대의 한의학자인 이제마 (李濟馬)는 1837년(헌종 3)에 함경 남도 함흥에서 태어났다. 이제마의 자는 무평이며, 호는 동무, 본관은 전주이다.

어릴 때부터 매우 총명하고 책 읽기를 좋아했던 이제마는 유교 경전에서부터 철학, 역사, 심지어는 의학, 복서에 관한 것까지 무엇이나 다 잘 알았다.

그런 한편, 이제마는 중국과의 왕래가 많은 평안 북도 의주에 사는 이름난 부호 홍씨라는 사람과 사귀면서 그가 소장한 만여 권의 책을 빌려서 탐독하기도 했다. 그뿐만 아니라 이제마는 만주 지방을 여행하면서, 이론보다 사실에 더 많은 관심을 기울였다.

그는 이제까지의 한의학이 관념적이었다는 단점을 극복하고, 경험에 의한 사실적 관찰이나 실험을 통해서 의학 이론과 임상의 일치에 노력하였다.

특히 그는 《주역》의 태극설인 태양, 소양, 태음, 소음의 사상을 인체에 적용하여 기질과 성격에 따라 사람의 체질을 네 가지로 나누어 그에 적합한 치료 방법을 제시한 사상 의학을 창안하였다.

그가 분류한 네 가지의 체질은 네 장기의 크고 작음에 따른 것인데, 통상적으로 폐가 작은 사람은 태음인, 비장이 크고 신장이 작은 사람은 소양인, 신장이 크고 비장이 작은 사람은 소음인이라 하여 같은 병이라도 그 체질에 따라 처방을 달리하여 병을 치료하였다.

환자의 체질에 근본을 둔 이제마의 사상 의학은 우리 나라 역사상 가장 특이하고 새로운 학설의 하나로 평가받고 있으며, 오늘날에도 그 실효성이 높이 인정되고 있다.

이제마는 새롭고 독창적인 한방 의학의 길을 개척하는 한편, 1888년(고종 25)부터 그 이듬해에 걸쳐 김기석의 추천을 받아 군관의 직책을 맡기도 했다. 그리고 1892년(고종 29)에는 경상 남도 진해 현감으로 임명되었다.

이듬해 이제마는 진해 현감을 사퇴하고 서울에 와서, 그가 세운 사상 의학설을 총정리하기 위하여 집필을 시작하였다. 그 결과, 1894년 4월에 《동의수세보원》상·하권을 펴내어, 그의 사상 의학설을 세상에 널리 알렸다.

1895년에는 고향 함흥으로 돌아가 늙은 어머니의 병을 간호하면

서, 그 자신의 의업을 벌여 많은 사람들을 구해 주었다.

한편, 1896년에 최문환이 반란을 일으켜 함경도 관찰사를 죽이고 그 지방을 손아귀에 넣자, 이제마는 현묘한 술책을 써서 최문환을 체포했다. 조정에서는 최문환을 처형한 뒤 이제마를 고원 군수로 임명하려 했으나, 그는 이를 받아들이지 않고, 한의학 연구와 문하생 지도에만 전념하였다.

그는 《동의수세보원》을 개편하려 했으나 그 일을 다 마치지 못한 채, 1900년(광무 4) 63세로 세상을 떠났다. 그 뒤 제자인 김영관, 한목연 등이 《동의수세보원》개편 작업을 마쳐 1901년에 그 증보판을 내었다.

# 이 제 현
(1287~1367)

## ─ 붓으로 고려를 지킨 문장가 ─

이제현(李齊賢)은 고려 말엽의 명신이자 학자로서, 당대에 크게 이름을 떨친 문장가였다. 그는 1287년 12월 검교 시중 이진의 아들로 태어났는데, 자는 중사이고, 호는 익재, 역옹이라 했다.

그는 1301년(충렬왕 27), 14세의 나이로 성균시에 장원 급제하고 이어 문과에 합격하였으며, 22세 때에는 예문 춘추관에 발탁되어 사람들로부터 많은 부러움을 샀다.

당시 고려는 원나라의 지배를 받고 있는 상황이었다.

정치에 관한 일은 매사에 원나라의 지시를 따라야만 했으며, 세자에 책봉된 왕자는 반드시 원나라에 가서 생활하다가 고려로 환국하여 왕위에 올랐다. 왕위에 오를 때도 원나라의 허락을 받아야만 가능하였다.

고려 제26대 충선왕도 왕세자 시절 원나라에 오래 있다가 충렬왕의 뒤를 이어 왕위에 올랐는데, 나라의 기강을 바로 세우고자 조세를 공평히 하고 인재를 등용하는 등 혁신 정치를 확립하였다.

그러나 오래지 않아 정치에 싫증을 느껴 그는 충숙왕에게 왕위를 물려주고 그 뒤에 원나라로 되돌아가, 연경에 만권당을 짓고 많은 서적을 수집해 놓은 뒤에 원나라의 유명한 학자·문인들을 불러들여서 함께 경사를 연구하는 일에 몰두하였다.

1314년에, 이제현도 충선왕의 부름을 받아 원나라로 가 6년 동안 만권당에서 원나라의 학자들과 서로 학문을 논하게 되었다.

1320년에 이제현은 고려로 돌아와서 지밀직사에 올라 단성익찬 공

신이 되었다. 그런데 그 해 겨울, 다시 원나라로 가던 중 화토점이라는 곳에 이르러, 충선왕이 모함을 받아 토번으로 귀양 갔다는 소식을 듣게 되었다.

이제현은 이 때, 국력이 강하지 못해서 당하는 설움을 뼈저리게 느끼며, 몇 편의 시를 지어 읊었다.

그 후 2년이 지났는데도 충선왕이 귀양지에서 돌아오지 못하자 이제현은 충선왕의 억울한 사정과, 현재 겪고 있는 괴로움을 낱낱이 적어, 당시 원나라의 승상으로 있던 배주에게 전하였다.

배주는 이제현의 글을 보고 크게 느끼는 바 있어, 곧 충선왕을 풀어 주도록 명을 내리니, 충선왕은 3년 만인 1323년에 연경으로 다시

돌아올 수 있었다.

바로 그 해, 고려 조정의 간신 오잠과 유청신 등이 고려라는 국호를 폐하고 단지 원나라의 행정 구역의 하나인 성으로 만들자고 건의한 일이 있었다. 당시, 고려의 운명이 원나라의 손아귀에 달려 있기는 했지만, 조정의 대신이라는 이들이 이러한 정신 상태에 있었으니, 참으로 한심하고 안타까운 노릇이 아닐 수 없었다.

이 때 이제현은 고려의 주권을 역설하고, 국호를 폐하려는 데 대한 절대 불가론을 글로 써서 원나라 황제에게 올림으로써 일대 위기를 모면하게 되었다.

그 공으로 이제현은 추성양절 공신의 호를 받고, 정당 문학에 올라

김해군에 봉해졌다.

그 후 1339년, 충숙왕이 죽자 정승 조적이 야심을 품고 당시 심양왕으로 있던 고와 밀통하여 변란을 일으켜 정권을 잡으려는 난이 일어나고 있었다.

이 때 충숙왕의 뒤를 이어 즉위한 충혜왕은 그들의 반란 음모를 알아채고, 군사를 이끌고 가서 반란군을 일망 타진하였다.

반란이 실패하자, 원나라 연경에 있던 조적의 무리들은 여러 가지 없는 일을 꾸며서 원나라 조정에 충혜왕을 모함하였다. 그러자 원나라 황제는 고려에 사신을 보내 충혜왕을 잡아 가두도록 하였다.

이 때도 이제현은 원나라로 달려가서 이 일의 부당함을 글로 써서 변론하니, 원나라 황제는 그제야 불의인 줄을 깨닫고 충혜왕을 돌려보내게 하였다.

그 후 1344년에 충목왕이 즉위하자, 그에게 판삼사사의 벼슬을 내리고 그를 스승으로 삼았다. 또 충목왕에 이어 즉위한 충정왕이 3년 만에 죽고, 1351년에 원나라에 있던 공민왕이 왕위를 이어 받게 되자, 도첨의 정승의 자리에 올라, 공민왕이 아직 돌아오지 않아 혼란한 국내 정세를 바로잡기에 노력을 기울였다.

공민왕은 원나라에서 돌아와 정사를 다스리면서, 모든 일을 이제현에게 물어 시행하는 등 그를 지극히 공경하였다. 그리하여 1354년에는 지공거에, 1356년에는 문하시중에 임명하였고, 이듬해 이제현이 70세의 나이로 벼슬을 사양하고 물러난 뒤에도 나라에 큰일이 있을 때에는 그의 의견을 들어 결정하였다고 한다.

1361년 홍건적의 침입으로 공민왕이 남쪽으로 피난을 했을 때, 그는 74세의 고령임에도 불구하고 노구를 이끌고 상주까지 찾아가 공민왕의 안부를 걱정하기도 했다. 그 이듬해인 1362년에 홍건적의 난이 평정되자, 이제현은 공민왕에게 종묘가 있는 송도로 속히 환궁하여 국사를 다스릴 것을 간곡히 청하였다.

문필가로써 고려 말엽의 혼란한 사회를 바로잡아 보려 애썼던 당대의 대문장가 이제현은 공민왕 16년 여름, 80세를 일기로 조용히 눈을 감았다.

그가 남긴 저서로는《익재 난고》10권과《습유》1권, 그리고《역옹 패설》2권이 있다.

특히 1342(충혜왕 3), 그가 55세에 지은《역옹 패설》은 역사, 인물, 경전 등을 논하고 아울러 시문, 서, 화를 비평하는 내용으로 되어 있어, 고려 말 비평 문학을 대표하고 있다.

그는 고려 문단 말기의 인물이고, 또한 시, 사, 문의 대가였으며, 경과 사에도 능통한 문호였기 때문에, 그의 시문 평론은 우리 문학사상의 중요한 자리를 차지하고 있다.

또한,《익재 난고》소악부에는 당시 민간에 불리던 가요를 한시로 번역한 것 11수가 들어 있는데, 이것은 오늘날에도 국문학 연구의 귀중한 문헌 자료가 되고 있다.

후에 경주의 구강 서원과 금천의 도산 서원에 제향되었으며 공민왕 묘정에 배향되었다.

# 이 조 년

(1269~1343)

## ㅡ고려 충혜왕 때의 충신ㅡ

이조년(李兆年)은 고려 중기의 문신으로, 자는 원로, 호는 매운당, 백화헌이다.

1294년(충렬왕 20) 진사로 문과에 급제하여 안남 서기에 보직되었으며, 예빈 내급사를 거쳐 지합주사, 비서랑을 지냈다.

1306년 충렬왕이 원나라에 갈 때 그는 비서승에 올라 임금을 호종하였다. 이 때, 왕유소와 송방영도 동행하였는데, 이들은 원나라에 입국하자 충렬왕과 충선왕 부자를 이간시키는 한편, 원나라 관리들과 짜고 충선왕과 사이가 좋지 않은 왕비 계국 대장 공주를, 볼모로 원나라에 와 있는 서흥후 전에게 개가시켜 전을 옹립함으로써 고려 국내에서의 실권을 잡으려 획책하였다.

그러나 최유엄 등의 탄핵으로 왕유소 일당의 모반 계획은 수포로 돌아가고 말았는데, 이조년은 이 때 그 음모에 아무런 관계가 없었음에도 불구하고, 임금을 잘 모시지 못했다는 이유만으로 유배당하고 말았다.

그 후, 오래지 않아 유배지에서 풀려 나온 이조년은 벼슬을 내놓고 고향으로 돌아가 10여 년 간 은거 생활을 하였다. 그러던 중 심양왕 고가 원나라에서 고려의 왕위를 빼앗기 위해 음모를 꾸미고 있다는 소식을 전해 듣자, 곧 원나라에 가서 중서성에 그것이 옳지 않음을 상소하고 돌아왔다.

1330년 충숙왕이 귀국하자 이조년은 감찰 장령으로 발탁되고, 전리 총랑으로 관동 지방에 나아가 백성들의 살림살이를 보살폈으며, 이어 군부판서에 승진된 후에 충혜

왕의 수행원으로 여러 번 원나라에
다녀왔다.

　1339년 충혜왕이 복위하자, 그
는 그 이듬해 정당 문학에 승진,
예문관 대제학이 되어 성산군에 봉
해졌다. 충혜왕이 임금으로서의
체통을 잃고 음탕한 행위를 자행하
자, 여러 차례 간하였으나 받아들
이지 않으므로, 이듬해에 사직하
고 나서 이조년은 다시 벼슬길에
나아가지 않았다.

　그는 시문에도 뛰어났으며,《청
구영언》등의 가집에 그의 시조 1
수가 전해져 온다. 이조년의 이 작
품은 자연을 소재로 한 시조 가운
데 가장 빼어난 수작으로 일컬어지
고 있다.

　다음은 《청구영언》에 수록되어
있는 그의 시조인데, 유배지인 성
주에서 지은 것이다.


　이화에 월백하고 은한이 삼경인
제,
　일지 춘심을 자규야 알랴마는,
　다정도 병인 양하여 잠 못 들어
하노라.


　관직에서 물러난 뒤에 성근익찬
경절 공신이 되었으며, 또 죽은 뒤
에는 공민왕 때 성산후에 추증되는
한편 충혜왕의 묘정에 배향되었
다. 시호는 문열이다.

449

# 이 종 무
## (1360~1425)

## ─왜구를 정벌한 장수─

이종무(李從茂)는 조선 초기의 무신으로, 1360년(공민왕 9)에 태어났다. 본관은 장수이다.

그는 어려서부터 활쏘기나 말타기를 잘 하였고, 1381년(우왕 7)에는 아버지를 따라 강원도에 침입한 왜구를 물리치기도 했다. 이 때 큰 공을 세운 이종무는 정용 호군이 되었다.

1397년(태조 6), 옹진 만호였던 이종무는 서해안에 침범한 왜구를 격퇴하여 첨절제사에 올랐다.

1400년에는 상장군으로 제2차 왕자의 난이 일어났을 때 공을 세워 좌명 공신에 올랐고, 통원군으로 봉해졌다.

1406년(태종 6) 좌군 총제를 역임했고, 1408년에는 남양, 수원 등의 조전 절제사, 중군 도총제 등을 거쳐 장천군으로 봉해졌다.

안주 도병마사, 안주 절제사를 지낸 그는 1412년에는 정조사가 되어 명나라를 다녀왔다.

1413년 동북면 도안무사 겸 병마 절도사를 거쳐 영길도 도안무사가 되었으며, 1417년에는 좌참찬을 거쳐 판우군 도총제와 의용위 절제사를 지냈다.

그가 거친 관직에서도 알 수 있듯이 이종무는 대부분의 생애를 싸움터에서 보냈다. 그 중에서도 빼놓을 수 없는 공적은 1419년(세종 1)의 쓰시마 섬 정벌이다.

이 당시 왜구는 우리 나라와 중국 연안을 무대로 많은 인명을 해치고 재산을 약탈하여 큰 문젯거리였다. 일찍이 신라 때부터 왜구가 있었으나, 그 때만 해도 왜구로 인한 피해가 그다지 크지는 않았다. 그러나 고려 중기부터 갑자기 들끓

450

기 시작한 왜구는 고려 말에 이르러서는 동·서 해안뿐만 아니라 내륙 깊숙이 출몰해서는 인명과 재산에 큰 피해를 입혔다.

이들 왜구는 고려 멸망의 한 요인이 되었으며, 새로이 창업한 조선에게도 큰 골칫덩어리였다.

게다가 1418년 쓰시마 도주가 죽고 그의 아들이 그 뒤를 계승한 때에 쓰시마 섬에 흉년이 들어 식량이 부족하게 되자 왜구들이 대거 명나라와 우리 나라의 서해안 지방을 약탈하기 시작하였다.

이에 세종은 왜구의 약탈이 새로운 쓰시마 도주의 사주에 의한 것이라 하여 1419년 6월에 삼군 도체찰사인 이종무로 하여금 삼도 도통사 유정현과 함께 왜구의 소굴인 쓰시마 섬을 정벌토록 명하였다.

이종무는 삼남의 병선 200여 척을 동원, 병사 1만 7천여 명을 거느리고 마산포를 출발하여 쓰시마 섬으로 진격하였다.

갑작스러운 공격으로 당황한 일본은 규슈의 제후를 동원하여 쓰시마 섬을 방어하게 하였으나, 이종무의 원정군은 배 100여 척을 빼앗는 등 이들에게 막대한 피해를 주고 회군하였다.

이종무는 왜구의 소굴인 쓰시마 섬을 정벌하고 돌아와 찬성사가 되고, 1421년에는 장천 부원군에 봉해졌으며, 1422년에는 사은사가 되어 명나라에 다녀오기도 했다.

1425년(세종 7), 이종무는 65세를 일기로 세상을 떠났다.

# 이　준
(1859~1907)

## ─헤이그 특사의 한 사람─

　이준(李儁)은 1859년(철종 10) 함경 남도 북청에서, 조선 왕조 태조 이성계의 이복 형이던 이원계의 18대 손인 이병관의 아들로 태어났다. 어릴 적의 이름은 성재, 호는 일성이다.

　이준은 세 살 때 부모를 여의고, 할아버지와 숙부에게서 자랐다.

　1865년(고종 2) 그의 나이 6세

장충 공원에 있는 이준의 동상

때였다. 마을의 글방에 다니던 어느 날, 이준은 서당 훈장이 흥선 대원군의 혁신 정치에 대해 비난하는 것을 들었다. 그러자 이준은

　"잘못된 일들을 바로잡으려는 정치의 개혁은 당연한 일인데 왜 비난하십니까?"

라고 완고한 훈장에게 말하고 나서, 다시는 그 서당에 가지 않고 집에서 공부하였다 한다.

　이 이야기는 그의 곧고 굳센 성품이 어릴 때부터 싹트고 있었다는 것을 말해 주는 일화라 하겠다.

　1870년(고종 7), 이준은 북청에서 과거에 응시했다가 떨어지자, 자기가 쓴 답안을 들고 높은 곳에 올라가서 큰 소리로 사람들에게 들려 주었다. 그 때는 과거 제도가 매우 문란했으므로, 시험관의 잘못으로 시험에 떨어졌다고 항의를

한 것이었다. 이처럼, 이준은 어릴 적부터 당당히 자기의 주장을 펴는 의기가 있었다.

1875년(고종 12), 16세 때에는 서울에 올라와, 형조 판서 김병시의 후원을 받았다.

그런데 그 이듬해에 홍우길이라는 관원이 일본과 굴욕적인 외교 협정을 맺어서 원산항을 개방하는 일이 있었다. 이 때에도, 이준은

"그 굴욕적인 외교 교섭을 당장 중지하라!"

하고 그에게 당당히 요구했다.

그 뒤, 이준은 잠시 고향에 돌아가 있으면서 초시에 응시해 합격하였고, 1894년에는 함흥의 순릉 참봉에 임명되었다.

그러나 국내외의 정세가 매우 복잡해지자 이준은 곧 사직하고 다시 서울로 와서, 법관 양성소에 들어가 1896년 37세 때, 한성 재판소 검사보 육등관에 임명되었다.

하지만 그 해에 고종 황제가 러시아 공관으로 거처를 옮긴 아관파천이 일어나자 곧 사임하고 일본으로 건너갔다. 일본의 와세다 대학에서 1년간 법학을 공부한 뒤 귀국한 그는, 독립 협회에 가입하여 11월의 만민 공동회에서는 가두 연설을 하는 등 적극적인 활동을 펼쳤다. 이 때 정부의 잘못을 너무 심하게 비난하여 몇 개월 동안 투옥되기도 하였다.

독립 협회가 강제 해산당한 후, 이준은 1902년에, 동지들을 모아서 비밀 결사인 개혁당을 조직하

헤이그에 있는 이준의 묘

여, 구국 운동을 벌이려다가 실패하였다.

그러나 1904년에는 '대한 보안회'를 조직하고 민중 운동을 일으켜, 정부에서 일본의 압력을 받아 잘못 넘겨 준 황무지 개간의 권리를 찾는 데 성공했다.

뒤이어, 친일분자로 구성되어 매국 활동을 일삼던 일진회에 대항하기 위해 '공진회'를 조직, 회장이 되어 활약하다가 체포되어, 6개월간 황해도 철도로 유배되기도 했다.

이듬해 유배에서 풀려난 그는 서울에 돌아와 동지들을 모아 '헌정 연구회'라는 구국 운동 단체를 조직하는 한편, 서울 운니동에 사립 보광 학교를 세웠다. 또 함경도의 애국 계몽 운동 단체인 '한북 흥학회'를 조직, 그 지방의 교육 구국 운동의 한 계기를 마련했다.

그 밖에도 이준은, 우리 정부가 일본에게서 빚진 돈을 갚아, 일본의 간섭을 물리치자는 뜻에서 만들어진 국채 보상 연합 회의소의 소장으로 취임하기도 했다.

이와 같이 국내에서 정부의 잘못을 바로잡아 주고, 또한 일본의 부당한 간섭이나 침략 행위를 막으려고 분주히 활약하던 이준은 마침내 그 구국 운동을 국제적으로 널리펼 기회를 맞았다. 그것은 일본이 1905년에 우리 정부에 을사조약을 강요한 후 우리 나라를 식민지로 삼으려는 계획을 구체적으로 세워 가고 있던 때였다.

때마침 네덜란드 헤이그에서 만국 평화 회의가 열린다는 것을 안이준은, 그 회의에 참석하여 일본의 침략 행위를 밝히고 우리 나라의 자주 독립을 호소하기로 마음먹었다.

그리하여 1907년 4월, 고종 황제에게서 신임장을 받은 이준은 동지 이상설, 이위종 등과 함께 헤이그로 달려갔다.

그러나 이준 등은 일본의 방해 때문에 억울하게도 만국 평화 회의에는 직접 참석하지 못하고, 다만 그 곳에 모인 세계 각국의 대표들과 신문 기자들에게 한국의 실정과 일본의 범죄 행위 등을 널리 알리는 데 그쳤다.

이 때, 그들은 다음과 같은 호소문을 각국 대표들에게 전달했다.

우리의 억울한 입장을 3개 조항으로 대변하려 한다.

첫째, 일본은 우리 황제의 동의도 없이 행동을 취하였고,

둘째, 그들의 목적을 이루기 위해 무력을 행사하였으며,

셋째, 우리가 만든 법규와 관습을 무시하고 행동했다.

결국 일본의 방해로 만국 평화 회의에 참석할 자격도 얻지 못하고 퇴장당한 이준은 울분을 못 이겨 낯선 헤이그에서 순국하였다.

그의 유해는 그 곳 동포들의 손으로 헤이그 교회 뉴에크뒤덴 묘지에 묻혔다가, 1963년 10월 4일에 그리던 조국으로 옮겨져 서울 수유리에 안장되었다.

1962년 대한 민국 건국 공로 훈장 중장이 올려졌다.

# 이 지 함
## (1517~1578)

### ―《토정 비결》의 저자―

조선 시대의 문신으로 기인이었던 이지함(李之涵)은 1517년 수원 판관을 지낸 이치와 광산 김씨 사이에서 태어났다. 그의 자는 형중이며, 호는 토정, 본관은 한산으로 고려 말의 충신인 목은 이색의 후손이다.

어려서 아버지를 여읜 이지함은, 형인 이지번에게서 글을 배웠고, 그 후에는 화담 서경덕에게 사사하였다. 그는 여러 가지 잡다한 학문에 모두 능통하였을 뿐만 아니라 항상 의연한 행동을 하여 스승인 서경덕에게 칭찬을 들었다.

이지함은 학문이 높았음에도 불구하고 과거나 벼슬 따위에 뜻을 두지 않았다. 일찍이 이웃에 급제한 사람의 요란한 잔치가 그의 비위에 거슬렸고, 또 명종 때 을사사화를 일으킨 윤원형의 어지러운 정치와 사화로 인해 억울하게 목숨을 잃은 친구 안명세의 일로 충격을 받았기 때문이다.

이지함은 마포 강가에 높은 흙집을 짓고는 그 이름을 토정이라 붙였다. 밤이면 그 토굴과 같은 방에서 잠을 자고 낮이면 그 위에 올라 사방을 바라보며 책을 읽곤 했다. 이 때부터 사람들은 이지함을 일컬어 토정 선생이라고 하였다.

이지함은 때때로 이 흙집에서 나와 대지팡이 하나 달랑 들고 산천을 유람하였다. 그는 생각이나 행동에 있어 어떤 것에도 얽매이지 않고 자유롭게 생활하였다.

1573년(선조 6) 56세 때에 이지함은 주위 사람들의 추천으로 정 6품의 벼슬에 임명되었다. 첫 임지인 포천에 현감으로 부임하면서도 그는 걸어서 그 곳까지 갔으며, 그

의 밥상은 잡곡밥 한 사발과 나물 국 한 대접이 전부였다. 항상 그는 고을민들에게 선정을 베풀기 위해 노력했다. 하지만 그 이듬해 고을 백성을 위한 상소를 하였다가 그 상소가 받아들여지지 않자 그는 벼 슬을 버리고 다시 유람을 떠났다.

1578년(선조 11) 이지함은 다시 아산 현감으로 임명되었다. 아산 관내를 시찰한 이지함은 굶주린 백 성과 병든 노약자들을 위해 걸인청 을 세우고, 이들의 구제에 많은 노 력을 기울였다. 이지함은 걸인청 에 모여드는 사람들에게 각자의 힘 에 맞는 수공업을 가르쳐 그들이 스스로 자립할 수 있는 길을 열어 주기도 했다.

이렇듯 평생을 어려운 사람들의 편에서 그들을 돕기 위해 노력했던 이지함은 1578년 61세의 나이로 일생을 마쳤다.

세간에는 그의 괴상한 거동이나 신기한 일화들이 전해져, 흔히 이 지함 하면 점술가나 기인으로 알려 져 있으나, 그는 의학, 복서, 천 문, 지리, 음양, 술서 등 여러 학 문에 능했던 학자였다. 뿐만 아니 라 짧은 관리 생활이었지만 훌륭한 목민관이었으며, 평생을 어려운 이들을 위해 일한 사람이었다.

1713년(숙종 39)에 이조 판서에 추증되고, 아산의 인산 서원, 보은 의 화암 서원에 제향되었다.

저서로는 그의 유고집인 《토정 비결》이 남아 있으며, 시호는 문강 (文康)이다.

# 이 차 돈
## (506~527)

### ─ 신라의 불교 순교자 ─

이차돈(異次頓)의 성은 박씨, 이름은 염촉이며, 일명 거차돈, 처도라고도 부른다. 여러 가지 기록으로 볼 때, 신라의 왕족 출신으로 법흥왕의 조카뻘이 되는 것으로 짐작된다.

우리 나라에 불교가 들어온 것은, 고구려가 제일 먼저로 372년이고, 다음이 백제로 384년이며,

신라는 삼국 가운데 가장 늦어서, 이차돈이 순교한 후인 527년(법흥왕 14)에 공인되었다.

그러나 실제로는 눌지왕 때부터 이미 고구려와 인접한 지역에서는 불교가 조금씩 전파되고 있었다. 고구려의 묵호자가 신라에 와서 흥륜사를 세워 불법을 펴려고 애쓰기도 했다. 그러나 불교를 쉽게 전파시킬 수 없었던 까닭은 신라의 고유 신앙이 그만큼 뿌리 깊게 박혀 있었기 때문이었다.

그런 상황 속에서, 젊은 이차돈은 독실한 불교 신자가 되었다. 그는 법흥왕의 총애를 받아, 일찍이 내사 사인이라는 벼슬에 올라 있었으며, 왕에게 불교의 진리를 전하는 데에 전력하여 법흥왕도 불교를 공인할 생각을 갖게 하였다. 그러나 전해 오는 미신에 깊이 젖어 있

는 배타적인 관리나 민중들의 반대
에 부딪혀 좀처럼 뜻을 이룰 수가
없었다.

이차돈은 보다 많은 사람들이 불
교의 도리를 깨달아야 한다고 생각
했다. 그래서

'불교가 이 땅에 전파되기 위해
서는 불교의 진리를 증명하지 않
으면 안 된다. 부처님이 원하신
다면 내 한 몸을 바치는 것이 무
엇이 아까우랴.'
라고 결심하게 되었다. 이차돈은
법흥왕을 찾아가

"불교는 사람의 마음을 깨우치
고 나라를 다스리는 데 도움이
되니, 불교를 널리 세상에 펴야
합니다. 그러기 위해서 절을 세
워야 하는데 제가 보기에 천경림
이 좋은 절터이오니, 거기다 절
을 짓도록 허락해 주십시오."
라고 여쭈었다. 왕은 깊이 생각한
끝에 이차돈의 청을 허락하였다.

그러나 때마침 천재 지변이 자주
일어나서 민심이 흉흉한 가운데,
유언 비어가 나돌기 시작했다. 가
뭄이 들거나 홍수가 나는 것이 모
두 천경림에 절을 짓고 있기 때문
이라는 것이었다.

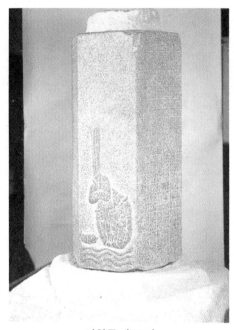
이차돈 순교비

신하들은 회의를 열어, 이차돈
에게 책임을 지워 처형할 것을 결
정했다. 처형장에 나온 이차돈은

"내가 죽은 뒤에 반드시 이변이
있을 것이니, 그게 부처님의 계
시인 줄 아시오."
라고 말했다. 과연, 칼날이 그의
목에 떨어진 순간, 하얀 피가 솟고
별안간 천지가 캄캄해지더니 하늘
에서 꽃비가 내렸다 한다.

이 일이 있고 난 후 불교는 신라
의 국교로 공인되었고, 통일 신라
를 거쳐 고려에 이르는 1000여 년
동안 크게 융성하였다.

# 이 천
## (1376~1451)

### ─과학 발전에 기여한 무신─

이천(李蕆)은 조선 초기의 과학자이자 무신이다. 그는 고려 말인 우왕 2년에 군부 판서 이송의 아들로 태어났으며, 호는 불곡이고, 본관은 예안이다.

어려서부터 꼼꼼한 성격을 지니고 있어서 무슨 물건이든지 예사로 보아 넘기지를 않아, 주위 사람들로부터 관찰력이 뛰어나다는 평을 들은 그는, 성장해 가면서 점점 기계류에 대하여 많은 관심을 갖게 되었다.

당시 사회에서는 벼슬하는 집안의 자손들이 공업 방면으로 진출하는 것을 부끄럽게 여기는 경향이 있었기 때문에, 이천도 그 방면에 소질과 취미는 있었지만 희망하는 대로 직업을 가질 수가 없었다.

그리하여 1402년(태종 2), 무과에 급제함으로써 무관직에 나아갔으며, 열심히 싸워 왜구 토벌에 큰 공을 세워 충청도 병마 도절제사가 되었다. 이때 그는 병선 만드는 일에 솜씨를 보이는 등 물리학자로서 두각을 나타내기 시작했다.

그 무렵, 세종은 조선의 문화를 발전시키기 위해 여러 모로 마음을 쓰고 있었는데, 이천에게 공조 참판의 벼슬을 내리고 좋은 활자를 만들 것을 지시했다. 이에 이천은 2년에 걸쳐 경자자라는 구리 활자를 만들었다. 그 후, 그는 병조 참판을 역임했고 지중추 원사로 기용되었으며, 1434년에 세종의 명을 받아 김돈, 장영실 등의 과학자들과 함께 갑인자를 만들었다.

갑인자는 글자체가 경자자보다 훌륭하고 선명할 뿐 아니라 20여만 개의 크고 작은 활자로 구성되어 있어 조판이 쉬워, 당시 인쇄

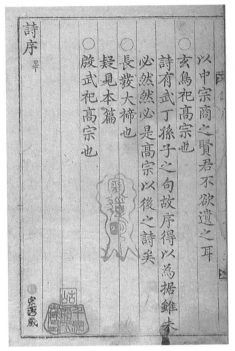

갑인자로 찍은 시서

천체의 운행을 관측하는 혼천의

술의 발달에 크게 공헌하였다.

이천은 서운관에서 장영실, 김빈 등과 함께 수년간 연구를 한 끝에, 1437년에 천체의 운행과 현상을 관측하는 간의를 만들어 냈다.

그는 또 천체의 운행과 위치까지도 관측할 수 있는 혼천의를 만들었으며, 해의 그림자의 변화에 따라서 시각을 알 수 있는 앙부일구, 현주일구 등을 만들었다. 앙부일구는 서울의 종묘 앞에 설치하여 여러 사람들이 보고 시각을 알 수 있게 하였다.

이천은 같은 해에 평안도 도절제사에 임명되어 다시 외직으로 나가게 되었다. 그는 북변에 자주 침입하는 야인들을 물리친 후, 조정에 건의하여 압록강 상류에 4군을 설치토록 했다.

이 밖에 그는 구리 대신 쇠로써 대포를 만드는 등 화포 개량에 많은 노력을 기울였다.

조선 시대의 과학 발전에 크게 기여하고 죽은 그는 1460년(세조 6)에 원종 공신에 추록되었으며, 시호는 익양이다.

# 이 항 로
## (1792~1868)

### ―조선 말엽의 유학자―

이항로(李恒老)는 조선 말기, 나라 사정이 안팎으로 어지러운 때, 척화 양이를 주장한 학자로, 그의 문하에서 많은 인재가 나왔다.

그는 경기도 포천에서 가난한 선비의 아들로 태어났다. 처음에는 이름을 광로라고 했는데 뒤에 항로로 고쳤다.

일찍이 천재성을 발휘하여 3세에 《천자문》을 떼고, 6세에 《십팔사략》을 읽었으며, 12세에는 《서전》을 익혔다.

1808년(순조 8)에 한성시에 합격했으나, 과거에 부정이 있음을 알고 벼슬을 단념하였다.

그는 유교의 고전과 역사에 두루 도통했으므로 시간이 지남에 따라 그의 이름이 점차로 널리 알려지게 되어, 그에게 글을 배우러 찾아오는 사람이 많았다.

그는 스승을 섬기지 않고, 스스로 책을 구해서 공부하였다. 따라서 그의 학문은 허울 좋은 이론에 그치지 않고, 실천을 존중하는 데에 그 특색이 있었다. 학풍에 있어서는 주자학의 계통을 이어받았으

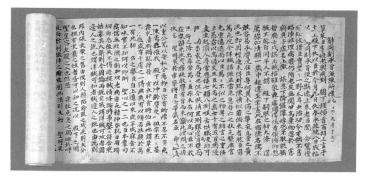

이항로의 상소문

며, 우리 나라 유학자 중 송시열을 가장 존경했다. 1840년(헌종 6)에 그는 휘경원 참봉에 임명되었으나 사양하였고, 1862년(철종 13) 이하전의 옥사 때에는 거짓 밀고로 인하여 체포되었다가 죄가 없음이 밝혀져 석방되었다.

1864년(고종 1), 주위 사람들의 천거로 장원서 별제가 되었고, 이어 전라 도사, 지평, 장령 등을 역임하였다.

1866년 병인양요가 일어나자 이항로는 임금께 상소를 올려

'지금 국론이 갈라져 두 가지가 있습니다마는, 양적(서양 사람을 뜻함)과 싸워서 이기자는 것은 우리 쪽 사람의 주장이고, 화친을 하자는 것은 적의 편을 드는 사람의 주장입니다. 싸워서 이기면 인덕의 정치를 보전할 수 있고, 그렇지 않으면 사람이 모두 짐승으로 타락할 것입니다.'

라고 말하며 외국 세력과 싸울 것을 주장하였다.

그 후 공조 참판과 경연관이 된 그는 경복궁을 중건하는 일에 반대하여 흥선 대원군의 미움을 샀으나 나라를 걱정하는 그의 충의와 존왕양이의 대의로 인하여 따르는 사람의 수가 더욱 많아졌다.

위정 척사론을 내세우고 의병 운동을 일으킨 최익현, 유중교, 유인석, 김평묵 같은 사람들이 모두 그의 문하에서 나왔다.

# 이 항 복

(1556~1618)

## ─국난을 수습한 재상─

오성 대감으로 더 잘 알려진 이 항복(李恒福)은 조선 선조 때의 명 재상이다. 그는 고려의 명재상이 자 대학자인 이제현의 후손으로, 참찬을 지낸 이몽량의 아들로 태어 났다. 그의 자는 자상이고, 호는

백사, 또는 필운이며, 본관은 경주 이다.

어릴 때 무척 개구쟁이였던 그 는, 골목대장 노릇을 하며 갖가지 말썽을 피웠다. 그러나 어머니의 간곡한 타이름을 들은 뒤부터 학문 에 힘써 타고난 재질을 한껏 발휘 하게 되었다.

8세 때에 글을 읽기 시작한 그 는, 어느 날 아버지가 칼과 거문고 를 주며 글을 지어 보라고 하자

'칼에는 장부의 기상이 어렸고, 거문고에는 영겁의 진리가 서렸 도다.'

고 하여 아버지를 탄복시켰다.

그뿐만 아니라, 그는 마음씨도 무척 고와서 가난하고 불쌍한 사람 에게 자기의 옷이나 신을 벗어 주 기도 하여 주위 사람들로부터 칭찬 이 자자하였다.

임진왜란 때 이항복이 선조를 모시고 의주로 피난하는 길에 넘은 무악재

부모를 일찍 여읜 이항복은 그 슬픔을 감추고 더욱 학문을 닦아 이름을 떨치게 되었다. 그리하여 그는 당대의 영의정이었던 권철의 손자 사위가 되었다. 그의 장인은 임진왜란 때 도원수로 활약한 권율 장군이다.

1580년(선조 13), 이항복은 문과에 급제하여 여러 직책을 거친 끝에, 옥당에 들어가 선조의 신임을 받게 되었다.

그 후, 그는 호조 참의가 되어 선정을 베풀어 판서 윤두수에게 크게 칭찬을 받기도 했다.

1589년(선조 22), 호남 지방에서 정여립이 반란을 일으키자, 이항복은 이를 잘 다스려 평난 공신의 칭호를 받았다.

그 이듬해에, 사화가 일어나 대신 정철이 죄인으로 몰리게 되자 자신에게 화가 미칠 것이 두려워 아무도 그를 찾지 않았으나, 이항복만은 거리낌없이 그를 찾아가 위로하여 세상 사람들의 존경을 받았다.

1592년(선조 25)에, 임진왜란이 일어나자, 이항복은 도승지로서 왕비를 호위하여 갖은 고생을 겪은 끝에 임진강을 건너 개성에 이르렀고, 이어 두 왕자를 평양으로 호위하였으며, 선조를 의주까지 모시고 갔다. 이로 인해 그에 대한 선조의 신임은 더없이 두터워졌다.

그가 오성군에 봉해진 것은 바로 이 때의 일이었고, 이어 두 왕자를 평양으로 호위한 공으로 해서 형조 판서에 임명되었다.

이항복이 선조를 모시고 강을 건널 때 불을 질러 길을 밝혔던 임진 강변의 화석정

임진왜란 때에 위험을 무릅쓰고 나라와 임금에 대해 충성을 다한 이항복은 그 후, 다섯 차례나 병조 판서를 지냈으며, 특히 문란해진 군대를 정비하여 그 기강을 바로잡았다.

1598년(선조 31)에 임진왜란이 끝나자, 그는 우의정이 되었다. 곧 이어 조선과 명나라 사이에 말썽이 생기자, 그는 진주변무사로 명나라에 건너가 일을 무사히 처리하고 돌아와서 영의정으로 승진되었다.

이처럼 이항복은 나라에 충성하고 백성들을 잘 다스렸으나, 당파 싸움으로 들끓던 당시의 조정에서는 기회가 있을 때마다 그를 모함하는 사람들이 많았다.

그는 조정에 나가 있는 40여 년 동안에 한 번도 당파 싸움에 말려들지 않고 초연한 태도를 지켰다. 그러나 그를 모함하는 사람들은 갖은 방법으로 그를 헐뜯었다.

그런 끝에, 이항복이 영의정이 된 지 얼마 안 되어 마침내 일이 터지고 말았다.

그는 1602년 사화에 관련된 성혼의 무죄를 왕에게 알리려다가 도리어 정철의 일당으로 몰리게 되었던 것이다.

그 때, 이항복은

'임금을 훌륭히 모시고, 백성을 잘 다스려야 할 조정 대신들이 권력에 눈이 어두워서 날마다 당파 싸움에만 열을 올리고 있으니 ……, 아, 참으로 이 나라의 앞날이 걱정되는구나!'

하고 탄식하며 괴로워한 나머지, 스스로 영의정의 자리에서 물러나고 말았다.

이항복의 인품을 누구보다도 잘 알고 있던 선조는, 몇 번이나 그의 사직을 만류하였다. 그러나 썩을 대로 썩은 조정에 환멸을 느낀 나머지 그가 끝내 사양하자, 선조도 더 말리지 못하고

"경의 뜻이 정 그러하다면 더 이상 만류는 하지 않겠소. 그러나 과인이 경의 도움이 필요하다고 청할 때에는 언제라도 달려와 도와 주기 바라오."
하고 부탁하였다.

그리하여 이항복은 벼슬에서 물러났지만, 큰 일이 생길 때에는 늘 선조의 부름을 받아 자기 의견을 전하곤 했다.

1608년, 선조가 갑자기 세상을 떠나고 광해군이 왕위에 오르자, 조정에서는 또 한 차례 큰 당파 싸움이 일어났다.

광해군이 왕위에 오르는 데 힘쓴 북인이 광해군의 친형인 임해군을 미친 사람으로 몰아 강화에 가두었다가 죽여 버렸다. 그리고 나이 어린 영창 대군마저 죽여 버린 뒤, 그의 어머니인 인목 대비마저 폐하려고 하였던 것이다.

이 때, 불의를 보면 참지 못하는 이항복은 죽기를 각오하고 북인들과 싸웠다. 그러나 조정의 권력은 이미 북인들의 손아귀에 들어 있었기 때문에, 그는 뜻을 펴지 못한 채 마침내 북청으로 귀양을 가게 되었다.

이항복은 귀양지에서 나라와 겨레의 앞날을 걱정하며 세월을 보내었다.

그러다가 1618년(광해군 10) 5월에 세상을 떠나고 말았다. 이 때 그의 나이는 62세였다.

# 이 해 조
(1869~1927)

## ─한국 신문학 운동의 선구자─

우리 나라 신문학 운동의 선구자의 한 사람으로서, 평생을 오로지 신소설 창작에 힘썼던 이해조(李海朝)는 1869년(고종 6) 경기도 포천에서 태어났다.

호는 동농·이열재이고, 필명은 우산거사·선음자·하관 등 여러 가지가 있다.

그는 언론에 관계하면서 초기에 《제국 신문》《황성 신문》《매일 신보》《국민 신보》 등에 이름을 밝히지 않고 많은 신소설을 발표하였다. 또 프랑스의 유명한 공상 과학 소설가인 쥘 베른의 작품 중 《철세계》와 《화성돈전》 등을 번안하였고 고대 소설을 신소설화하여 개작 발표하기도 하였다.

소설의 재미와 허구성, 그리고 함축성 있는 결말에 관심을 표시하는 한편, 사회 각성을 위한 교훈을

소설의 주요 목적으로 주장했던 그는 모두 30여 편의 작품을 남겨 놓았다.

1908년에 〈구마검〉과 〈빈상설〉을 발표하였고, 1910년, 그의 대표작이라 할 수 있는 〈자유종〉을 발표하였다.

이해조는 〈자유종〉에서 여성의 인권 문제, 자녀의 신교육 문제, 자주 독립 사상 고취, 미신 타파, 계급 타파, 한문 폐지 문제, 가정 생활 개선 문제 등을 토론의 형식을 빌려 광범위하게 다루었다. 즉, 개화 사상을 고취시키는 계몽적인 내용을 담았다.

1911년에는 〈모란병〉 〈원앙도〉 〈화의 혈〉을 발표하였다.

〈모란병〉은 여성의 권리 존중과 외국 유학과 신문학, 허례 허식 폐지 등을 다룬 작품인데, 당시의 소

설에서는 찾아보기 힘든 사실성을 내포하고 있는 작품이다.

또 〈원앙도〉는 당시의 정치면과 사회면의 어둡고 모순된 점을 묘사한 작품이다.

그리고 〈화의 혈〉은 1911년 4월부터 6월까지 66회에 걸쳐 《매일 신보》에 연재했던 것으로서, 불우한 처지에 놓여 있는 기생의 효성과 정절을 주제로 하고, 동학 농민 운동이 일어나기 전후의 사회에 있었던 부패 관리들의 이면상을 서술한 작품이다.

작품의 첫머리와 끝에 작품 내용과는 관계없이 작자의 소설에 대한 주관이 기록되어 있어, 비록 초보적이긴 하지만, 체계적인 문학론을 발표한 사람이 없었던 당시 현실에 비추어 보아 우리 나라 문학사상 희귀한 문헌 자료로 평가받고 있다.

1912년에는 〈탄금대〉〈비파성〉〈춘외춘〉〈옥중화〉 등 여러 작품을 발표하였다.

〈탄금대〉는 개화되어 가는 당시 사회에서 많은 사람들의 관심의 대상이 되고 있던 여인의 개가 문제를 다룬 작품이며, 〈비파성〉은 젊

이해조의 신소설인 《화의 혈》 친필 원고

은 남녀의 살아가는 모습과 그 속에서 벌어지는 애정을 사건의 기복이나 전개면에서 자연스럽게 처리한 작품이다.

〈춘외춘〉은 1912년 1월부터 3월까지 《매일 신보》에 연재되었던 작품으로서, 계모가 있는 가정에서 흔히 일어나기 쉬운 가정 불화를 소재로 하여 신교육 사상을 묘사한 소설이다.

〈옥중화〉는 고대 소설 〈춘향전〉을 신소설 형식으로 개작한 작품인데, 그의 이러한 개작 작업은 고전의 현대화에 이바지한 점에서 그 공이 자못 크다고 할 수 있겠다.

신소설 작가 중 가장 많은 작품을 남긴 이해조는, 이인직과 더불어 신소설 확립에 뚜렷한 공적을 남겼다.

# 이 황
## (1501~1570)

## ─성리학의 대가─

조선 시대의 학자 이황(李滉)의 자는 경호, 호는 퇴계이다. 그는 1501년. 경상도 예안에서 태어났다.

아버지 이식은 이황이 세상에 태어난 지 7개월 만에 죽었다. 그래서 어머니 박씨의 손에서 7남 1녀의 막내로 자랐다.

이황은 타고난 천성이 깨끗하고 어질어 여러 형제에 대한 우애가 남달리 깊었으며, 어머니에 대한 효성 또한 따를 사람이 없었다. 그래서 그의 어머니는 늘

"퇴계가 의관을 바르게 하지 않거나 함부로 다리를 뻗고 쓰러져 눕는 것을 보지 못했다."

라고 말했다.

어린 이황은 6세 때부터 동네 글방에서 《천자문》을 배운 후 11세 때에는 숙부인 이우에게서 《논어》를 배우기 시작하였다.

이황의 철학적 사색은 어린 소년기부터 싹텄고, 중국 도연명의 조용하고도 깨끗한 전원의 시를 좋아하여 그를 흠모하였다.

이황은 19세 때 《주역》을 독파하고, 22세 때 서울로 올라와 성균관에 입학하였다. 그 때는 기묘사화를 겪은 후라 그런지 유생들이 학업에는 마음이 없고 천박한 폐습에 젖어 있었다.

그러나 이황은 그의 사색적 태도를 조금도 흐트러뜨리지 않고 《심경부주》한 권을 얻어 읽었다. 이 책은 특히 마음의 수양을 위하여 성현들의 생각을 적은 책으로 후일 이황이 그의 철학적 사색의 방향을 잡는 데 큰 도움을 주었다.

이황은 본래 벼슬에는 뜻이 없었으므로, 과거에 응시하지 않았다. 그러나 어머니와 형들의 간곡한 권

고로 과거에 응시했던 그는, 1534년 33세 때에 문과에 급제하여 비로소 벼슬길에 나갔다.

그 후, 이황은 조정의 여러 관직을 거치며 나라를 위하여 온 정성을 다하다가 외직을 자청하여 1548년에 단양 군수가 되었고, 그 해 10월에 풍기 군수로 옮겨 갔다.

풍기 군수로 있을 때, 이황은 교육 사업에 관심을 두어 주세붕이 세운 백운동 서원을 소수 서원이라는 사액을 받아서 최초의 사액 서원이 되게 하였다. 또 도산 서당을 창설하여 후진 양성과 학문 연구에 전념하고 붕당의 폐해를 상소하는 등의 많은 업적을 남겼다.

그 뒤, 명종이 왕위에 올라 그의 겸허한 성격과 대학자적 태도를 우러러 벼슬을 내려 불렀으나, 이황은 수시로 관직을 내놓고 돌아왔다. 명종은 그러한 이황을 그리워하여 그가 살고 있는 도산의 경치를 그리게 하여 병풍을 만들어 두고 바라보았다고 한다.

중종, 명종, 선조 3대에 걸쳐 지극한 존경을 받은 대학자인 이황은, 1570년(선조 3)에 숨을 거두었다. 그 후 1575년에 고을 선비들에 의해 도산 서원이 세워져 제향되었고, 그 이듬해에 문순이라는 시호가 내려졌다.

당대 최고의 학자였던 이황의 사상·학풍은 영남학파를 형성, 유학계에 큰 영향을 미쳤다.

유생들이 공부하던 도산 서원의 동서재

# 이 효 석

(1907~1942)

## ─〈메밀꽃 필 무렵〉의 저자─

소설가 이효석(李孝石)은 1907년 2월 23일 강원도 평창에서 이시후의 아들로 태어났으며, 호는 가산이다.

소학교를 졸업한 후, 그는 서울로 올라와 경성 제일 고등 보통 학교에 입학하였다. 그 학교에 다니는 동안에도 학교 성적이 월등하게 뛰어나, '꼬마 수재'라는 별명으로 통하였으며, 그 시절부터 그는 이미 문학에 심취해 있어서 그의 손에는 언제나 세계 명작이 들려 있었다고 한다.

작가로서의 이효석의 발판은 아마 그 시절부터 마련된 듯하다.

1925년, 18세 되던 해에 그는 아버지의 강권에 따라 경성 제국 대학 법문학부에 입학하였지만 예과 2년을 마치고 법과에서 영문학부로 전공을 바꿨다.

당시 경성 제대에는 '문우회'라는 문학 모임이 있었는데, 그는 그 모임에 가입하여 동인이 되었으며, 동인지 《문우》에 열심히 글을 발표하였다.

문학에 대한 이효석의 정열은 대단했다. 그는 학교 수업을 마치고 나면 나머지 시간은 거의 다 책을 읽고 글을 쓰는 데 소비하였다.

학부 2학년이던 1928년 7월, 이효석은 잡지 《조선지광》에 단편 소설 〈도시와 유령〉을 발표함으로써 작가로 데뷔하였다.

이어서 1929년에는 〈행진곡〉〈기우〉 등을 발표하였으며, 1930년 대학을 졸업했을 때는 유진오와 더불어 장래가 기대되는 동반 작가로 문단의 관심을 모았다.

대학을 졸업하고도 이효석은 변함 없이 작품 활동을 계속하였다.

그러나 직장 생활을 하지 않아 일정한 수입이 없어 궁핍한 생활을 하던 그는 총독부 경무국 검열계에서 잠시 동안 일하기도 했다. 그 후 사표를 내던지고 처가가 있는 함경 북도의 경성으로 내려가면서, 그는 어리석었던 자신의 실책을 뉘우치며 재기를 다짐하였다.

그는 경성에서 농업 학교에 취직하여 영어를 가르치게 되었는데 조용하고 편안하게 직장 생활을 하면서 창작에 전념할 수 있었다.

1930년, 서울에서 첫 창작집 《노령근해》를 출판하였던 그는, 이 곳 경성에서도 바로 〈북국 사신〉을 발표하였고, 이듬해에는 〈오리온과 능금〉 등을 발표했다. 1933년에는 〈주리야(朱利耶)〉 〈수탉〉 〈가을과 서정〉 〈돈(豚)〉 등을 발표함으로써 종래의 경향파 문학의 요소를 씻어 버리고 그의 본령인 순수 문학으로 돌아왔다.

1934년, 이효석은 평양 숭실 전문 학교 교수직을 맡게 됨으로써 약 3년간 머물렀던 경성을 떠났다. 평양으로 옮겨간 뒤 그는 경성에 있을 때와는 다르게 왕성한 의욕으로 많은 작품을 발표하였다.

그의 대표작이라고 할 수 있는 〈메밀꽃 필 무렵〉도 평양에서 씌어진 작품이다.

이 밖에도 자연에 대한 인간의 향수와 사상을 서정적으로 묘사한 〈들〉과 젊은 여인들의 무절제한 생활을 꾸짖는 〈분녀〉 〈장미 병들다〉, 그리고 장편 〈화분〉 등 수없이 많은 작품을 남겼다.

그러나 아내가 세상을 떠난 지 2년이 조금 더 지난 1942년 5월, 그는 도립 병원에 입원했다가 뇌막염으로 소생 가망이 없다는 진단을 받고 퇴원하여, 아버지가 지켜 보는 가운데 35세라는 아까운 나이로 눈을 감고 말았다.

# 일 연
## (1206~1289)

## ─《삼국유사》를 남긴 고승─

고려 시대의 고승 일연(一然)은 1206년 경상도 장산군(지금의 경상북도 경산)에 사는 김언정의 아들로 태어났다.

일연의 어릴 때 자는 회연인데, 그는 어릴 때부터 침착하였고, 좀처럼 말이 없었으며 깊은 생각에 잠기는 적이 많았다.

일연은 여덟 살 때인 1214년에 부모 곁을 떠나 해양에 있는 무량사라는 절에 들어가 학문을 닦았

다. 그러다가 1219년(고종 6)에 설악산 진전사에서 머리를 깎고 정식으로 스님이 되었다.

스님이 된 일연은 이 때부터 나라 안에 있는 여러 절을 두루 찾아다니며 수도에 힘썼다.

1227년(고종 14), 일연은 승과에 응시하여 당당히 장원을 하였고, 1236년에는 세상의 모든 이치를 깨달았으며, 조정으로부터 삼중 대사라는 칭호를 받았다.

젊은 나이로 큰스님이 된 일연은 전국을 두루 돌아다니며, 고통받는 사람들과 아픔을 같이 나누고, 그들에게 참된 삶에 대하여 가르치기에 온 정성을 쏟았다.

1246년에 선사가 된 그는, 13년 후인 1259년에 대선사가 되었고, 그 해 새로 왕위에 오른 원종을 도와 몽고군의 침입으로 어려워진 조정의 일을 돕기도 하였다.

5년 후인 1264년 가을, 일연은 왕의 허락을 얻어 개경을 떠나 한동안 오어사에 머무르다가 인홍사로 옮겼다.

1274년, 원종이 세상을 떠나고 충렬왕이 뒤를 이었다.

충렬왕 역시 일연을 더없이 아껴, 그를 늘 자기의 곁에 두고 싶어하였다.

충렬왕 3년에 일연은 왕명을 받아 운문사에서 지내게 되었다. 왕은 그를 운문 화상이라 부르며 자주 그의 설법을 들었으며, 1283년에는 그를 국존으로 삼았다.

그 후, 그는 수차 왕에게 병든 노모의 봉양을 위해 낙향을 청하여 고향에 다녀왔다.

1284년, 일연의 노모가 세상을

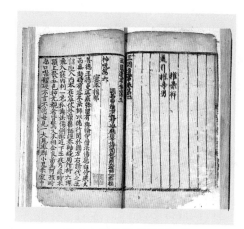

일연이 편찬한 《삼국유사》

떠나자 조정에서는 그가 여생을 편하게 보내도록 인각사를 중건하고, 전답 100여 경을 내렸다.

1289년(충렬왕 15) 6월, 국존이 된 지 6년째인 일연은 병이 들었다. 그러나 그는 아무런 약도 쓰지 않고, 오직 염불로써 나날을 보내다가 왕에게 올릴 마지막 글을 쓴 뒤, 제자들을 모아 놓고

"나는 이제 마땅히 가야 할 곳으로 가오."

하고 말하고, 자기 방에서 꼿꼿이 앉은 채 조용히 숨을 거두었다.

일연이 남긴 《삼국유사》는 고구려, 백제, 신라의 역사와 신화, 전설, 민담 등을 모은 중요한 역사 자료인 동시에 문학적으로도 매우 가치가 높은 책이다.

# 임 경 업
(1594~1646)

## －조선 인조 때의 용장－

임경업(林慶業)은 조선 시대의 명장으로서 1594년 11월 2일에 충청도 충주 달천에서 태어났다. 자는 영백이고, 호는 고송이다.

그는 24세 되던 1618년(광해군 10)에 동생과 함께 무과에 급제하여 벼슬길로 나가, 1620년 소농보 권관을 거쳐 1622년에는 첨지 중추부사가 되었다.

임경업 장군의 추련검

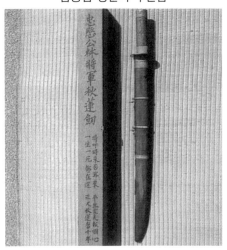

1624년(인조 2), 평안 병사 겸 북변의 부원수로 있던 이괄이 반란을 일으켜 순식간에 한성을 점령하자, 인조를 비롯하여 수많은 대신들이 공주로 피난을 가게 되었다. 인조는 전국 각처에 격문을 띄워 반란군을 진압할 군사를 모집하도록 하였다.

이 때, 격문을 본 임경업은 관군의 대열에 참여, 정충신의 휘하에 들어가 이괄의 반란군과 싸워 난을 평정하였다. 싸움이 끝난 후, 임경업은 난리가 있을 적마다 국고를 털어 가는 무리들을 응징하기 위하여 나라의 창고가 있는 용산으로 달려갔다. 임경업이 용산에 당도해 보니, 도적들이 창고의 재물을 빼내어 수레에 싣고 가려던 참이었다. 임경업은 지체없이 달려들어 도적들을 한 명도 남기지 않고 퇴

백마산성을 지킨
임경업 장군(민족
기록화)

치하여, 나라의 재산을 되찾았다.

이 때의 공훈으로 임경업은 진무
원종 공신 1등이 되어 가선 대부에
올랐다.

이 무렵, 만주에 있던 후금은 선
양으로 도읍을 옮기고 명나라의 요
새인 영원성을 공격하였는데, 태
조 누루하치가 중상을 입어 사망하
고 말았다. 뒤를 이어 그의 아들
태종 홍 타이지가 즉위하자 정책을
바꿔, 명나라를 치기 전에 우선 조
선으로부터 항복을 받아야 한다고
주장하였다.

그리하여 1627년(인조 5), 태종
은 패륵과 아민에게 3만 명의 군사
를 주어 조선을 침범하도록 하였
다. 오랑캐들이 안주, 평양을 거쳐
평산으로 쳐내려오자, 조정에서는
오랑캐를 막을 방도는 세우지 않고
피난하기에만 급급하여, 인조를
비롯하여 대부분의 대신들은 강화
도로 피해 버렸다.

이 때 임경업은 나라를 위해 목
숨을 바칠 각오를 하고 군사를 몰
아 강화도로 향했으나 그가 강화도
에 도착했을 때는 최명길 등의 주
화론자들에 의해 이미 강화가 체결
된 후였다.

그 후, 임경업은 37세 되던 해에
검산산성 방어사에 임명되어 퇴락
해진 검산산성과 용골성을 쌓았
고, 가도에 파견되어 있던 명나라
도독 유흥치가 오랑캐와 결탁하여
조선으로 침입해 오려는 계획을 사
전에 탐지하여 격퇴시킴으로써,
인조로부터 마필을 하사받았다.

임경업 장군이 쌓았다고 전해지는 낙안읍성

이 무렵 조정에서는 김자점 일파
가 주동이 되어, 청천강 이북 지방
은 땅이 넓고 사람은 적어서 방어
하기에 어려운 점이 많으니, 그 쪽
의 땅은 아예 떼어 버리자는 의논
을 하고 있었다. 그러나 임경업과
청천강 이북의 관리들이 극력 반대
하여 김자점 일파는 그들의 주장을
관철시키지 못하고 말았다. 이 때
부터 임경업은 김자점의 미움을 받
기 시작하였다.

1633년에 다시 북변의 방어를
위하여 청북 방어사 겸 안변 부사
가 된 임경업은 백마산성과 의주성
을 쌓았으며, 명나라 공유덕의 반
란을 진압하여 그 공으로 명나라로
부터 총병이라는 벼슬을 받았다.

이듬해 임경업은 청북 방어사를

겸하면서 의주 부윤이 되었는데,
이 때 포로로 잡은 오랑캐를 석방
했다는 모함을 받고 파면되었다가
1636년 혐의가 풀려 다시 복직되
었다. 이 해에 병자호란이 일어나
자 백마산성에서 죽음을 무릅쓰고
항전하였다.

청나라 태종은 10만의 병력을
거느리고 쳐들어왔는데, 임경업이
지키고 있던 의주를 끝내 점령하지
못하고 다른 길로 돌아가 엿새 만
에 한성을 점령하였다.

조정에서는 이번에도 또 허둥지
둥 피난을 하여, 남한산성으로 들
어가 성문을 굳게 닫고 나오지 않
았다. 그러나 정묘호란 때와 마찬
가지로 이번에도 화친을 맺자는 주
화론이 우세하여, 인조는 하는 수
없이 청 태종의 요구 조건을 들어
줄 수밖에 없었다.

그들의 뜻을 이룬 청나라는 이번
에는 명나라를 칠 계획을 세우고
조선에 출병을 요구하였다.

이 때, 수군장에 임명된 임경업
은 명나라 장수 심세괴에게 밀서를
보내 피해를 줄이도록 하였으며,
또한 1640년에 있었던 명나라 공
격 때에도 명나라와 밀통을 하다가

청나라에 체포되었다. 임경업은 체포되어 가던 도중 몰래 탈출하여 명나라에 망명하였다가, 명나라 황제로부터 부총병의 직위를 받고 청나라 공격에 나섰다. 그러나 이제 국운이 다해 기울어 가는 명나라로서는 청나라의 힘을 당해 낼 수가 없었다. 청나라의 대군이 북경을 점령하자, 명나라 황제는 자결하였고 임경업은 포로가 되었다.

그런데 그 때, 조선에서는 그의 후원자였던 상신 심기원이 반란을 꾀하다가 탄로 난 사건이 있었다.

그러나 인조는 사신을 보내어 임경업을 환국시켜 줄 것을 청 태종에게 요청하였고 1646년 6월 18일, 임경업은 함거에 실려 조선으로 돌아와 신문을 받게 되었다.

첫날의 신문 결과 임경업이 심기원과 함께 반역을 도모하지 않은 것만은 확실해졌다. 그러나 평소 임경업을 시기하던 김자점은 매를 쳐야 실토를 할 것이라며 계속 매질할 것을 주장하였다.

임경업은 심기원 사건의 연루 및 국법을 어겼다는 죄명을 뒤집어쓴 채 모진 매를 이기지 못하여 숨을 거두었다. 그의 나이 52세였다.

임경업은 우국 충정을 지닌 뛰어난 명장이었지만 불행한 장수였다. 임진왜란 때 입은 명나라의 신세를 갚고 병자호란 때 당한 치욕을 씻기 위해 청나라에 맞섰지만 억울한 죽음을 당하고 말았다.

그러나 그의 충의와 지조·용기는 민족의 가슴 속에 살아 있다.

임경업 장군을 기린 충렬사

# 자 비 왕
( ? ~ 479)

## ―신라의 제20대 임금―

신라 제20대 임금인 자비왕(慈悲王)은 성골 출신으로서 아버지는 19대 임금이었던 눌지왕이며 어머니는 실성왕의 딸인 아로 부인이다.

자비왕의 정식 칭호는 자비 마립간이다. 《삼국사기》에 의하면, 신라의 왕들은 3대 왕부터 18대 왕까지는 이사금이라는 칭호를 사용하였고, 19대부터 22대까지는 마립간이라는 칭호를 사용하였다고 한다.

왕의 칭호가 바뀌었다는 것은 정치 체제의 변혁 내지는 발전을 의미하는 것으로, 이 때 신라는 정치 사회면에서 굳건한 위치를 확보한 듯하다.

459년(자비왕 2)에는, 왜인이 그들의 배 100여 척을 몰고 와서 동변을 습격하고 월성을 포위하여 수많은 화살을 퍼부어 대자, 자비왕은 성문을 굳게 닫고 움직이지 않

았다.

이윽고 적이 하릴없이 물러가기 시작하므로 자비왕은 몸소 군사를 이끌고 쫓아가 달아나는 적을 추격하여 반수 이상을 처치하였다.

자비왕은 461년에 결혼하였는데, 왕비는 이벌찬(신라의 관직 17등급의 관등 중 제1등급으로서 최고직)에 있던 미사흔의 딸이다.

그 후에도 왜인들은 자주 신라를 침범해 왔다. 463년에는 많은 수의 왜인들이 양산 땅의 삽량성을 공격하다가 도저히 성을 쳐부술 수가 없자 스스로 퇴각하였다.

자비왕은 이 때 장군 덕지를 보내어 길목에 매복하게 했다가, 퇴각하여 돌아가는 왜인을 기습하여 한 명도 남김없이 전멸시켰다.

그 후에도 왜인이 끊임없이 신라를 침범하였으므로, 자비왕은 방비를 위해 여러 곳에 성을 쌓는 한편 전함을 정비하였다.

한편, 그 당시 삼국 중에서 국력이 가장 센 고구려의 제20대 임금인 장수왕이 집권 초부터 실행한 남하 정책을 더욱 강경히 펴면서 475년(자비왕 18)에 백제를 침범하였다.

이에 백제의 개로왕이 동맹 관계에 있던 신라에 원조를 요청하므로 자비왕은 즉시 군사를 보냈지만, 구원병이 미처 당도하기 전에 백제왕은 전사하고 말았다.

자비왕은 재위 21년 만에 왕위를 맏아들(뒤의 소지왕)에게 물려 주었다.

# 자장 법사
(590~658)

## ─진골 출신의 대국통─

신라 27대 선덕 여왕과 28대 진덕 여왕 시대의 불교계를 지도했던 고승 자장 법사의 정확한 생몰 연대는 알려지지 않고 있다.

자장 법사는 진골 출신인 무림의 아들로서, 속명은 김선종이다.

그의 어머니가 별이 떨어져 품속으로 들어오는 꿈을 꾸고 그를 잉태하여, 음력 4월 8일 석가모니의 탄신일에 낳았다고 한다.

그는 양친을 여읜 뒤, 속세가 싫어져 처자를 버리고 출가했다. 원녕사라는 절을 세우고, 혼자 불법을 수련하여 높은 경지에 올랐다.

선덕 여왕이 조정의 재상 자리가 비어 있어 그를 불렀으나 자장은 거절하고 나오지 않았다. 왕이 부름에 응하지 않으면 목을 베라는 엄한 명을 내렸어도

"내 차라리 계를 지키고 하루를

분황사터에 남아 있는 분황사탑

통도사의 전경

살지언정, 백 년을 살기를 원치 않는다. "
며, 오로지 수도에만 전념했다.

그 후 636년(선덕 여왕 5), 자장 법사는 제자 10여 명을 데리고 당나라로 가 문수 보살이 머물러 있다는 청량산으로 들어갔다. 한 승려로부터 가사와 불사리를 받은 그는, 후에 종남산 운제사에서 도를 닦고, 화엄종의 두순과 계율종의 도선에게 불법을 배운 뒤, 643년 장경 1부와 불구를 가지고 귀국하였다. 그 후, 분황사 주지로 있으면서 궁중과 경주 황룡사에서 대승론, 《보살계본》 등을 강론했다.

전국의 불교를 지도하고 총괄하는 대국통이 된 자장 법사는 승니의 규범과 승통의 일체를 주관했으며, 선덕 여왕에게 황룡사 9층 목탑의 창건을 건의하여 645년에 완성하였다. 또 우리 나라 굴지의 사찰인 통도사를 646년에 창건했으며, 그 이듬해 금강 계단을 세웠다.

이렇듯 불교의 발전을 위하여 전심 전력을 기울인 자장 법사는 전국 각처에 10여 개의 사탑을 건조하였으며, 중국의 제도를 따라 신라에서 처음으로 관복을 입게 했고, 650년(진덕 여왕 4)에는 당나라의 연호 사용을 건의하여 실시하게 했다.

만년에는 강릉에 수다사를 짓고, 뒤에 태백산에 석남원을 세워 그 곳에서 입적했다.

# 장 보 고
(? ~846)

## ─해상권을 장악한 장수─

장보고(張保皐)는 신라 말기의
무장으로, 본명은 궁복이다.

우리 나라의 역사를 통틀어 봐
도, 삼면이 바다로 둘러싸여 있으
면서도 해상 활동을 한 뚜렷한 인
물이 별로 없다. 그러나 장보고만
큼은 서해에서 남해까지 제압할 정
도로 대단한 활약을 보여 '해상왕'

이라 불리기도 하였다.

신라는 통일 뒤 중국 대륙과 교
류가 빈번하였다. 따라서 중국에
는 산둥 성이나 장쑤 성의 여러 곳
에, 신라방이라는 신라인의 집단
거류지까지 설치되어 있었다.

그러던 것이 신라 말기에 접어들
면서부터 국내 질서가 문란해지
자, 신라의 근해 일대에 당나라 해
적이 출몰하여 약탈을 일삼고 젊은
이들을 잡아가 노예로 팔아 넘기기
도 했다. 그 무렵에 혜성같이 나타
났던 사람이 장보고이다.

장보고의 출신에 대해서는 알려
진 바가 없다. 일찍이 정연이라는
친구와 함께 당나라로 건너가 당나
라 군적을 가졌으며, 무령군의 장
교가 된 사실이 전해진다.

때마침 당나라도 국내 사정이 혼
란하여 해적이 연안에 출몰하는 것

전라 남도 해남군
완도읍에 있는 장
보고 사당

을 막지 못하고 있었다.

이런 상황에서, 장보고는 해적들이 신라 사람을 마구 잡아와 노예로 팔아 넘기는 것을 보고는 분노하며 828년에 귀국하였다. 그리고 왕에게 청해(지금의 완도)에 진을 설치할 것을 주장했다.

왕의 승인을 받아 지방민을 규합해 군대를 확보한 그는, 청해진을 건설하고 해적 소탕 작업에 나섰다. 마침내 해상권을 장악한 그는 해상권을 토대로 당나라·일본을 잇는 국제 무역을 주도해 나갔다.

중앙의 힘이 별로 미치지 못하는 이 곳에서 부를 축적하고 강력한 군대를 거느린 그는, 하나의 큰 지방 세력으로 성장해 나중에는 중앙 정부의 정치에도 관여하였다.

836년에 흥덕왕이 세상을 떠난 뒤 왕위 계승을 둘러싸고 궁정에 내분이 일어났을 때, 그는 신무왕의 옹립에 힘썼다. 신무왕이 왕위에 오르자 감의군사와 진해 장군이라는 벼슬을 하였다.

그러나 조정에서는 장보고의 영향력이 커지는 것을 두려워하게 되어 장보고의 딸을 왕비로 삼는 것을 반대하였다. 이로 인해 청해진과 중앙 정부 사이에 대립이 점점 심해졌다. 그러자 중앙 정부에서는 846년에 자객 염장을 보내 장보고를 암살하고, 뒤이어 청해진을 폐쇄하고 말았다.

결국, 장보고의 몰락은 신라인의 해상 세력을 위축시키고, 신라 왕조의 쇠망을 재촉하게 되었다.

# 장 수 왕
(394~491)

## －고구려 전성기를 이룬 임금－

장수왕(長壽王)은 고구려 제20
대 왕으로 79년 동안 재위했으며,
97세에 사망했다. 광개토 대왕의
아들로, 몸집이 크고 씩씩했으며,
부왕의 대업을 이어받아 밖으로는
외교에 힘을 썼으며 안으로는 나라

고구려 때의 석축 도성인 평양성

의 기초를 닦아서 고구려의 최전성
기를 이루었다.

왕위에 오른 장수왕은 대외적으
로 중국의 분열을 이용한 외교를
벌였다. 중국의 진·송·위나라 등
과 사신을 교환하여 국교를 맺으며
세력 견제를 잘 하였다. 한때 북연
의 풍홍이 위나라의 토벌을 피하
여 고구려로 왔을 때, 자칫 위나라
의 침공을 받을 뻔했으나, 대체로
모든 나라와 긴밀한 관계를 유지
했다.

중국 및 북아시아의 여러 나라와
다각적 외교를 통해 안정을 이룬
장수왕은, 이를 토대로 국내의 정
치 안정에도 박차를 가하였다.

427년(장수왕 15)에 도읍을 국
내성에서 평양성으로 옮겨, 고구
려의 국시라고도 할 남하 정책을
적극 추진하였다.

455년에 백제에서 왕이 교체되는 틈을 이용하여 백제를 공격하였고, 477년에는 장수왕 자신이 직접 군사 3만 명을 거느리고 백제를 공격해 백제의 수도 한성을 함락시키고 백제의 개로왕을 죽였다.

신라와의 관계에서는 처음에는 평화적인 관계를 유지하였다. 그러나 신라가 백제와 군사 동맹을 맺고 고구려에 적대적인 입장을 취하자 468년에 신라의 실직주성을 공격하여 빼앗고, 481년에는 호명성 등 7성을 빼앗는 등 미질부까지 진격하였다.

이리하여 고구려는 신라와는 죽령과 무령을 잇는 산맥으로써 접하고, 백제와는 충주에서 청주에 이르는 선과 아산, 천안 이북의 선으로 경계를 이루고, 서북쪽으로는 만주의 대부분을 차지하게 되었다.

장수왕은 영토를 넓히는 것 외에도 국가 조직을 정비하는 데에도 힘썼다. 종전의 부족 제도를 지방 제도로 고쳐 5부를 설치하는 등 중앙 집권 체제를 정착시키기 위해 노력했다.

《위서》의 고구려전에 이오가 평양을 방문한 기록 가운데, '그 민호가 전대에 비해서 3배로 늘고, 그 땅은 동서 2천 리, 남북 1천여 리'라고 했으니 최전성기의 고구려의 부강을 엿볼 수 있다.

# 장 승 업

## (1843~1897)

### ─조선 화단의 3대 거장─

장승업(張承業)은 조선 말기의 화가로서, 초기의 안견과 후기의 김홍도와 더불어 조선 화단의 3대 거장의 한 사람으로 꼽히고 있다.

그는 어려서 부모를 잃고 서울 수표교 부근에 사는 이응헌의 집에 심부름꾼으로 들어가게 되었다. 그 곳에서 그는 주인 집 자제들의 어깨 너머로 글과 그림을 배웠다.

당시 이응헌은 원·명 이래 중국의 그림들을 여러 점 소장하고 있었기 때문에 장승업도 그 그림들을 볼 기회가 많았다.

장승업이 중국의 그림들을 흉내 내서 그리자 이응헌은 장승업의 그림에 대한 재능을 발견하고 그가 계속 그림을 그릴 수 있도록 도와 주었다.

스승도 없이 배운 그림이었지만, 그는 천부적인 재질을 발휘하

여, 능숙하게 그림을 그렸다.

그는 산수화, 인물화, 사군자 등 다양한 소재를 폭넓게 다루었다. 구속되기 싫어하는 호방하고 활달한 성격이 그의 그림에도 여실히 나타나 필치가 호방하고 대담하면서도 소탈한 여운이 감돌았다.

술을 몹시 좋아했던 그는 언제 어디서나 술상을 차리고 그림을 청하면 즉석에서 그려 줄 정도로 소탈한 성격을 가졌지만, 상대와 마음이 맞지 않으면 임금의 명령이라도 그림을 그리지 않았다 한다.

한번은 고종 임금의 명으로 궁궐에 들어와 병풍을 그리게 되었는데, 갑갑한 궁중 생활을 견디지 못하고 야반 도주를 하였다.

도망치기를 몇 번이나 반복하다가 결국은 민영환의 집에 갇혀 그림을 그리게 되었는데, 끝내 완성하지 못하고 도망치고 말았다.

화원으로 감찰까지 지낸 장승업의 그림은 그의 성격대로 호쾌하기는 하나, 표현에 있어서 주제는 대담하게 살리고 나머지는 작게 그리는 과장된 면이 나타나 있다.

평생을 독신으로 지낸 장승업은 당시 화단의 수많은 화가들 중에서

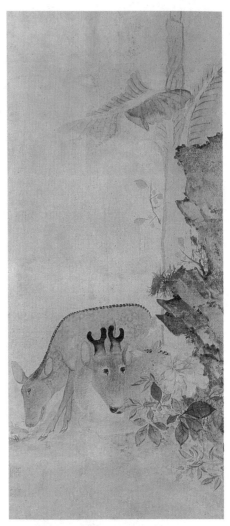

장승업의 〈초원지록〉

도 누구 못지않은 확고한 위치를 차지하고 있었으며, 후세 화가들에게 미친 영향도 매우 크다.

주요 작품으로는 〈군마도〉 〈어옹도〉 〈홍백매십정병〉 〈화조곡병〉 〈화조수도〉 〈포대도〉 등이 있다.

# 장 영 실

(? ~ ?)

## ─ 관노 출신의 과학자 ─

"상감마마, 동래현의 관노를 방금 대령시켰사옵니다."

"오, 어서 들라 하오."

"네."

동래현에서 올라온 관노는 황송스러운 듯이 임금 앞에 엎드렸다.

"네 머리가 비상하고 재주 또한 놀랍다고 하기에 불렀으니, 짐을 위해 노고를 아끼지 말라."

"황공하옵니다, 상감마마."

코가 마룻바닥에 닿도록 머리를 조아린 이 관노는 제련, 축성, 농기구, 무기 등의 수리에 뛰어나 1423년(세종 5)에 상감의 특명으로 발탁된 장영실(蔣英實)이다.

관기의 소생으로 동래현의 관노였던 장영실은 세종의 보살핌으로 상의원 별좌에 임명되어, 노비 신분에서 벗어나 궁중 과학자로서의 첫발을 내딛게 되었다.

장영실은 1434년, 중국과 아라비아의 자동 물시계를 비교 연구하여 새로운 형태의 물시계인 자격루를 만들었다. 설계하고 시험하고 뜯어 고치기를 수십 번 되풀이하여 드디어 자동으로 시각을 알려 주는 장치가 있는 물시계를 완성한 것이다. 장영실은 그 공로로 대호군으로 승진하였다.

장영실은 또 이천, 김빈 등 과학자들과 함께 세종의 명을 받들어 해나 별, 달 등의 천체의 현상을 관찰할 때 필요한 많은 기구를 제작하기 위하여 온갖 연구와 노력을 게을리하지 않았다.

그리하여 먼저 간의와 혼천의를 완성하였고, 1437년에는 천체 관측용 대간의·소간의를 비롯하여 휴대용 해시계인 현주일구·천평일구, 고정된 정남일구·앙부일구, 주야 겸용의 일성 정시의, 태양의 고도와 출몰을 측정하는 규표 등을 만들어 조선 시대 과학의 발전에 불멸의 공적을 남겼다.

장영실은 쉬지 않고 열심히 연구하여, 자격루를 만든 지 4년 후인 1438년(세종 20)에는 또 하나의 물시계인 옥루를 완성하여 흠경각

계동에 있는 소간의대

에 설치하였다.

1441년에는 서양보다 약 200년이나 앞선 세계 최초의 우량계인 측우기를 만들었으며, 그 밖에도 동활자인 경자자의 결함을 보완한 갑인자와 그 인쇄기를 만들었다.

그러나 그의 행로가 순탄한 것만은 아니었다.

1441년 측우기와 수표를 발명한 공으로 상호군에 특진되었으나, 그 이듬해 그가 제작, 감독한 상감의 가마가 부서지는 바람에 장영실은 불경죄로 의금부에 잡혀가 장형을 받고 파직되었다.

장영실의 정확한 생몰년은 알려져 있지 않다.

# 장 지 연
## (1864~1921)

### ―애국 계몽 운동가―

언론인이며 우국 지사인 장지연
(張志淵)은 1864년 10월 30일, 경
상 북도 상주군 내동면 동곽리에서
태어났다.

어려서부터 매우 영특하여 신동
으로 알려졌던 그는 1877년에, 13
세의 어린 나이로 한학자 장석봉의
문하에 들어가 공부하였다.

그는 1894년(고종 31)에 진사가
되고, 그 이듬해 명성 황후가 시해

장지연의 〈해항 일기〉

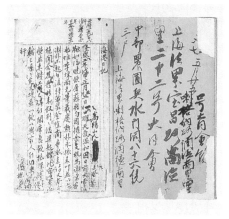

당한 을미사변이 일어나자, 서울
로 올라와 의병의 궐기를 호소하는
격문을 지어 각처로 발송하였다.

1896년에는 러시아 공관으로 거
처를 옮긴 고종의 환궁을 호소하는
만인소를 기초하였다. 마침내
1897년 2월, 고종은 러시아 공관
에서 지금의 덕수궁으로 돌아오게
되었다.

그 후, 장지연은 독립 협회에 가
입해 활동하였고, 1898년 《황성
신문》이 창간되자 기자로서 활약
했다. 같은 해에 만민 공동회 간부
로도 맹활약을 했던 그는, 독립 협
회 만민 공동회가 해산당할 때 체
포되어 투옥되었다.

장지연은 민족 정신을 일깨워야
겠다는 생각에서 남궁 억, 유근과
함께 1901년에 《황성 신문》을 인
수하여 민중 계몽과 자주 정신 고

을사조약이 체결되자 장지연이 《황성 신문》에 실은 〈시일야 방성 대곡〉

취에 온 힘을 기울였다.

원래 이 신문은 국한문 혼용으로 이틀에 한 번씩 발간되었는데, 장지연 등이 이를 사들여 일간지로 정비 확장하고, 애국 애족에 근거한 기사나 논설을 실어 많은 애독자들을 얻게 되었다. 그러나 장지연 등이 발행하는 《황성 신문》의 격렬한 배일 구국적인 논조는 일본의 신경을 자극하여, 항상 감시와 경계의 대상이 되었다.

1905년에 을사조약이 강제로 체결되자, 장지연은 11월 20일자 《황성 신문》에 〈시일야 방성 대곡〉이라는 사설을 써서 일제를 규탄하고 민족적 항쟁을 호소하였다.

이 사설이 나가자, 이 날 아침 서울 장안은 벌집을 쑤셔 놓은 듯 하였고 《황성 신문》은 압수당하여 간행이 중지되었으며, 장지연은 이 일로 체포되어 3개월간 옥살이를 하였다.

1906년에는 윤효정 등과 대한 자강회를 조직하여 구국 운동을 벌이다가, 이듬해 강제로 해산되자 대한 협회로 이름을 바꾸어 계속 구국 운동을 펴 나갔다.

그러나 1910년, 국권을 강탈당하여 우리 나라가 완전히 일본의 손에 넘어가자, 《경남 일보》주필로 있던 그는 황현의 절명시를 실었다. 일본은 이를 구실로 《경남 일보》를 폐간시켰다.

그 후, 실의에 빠져 술로 나날을 보내던 그는 마산에서 나라 잃은 한을 품은 채 숨을 거두었다.

493

# 전 봉 준
## (1855~1895)

## ─동학 농민 운동의 지도자─

전봉준(全琫準)은 동학 농민 운동의 지도자로 초명은 명숙, 별명은 녹두 장군이다.

1855년, 그는 전라도 고부군(지금의 정읍)에서 전창혁의 아들로 태어났다. 영리한 그는 어릴 때 이미《사서 삼경》을 배워 능통하였는데, 체구가 작아 녹두라고 불렸다.

아버지 전창혁이 군수의 학정에 저항하다가 모진 곤장을 맞고 죽

체포되어 한성으로 압송되는 전봉준

자, 전봉준은 사회 개혁에 대한 큰 뜻을 품게 되었다.

그리하여 1890년에 동학(천도교)에 입문하고, 고부군 접주가 되어 각지에서 동지를 모았다.

1893년, 고부 군수 조병갑은 세금을 터무니없이 많이 매기고 백성들의 재산을 빼앗는 등 학정을 일삼고 더욱이 만석보 밑에 보를 쌓아 수세를 강제로 거두어들였다. 이에 분개한 전봉준은 정익서, 김도삼 등과 협의하여, 이듬해인 1894년(고종 31), 농민과 동학 교도를 이끌고 관아로 쳐들어갔다.

이 보고를 받은 조정에서는 군수 조병갑을 처벌하고 장흥 부사 이용태를 안핵사로 내려보냈다. 그러나 신병을 핑계로 한 달이나 늦게 임지로 내려온 안핵사 이용태는 오히려 농민들과 동학 교도들을 탄압

하였다. 이에 분개한 전봉준은 농민과 동학 교도 8천 명을 이끌고 3월에 백산에서 부대를 편성하였다.

이 때 태인의 동학 교도와 농민들이 부근의 관아를 습격하여 승리를 거두자, 조정에서는 홍계훈을 초토사로 임명하여 동학 농민군을 토벌하게 하였다. 그러나 관군은 황토현 싸움에서 패하고 말았다.

전봉준이 이끄는 동학 농민군은 부안, 정읍, 고창, 무장 등을 점령한 뒤 4월 27일에는 전주성을 점령하고 관군에 대항하다가 외세의 개입을 우려하여, 스스로 물러나 사태를 관망하였다.

그 사이 조정에서는 청나라에 원군을 요청하였고, 일본은 청나라와 맺은 톈진 조약을 빙자해 군대를 인천항에 입항시켰다. 이에 동학 교도들은 일본군과 관군을 맞아 논산, 공주 등지에서 대혈전을 벌였다. 그러나 조직적인 훈련을 받은 일본군에게 대패하고 말았다.

전봉준은 여러 명의 동지와 함께 후일을 기약하고 순창 피로리로 피신했다. 그러나 그 곳에서 현상금에 눈이 먼 한신현 등 지방민의 습격으로 잡혀 서울로 압송되어, 이듬해인 1895년 3월에 사형당했다.

동학 봉기도

# 정 도 전
(1342~1398)

## ─조선 왕조의 개국 공신─

정도전은 1342년에 정운경의 아들로 태어나, 유명한 학자 이색의 문하에서 공부하였다.

1362년(공민왕 11), 20세 때부터 벼슬길에 올랐는데, 그는 중국에서 새로 일어난 명나라를 가까이하고 원나라를 멀리하자고 주장하였다. 그리하여 1375년(우왕 1)에 원나라의 사신을 맞이하는 문제로

권신 세력과 맞서다가 전라도 회진으로 귀양을 가기도 했다.

2년 후, 귀양에서 풀려난 정도전은 후진을 양성하다가, 1383년에 동북면 도지휘사로 있던 이성계를 찾아가 그와 인연을 맺었다.

1388년, 이성계의 위화도 회군으로 신진 세력이 정권을 잡게 되자, 이 때부터 정도전은 이성계를

적극적으로 도와 불교를 배척할 것을 주장하고, 조민수 등의 구세력을 탄핵하여 귀양을 보내는 등 본격적인 조선 개국을 위한 준비 작업을 시작했다.

이듬해 정도전은 이성계, 조준, 심덕부와 함께 창왕을 몰아 내고 공양왕을 왕위에 앉힌 다음, 삼사 우사라는 벼슬에 올랐다.

그 뒤, 정도전은 우군 총제사가 되어 군사권을 장악했으나, 구세력의 탄핵을 받아 관직을 삭탈당하고 봉화에 유배되었다. 이듬해인 1392년에 귀양에서 풀려났으나, 정몽주의 탄핵으로 다시 투옥되었다가 정몽주가 살해된 뒤 풀려났다.

감옥에서 풀려난 정도전은 조준, 남은 등과 함께 이성계를 왕으로 추대하여 조선 왕조를 세웠다. 조선 건국 후 개국 1등 공신으로 문하시랑 찬성사·보문각 대학사 등의 요직을 차지한 그는 새나라의 문물 제도와 국책을 대부분 결정하였다.

1394년(태조 3)에는 한양 천도를 주장하여 서울을 한양으로 옮기는 데 성공했다.

또한 이 해에 국가 통치의 가장 기본이 되는 《조선경국전》이라는

도담 삼봉  정도전의 호인 '삼봉'은 여기서 따 왔다.

저서를 펴냈다. 이 책은 상하 2권으로 되어 있는데, 조선 왕조의 건국 이념과 정치, 경제, 사회, 문화에 대한 기본 방향을 설정한 법전과 같은 것이다.

또한 정도전은 《심기리편》《불씨잡변》 등 철학서를 저술하여 유교를 옹호하고 불교를 배척하는 조선 건국의 이념을 다졌다.

조선의 기초를 세우는 데 크게 공헌한 정도전은 태조의 두 번째 부인의 아들인 방석을 도와, 왕위에 오르게 하려 했다.

이 때문에 태조의 다섯 번째 왕자(방원 : 뒤의 태종)에게 미움을 사게 되어, 1398년 제1차 왕자의 난 때 살해되고 말았다.

# 정 몽 주
## (1337~1392)

### ─선죽교에 피 뿌린 고려의 충신─

"앗!"

정몽주의 어머니 이씨 부인은 비명을 지르며 잠에서 깨었다. 일어나 보니 한낮의 꿈이었다. 꿈 속에서 커다란 검은 용이 뜰 가운데 있는 배나무에 올라가서 배를 따 먹고 있었다. 이씨 부인이 배나무 아래로 다가가니, 용은 배를 따 먹다가 말고는 이씨 부인을 보며 웃음을 짓는 것이었다.

이씨 부인은 그 꿈이 너무나도 이상하여, 혹시 집 안에 무슨 일이 있나 하고 밖으로 나와 마당 가운데 있는 배나무 쪽을 바라보니, 일곱 살인 아들 몽란이 배나무 위에서 배를 따 먹다가 어머니를 보며 웃고 있는 것이었다. 이 꿈으로 해서 몽란은 몽룡으로 이름을 고치게 되었고, 몽주라는 이름은 후에 관례를 치르고 난 후에 붙여진 것이다.

경기도 용인에 있는 정
몽주의 묘

정몽주는 1337년(고려 충숙왕 복위 6) 12월에 영천에서 정운관의 아들로 태어났다. 그의 집안은 고려의 이름난 선비의 후손으로 훌륭한 가풍을 지니고 있었다. 그런 집안에서 자란 그는 품행이 바르고 매우 영리하였다.

19세 때 아버지를 여의어 3년상을 치른 뒤, 열심히 공부를 계속한 그는 23세 때 문과에 응시하여 장원으로 뽑힌 뒤, 1362년(공민왕 11) 3월에 예문관 검열에 임명되어 관직에 발을 들여놓게 되었다.

그 후, 정몽주는 도지휘사 한방신의 종사관으로 여진족을 격퇴하기도 하였고, 전농시승, 예조 정랑, 사성을 거치면서 국내외의 복잡한 문제를 처리해 나갔다.

당시 중국에는 이제까지 고려와 친숙했던 원나라가 망해 가고, 새로이 명나라가 왕성해지고 있었다. 이리하여 고려에서는 원나라와 가깝게 지내자는 친원파와 명나라와 가까운 사이가 되어야 한다는 친명파로 서로 갈라져 다투고 있었다. 친원파는 지금까지 고려의 권력을 손에 쥐고 세력을 누리던 자들이었고, 친명파는 새롭게 일어서는 신진 정객들이었다.

정몽주는 친원파도 아니었으며 친명파도 아니었다. 오로지 고려를 위험으로부터 굳건히 지킬 수 있는 길만을 생각하고 있었다.

또한 그 때의 고려 조정은 점차 부패해 가고 있었고, 나라는 기울어져 가고 있었다. 그는 기울어져 가는 나라일망정 좋은 정치만 베푼다면 다시 나라의 운명을 바로잡을

수 있으리라고 생각했다.

1374년, 고려에서는 하나의 큰 비극이 일어났다. 공민왕이 등극 23년 만에 환관 최만생 등에 의해 독살된 것이다.

그리하여 새로 우왕이 왕위에 오르자, 또다시 친원파와 친명파가 다투게 되었다. 권신 이인임이 친원파였기 때문에, 이제까지 명나라와 좋은 관계를 유지하여 오던 정책을 버리려고 하였다.

1376년, 성균관 대사성으로 있던 정몽주는 이인임 일파의 친원 외교정책을 더 이상 보고만 있을 수 없었다. 그래서 우왕에게 상소를 올려 명나라와 가까이할 것을

주장 하였다. 이 일로 정몽주는 이인임 일파의 미움을 받아 언양으로 귀양을 가게 되었다.

그 후 귀양에서 풀려난 정몽주는 1377년 일본에 사신으로 가서 노략질을 금지할 것을 교섭하고 돌아오기도 했고, 이성계와 함께 왜구를 물리치기도 했다.

그러나 정몽주의 충성스러운 노력에도 불구하고, 고려는 점점 몰락의 길을 걸어가고 있었다. 위화도 회군으로 권력을 잡은 이성계 일파에 의해 창왕이 물러나고 공양왕이 새 왕으로 추대되었다. 그 후로 이성계의 위력은 나날이 커져서 조준, 정도전 등이 그를 왕으로 추

대하려 하였다.

정몽주는 이성계가 이처럼 야욕에 사로잡혀 있다는 것을 눈치채고 이성계를 제거하지 않으면 안 된다고 생각했다. 그는 조용히 기회만 기다리고 있었다.

이러한 정몽주의 마음을 눈치챈 이성계의 아들 이방원은 여러 가지 방법으로 정몽주를 자기 편으로 만들려고 노력했으나, 정몽주는 자신의 뜻을 굽히지 않았다.

그러자 이방원은 이성계에게 정몽주를 죽일 것을 주장하였다. 하지만 이성계가 그 말을 듣지 않자, 방원은 물러서지 않고 혼자서 정몽주를 제거하기로 결심했다.

그 무렵에 이성계가 낙마하여 부상을 입고 누워 있다는 소식을 들은 정몽주는 그를 문병하기 위해 집을 나섰다. 정몽주도 자신을 제거하려는 방원의 계획을 알고 있었으나, 그렇다고 죽음이 두려워 망해 가는 나라를 바라보고만 있을 수 없었다. 그는 이성계 일파의 허실을 알아볼 겸 이성계를 찾아가려 했던 것이다.

정몽주가 선죽교에 이르렀을 때였다. 별안간 다리 밑에서 방원의 명을 받고 미리 숨어 있던 조영규 등이 철퇴를 휘두르며 뛰어 올라왔다. 정몽주는 외마디 비명 속에 말 위에서 떨어졌다.

오직 고려만을 위해 충성을 다 바쳤던 충신 정몽주의 피는 선죽교를 붉게 물들였다. 이 때, 그의 나이 55세였다.

정몽주가 철퇴를 맞고 죽은 선죽교

# 정　선
(1676~1759)

## ―산수화의 대가―

　정선(鄭敾)의 자는 원백, 호는 겸재, 난곡이다. 1676년(숙종 2), 부사 벼슬을 지낸 정설의 손자로 태어났는데, 그의 아버지 정시익은 벼슬길에 오르지 않은 가난한 선비였다.

　어려서부터 그림에 남달리 뛰어난 재주를 보인 정선은, 숙종 때의 재상 김창집에게 그 재질을 인정받아 그의 천거로 관직 생활을 시작하였다. 그리하여 정선은 그 뒤 가선대부 지중추부사라는 종2품 벼슬에까지 이르게 되었다.

　정선은 처음에는 당시 많이 유행되고 있던 중국의 남화에서 출발했다. 그러나 30세를 전후로 하여 한국적인 소재로써 산수화를 주로 그리면서, 그 나름대로의 고유한 필

정선이 그린 〈탕제제시〉

법으로 솔직하고도 개성이 뚜렷한 독창적인 화풍을 이룩했다.

그는 여행을 몹시 즐겨서 금강산, 묘향산을 비롯하여 전국의 이름난 명승지를 두루 돌아다니면서, 아름다운 산수의 풍경을 그림으로 그렸다.

지금까지 남아 있는 그의 그림으로 보아, 금강산을 비롯하여 경주의 석굴암까지 거의 안 간 곳이 없을 정도인데,. 그 중에서도 금강산을 가장 사랑하였던 것 같다. 그가 부채에 그린 〈금강내산〉을 보면 신비롭고 우람한 금강산의 풍경이 절묘하게 묘사되어 있다.

정선은 그 당시의 화가인 현재 심사정, 관아재 조영우와 더불어 삼재라고 일컬음을 받았다. 그러나 농담의 대조 위에 청색을 조화하여 암벽의 면과 질감을 나타낸 정선의 새로운 경지를 이어받은 이가 없어, 그의 독특한 화풍은 아깝게도 당대에서 끝나고 말았다.

정선은 글씨에 관심이 없어 그의 그림에는 서명과 한두 개의 낙관만이 화폭의 한 귀퉁이에 찍혀 있을 뿐 글귀나 그림의 제목이 없는 것이 오히려 이채를 띤다.

1759년(영조 35) 83세로 세상을 떠난 그는 〈입암도〉〈여산초당도〉〈여산폭포도〉〈금강내산〉〈금강산만폭동도〉〈우경도〉 등의 많은 작품을 남겼다. 그러나 초기의 작품과 그의 저서 《도설경해》 등이 남아 있지 않아 아쉬움을 준다.

# 정 약 용
## (1762~1836)

## ─실학을 집대성한 학자─

정약용(丁若鏞)은 조선 시대의 실학자로 호는 다산, 세례명은 요한이다. 경기도 광주(지금의 양주군)에서 진주 목사를 지낸 청렴 결백한 선비인 정재원의 넷째 아들로 태어났다.

정약용은 어릴 때부터 매우 영리하여, 3세 때 아버지로부터 《천자문》을 배웠으며, 7세 때에는 스스로 시를 지었고, 10세 때는 지은 시들을 모아 《삼미집》이라는 책을 엮었다.

1768년 아버지가 관직에서 물러나자 그는 아버지로부터 사서 삼경을 본격적으로 배우다가, 영조가 죽고 정조가 왕위에 오르자, 다시 호조 좌랑이 되어 벼슬길에 오른 아버지를 따라 서울로 올라오게 되었다.

그는 성리학을 깊이 연구하고 문학도 열심히 익히면서 서양의 새로운 학문에 대해 관심을 가졌다. 특히 이익의 《성호사설》과 《곽우록》은 정약용의 학문과 사상에 많은 영향을 주었다.

그는 1784년에 회시에 합격한 후, 22세의 젊은 나이로 정조에게 《중용》을 강의하였고, 1789년에 식년 문과에 급제한 후 벼슬이 부승지까지 올랐다. 그러나 서학을 숭상하고 천주교인이라는 이유로 반대파의 모함을 받았다.

1795년, 중국인 신부 주문모 사건에 연루되어 금정 찰방으로 좌천되었다가, 반 년 만에 용양위 부사가 되어 서울로 올라왔고, 유득공, 이가환, 박제가 등과 규장각에 들어가 여러 책의 잘못된 것을 교정하였다.

그러나 서학을 반대하는 무리들

의 바람이 거세지자 1797년, 다시 황해도 곡산 부사로 밀려났다. 이곳에서 그는 백성들의 천연두 예방과 치료를 목적으로《마과회통》을 편찬하는 등 선정을 베풀었다.

1799년, 다시 병조 참지, 형조 참의가 됐으나, 정조가 죽은 후 공서파의 탄핵을 받아 사직하고, 가족과 함께 고향으로 돌아갔다. 그러나 1801년 신유박해로 매부 이승훈과 형 정약전, 그리고 이가환이 옥에 갇히고 그도 장기에 유배되었다. 정약용은 그 곳에서 학문 연구에 몰두,《기해방례변》등 3종의 책을 저술하였다.

그 해에 다시 황사영 백서 사건에 연루되어 강진으로 유배되어, 이후 18년간 귀양살이를 하며 오로지 학문에 힘썼다. 1808년에《다산문답》《주역사전》을 저술한 것을 비롯하여 수많은 책을 썼다.

대표 저서로는 국가 경영에 관한 일체의 제도 법규에 대하여 적절하고도 준칙이 될 만한 것을 밝힌《경세유표》와, 지방의 목민관으로서 백성을 다스리는 요령과 본받을 만한 것을 밝힌《목민심서》를 들 수 있다.

《목민심서》내용을 실은 정약용 어록비

1818년 귀양지에서 풀려나 다시 고향으로 돌아온 후에도 저술에 힘을 기울여,《목민심서》9권인 형전 육조를 보충하여 쓴《흠흠신서》30권을 완성하였고, 1836년 2월 22일, 74세를 일기로 눈을 감았다.

그의 저서는 250권으로 된《여유당전서》와 246권으로 된《다산총서》등 무려 508권에 달하는 방대한 책이 있었으나, 모두 소실되고 그 중 일부만 전한다.

# 정 인 보
## (1892~1950)

## ─민족의 얼을 강조한 사학자─

유학자이며 사학자인 정인보는 서울에서 태어나, 조선 말의 양명학자인 이건방의 문하에서 한학을 공부했다.

1910년, 일본 제국주의자들이 우리 나라의 국권을 강탈하기에 이르자, 그는 울분을 참지 못하여 중국으로 건너가 상하이에서 동양학을 공부하면서 나라 잃은 설움을 달랬다.

그 곳에 정인보는 박은식, 신채

일제 시대에 발행된 《동아 일보》

호, 김규식 등과 함께 동제사를 조직하여 독립 운동을 벌이다가, 출국한 지 8년 만에 고국으로 돌아왔다.

귀국 후에 주로 연희 전문, 이화 여전과 세브란스 의전, 중앙 불교 전문 학교 등에서 한학, 역사학을 강의하였다.

한편, 정인보는 언론계에 투신하여 《시대 일보》《동아 일보》등에서 논설 위원으로 일을 하는 동안, 일본 총독부의 식민지 탄압 정책을 신랄하게 비판하는 등, 민족 의식을 고취하고자 많은 노력을 기울였다.

1935년, 정인보는 실학이라는 말을 처음으로 사용하였으며, 국학 연구의 전통을 조선 시대 영조, 정조 때의 실학에서 구하고, 그 중에서 귀중한 서적들을 골라 그 책의

제목과 저자, 내용, 출판 연월일 등에 대해 조사하는 작업을 시도하였다.

광복 후에는 일제의 민족 말살 정책으로 가려졌던 국학의 연구에 힘써, 민족사를 모르는 국민에게 바른 국사를 알리고자 《조선사 연구》를 간행했다.

정인보는 우리 조상들의 업적에 대해서 대체로 비판적이었던 신채호와는 다르게, 사료로서의 고서를 중요시하면서도 그에 대한 민족사적 의미를 부각시키는 신민족주의 사학의 입장에서 연구를 했다.

그는 사실의 규명은 역사 연구에 있어서 그리 중요한 일이 아니라며, 만일 민족의 얼을 도외시하고 서 역사적 사실만을 규명한다면 그것은 무의미한 작업이 된다고 주장하였다. 또한 그는 매우 보편적인 인간성을 가지고 역사를 이해하려고 노력하였다.

성격이 대쪽 같았으며 민족적 지조가 꿋꿋했던 정인보는, 대한 민국 정부 수립 이후에 초대 감찰 위원장을 역임하기도 했지만, 1년 후 사임하고 서울 남산동에 머무르며 오로지 국학만을 연구하였다.

일찍이 문학에도 전념하여 시조와 한시에도 일가견이 있던 그는 1950년 6·25 전쟁 때 공산군에 의해 납북되었다가 그해 세상을 떠났다.

저서로는 《조선사 연구》《양명학 연론》 등이 있다.

# 정 인 지
## (1396~1478)

### ─ 한글 창제를 도운 학자 ─

"상감마마 납시오!"

조용히 책을 읽고 있던 집현전 학사들은 모두 고개를 숙이고 엎드려 세종을 맞았다.

"경들의 연구는 어느 정도의 진척이 있소?"

엎드린 학사들 중 누구 하나 자신 있게 대답하는 사람이 없었다. 세종은 용안을 찌푸리며 힐책하듯 분부했다.

"나라의 글이 없음은 우리의 수치라고 짐이 누누이 일렀거늘, 어찌 그리 자신이 없더란 말이오! 집현전은 짐이 특별히 마음을 쓰는 곳이며, 수재들이 모인 곳이니 분발을 하오."

정인지가 세종에게 답했다.

"황공하오이다. 성상께옵서 성려하심을 거울삼아서 신 등은 힘껏 글자를 연구하여 성은에 보답

하겠사옵니다. "

정인지, 성삼문, 신숙주 등 집현전 학사들은 세종의 특별한 분부를 받들어, 새로운 글자를 만드는 일에 심혈을 기울였다.

정인지는 1396년(태조 5) 석성 현감으로 있던 정흥인의 아들로, 호는 학역재이며, 본관은 경상 남도 하동이다.

그는 1411년(태종 11)에 생원이 되었고, 1414년 18세의 나이로 식년 문과에 장원으로 급제한 후 사헌 감찰, 예조 좌랑 등의 벼슬을 거쳐서 1418년에는 병조 좌랑이 되었다.

그 후 1418년 8월에 세종이 즉위하자, 그는 우수한 학자를 중용하는 세종의 사랑을 받게 되어 예조와 이조의 정랑을 거쳐 집현전 학사, 집현전 직제학, 이조 참판 등 중요한 벼슬을 지냈다. 훈민정음을 창제하는 데 많은 공을 세웠으며, 《고려사절요》《용비어천가》 등을 쓰기도 했다.

1453년(단종 1) 계유정변 때 정인지는 수양 대군을 도와 수양 대군이 어린 단종 밑에서 실권을 잡는 데 중요한 역할을 하였다. 그

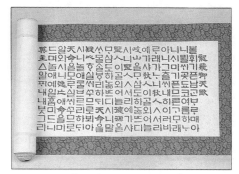

《용비어천가》의 일부

공으로 그는 좌의정이 되었고, 더불어 공신의 호와 하동 부원군의 봉군을 받았다.

수양 대군의 참모가 된 정인지는 1455년, 수양 대군의 즉위로 영의정이 되었다.

그러나 세조가 말년에 원각사를 짓고, 간경 도감을 설치하여 불서를 간행하는 등 불교를 신봉하게 되자, 정인지는 세조의 숭불 정책을 완강히 반대하다가 그의 미움을 사서 부여로 잠시 쫓겨났다가 바로 소환되기도 했다. 성종이 즉위한 해에는 원상으로서 나라의 모든 일을 총괄하였다.

성삼문, 신숙주, 최항 등과 함께 훈민정음 창제에 많은 공을 세웠고, 평생 임금을 모시며 부귀 영달을 누렸던 그는 1478년에 82세의 나이로 그 삶을 마쳤다.

# 정  조
## (1752~1800)

## ―조선의 르네상스를 이룩한 임금―

조선의 제22대 왕인 정조(正祖)는 1752년에 태어났으며, 이름은 산, 자는 형운, 호는 홍재라 했다.

아버지인 장헌 세자(사도 세자)가 품행이 좋지 못하다 하여 할아버지인 영조의 노여움을 사서 뒤주에 갇혀 굶어 죽는 참화를 당한 것은 그의 나이 10세 때였다.

그로 인해 그는 어려서 죽은 영조의 맏아들 효장 세자의 후사가 되었다. 1775년 영조의 명을 받들어 대리청정(왕세자가 왕을 대신하여 정치를 하던 일)하다가 이듬해 영조가 죽자 왕위에 올랐다.

왕위에 오른 정조는 영조 말년부터 집권해 오던 벽파(주로 노론 계열로 사도 세자를 무고하여 비방한 당파)를 축출하고, 이어 역모를 꾀한 홍상간, 정후겸, 윤양로 등을 벌주었다.

1777년에는 자신을 죽이고 은전군을 옹립하려던 홍상범 일당을 처형하였다.

정조는 왕세손 시절 벽파의 모함에서 자신을 보호해 준 홍국영에게 정사를 맡겨 자신을 반대하는 세력들을 몰아 내게 했다. 그러나 홍국영이 정조의 총애를 믿고 횡포를 일삼으며, 세력 유지를 위해 여동생을 정조의 후궁으로 들이는 한편 중전의 독살까지 꾀하자, 1780년 홍국영을 귀양 보내고 홍씨 세도 정치를 종식시켰다.

그 후, 정조는 선왕의 뜻을 이어 탕평책을 써서, 당파 싸움을 없애려고 많은 노력을 기울였고 평민 중에서도 재주가 있는 사람을 뽑아서 벼슬 자리를 주었다.

뿐만 아니라 퇴색해 버린 홍문관을 대신하여 규장각을 설치해 정권의 핵심 기구로 키워 나갔다. 규장각을 중심으로 인재를 모은 정조는 그들로 하여금 학문을 연구하게 했고, 많은 책을 펴내어 전국에 보급시켰다. 그러자니 자연 인쇄와 활자에도 관심이 많게 되어, 여러 종류의 새로운 활자를 만들고 인쇄술을 발달시켰다.

당시 규장각을 통해서 간행한 서적으로는 《대전통편》《무예도보통지》《문원보불》《존주휘편》《동문휘고》《오륜행실》 등이 있으며, 정조 자신이 찬수한 《팔자백선》《주서백선》《오경백선》이 나오게 되었고, 그가 지은 글들을 모은 방대한 책 《홍재전서》도 출간되었다.

특히 정조는 남인 학자들을 우대하여 주자학의 공리 공론적인 학풍을 배척하고 실사구시와 이용후생을 목표로 하는 실학을 크게 발전시키는 등 조선 후기의 문화적 황금 시대를 이룩했다.

제도 개편에도 힘써 혹독한 형벌을 금지시켰고, 백성의 부담을 덜기 위해 궁차징세법을 폐지하여 세금을 대폭적으로 줄였다. 또한 빈민의 구제를 위해서 자휼전례를 공포하는 등 많은 노력을 기울였다.

이렇듯 문화의 황금기를 이룬 조선 후기 정조 시대를 조선의 르네상스 시기라고도 한다. 정조의 능은 수원에 있는 건릉이다.

정조가 그린 〈파초〉

규장각으로 쓰였던 비원의 주합루

# 정 중 부
## (1106~1179)

### ─무신의 난을 일으킨 무장─

정중부(鄭仲夫)는 황해도 해주 출신으로 기골이 장대했다.

그는 해주 지방의 고위 관리들의 눈에 띄게 되어 공학금군이 되었고 얼마 후, 종 9품의 무관직인 견룡 대정이 되었다.

당시에는 문신들이 무신들을 얕보고 업신여기는 일들이 많았다. 정중부도 문신인 김부식의 아들 김돈중에게 수염을 태우는 수모를 당했다. 그러잖아도 문신들에게 불만을 품고 있던 정중부는 김돈중을 때려뉘고 욕설을 퍼부었다. 그러자 김부식은 정중부를 잡아 고문을 하려고 했고, 정중부는 도망쳐 가까스로 위험을 모면하였다.

그 후, 정중부는 의종이 왕위에 오르자 그의 신임을 얻어 교위가 되었고, 승진을 거듭하여 1164년(의종 18)에는 상장군이 되었다.

그러나 의종이 놀이를 너무 좋아하고 방탕한 생활을 하면서, 다른 임금들처럼 무신들을 박대하였으므로, 정중부는 은근히 임금에게 반감을 품었다.

의종이 날이 갈수록 더욱더 방탕해지자, 1170년(의종 24)에 마침내 참다 못한 무신들이 반란을 일으켰다.

정중부, 이의방, 이고 등은 문신, 환관, 그리고 반란에 가담하지 않는 장병까지 수십 명을 일시에 죽이고 정권을 잡은 뒤, 의종을 거제현으로 유배시켰다.

무신들은 의종의 아우 익양공을 새 임금으로 추대함으로써 무신 정권을 수립하였다.

그 뒤, 정중부 등은 전부터 상장군, 대장군들의 군사 회의 장소인 중방에서, 그들의 뜻대로 정치를

해 나갔다. 그들은 무신들에 대해 우호적이었거나 훌륭한 문신으로 존경받던 사람들을 불러 무신 정권에 협조하길 부탁했다. 그러나 이들이 워낙 사람을 많이 죽이고 왕까지 갈아치운데다가, 언행이 매우 방자하였기 때문에 협력하는 사람이 적었다. 뿐만 아니라 많은 사람들이 무신 정권에 반대하여 반란을 일으켰다.

1171년(명종 1)에는 병부 시랑이던 조동희가, 1173년(명종 3)에는 동북면 병마사 김보당이, 1174년(명종 4)에는 승려들이 궐기했으나 모두 실패했고, 서경 유수이던 조위총도 평양과 동북면의 군사들을 동원하여 개경으로 쳐들어갔으나 또한 실패했다.

한편, 무신들 사이에서도 권력 다툼이 치열하게 진행되었다. 1171년 초에 이고가 다른 무신들을 죽이고 저 혼자 정권을 잡으려는 변란을 꾀하다가 이의방의 철퇴에 맞아 죽었다. 또한, 이의방이 딸을 태자비로 들여 놓고 크게 위세를 부리자 이를 시기한 정중부와 그의 아들 균이 1174년 12월에 이의방을 죽여 버렸다.

하지만 최고의 권력을 잡게 된 정중부도 정중부와 그의 아들 균을 불만스럽게 여기고 있던 경대승 일파에 의해 1179년(명종 9)에 죽음을 당하였다.

그러나 무신들의 집권은 이에 그치지 않았다. 다른 무신들에 의해 그 뒤로도 80여 년 동안 더 지속되면서 고려의 정치, 사회, 경제를 크게 어지럽혔다.

# 정 지 상

(? ~1135)

## ―고려의 서정 시인―

정지상(鄭知常)은 서경(지금의 평양)에서 태어났다. 어렸을 때의 이름은 지원이고, 호는 남호이다.

시에 뛰어나 고려 12시인의 한 사람으로 꼽혔던 정지상은 역학과 불전에도 조예가 깊었으며, 그림과 글씨에도 능했을 뿐만 아니라, 노장 철학에도 밝았다.

다섯 살 때 이미 강 위에 뜬 해오리를 보고

누가 흰 붓을 가지고 강물 위에 '을'자를 썼는고?

(何人將白筆 乙字寫江波)

라는 글을 지었다는 이야기가 전해 내려올 만큼 그는 시인으로서의 탁월한 재주를 타고났다고 한다. 그가 쓴 시 〈송우인〉도 속세의 때가 묻지 않은 걸작이라는 평을 듣고 있다.

비 갠 긴 둑에 풀빛이 진한데,
남포에 임 보내니 노랫가락 구슬
퍼라.
대동강 물은 어느 때나 마를 건
가,
해마다 이별의 눈물만 푸른 물결
에 더하거니.

정지상은 어려서 아버지를 여의
고, 어머니의 뜻에 따라 개경에 올
라가 학문에 몰두하였다.

타고난 천재에다 열심히 공부를
한 정지상은 과거에 응시, 장원 급
제를 하였다. 그는 예종과 인종의
총애를 받아, 기거사인(종 5 품의
벼슬)까지 올랐으며 윤관, 김부식
등과 사귀었다.

그런가 하면, 정지상은 다만 한
낱 문신으로서뿐만 아니라, 간관
으로서도 충언과 직언을 아끼지 않
았다. 1127년(인종 5)에 좌정언이
었던 그가 권신 척준경의 잘못을
탄핵하는 상소를 올려 척준경을 몰
아 내고 나라의 기틀을 바로잡은
것만 보아도 알 수 있다.

그러나 정지상은 고려의 자주성
을 회복하기 위해서는 서경으로 천
도해야 한다는(고려의 서울을 평

양으로 옮기자는 것) 주장을 편 승
려 묘청과 뜻을 같이함으로써 반역
자로 몰렸다. 그리하여 토벌군 원
수로 임명된 김부식에 의해 개경에
서 무참히 살해되어 아까운 일생을
끝내고 말았다.

정지상이 반역자로 몰려 죽은 만
큼, 그의 완전한 작품집은 전해져
내려오는 것이 없다. 다만《동국여
지승람》에 그리 많지 않은 작품이
전할 뿐이다.

# 정 철
(1536~1593)

## ─회오리바람 속의 시인 재상─

정철(鄭澈)은 조선 시대의 문인
이자 시인으로 자는 계함이고, 호
는 송강이다.

정철은 어려서부터 인종의 귀인
인 큰누나와 계림군의 부인이 된
둘째 누나로 인하여 궁궐에 출입하
는 일이 많았기 때문에 어린 경원
대군(후에 명종이 됨)과 소꿉친구
로 지냈다.

정철이 10세 되던 해인 1545년

초가을, 왕실의 외척인 대윤 윤임
일파와 소윤 윤형원 일파의 반목으
로 일어난 을사사화가 터지면서부
터 그의 집안에는 태풍이 불어 닥
치게 되었다. 둘째 누나가 계림군
에게 시집을 갔기 때문에 그의 아
버지 정유침과 큰형인 정자가 귀양
을 가게 되었던 것이다. 그리하여
나이 어린 정철도 아버지의 귀양지
를 따라다니게 되었다.

정철이 여러 문인들과 담론했던 식영정

1551년, 아버지 정유침은 귀양에서 풀려나 고향인 전라도 창평으로 가족을 거느리고 돌아왔다. 아버지를 따라 돌아온 정철은 김인후의 문하에 들어가 성산 기슭의 송강 가에서 10여 년 동안 열심히 공부하였다. 이 때 기대승과 같은 당대의 뛰어난 학자들에게 가르침을 받았으며 이이, 성혼 등과도 사귀었다.

정철은 1561년의 진사시와 1562년의 별시 문과에 장원 급제하였다. 이에 명종은 어린 시절 같이 어울렸던 정철에게 사헌부 지평(정5품)이란 벼슬을 내렸다.

그러나 얼마 안 되어 경양군 옥사로 인해 명종의 비위를 거슬리게 되어 미미한 직책으로 이리저리 옮겨 다니게 되었다. 벼슬길에 오른 지 4년째 되던 해에 함경도 방면의 암행 어사로 임명되어 그 지방의 민정을 살펴본 뒤, 1567년 이이와 함께 호당(임금의 특명을 받은 젊고 재주 있는 문신들이 공부하던 곳)에 들어갔다.

1570년, 아버지의 3년상을 치르고 난 정철은 다시 얼마 안 되어 이번엔 어머니마저 여의게 되었다. 그는 부모의 장례를 극진히 받들고 상복을 벗은 뒤 다시 조정에 돌아와 여러 가지 벼슬을 맡아 보았다.

명종이 젊은 나이로 세상을 뜨고 선조가 왕위에 올랐다. 그 사이에 조정은 분열되어 당파 싸움을 일삼고 있어 하루도 편할 날이 없었다. 이러한 나라를 진심으로 걱정한 정철은 당파 싸움을 싫어했으나, 자신의 학문과 이론, 주장, 그리고 성격에 맞는 글벗이나 관리들과 어울리다 보니 자신도 모르게 당파에 휩쓸리게 되었고, 결국 서인의 우두머리가 된 정철은 동인의 이발 일파와 맞서게 되었다.

1578년(선조 11) 정철은 장악원 정으로 기용되고 곧 이어 승지에 올랐으나, 진도 군수 이수의 뇌물 사건으로 동인의 공격을 받아 사직하였다. 그 후 정철은 고향으로 돌아와 자연을 벗삼아 글을 읽고 시를 읊으며 유유자적하였다.

그러던 중 그의 나이 44세 때인 1580년 강원도 관찰사로 임명되었고, 그 후 3년 동안 강원도, 전라도, 함경도의 관찰사를 지내면서 그의 천재적인 재질을 나타낸 수많은 작품을 남겼다.

그가 최초로 지은 가사인 〈관동 별곡〉은 관동 팔경을 돌아보고 쓴 것이다. 또 시조인 〈훈민가〉 16수를 지어 널리 낭송하게 함으로써 백성들의 교화에 힘쓰기도 했다.

임기를 마치고 조정으로 돌아온 정철은 당파 싸움으로 인해 1585년 벼슬을 버리고 다시 낙향하여 4년 동안 향리에 머물며 작품 활동에만 전념하였다. 이 때 그는 〈사미인곡〉〈속미인곡〉〈성산별곡〉 등 수많은 가사와 단가를 지었다.

그 후, 1589년에는 우의정으로 발탁되어 정여립의 모반 사건을 다스리게 되었는데, 이것을 계기로 정철은 서인의 우두머리로서 동인

정철의 〈관동별곡〉 비

들을 철저하게 추방했다.

1590년에는 좌의정에 올랐으나 이듬해 광해군의 세자 책봉을 건의하다가 선조의 노여움을 사서 파직, 진주로 유배되었다가 다시 평안 북도 강계로 귀양을 갔다.

강계에서 귀양살이를 하고 있던 1592년, 임진왜란이 일어나자 나라에서는 귀양살이를 풀어 주었다. 그는 곧장 선조가 피난하고 있는 평양으로 달려갔다.

선조는 지난날을 뉘우치며 정철을 반가이 맞이했다. 이때, 정철은 임금의 수레를 따라 의주까지 따라갔다. 그는 국난을 당한 나라와 백성을 위해 바쁜 나날을 보냈다.

그는 관찰사가 되어 삼남 지방을 돌기도 했고, 사은사가 되어 명나라를 다녀오기도 했으나, 동인의 모함으로 벼슬을 내놓고 강화도로 들어갔다.

1593년 12월 18일, 정철은 강화도 송정촌에서 파란 만장한 그의 삶을 끝마쳤다.

정철은 대쪽같이 곧은 성품에 직언을 서슴지 않았다. 그러나 당쟁의 화를 입어 많은 세월을 귀양살이로 보내었는데, 학문이 깊고 시작에 뛰어나 유배 생활 중에도 많은 작품을 남겼다. 정철은 당대 가사 문학의 대가로서 고산 윤선도와 더불어 쌍벽을 이뤘다.

저서로《송강집》《송강가사》《송강별집추록유사》가 있고, 작품으로는 시조 70여 수가 전한다.

송강 정철 가사의 터

# 조 광 조
## (1482~1519)

### ─ 기묘사화에 희생된 정치가 ─

조광조(趙光祖)는 1482년(성종 13)에 서울에서 감찰을 지내던 조원강의 아들로 태어났다. 그는 어릴 때부터 매우 영특하였고 학문도 열심히 닦았다.

1498년(연산군 4), 16세의 조광조는 평안도 어천의 찰방으로 부임하는 아버지를 따라 평안도로 갔다. 그는 근처의 희천이라는 곳에서 귀양살이를 하고 있는 김굉필을 찾아가 성리학을 배워 학문적으로 상당한 수준에 오르게 되었다.

서울에 돌아와 결혼을 한 그는 이듬해에 아버지를 여의는 슬픔을 맛보았고, 1504년에 일어난 갑자사화 때는 스승 김굉필을 잃었다. 그 후 어머니마저 여의는 등 많은 시련을 겪었다.

1510년 사마시에 장원으로 합격, 진사가 되어 성균관에 들어가

공부하였다. 그 후 성균관 유생의 추천과 안당의 적극적인 추천으로, 1515년에 조지서 사지라는 첫 벼슬을 얻었다. 그 해 가을 증광문과에 을과로 급제하여 성균관 전적, 감찰, 예조 좌랑을 역임하게 되었고, 1518년(중종 13)에는 대사헌(종2품)이라는 높은 벼슬에 오르게 되었다.

그는 미신 타파를 내세워, 하늘에 제사를 지내는 관청인 소격소를 폐지하고 유학 정치를 구현하려 함으로써 유학과 문치에 뜻을 둔 중종의 각별한 신임을 얻게 되었다.

그는 왕을 설득하여 추천에 의한 인재 등용 제도인 '현량과'를 실시하여 30대 젊은 학자들을 대거 기용하게 했다.

조광조는 새로 기용된 젊은 학자들과 힘을 합쳐 오랜 폐단을 개혁

해 나갔는데, 특히 중종 반정 때 부당하게 공신이 된 자들을 공신 명단에서 제명할 것을 주장하여 이를 단행하였다.

그러자 기존 세력가들이 조광조 일파에게 불만을 품고 그를 없애려는 음모를 꾸미게 되었다.

1519년, 홍경주, 남곤, 심정 등 평소 조광조에게 앙심을 품고 있던 사람들은 나뭇잎에 꿀로 '주초위왕(走肖爲王)'이라는 글자를 써서 벌레가 꿀 묻은 곳을 파먹게 하였다. 그 후 그들은 그 잎을 중종에게 바치며 백성들 사이에 조씨가 왕이 된다는 소문이 돌고 있다는 말을 하였다.

그렇잖아도 조광조 등의 지나친 개혁 요구와 철저한 도덕 정신 등에 싫증을 느끼고 있던 중종은 이들의 밀고를 받아들여 조광조 등을 반역죄로 다스렸다.

영의정 정광필의 변호로 일단 죽음을 면한 조광조는 모든 관직을 빼앗기고 전라도 능주에 귀양을 가게 되었다. 이에 성균관 학생들을 비롯한 수천 명의 젊은 학생들이 대궐로 몰려가 조광조 등의 무죄를 주장했다. 그러나 반대파의 끊임없는 모략은 계속되었다.

결국 1519년(중종 14) 12월 20일, 중종은 조광조에게 사약을 내려 죽게 하였다. 이 사건을 기묘사화라고 한다.

그 후 조정에서는 그 동안에 조광조 등이 추진한 개혁을 모조리 무효로 돌려 버리고 옛 제도를 부활시켰다.

그러나 그의 개혁 의지는 훗날 높게 평가되고, 후세의 학자들은 조광조의 학문과 사상을 더욱 존경하게 되었다. 그를 기리기 위해 능주의 죽수 서원, 경기도 용인의 심곡 서원 등 많은 서원 및 사당을 세웠으며, 이율곡은 김굉필, 정여창, 조광조, 이언적 등을 기려 동방 사현으로 숭배하였다

조광조를 기려서 세운 심곡 서원

521

# 조 만 식
## (1883~1950)

## ─ 간디의 사상을 실천한 민족주의자 ─

독립 운동가이며 정치가인 고당 (古堂) 조만식(曺晩植)은 평안 남도 강서에서 조경학의 아들로 태어났다.

어린 시절, 아버지로부터 한학을 배우고, 14세에 평양의 성내 상점에서 소년 시절을 보냈다.

1905년, 일본이 강제로 우리나라와 을사조약을 맺자 조만식은 22세의 나이로 숭실 중학교에 입학하여 서양의 새로운 학문을 배웠다.

1908년에 숭실 중학교를 졸업한 후, 일본으로 건너가 세이소쿠 영어 학교에서 3년 동안 영어를 배웠다. 이 때, 조만식은 간디의 무저항주의와 민족주의에 감동을 받아, 간디의 사상을 자기의 사상과 민족 운동의 거울로 삼았다.

그 후, 조만식은 우리 나라의 국권이 강탈당한 1910년에 메이지

대학 법학부에 입학하였다.

1913년, 메이지 대학을 졸업한 조만식은 국내로 돌아와, 오산 학교 교사로 부임하여 아이들을 가르쳤다.

1919년, 3·1운동에 참가하여 독립 운동을 지휘하다가 잡혀, 평양 감옥에서 1년간 복역했다.

1921년에, 평양 기독교 청년회 총무에 취임하는 한편, 산정현 교회의 장로가 된 조만식은 오윤선과 뜻을 모아 1922년에 조선 물산 장려회를 조직하여 전국을 돌아다니며 국산품 장려 운동을 벌였다.

1923년 김성수, 송진우와 함께 연정회를 발기하여 우리 자본의 민족 대학을 세우기 위해 민립 대학 기성회를 조직하였으나, 일본의 탄압으로 실패하였다.

그 후 숭인 중학교 교장을 지냈

으나 일제의 압력으로 사직하고, 1927년 여러 동지들과 함께 신간 회라는 정치 단체를 조직하였다. 그러나 이 모임마저 일제의 탄압으로 좌절되었다.

1930년에는 관서 체육회 회장을 지내고, 1932년에는 일제의 탄압과 자금난으로 폐간 상태에 이른 《조선 일보》의 사장이 되어 회사를 회생시키는 한편, 우리 나라 언론을 키우는 데 정열을 쏟았다.

1943년에 일제가 우리의 청년을 전쟁터로 내몰기 위해 만든 지원병 제도가 실시되자, 이를 반대하다가 구금당했다. 또한 산정현 교회를 맡아 이끌어 나가던 중, 일본의 신사 참배를 끝까지 거절하다가 산정현 교회마저 폐쇄당하자, 가족

을 이끌고 고향으로 돌아갔다.

1945년 광복이 되자, 조만식은 평안 남도 건국 준비 위원회와 평안 남도 인민 정치 위원회의 위원장이 되어 질서 유지와 국민 지도에 앞장 섰다.

1945년 11월에 조선 민주당을 창당하고 당수가 된 조만식은 모스크바에서 열린 미국, 영국, 소련의 3국 외상 회의에서 한반도에 대한 5년간의 신탁 통치안이 결정되자, 반탁 운동에 앞장 섰다.

그러자 공산주의자들과 소련 군정청 당국은 조만식에게 찬탁 선언을 강요하였다. 그러나 그는 끝내 거절하였다. 그 후 그는 6·25가 일어나자 공산주의자들에 의해 총살된 것으로 알려졌다.

523

# 조 엄
## (1719~1777)

## ─고구마 종자를 도입한 문신─

조엄(趙曮)은 1719년(숙종 45)에 서울에서 이조 판서를 지낸 조상경의 아들로 태어났다.

그는 33세가 되던 해인 1752년(영조 28)에 정시 문과에 을과로 급제한 뒤, 정언, 지평, 수찬 등의 관직을 거쳐, 1758년(영조 34)인 39세 때에는 경상도 관찰사가 되었다. 조엄은 그 당시의 문신이나 학자들과는 달리, 경제 문제에 대해서 많은 관심을 가지고 있었다.

그 무렵 조정에서는 해안의 몇몇 주요 항구에 조창이라는 창고를 지어 놓고는 백성들에게서 각종 세금으로 거둔 곡식을 지방별로 나누어 조창에 모았다가, 배로 서울에 실어 올리게 하고 있었다.

그런데 전국에는 조창이 몇 개 안 되었다. 따라서 그 조창까지 곡식을 운반하는 일은 백성들에게 큰 부담이 되었다. 이를 안 조엄은 1760년에 조정에다 조창을 더 늘

고구마밭(왼쪽)과 뿌리에서 고구마가 자라는 모습(오른쪽)

릴 것을 건의하여 백성들의 부담을 덜어 주었다.

또한 각 지방의 특산물을 거두어 조정에 올리는 공물에 관한 규정이 잘못되었음을 알고 바로잡아, 국가 재정에 충실을 기했다.

그 후에 대사헌, 부제학, 예조 참의 등의 벼슬을 두루 거친 조엄은 1763년(영조 39) 통신사가 되어 일본에 가게 되었다. 일본에 왕래할 때는 반드시 쓰시마 섬을 거쳐야 하는데, 조엄은 그 곳에서 특이한 식물을 한 가지 발견하였다.

그것은 우리 나라에는 없는 고구마였다. 조엄은 그것이 우리 나라에서도 훌륭한 식량으로 이용될 수 있다고 생각하였다. 그래서 그 고구마 종자를 얻어 짐 속에 넣었다.

그러나 조엄은 이것에 만족하지 않고, 그 이듬해에 일을 마친 뒤, 쓰시마 섬에 머무르며, 고구마의 재배 방법 및 저장 방법을 익혔다. 그리고 귀국 후에는 부산의 동래와 제주도에서 우선 고구마의 재배를 했다. 실험 재배에 성공한 고구마는 우리 나라 전역에 퍼져, 주요한 식량의 하나가 되었다.

그 뒤로, 조엄은 공조 판서와 같은 주요한 관직을 거쳐 평안도 관찰사가 되었으나, 모함을 받아 정계에서 물러났다가 곧 복직되어서 이조 판서에 올랐다.

그러나 1776년(정조 원년)에 홍국영 일파의 무고로 또다시 함경도로 귀양갔다가 이듬해에 병으로 죽었다.

# 조 헌
(1544~1592)

## ―임진왜란 때의 의병장―

조헌(趙憲)은 어려서부터 영특하고 효성이 지극했다.

그는 23세가 되던 1567년(명종 22)에 식년 문과 병과에 급제하여 벼슬길에 올랐다. 그러나 1572년(선조 5), 교서관의 정자를 지내면서 왕이 궁중에서 불공을 드리는 것에 반대하다가 파면되었다.

그 후 다시 기용되어 1574년 질정관의 자격으로 명나라에 다녀왔고, 호조 좌랑과 예조 좌랑을 거쳐 통진 현감이 되었다.

통진 현감에 있으면서 그는 죄인들의 죄를 엄히 다스렸는데, 이것 때문에 남형(권력을 남용하여 함부로 죄를 다스림)을 한다는 탄핵을 받고 부평으로 귀양 갔다.

1581년, 공조 좌랑으로 다시 기용되어 전라도 도사와 종묘서 영을 지냈고, 다음 해에 부모 봉양을 위

해 외직을 자청하여 보은 현감으로 나갔다.

1586년, 그가 공주목 제독으로 있을 때, 당시 정권을 쥐고 있던 동인들이 이이와 성훈 등에게 죄를 씌우려 하는 것을 반대하다가 파직당했다.

1589년에 다시 대궐에 나아가 정여립 등의 행패와 그 당시 동인들의 잘못을 바른 대로 고했으나, 조정에서는 그를 다시 길주로 귀양 보냈다.

그 해 겨울, 정여립이 정권을 잡으려고 반란을 일으키자 그제야 조정에서는 그의 말이 옳았음을 인정하고 귀양을 풀었다.

그 무렵 일본의 도요토미 히데요시가 사신을 보내어, 명나라를 치게 길을 빌려 달라고 청해 왔다.

이 때, 조헌은 일본의 사신을 죽

이고 일본의 침략에 대비해야 한다고 주장했으나, 조정에서는 그의 주장을 듣지 않았다.

1592년(선조 25)에 임진왜란이 일어나자, 고향에 내려가 있던 조헌은 옥천에서 의병을 일으켜 보은 지방의 왜적 통로를 차단하는 등 많은 공적을 세웠다.

그러나 순찰사 윤선각의 시기를 받고 홍성으로 옮겨 그 곳에서 다시 의병 천여 명을 모집했다.

그 무렵, 왜적은 청주에 진을 치고 있어서 관군은 싸울 때마다 패했고, 서산 대사의 제자인 승병장 영규의 군사만이 겨우 그들과 맞서는 형편이었는데, 조헌이 영규의 군사와 합세하여 왜적을 무찌르고 청주성을 수복했다.

조헌은 청주성을 수복한 뒤, 수만 명의 왜적이 진을 치고 있는 금산으로 갔다. 전라도 순찰사 권율과 약속이 되어 있었던 것이다. 그러나 권율로부터 온 소식은 공격을 연기하자는 것이었고, 공교롭게도 왜병은 그 때 조헌의 의병대를 역습했다.

수많은 왜적을 맞아 용감히 싸워 적에게 많은 손실을 끼쳤으나, 결국 조헌과 영규, 7백여 명의 의병이 모두 전사하고 말았다.

의병장 조헌을 기리는 우저 서원

# 주 세 붕

(1495~1554)

## ─서원의 창시자─

주세붕(周世鵬)은 1495년(연산군 1)에 칠원에서 주문보의 아들로 태어났다.

그는 어려서부터 매우 총명하였으며, 한시도 책을 놓는 일이 없다시피 했다. 10세에 이미 오경에 통달했고, 1522년(중종 17)에는 별시 문과 을과에 급제하여 관직에 올랐다.

주세붕이 세운 백운동 서원

주세붕은 그 무렵 고려 말의 학자인 안향을 숭배하고 있었다. 안향은 충렬왕에게 청하여 문무 백관으로 하여금 돈을 내게 하여 그 돈을 융통하여 생기는 이자로 육영 재단인 섬학전을 설치하였다. 그러나 무인 중에는 자기들이 무인이라는 구실을 내세워 돈 모으는 일에 협력하지 않으려는 사람이 있었다. 그러자 안향은

"공자는 도를 말하기를, '법은 만세에 끼치는 것이니, 신하는 임금에게 충성해야 되고, 자식은 어버이에게 효도해야 하며, 동생은 형을 공경해야 한다.'라고 했다. 그런데 만약 자신이 무인이라고 해서 돈을 내어 생도를 가르칠 생각이 없다면, 이것은 곧 공자를 무시하는 일이 아니겠는가!"

하고 훈계하여 무인들에게서도 많은 돈을 거두어 생도들을 배움의 길로 인도했다고 한다.

이러한 안향을 숭배하는 주세붕은 1541년(중종 36)에 풍기 군수로 임명되자, 항상 마음에 품고 있던 생각을 실행에 옮기기로 했다.

그는 곧 안향과 같이 학문을 일으키리라 마음먹고 안향이 살았던 백운동(지금의 경상 북도 영풍군 순흥면)에 우리 나라 최초의 서원인 백운동 서원을 세웠다.

그리고 그는 서원에 딸린 농토가 많을수록 좋다고 생각하여, 뜻을 같이하는 선비들과 마을 사람들을 찾아다니며 이렇게 주장했다.

"서원에서 경영하는 농토가 많

아, 거기에서 나오는 수확이 많으면 많을수록 가난한 선비들을 많이 먹여 가며 공부시킬 수가 있으니, 얼마나 좋은 일이오."

주세붕의 이런 이야기를 듣고 많은 사람들이 돈을 내놓아, 그것으로 서원의 농토를 마련한 그는 안향의 제사를 지내고 남은 것으로 가난한 선비들을 공부시켰다.

또한, 1549년(명종 4)에는 황해도 관찰사가 되어 해주에 고려 때의 유명한 학자인 최충을 모시는 수양 서원을 세워 많은 선비들을 길러 냈다.

주세붕의 이러한 교육 사업이 조선의 교육과 학문 발달에 큰 발판이 되었음은 두말할 나위도 없다.

# 주 시 경

(1876~1914)

## ─ 한글 연구의 아버지 ─

한글 학자인 주시경(周時經)의 어릴 때 이름은 상호이며, 한힌샘이란 다른 이름도 가지고 있다. 그는 황해도 봉산군에서 주면석의 둘째 아들로 태어났다.

집이 가난하여 많은 고생을 하며 자랐으며, 12세 때에는 전염병으로 자식을 잃은 큰아버지 주면진의 양자가 되어 서울로 올라왔다.

주시경은 서울에서 장안의 학자로 이름이 높던 진사 이회종에게서 한문을 배우며 틈틈이 한글 연구에 열중하였다.

동학 농민 운동과 갑오개혁, 청·일 전쟁으로 시대의 조류가 급변해 가던 1897년에 그는 주위의 반대를 무릅쓰고 머리를 깎고 배재 학당에 입학하였다.

배재 학당에서 스스로 학비와 생활비를 벌어 가며 세계의 지리와 역사를 공부한 그는 차츰 넓은 세계를 바라볼 수 있는 안목을 갖추게 되었다.

1895년 정부에서 학비를 대주는 관비생으로 뽑혀, 인천부에 있는 이운 학교에 들어가 항해술을 배웠고, 이듬해에는 서재필이 주도하는 협성회에 가입하여 《협성회 회보》라는 순한글로 된 신문의 편집 책임을 맡아 열심히 활동하였다.

당시 조정에서는 주시경이 가입하여 활동하고 있는 독립 협회를 여러 가지 방법으로 탄압하고 있었는데, 그도 이와 관련되어 피신 생활을 하다가 잡혀 수십 일 동안 감옥에 갇히기도 하였다.

그는 영국인 선교사의 한어 교사, 상동 청년 학원 강사를 지내면서 24세 되던 1900년에 어렵게 배재 학당의 보통과를 졸업하였다.

그는 지식욕이 대단하여 계속해서 측량술, 의학, 외국어 등 다방면에 많은 공부를 했는데, 그 사이에 민중들이 쉽게 이해할 수 있도록 한글을 체계화할 필요성이 있다고 깨닫게 되었다.

그는 '언문'이나 '암글'로 불리던 우리 글을 '한글'이라는 이름으로 처음 불렀고, 그의 이름도 순 우리말인 '한힌샘'으로 지었으며, 자식들의 이름도 솔메, 세메, 힌메, 봄메, 임메라고 지었다.

그는 일주일에 무려 스무 군데도 넘게 국어 강의를 하고 다녔고 강의를 하러 다닐 때 항상 커다란 책 보따리를 가지고 다녔기 때문에 주보따리라는 별명을 얻었다.

그렇게 바쁘게 강의를 하면서도, 1905년에는 국어 연구와 국어 사전 편찬 사업에 관한 건의서를 정부에 제출하였다. 그리고 1907년에는 학부의 국문 연구소 위원이 되었다.

1908년에는 《국어문전음학》과 《말》을 펴냈고, 1910년에는 조선 광문회 일원이 되어 고전의 보급과 이해를 돕기 위해 여러 가지 연구 작업을 하였고, 《국어문법》이란 책을 펴냈다.

1911년, 그는 당시 프랑스의 식민지인 베트남의 역사를 적은 《안남 망국사》를 번역하여 출간하였는데, 많은 사람들이 이 책을 사서 읽자, 일본 경찰은 이 책이 민족 의식을 고취시킨다는 이유로 판매를 중지시키고 책을 압수하였다.

다음 해인 1912년, 일본이 독립 운동가들을 잡아 넣기 위해 조작한 105인 사건으로 일본 경찰의 감시를 받게 되자, 해외로 망명할 것을 결심했다.

1914년, 고향에서 망명을 준비하던 주시경은 급성체증으로 갑자기 세상을 떠났다. 이 때 그의 나이 39세였다.

독립 기념관에 있는 주시경 어록비문(부분)

# 지 눌
## (1158~1210)

## ─조계종의 창시자─

지눌(知訥)은 고려 시대의 승려로 속세의 성은 정씨이고, 시호는 불일보조, 호는 목우자이다.

황해도 서흥 출생으로, 1165년(의종 19) 7세에 출가하여 종휘에게서 가르침을 받고, 그 뒤로 일정한 스승이 없이 도를 구하였다.

1182년에 승과에 합격하였으나

보조 국사 지눌의 사리탑

출세를 단념하고 평양 보제사의 담선법회에 참여했다.

평창군(전라 남도 나주)의 청량사에서 《육조단경》을 읽다가, 문득 깨달은 바가 있어 속세를 멀리하고 더욱 수도에 정진했다.

1185년에는 하가산 보문사에서 《대장경》을 열심히 읽으며 '마음이 곧 부처'라는 가르침에 의지해 수도에 정진하는 한편, 교종의 해탈 방법을 알고자 했다.

이런 노력을 통해 독자적인 불교 사상을 확립한 뒤 팔공산 거조사에서 정혜사를 조직하여 〈권수정혜결사문〉을 발표했다.

이어 지리산 상주무암에서 3년 동안 참선을 하여 참뜻을 깨우치고 은둔 생활을 끝냈다. 그 다음부터는 적극적인 보살 활동을 통한 현실 참여의 길을 걸었다.

1200년(신종 3), 송광산 길상사로 거처를 옮겨 중생을 떠나서는 부처가 존재할 수 없다고 설파하면서 돈오점수와 정혜쌍수를 주장하였다.

돈오점수는 불교의 참뜻을 문득 깨달았다 하더라도 계속적인 수행을 해야 한다는 말이고, 정혜쌍수는 참선과 교리 연구를 동시에 수행해야 한다는 말이다.

당시의 불교는 참선의 중요성보다는 교리 연구에만 매달려, 지식으로 중생을 가르치고 이끄는 교종이 유행하고 있었다. 대표적인 것이 의천의 천태종으로, 그는 교리를 중심으로 선·교의 합일점을 추구했다. 반면에 지눌은 참선을 중심으로 하여 교리의 연구와 가르침을 배운다는 방법의 선·교의 합일점을 추구했다.

그는 참선의 중요성을 설파하고 누구나 참선하고 수도하면 부처가 될 수 있다는 것을 강조했다. 참선을 중요시하는 이런 불교의 종파를 선종이라 하는데, 지눌은 그 당시 9개로 흩어져 있는 선종을 하나로 통합하여 조계종을 만들면서 종교계에 큰 영향을 끼쳤다.

조계종의 총본산인 송광사

이 조계종은 의천의 천태종과 함께 고려 불교의 양대 산맥으로 자리잡아 갔다.

1205년, 왕위에 오른 희종은 지눌의 업적을 치하하며 송악산을 조계산으로, 길상사를 수선사라고 고쳐 제방을 친히 써주고, 만수가사(산천·초목·인물 같은 것을 가득 수놓은 법의)를 내렸다.

1210년, 지눌은 법복을 입고 법당에 올라가 스님들에게 설법을 하던 중 숨졌다. 7일 후 그 곳에 그를 기리는 탑을 세우고 탑호를 감로라고 지었다. 《진심직설》《수심결》 등 많은 저서를 남겼다.

# 지 석 영
## (1855~1935)

### ─종두법을 실시한 의학자─

지석영(池錫永)은 1855년(철종 6) 서울 낙원동의 중인 집안에서 태어났다.

그는 일찍이 서양 의학에 관련된 책을 즐겨 읽었으며, 특히 제너의 종두법에 많은 관심을 쏟았다.

그는 1876년에 수신사로 일본에 다녀온 스승 박영선이 그 곳에서 가져온 《종두귀감》이라는 책을 읽

고 깊은 감동을 받았다.

그 책에는 천연두가 어떤 병이고, 어떻게 전염이 되며, 세균의 성질이 어떻고, 우두(천연두의 고름)를 놓으면 어떻게 면역이 된다는 설명이 써 있었다.

그는 천연두를 미리 예방하는 종두법을 배우고자 1879년 10월에 부산을 향해 길을 떠났다. 그는 부산에 도착하는 길로 일본 해군이 세운 제생 의원을 찾았다. 그 곳에서 종두법을 배울 수 있을 것이라고 믿었기 때문이었다.

그는 그 병원의 원장인 마쓰마에와 해군 군의관인 도즈카로부터 두 달 동안 종두법과 서양의 일반 의학 지식을 배운 후에 다시 서울로 돌아왔다.

그는 병원을 떠나면서 원장에게 우두를 놓는 데 원료가 되는 약인

두묘(痘苗) 세 병과 종두침 두 개를 얻어 가지고 왔다.

지석영이 서울을 향해 떠난 때는 12월 하순으로 날씨가 몹시 추웠다. 때문에 살아 있는 균이 들어 있는 두묘가 자칫 잘못하다가 얼 것 같아 발길을 돌려 그의 아내의 고향인 충청 북도 충주군 덕산면으로 향했다.

그는 그 곳에서 겨울을 나며 그의 처남을 비롯한 친척들과 이웃에게 종두를 실시하여 성공을 거두었다. 이것이 우리 나라에서 최초로 실시한 종두법이었다.

서울로 돌아온 그는 주위에 종두를 믿지 못하는 사람들을 설득하면서, 자기 집에서 많은 아이들에게 종두를 실시하였다.

그가 이렇게 종두의 전파에 심혈을 기울이자 사람들은 앞을 다투어 그의 집으로 모여들었고, 그가 가지고 있는 두묘는 이내 떨어지고 말았다.

그는 여러 차례 부산의 마쓰마에 원장이 인편으로 보내온 두묘를 얻어서 사용해 왔지만, 마쓰마에 원장이 가지고 있는 두묘도 떨어져 우리 나라에서는 더 이상 구할 수 없게 되었다. 그러자 지석영은 스스로 두묘를 만드는 기술을 습득해야겠다고 생각하였다.

이 때 마침 제2차 수신사로 김홍집 일행이 일본으로 건너가게 되었다. 그는 김홍집을 찾아가 수행원으로 따라가게 해 달라고 간청하였다. 지석영이 천연두를 예방하는 기술을 알고 있다는 소문이 이미 장안에 널리 퍼져 있었으므로 조정에서도 그를 일본에 보내는 것을 쾌히 허락하였다.

그리하여 지석영은 1880년 5월, 제 2 차 수신사의 수행원이 되어 일본으로 건너가, 도쿄의 위생국 우두 중계소 소장에게 종두법에 대한 실지 교습을 받으면서 두묘의 제조 및 저장법 등 이에 관련된 여러 가지 기술을 배우고 두묘 50 병을 얻어 가지고 귀국하였다.

고국에 돌아온 그는 오직 종두법의 전파에 많은 노력을 기울이면서 일본 공사관의 의관에게 서양 의학에 대한 지도를 받기도 하였다.

그러나 1882년 임오군란이 일어나고 또다시 통상 거부 정책이 실시되자 일본에서 종두법을 들여온 지석영에게 체포령이 내려지게 되었다. 그는 간신히 몸을 피했지만 그가 우두를 놓던 종두장은 모두 불타 버리고 말았다.

그러나 임오군란으로 정권을 잡은 대원군이 물러나고 명성 황후가 다시 정권을 잡자, 지석영은 서울로 돌아와 종두장을 다시 세우고 종두법 보급에 더욱 힘을 쏟았다.

지석영은 이렇게 종두법의 보급에 전력을 다하면서도 1883년에 과거 시험에도 합격하여 문관으로서 성균관 전적 및 사헌부 지평을 역임하기도 했다.

1885년(고종 22)에는 여러 해 동

안 쌓아 온 지식과 경험을 종합하여 《우두신설》이라는 책을 저술하였다. 이 책은 우리 나라에서 처음으로 간행된 우두서이다.

1887년에 사헌부 장령의 자격으로 조정에 바른 말을 하다가 전라도의 신지도로 유배당한 지석영은 그 곳에서도 종두법을 보급시키는 데 많은 힘을 기울였다.

5년 동안의 유배 생활을 마치고 서울로 돌아온 지석영은 이듬해인 1894년에 서울 교동에 우두 보영당을 설립하여 어린이들에게 우두를 놓아 주었다. 이러한 공적으로 형조 참의 및 승지의 벼슬을 역임하게 된 그는 1896년에 동래 부사가 되어 그 곳에 사는 백성들을 성심 성의껏 보살폈다.

또한 그는 조정에 의학교를 설립할 것을 건의하여 1899년에 의학교가 세워지자 초대 교장에 임명되었고, 3년 후인 1902년에는 지석영의 제창으로 훈동에 의학교의 부속 병원이 세워져서 의학 교육 사업이 발전해 나갔다.

같은 해 12월, 그는 《황성 신문》에 매독 병균이 인체에 미치는 해독을 설명하는 글을 실어 일반 사

지석영이 쓴 《우두신설》

람들에게 알렸고, 1905년에는 전염병의 예방에 관한 법을 만들 것을 주장하기도 하였다.

1907년 의학교 관제가 폐지되고 대한 의원 의육부 제도가 새로 생기자 그는 학감으로 임명되었다.

그는 어려운 한문 대신에 한글을 보급하는 일에도 앞장 서서, 1908년에는 국문 연구소 위원에 임명되었고, 다음 해 한글로 한자를 해석해 놓은 《자전석요》라는 책을 간행하기도 하였다.

이렇게 우리 나라 의학의 발전을 위해 많은 노력을 하던 지석영은 1910년, 일본이 우리 나라의 주권을 강제로 빼앗자 슬픔으로 모든 의욕을 잃고 말았다. 그는 모든 관직에서 물러나 시골에 묻혀 여생을 보내다가 1935년 2월 1일 80세의 나이로 세상을 떠났다.

# 지 증 왕
(437~514)

## ─순장 제도를 폐지시킨 왕─

지증왕(智證王)은 신라 제22대 임금으로서, 그 당시의 본래 칭호는 지증 마립간이었다.

지증왕의 성은 김씨이며 이름은 지대로인데, 내물왕의 증손이고, 갈문왕 습보의 아들이며, 어머니는 눌지왕의 딸인 조생 부인 김씨이다.

지증왕은 소지왕이 자식을 낳지 못하고 죽자, 대신들이 추대하여 왕위에 오른 임금이다.

신라에는 전부터 임금이나 귀족이 죽으면 살아 있는 아내나 종들을 함께 무덤에 넣던 순장 제도가 있었다. 지증왕은 502년(지증왕 3)에 이 제도를 폐지시켰으며, 각 지방에 농사를 장려하고 소를 이용하여 밭을 갈도록 하였다.

503년 겨울에는 여러 신하들이 "이 나라가 창업한 이래 아직도 나라의 이름이 정해지지 않아 각각 사라, 사로, 신라라고 불러 왔는데, 신(新)은 덕업을 일신한다는 뜻이고, 라(羅)는 사방을 망라한다는 뜻이 있으니, 나라의 이름을 신라라고 정하는 것이 마땅하옵고, 군주의 칭호인 마립간 대신 왕이라는 존호를 사용토록 하소서."

라고 건의하자, 그것을 받아들임으로써 비로소 나라의 이름이 신라로 정해졌고, 왕이라는 칭호를 함께 사용하게 되었다.

임금의 칭호가 바뀌었다는 것은 정치 체제의 변혁 내지는 발전을 의미하는 것으로, 이 때 비로소 국가의 체제가 확고하게 잡혔다고도 볼 수 있다.

국가로서의 모든 제도가 제대로 잡혀 가면서 국력 또한 튼튼해져서, 512년(지증왕 13)에는 이사부를 보내어 우산국(지금의 울릉도)으로부터 항복을 받고, 토산물을 바치도록 하였다.

우산국은 천연적으로 험난한 지형을 이용하여 항복하지 않고 버텨

지증왕 때 신라에 복속된 울릉도

오다가, 당시 이찬 벼슬에 있던 이사부가, 우산국 사람들은 어리석고 사나워 위엄만으로는 굴복시키기 어려우니 꾀로써 다루어야 한다며, 나무를 깎아 사자의 형상을 만들어 배에 싣고 가서 그들을 향해 외쳐 말하기를

"만약 너희가 항복하지 않으면, 이 맹수를 풀어 너희들을 모두 밟아 죽이게 하겠노라."

하였더니, 그들이 겁을 먹고 항복하였다고 한다.

지증왕은 재위 14년 만인 77세에 세상을 떠났다.

# 지 청 천
### (1888~1957)

## ─ 한국 광복군 총사령관 ─

서울에서 출생하여 청년 시절을 독립 운동에 몸 바친 지청천(池靑天)은 일명 이청천으로도 불린다. 그는 어려서부터 군인이 되기를 희망하여 무관 학교에 진학했다. 그러나 1909년 그가 다니던 학교가 문을 닫자 국비생으로 일본 육군 사관 학교에 유학을 떠났다.

동경 육군 중앙 유년 학교에 입학하여 공부하던 그는 1910년에 나라가 일제에게 국권을 강탈당하자 커다란 충격을 받았다. 우리 나라를 부강한 나라로 만들기 위해 일본의 군사 훈련법을 배우러 온 다른 유학생 동료들은 당장 퇴교하여 귀국하자고 했고, 지청천도 처음에는 그런 마음이었지만 곧 생각을 바꾸었다.

"이왕 군사 훈련을 받으러 왔으니 배울 것은 끝까지 배우고 장

차 중위가 되는 날, 일본의 군복을 벗어 버리고 독립 운동을 하는 것이 더 옳은 일일 것이오."

그는 동료들을 설득하여 공부를 계속하였다.

그는 1913년에 졸업을 하여 중위가 되었다. 자신과의 약속대로 1919년에 일본에 있는 부대를 탈출, 우리 나라로 잠입하여 자신과 같은 처지인 김광서와 만나 만주로 망명해 봉천성 유하현에 있는 신흥 무관 학교를 찾아갔다.

그는 이 신흥 무관 학교에서 독립군 간부 양성에 진력하고, 1920년에는 만주 군정부, 서로 군정서의 간부가 되었다. 그 해 김좌진 장군의 청산리 대첩 후, 대한 독립 군단을 조직하여 연대장이 되었다.

1921년 1월, 대한 독립군단을 소련 영토인 헤이룽 강 일대의 자

540

유시로 옮겨 주둔시켜, 레닌 정권의 지방 정부로부터 무기와 물자를 공급받기도 했다.

그런데 당시 소련에 와 있던 일본 공사가 소련 영토 안에 있는 대한 독립군단의 추방을 요청하자, 일본과의 관계 악화를 우려한 소련은 우리 독립군에게 무장 해제를 요구하였다. 그러나 독립군은 소련의 요구에 응할 수 없다며 소련군과 싸움을 벌이게 되었다.

대한 독립군은 용감히 싸웠지만, 수많은 부상자를 내고 패했으며, 지청천은 소련군에 잡혀 포로가 되었다. 이것이 소위 말하는 자유시 사변이다.

지청천은 얼마 후 탈출하여 고려 혁명군을 조직하여 군사력을 키웠다. 그 후 독립 운동 단체의 통합체인 군민 회의에서 군무 위원으로 선출되기도 했으며, 뤼양 군관 학교에 한국인 특별반을 설치하여 총책임자가 되었다.

또한 1940년에는 충칭에서 창설된 임시 정부 산하 한국 광복군 총사령관에 임명되어, 1945년 광복을 맞게 되는 그 날까지 항일 투쟁을 계속했다.

지청천은 1947년 4월 대동 청년단을 조직하여 단장으로서 청년 운동을 지휘했으며, 제헌 국회와 제2대 국회에서 국회 의원을 역임했고 1957년에 세상을 떠났다. 1962년, 건국 훈장 대통령장이 추서되었다.

# 진성 여왕
## ( ? ~ 897)

### ―신라 제51대 여왕―

진성 여왕(眞聖女王)의 성은 김 씨이며 이름은 만 또는 원이다. 제 48대 경문왕의 딸로서, 887년 7월 에 오빠인 제50대 정강왕이 후사 없이 죽자 그 뒤를 이어 왕위에 올 랐다.

고려의 승려 일연이 엮은 《삼국 유사》를 보면 진성 여왕은 품행이 좋지 않은데다가 나라일도 보살피 지 않은, 부덕한 왕이었음을 알 수 있다.

그 무렵의 해이해진 정치 기강과 더불어 888년부터는 백성들로부터 공물과 세금이 걷히지 않았다. 따 라서 국고가 텅 비고 나라 살림이 매우 곤란해졌다.

진성 여왕이 신하들을 내보내서 백성들에게 공물과 세금을 독촉하 였으나 더 이상 견딜 수가 없었던 백성들은 이를 계기로 화전민이 되

거나, 도둑 떼가 되기도 했다.

나라 안이 이처럼 혼란해지자 곳 곳에서 반란이 일어났다. 원종과 애노 등은 사벌주(지금의 경상 북 도 상주)를 중심으로, 양길은 북원 (지금의 강원도 원주)을 중심으로 일어났는데, 양길의 부하 중에 궁 예가 끼어 있었다. 또 견훤은 완산 주(지금의 전라 북도 전주)를 중심 으로 하여 후백제를 건국하였다.

나라 안이 이렇게 말할 수 없이 혼란스럽던 그 무렵, 학자로 이름 높던 최치원이 당나라에서 돌아와 있었다. 그는 한림 학사, 천령군 (지금의 경상 남도 함양군) 태수 등을 지냈는데, 나라 안의 모든 일 을 딱하게 여겨, 894년에 진성 여 왕이 시급히 해야 할 일 10가지(시 무 10조)를 글로 써서 올렸다.

이 글을 받은 진성 여왕은 최치

원에게 아찬이라는 벼슬을 내리고 올바른 정치를 하려고 노력했으나, 이미 나라 안팎이 썩을 대로 썩어 뜻을 이루지 못했다. 최치원은 자신이 올린 시무 10조가 시행되지 않고 나라 형편이 더욱 어려워지자, 정치와 현실에 실망하여 산천을 떠돌다가 끝내는 가야산 해인사로 들어가고 말았다.

진성 여왕은 왕위에 오래 머무를 생각이 없어졌다. 그래서 895년(진성 여왕 9) 10월에 헌강왕의 서자인 요를 태자로 정했다.

그 때, 북쪽의 궁예, 서쪽의 견훤이 갈수록 눈에 띄게 강해졌고, 또한 금성(지금의 경상 북도 경주)에서 별로 멀지 않은 서남쪽에 적고적이라 불리는 붉은 바지의 도둑 떼도 일어났다. 이들은 금성에서 가까운 동네인 모량리까지 휩쓸고 다녔다.

마침내 897년(진성 여왕 11) 6월, 여왕은 태자 요에게 왕위를 넘겨 주고, 따로 북궁에 머물다가 그 해 12월에 세상을 떠났다.

진성 여왕이 재위 기간 중에 잘한 일이 있었다면, 최치원을 잠시나마 등용한 일과 각간 위홍으로 하여금 《삼대목》이란 책을 엮게 한 것이다. 이 책은 신라 시대의 향가를 모아서 엮은 책인데, 888년에 각간 위홍과 대구 화상이 함께 엮었다. 이 책이 전해졌더라면, 오늘날 향가에 대해 좀더 자세히 알 수 있을 텐데, 안타깝게도 전하지 않는다.

# 진흥왕
## (534~576)

## ─화랑 제도를 처음 실시한 임금─

진흥왕(眞興王)은 신라 제 24 대 임금으로, 법흥왕의 조카이다. 6 세의 어린 나이에 왕위에 올랐으므로, 처음에는 왕태후의 섭정을 받았다. 541년 이사부를 병부령에 임명하여 백제와 화친 정책을 썼으며, 545년에는 거칠부로 하여금 《국사》를 편찬하게 하였다.

551년에 연호를 개국으로 바꾸고 몸소 정사를 다스리기 시작하여

많은 업적을 남김으로써, 장차 삼국 통일을 위한 신라의 기초를 착실히 닦았다.

이 해에 진흥왕은 백제와 동맹을 맺고 군사를 일으켜 고구려를 공격하였는데, 백제는 한강 하류 유역을 탈환했고 신라는 한강 상류 유역을 차지하였다. 뒤이어 신라는 백제가 공략한 땅도 차지하여 한강 유역 전부를 독점하였다. 이에 격

분한 백제의 성왕은 554년, 친히 대군을 거느리고 신라에 쳐들어왔으나, 성왕까지 목숨을 잃는 참패를 당하고 말았다.

신라는 한강 유역을 확보함으로써 물적 자원을 획득했을 뿐만 아니라, 중국과 교역할 때 반드시 백제나 고구려를 거쳐야만 했던 것을 이제는 서해 남양만을 통해 직접 받아들일 수 있게 되었다.

한편 진흥왕은 562년에 이사부를 시켜 고령 지방의 대가야를 공격하게 해서 낙동강 유역을 확보하였다.

또한 각지에 주와 군을 설치하여 강력한 군단을 두어 수비하고, 새로 개척한 땅에 왕이 친히 순시하면서 비를 세웠는데, 이것이 유명한 진흥왕 순수비다. 지금까지 발견된 것은 모두 네 개인데, 경상 남도 창녕의 창녕비, 서울 북한산의 북한산비, 함경 남도 황초령의 황초령비, 함경 남도 이원군 마운령의 마운령비다.

이 순수비들은 고구려 광개토 대왕릉비와 함께 대단히 중요한 역사적 유물로 손꼽힌다.

진흥왕은 불교 진흥에도 힘을 기울여 불교를 호국 불교로 이끌었으며, 화랑 제도의 실시로 삼국 통일의 기초를 더욱 튼튼히 닦았다.

또한 개국, 대창, 홍제의 연호를 사용하여 자주적인 기상을 나타냈고, 중국의 북제와 진에 사신을 파견하여 교류하면서 새로운 문물을 받아들이는 데도 힘썼다.

545

# 최 남 선
## (1890~1957)

## ―한국 신문학의 선구자―

최남선(崔南善)은 서울에서 한 약방을 경영하고 있던 최헌규의 아들로 태어났다.

어려서부터 글재주가 뛰어나 11세 때에 이미 《황성 신문》에 투고하여 글을 실었으며, 14세 때에는 황실 유학생으로 뽑혀 동경 부립

우리 나라 최초의 소년 잡지 《소년》

제일 중학교에 유학했으나, 민족적인 울분에 3개월 만에 돌아왔다.

1906년 16세 때에, 다시 일본으로 건너가 와세다 대학에 입학했으나 이 학교에서 개최된 모의 국회에서 경술 국치 문제를 의제로 내걸자 격분하여 자퇴하고 말았다.

1907년 고국에 돌아와, 신문관이라는 출판사를 설립하여 《대한역사》《대한지지》등 여러 책을 출판하고, 1908년에는 우리 나라 최초의 종합 잡지인 《소년》을 창간하였다. 창간호에 근대시의 형식을 새로이 개척한 신체시 〈해에게서 소년에게〉를 발표했고, 이후 이광수의 계몽적 소설을 실어 근대 문학의 선구적 역할을 하였으며, 서양 문화와 과학에 관한 지식을 소개하여 민중을 깨우쳤다.

최남선과 이광수가 쓴 글은 말과

글이 일치하는 글(언문 일치)로써, 근대 문학이 자리잡는 데 큰 기여를 했다. 1908년 최남선은 안창호와 손잡고 청년 학우회를 설립하여 소년 지도에 앞장 섰으며, 1910년에는 조선 광문회를 창설하여 우리 나라의 옛 문헌을 보존하기 위해 우리 나라의 고전 20여 종을 모아 육전 소설을 펴냈다.

이렇듯 우리 민족의 계몽 운동과 신문학 운동에 힘썼으나, 그 때문에 창간된 지 4년 만에 조선 총독부에 의해 《소년》이 폐간되었다. 최남선은 여기에 굴하지 않고 1913년에 《아이들 보기》를 다시 창간했으나 이듬해 폐간되었다.

이렇게 끊임없는 박해를 받던 중 1919년을 맞았다. 최남선은 손병희와 접촉하면서 유명한 〈3·1 독립 선언문〉을 기초하는 등 민족 대표 33인 중의 한 사람으로 활약하다 체포되어 2년 6개월의 선고를 받았으나 이듬해 가출옥되었다.

옥에서 풀려나자, 최남선은 다시 주간지 《동명》을 발행하면서 국사 연구에 전력을 기울였으나, 《동명》마저 조선 총독부의 방해로 1923년에 폐간되고 말았다.

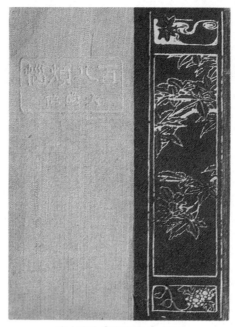

최남선의 《백팔번뇌》 표지

그 후 최남선은 친일의 길을 걸었다. 일제가 우리의 역사를 왜곡하기 위해 세운 한국사 연구 기관인 조선사 편수회에도 관계를 가졌으며, 이광수, 김연수 등과 함께 일본의 한국인 유학생들에게 학도병으로 입대하기를 권유하는 연설을 하기도 했다. 따라서 그는 8·15 광복 후, 그 동안의 친일 행동 때문에 비난을 받았다.

그 후 최남선은 1957년 10월 10일에 67세를 일기로 세상을 떠났다. 서울 우이동에 있는 그의 집 뜰에 기념비가 세워져 있다.

# 최 명 길

(1586~1647)

## ─ 병자호란 때의 화평론자 ─

최명길(崔鳴吉)은 조선 시대의 대학자 이항복의 문하생으로, 영흥 부사 최기남의 아들이다.

1602년(선조 35) 성균관의 유생이 되었으며, 1605년 문과에 급제한 후, 승문원을 거쳐 성균관 전적이 되었다.

1614년, 그는 광해군이 선조의 계비이며 영창 대군의 어머니인 인목 대비를 유폐하려 할 때, 이에 대한 내용을 명나라 사신에게 누설했다는 혐의로 관직에서 물러났다. 이후 그는 경기도 가평으로 내려가 조익, 장유, 이시백 등과 교유하며 학문에 정진하였고, 당시 이단시되던 양명학 연구에 많은 노력을 기울였다.

그러던 중, 광해군의 폭정으로 나라가 점점 어지러워지자, 1623년 이귀, 김유, 이괄 등이 힘을 모아 광해군을 폐하고 인조를 옹립하였는데, 최명길은 이 때 서인의 한 사람으로서 인조 반정에 가담하여 정사 공신 1등이 되고 완성 부원군에 봉해졌다.

1625년에는 부제학이 되어, 호패법을 시행해야 한다고 주장하여 호패청 당상으로 이를 관장했다.

1627년(인조 5), 후금(후에 청나라가 됨)의 아민이 인조 반정의 부당성을 내세워 3만여 명의 군사를 이끌고 우리 나라를 침입한 사건인 정묘호란이 일어났다. 이에 최명길은 인조를 호위하여 강화로 피난하였다. 그는 인조에게 후금과 화의를 맺을 것을 주장해서, 조선과 후금 사이에 화의가 맺어졌다. 그러나 그는 후금의 군사들이 돌아간 후, 이 일로 많은 사람에게 지탄을 받았다.

그 후, 1636년에 또다시 병자호란이 일어나 인조가 남한산성으로 피신을 가게 되었다. 이 때 조정에서는 청나라와 싸워야 한다는 주전론이 대부분이었다. 하지만 주화파인 최명길 등이 또다시 화의를 주장하였다.

정세가 우리 나라에 결정적으로 불리하게 되자, 이듬해 인조는 최명길의 주장대로 청 태종의 요구 조건을 들어 주며 화친을 맺었다.

청군이 물러간 뒤, 그는 우의정으로서 흩어진 정사를 수습하는 데 힘을 쏟아 나라의 안정을 도모하였다. 가을에 그는 좌의정이 되고 다음 해에 영의정이 되었는데 그 사이 청나라에 사신으로 가서, 매년 10월에 보내는 공물의 양을 줄이고, 청나라가 명나라를 쳐부수기 위해 요구한 원병 원조도 능숙한 외교로 막아 냈다.

그러다가 1643년, 청나라는 조선이 명나라와 내통한다 하여 임경업 등 우리 나라 신하들을 잡아가 심양에 억류하였는데, 그도 함께 잡혀 갔다.

1645년에야 풀려나 돌아와 완성부원군에 오르고, 어영청 도제도를 지냈다. 끝까지 인조를 보필하다 죽은 그는 성리학과 문장에도 뛰어났을 뿐만 아니라 동기창체라는 글씨체를 잘 구사했다.

청나라 군사에 맞서 싸운
남한산성

# 최 무 선
## (1325~1395)

### ─화약을 발명한 사람─

최무선(崔茂宣)은 고려의 수도 개경에서 광흥창사의 직책을 가진 최동순의 아들로 태어났다.

일찍부터 병법과 화기에 관심을 가져 20세 되던 해에는 무기를 만드는 관청인 군기감에서 일을 하게 되었다.

그 당시 고려는 왜구들의 잦은 침범으로 백성들의 생활이 극도로 피폐해 있었다. 최무선은 왜구를 소탕하기 위해서는 우수한 화기가 필요하다고 생각하여 화약에 대한 연구에 골몰하였는데, 그 당시 화약은 원나라에서만 알고 있는 극비 기술이었다. 원나라는 우리 나라에 화약은 팔되, 그 기술은 전해 주지 않았다.

그래서 최무선은 화약 제조 기술을 배우기 위해, 중국 사람들의 왕래가 잦은 무역항 벽란도로 나갔다. 그는 강남에서 오는 중국 상인들을 상대로 화약 만드는 방법을 묻던 중, 원나라 사람 이원을 만났다. 최무선은 그에게서 화약의 원료 중 가장 만들기 어려운 초석 만드는 기술과 화포 만드는 방법 등을 배웠다.

이원이 가르쳐 준 화약 제조법을 토대로 많은 연구와 실험을 거듭하여 마침내 화약 제조에 성공한 그는, 여러 차례에 걸쳐 화통도감의 설치를 조정에 건의한 끝에 허락을 받았다. 이로써 우리 나라에서의 화약과 화약 무기의 본격적인 연구가 시작되었다. 1377년의 일이다.

화통도감에서 제작된 각종 화기는 18가지로, 그 중에서 총포의 종류는 대장군, 이장군, 삼장군, 육화석포, 화포, 신포, 화통 등이며, 화전, 철령전 등의 발사물, 그 밖에

550

질려포, 철탄자, 천산오룡전, 유화, 주화, 촉천화 등이 있다.

그리고 화기를 해전에서 실제로 사용하기 위해서 전함에다 탄자를 실을 곳간, 화포를 얹을 대탑, 발사에 견딜 만큼 튼튼한 갑판을 만들었다.

1380년 8월, 왜적들은 왜선 500여 척을 이끌고 진포(지금의 충청남도 서천)로 쳐들어왔다. 이에 원수 나세는 최무선을 부원수로 임명하고, 최무선이 발명한 화약과 화기로 잔뜩 무장을 한 전함 100척을 이끌고 나아가 요란한 폭음을 내면서 발포하여 왜구의 선박 5백여 척을 모두 부수는 큰 공을 세웠다. 이어서 1383년에 남해 관음포에 침입한 왜구들도 모두 물리쳤다.

이 때의 공으로 최무선은 지문하부사라는 벼슬까지 올랐다.

고려는 왜구들이 더 이상 우리 나라에 쳐들어오지 않자 화통도감의 문을 닫아 버리고 더 이상의 화기 연구를 하지 않았다.

하지만 화포의 중요성을 잘 알고 있던 최무선은 실전의 광경을 그린 그림 한 폭과, 화약 및 화포 만드는 비법을 기록한 《화약 수련법》과 《화포법》이라는 책을 써서, 아직 나이 어린 아들에게 물려 주고 1395년 운명했다.

죽은 뒤에는 그의 공을 생각하여 영성 부원군으로 추증했다.

그 후 아들 해산과 손자 공손도 최무선의 뜻을 이어, 더 좋은 화약 연구에 공헌하였다.

# 최 승 로
(927~989)

## —고려 초기의 명신—

최승로(崔承老)는 927년(태조 10) 경주에서 태어났다.

그는 어려서부터 총명하고, 학문을 좋아하며, 글을 잘 지었다. 938년(태조 21) 11세 때, 왕이 그에 대한 소문을 듣고 불러서 《논어》를 암송시키자, 최승로는 그것을 거침없이 낭송했다.

이에 왕은 최승로를 매우 기특하게 여겨 염분(소금을 만들 때 쓰는

큰 가마)을 상으로 주고, 원봉성(임금의 문서를 맡아 보는 관청)의 학사가 되게 하였으며 좀더 뒤에는 왕의 명령을 글로 쓰는 관직인 문한에 임명했다.

그 뒤, 최승로는 계속해서 관직에 머물러, 982년(성종 1)에는 정광 행선관어사 상주국이라는 높은 관직에 이르렀다. 이 때 그는 고려의 임금을 6명째 받들고 있었다. 즉위한 지 얼마 안 된 성종은 신하들이 바른말을 할 것을 원하고 있었다. 그래서 최승로는 자신이 이미 다섯 임금을 섬기는 동안에 보고 느낀 것을 요약해서, 고려에 당장 필요한 시무책 28가지를 왕께 올렸다.

그 글은 뒤에 최승로의 '시무 28조'라 불리게 되었는데, 그 중에서 22개 조만이 전하고 있다.

이 상소문에는 북쪽 경계의 확정과 그 방어책, 승려의 궁중 출입 금지, 불상에 금은 사용 금지, 과다한 불교 행사의 중지, 지방관의 파견, 섬사람들의 공역 경감, 왕실의 노비 감소, 노비의 신분 규제, 중국과의 사무역 금지 등 국가 전반에 걸친 폐단의 시정과 새 제도의 제정에 대한 건의가 들어 있다.

특히 최승로는 중앙의 지배력이 지방에 미치지 못하여 지방 토호들의 횡포가 심하고, 세금이 제대로 걷히지 않는 폐단을 시정할 것을 건의하였는데, 이 의견이 받아들여져서 고려에는 이듬해 12목이 설치되었다. 그 곳에 목사가 상주하여 이를 감시하게 함으로써 중앙 집권적인 체제가 확립되었다.

최승로는 983년에 문하시랑 평장사에 오르고, 988년(성종 7)에 문하수시중이 되어, 정승의 지위에 올랐다. 또한 청하후에 봉해져 식읍 7백 호(국가가 공신에게 7백 호가 있는 어떤 고을을 주어 그 곳에서 나오는 조세를 거두어 쓰게 함)를 받았다.

그러나 최승로는 그 이듬해인 989년에 62세의 나이로 세상을 떠났다. 성종은 매우 슬퍼하며, 벼슬을 태사로 높여 주고, 쌀과 밀가루, 포목 등 많은 물품을 그 유가족에게 보내 주었다.

최승로는 살아 있을 때 그가 섬긴 왕들로 하여금 불교뿐만 아니라 유교도 숭상하게 하여 그 뒤 유학을 발달하게 하였고, 고려 초기의 국가 기틀을 잡는 데 많은 공헌을 하였다.

# 최 시 형
## (1827~1898)

### ―동학의 2대 교주―

1827년 3월 경주 황오리에서 태어난 최시형(崔時亨)은 부모를 일찍 여의고 가난한 생활 속에서도 건실하게 살아가다가 34세가 되던 어느 날, 동학의 초대 교주인 최제우를 만나 그로부터 큰 감화를 받아 동학에 입문하게 되었다.

책임감이 강한 그는 곧 최제우의 큰 신임을 얻고 동학의 교리를 전도하는 직책을 받아 비장하고 험난한 동학 교도로서의 길을 걷기 시작하였다.

양반들의 횡포에 시달려 오던 백성들은 머지않아 천지가 개벽되어 모든 사람들이 평등하게 살 수 있는 새 세상이 온다고 주장하는 동학 쪽으로 쏠리게 되어 교도는 순식간에 수만 명으로 늘어났다.

1862년의 진주 민란 이후 전국 각지에서 민란이 계속되자 조정에서는 최제우를 잡아다가, '세상을 어지럽히고 백성을 속인다.'는 죄목으로 참형하였다.

교주가 대구에서 참형되자 동학의 기세는 한풀 꺾였다. 그러나 2대 교주가 된 최시형은 동학을 지키기로 결심하고, 태백산과 울진 및 영양군 등으로 옮겨 다니면서 교인을 모아 교리를 가르치는 한편, 유식한 교인들에게는 경전을 필사해 신도들에게 읽히게 했다.

최시형은 쫓겨 다니는 어려운 생활 중에도 성실, 공경, 신의를 바탕으로 한 동학의 경전인 《동경대전》과 한글 가사가 수록된 《용담유사》를 간행하였으며, 여러 차례에 걸쳐 동학을 인정해 줄 것과 교도들에 대한 학대를 금지해 달라는 상소문을 올렸다.

그러나 조정에서는 최시형의 요

구를 묵살하였다. 그러던 중 1894년 1월, 동학 교도인 전봉준이 악덕 군수 조병갑을 몰아 내기 위해 고부 민란을 일으킴으로써 동학 농민 운동이 확산되었다.

이에 조정에서는 동학 농민군을 진압하도록 하였으나, 계속 대패하자 관군의 힘으로는 동학 농민군의 기세를 꺾을 수 없다 하여 청나라에 구원을 청하였다. 그러자 일본에서도 톈진 조약을 빙자하여 군대를 출병시키려고 하였다. 사태가 이렇게 되자, 동학 농민군은 외세의 개입을 우려하여 1894년 6월 11일 전주 화약을 맺은 후, 전주성을 내주었지만, 청나라와 일본은 물러가지 않고 우리 땅에서 전쟁을 일으켰다. 그 결과 일본이 이겼다.

따라서 형세는 나날이 달라져, 일본의 내정 간섭이 심해지자, 각지의 동학 농민군들은 힘을 모아 외세를 내몰기 위해 다시 일어설 것을 최시형에게 촉구하였다.

최시형은 열화 같은 교도들의 열정에 힘입어 총진군령을 내렸다.

동학 농민군은 성난 파도처럼 진격하였다. 그러나 근대식 무기를 갖고 있는 일본군을 당해 낼 수는 없었다. 결국 동학 농민군은 뜻을 이루지 못한 채 그만 무너지고 말았다. 최시형은, 원주에서 체포되어 서울로 압송, 6월 2일에 '내가 잡힌 것도 하늘의 뜻이니 여러분은 조금도 낙심하지 말고 수도에 힘쓰라.'는 말을 남긴 채, 71세의 나이로 사형을 당했다.

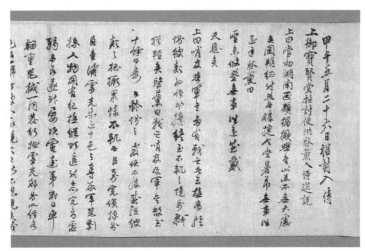

동학 농민 운동 관련
문서

# 최　영
## (1316~1388)

## ―고려 최후의 명장―

　　최영(崔瑩)은 1316년(충숙왕 3) 개경(지금의 개성)에서 태어났다. 그의 가문은 문반의 높은 벼슬을 한 이가 많은 명문이었다.

　　아버지 최원직도 사헌규정이란 높은 벼슬을 한 사람인데, 성품이 매우 고결하였다. 그는 최영의 나이 16세 때에 세상을 떠나며, 이런 마지막 가르침을 남겼다.

　　"너는 황금(돈)을 보기를 돌같

이 하라."

　　최영은 그 뒤로 이 가르침을 한 시도 잊지 않고, 오직 정의와 충성만을 생각하였다.

　　그 시대의 고려는 무력할 대로 무력하여 원나라의 지배를 받고 있었으며, 백성들은 사기를 잃고 있었다. 최영이 그의 조상들과 달리 무반으로 나선 것은, 무기력한 나라와 백성들을 지키고 보호하겠다

고 생각했기 때문이었다.

그는 무반으로 나선 후 처음 얼마 동안은 개경 부근 지방을 지키는 대수롭지 않은 일을 하고 있었으나, 그 때에도 강화도를 비롯하여 서해안 지방에 침입하는 왜구를 토벌하여 공을 세우곤 하였다.

1352년(공민왕 1) 여름에 조일신이라는 자가 변란을 일으키자, 최영은 안우 등과 함께 그 변란을 진압하는 데에 공을 세워 호군이 되었으며, 1354년에는 대호군이라는 꽤 높은 직위에 올라 왕이 신임하는 무관이 되었다.

이 해에 최영은 중국에서 원나라에 반대하여 변란을 일으킨 장사성을 토벌하기 위해 2천 명의 원정군을 지휘하는 장수의 한 사람으로 참가하였다. 이 때 그는 원나라가 쇠퇴하고 있다는 사정을 알고는 공민왕에게 원나라에 더 이상 복종하지 말고 우리 나라의 자주성을 회복할 때가 왔음을 아뢰었다. 공민왕은 최영의 말에 따라, 1359년에 친원파인 기씨 일파를 거의 다 죽이고, 뒤이어 최영을 포함한 여러 장수들에게 명하여, 원나라 땅이 되었던 압록강 서쪽의 땅을 빼앗게 하였다.

1359년(공민왕 8)부터 4년여 동안, 고려는 머리에 붉은 수건을 두르고 중국에서 침입해 오는 홍건적에게 시달리곤 하였다.

최영은 이 때에도 홍건적을 크게

물리치는 공을 세워, 전리 판서라는 높은 직위에 이르렀다.

1363년(공민왕 12) 원나라에 있던 최유가 덕흥군을 왕으로 받들고 군사 1만 명으로 압록강을 쳐들어왔다. 이에 이미 나이가 50세에 가까워진 최영이었지만, 여전히 군사 지휘관으로 선두에 나서서 이들을 물리쳤다.

최영은 1365년(공민왕 14)에 갑자기 세력을 얻은 요승 신돈의 모함을 받아 옥에 갇혀 모진 고문을 당했다. 그 까닭은, 최영이 옳은 말을 잘 하여 신돈의 미움을 샀기 때문이었다. 이 때 최영은 벼슬만 깎이고 귀양 갔으나 다행히 목숨은 잃지 않았다.

이윽고 1371년(공민왕 20)에 요승 신돈과 그 일파의 죄악이 드러나서 그들이 모두 처형되자, 최영은 곧바로 관직이 회복되어 문하 찬성사라는 높은 직위에 오르게 되었다. 이 무렵부터 고려에는 다시 왜구의 침입이 잦아졌다.

1376년(우왕 2), 60세의 최영은 호서 지방으로 출정하여, 유명한 홍산(지금의 부여군) 싸움에서 왜구를 수없이 잡아 죽였다. 그 뒤로 왜구는 최영을 가리켜서 '가장 무서운 자는 흰 머리 최영뿐이다.'라고 했다고 한다.

한편 성품이 고결하고 정의감이 강한 최영은 군사를 일으켜 우왕의 호의를 등에 업고 세력을 잡아, 잘못된 정치로 나라를 부패하게 만드는 이인임 일파를 몰아 내었다. 이 때, 그는 문하 시중(지금의 국무 총리)에 올랐다. 대체로 이 시기까지는 최영과 이성계 사이에 협력이 잘 이루어졌다.

이 무렵, 중국에서 새로이 일어난 명나라는 고려에 조공을 요구해 오며, 또 압록강 부근을 침입하려 하고 있었다. 마침내 최영은 1388년(우왕 14) 봄에 명나라에 대항하는 한편 고려의 국토와 자주권을 지키기 위해 압록강을 건너 요동으로 정벌군을 출동시켰다. 그러나 이미 고려를 쓰러뜨리고 새 나라를 세우려는 야망을 품고 있던 이성계는, 우왕과 최영의 요동 정벌 계획에 반대하여 압록강 어귀의 위화도까지 갔다가, 군사를 돌려 세워 개경으로 돌아오고 말았다.

이 때, 최영은 어떻게든 이성계의 그런 생각을 꺾으려고 했으나, 도리어 이성계에게 잡혀 고봉현(지금의 고양군), 충주 등지로 귀양살이를 떠나게 되고, 반 년쯤 뒤에는 이성계에 의하여 기어이 처형당하고 말았다.

이 때 최영의 나이 72세였는데, 그는 마지막으로 이런 말을 남겼다고 한다.

"내가 평생에 조금이라도 탐욕스런 마음을 가졌다면 내 무덤 위에 풀이 날 것이요, 그렇지 않았다면 풀이 나지 않을 것이다."

과연 최영의 무덤에는, 그 청렴결백을 입증하듯 풀이 나지 않았으므로, 사람들은 이 무덤을 가리켜 적분(붉은 무덤)이라고 불렀다.

최영 장군의 무덤

# 최 우
## ( ? ~ 1249)

### －문무에 능한 고려 시대의 권신－

최우는 고려 고종 때의 권력가로, 후에 최이로 이름을 고쳤다.

1219년 그는 아버지 최충헌이 죽자 그 뒤를 이어 교정별감이 되어 처음에는 인심을 얻기 위하여 아버지가 축재한 금·은·보화를 왕에게 바치고, 나라와 개인들로부터 가로챈 논밭과 노비들을 각각 본래의 주인에게 돌려 주었다. 또,

아버지에게 아부하여 백성들을 괴롭히던 관리들을 유배 또는 파면하였다.

1221년에는 참지정사, 이병부상서, 판어사대사 등을 겸함으로써 최고의 권력을 쥐었다.

한편, 그는 몽고의 사신을 냉정히 대하고 몽고의 침입에 대비하여 의주, 화주 등 북방에 여러 개의

강화의 고려궁지  몽고의 침입에 대비해 고려는 도읍을 강화로 옮겼다.

성을 쌓게 했다.

1225년에는 정방을 자기 집에 설치하여 관료의 인사권을 장악하였고, 1227년에는 문신들과 국정을 의논하기 위해서 집에다 서방을 두고 3번으로 편성하여 교대로 서방에서 숙직하게 하였다. 그는 또한 도방 등의 사병을 두어 집을 경비하게 했다.

1229년, 이웃집 수백 호를 강제로 철거하고 격구장을 만들어 격구를 장려하였다.

당시 몽고군이 북변을 침범하여 개성 부근까지 진출했다가 돌아간 일이 있었는데, 또다시 대군의 침범이 있으리라는 소식이 전해지자 최우는 왕에게 강화도로 천도할 것을 건의하여 이를 단행케 하였다.

1234년에 강화 천도의 공으로 진양후에 봉해진 그는 강화 연변에 성을 쌓게 하여 몽고군의 침입에 대비했다.

1243년, 국자감을 수축하고 양현고에 쌀 300곡을 주어 장학에 힘쓰게 하였고, 대장경판 재조에 사재를 희사해 완성하였다.

글에도 관심이 많아 해서·행서·초서에 능했는데 그의 글씨는 명필로 유명하다.

하지만 차츰 권력을 남용하여 횡포를 부리게 되어 백성의 원망의 대상이 되었다.

# 최 윤 덕
## (1376~1445)

### ─오랑캐를 정벌한 조선 초의 무신─

최윤덕(崔潤德)은 고려 말 우왕 2년에 태어나 조선 초에 활약했던 무신으로 지중추부사를 지낸 최운해의 아들이다.

어려서 어머니를 여의고 아버지마저 싸움터에 나가는 일이 많아 어린 시절을 한 동네에 있는 천민

양수척의 집에서 보냈다.

그가 자라면서 힘이 세지고 활을 잘 쏘아 동네에 소문이 자자하게 되자 아버지가 그에게 틈틈이 무예와 병법을 가르쳐 주었다.

그는 아버지를 따라 싸움터에 나가 전공을 세워, 과거를 보지 않고 관리로 기용되어 부사직이 되었다. 1402년에는 낭장, 호군을 거쳐 이듬해 대호군이 되고, 1410년에는 마침내 무과에 급제하여 상호군, 동북면 조전병마사가 되었다.

1413년에는 경성등처절제사가 되어 북쪽 오랑캐의 하나인 동맹가티므르를 정벌하였고, 1419년에 삼군 도통사가 되어 체찰사인 이종무와 함께 왜구들의 본거지인 쓰시마 섬을 정벌하였다.

이 때 왜구를 정벌한 공으로 공조 판서가 되어 정조사로 명나라에

다녀왔고, 이어 평안도 도절제사가 되었다. 그의 전공은 날로 쌓여 1428년에는 병권을 총괄하는 병조 판서가 되었다.

1433년 만주에 사는 오랑캐 이만주가 국경을 침범하여 우리 나라 백성들을 괴롭히자, 세종은 최윤덕을 평안도 도절제사로 다시 임명하여 그들을 치게 하였다. 왕명을 받은 최윤덕이 그들이 사는 근거지인 파저강에 나가 이들을 토벌하고 돌아오니 세종이 매우 기뻐하며 나와 친히 영접하고 노고를 치하했다. 그 이듬해 다시 적군이 침범을 하자, 최윤덕은 또다시 나가 싸워 진압하고 돌아왔다.

이러한 공으로 세종은 그를 우의정에 임명했다. 이듬해 다시 적을 무찌르고 돌아온 최윤덕은 국경을 지켜야 할 장수가 재상의 자리에 있을 수 없음을 상소, 무관직으로의 전임을 요구하였으나 허락되지 않았다.

무관으로 남겠다는 그의 요구는 받아들여지지 않았지만, 30년 동안을 장수로 있으면서 발휘한 그의 위력은 나라 안은 물론 변경 지방에까지 널리 알려졌다. 그는 늙어서도 젊은 사람 못지않게 싸움을 잘 했고 모든 무술에도 능했으며, 특히 활을 잘 쏘았다고 한다.

그는 벼슬이 좌의정까지 올랐고, 1436년에 영중추원사에 전임되었으며, 1445년에는 궤장을 하사받았다. 그는 죽은 후에 세종의 묘정에 함께 모셔졌다.

# 최 익 현
## (1833~1906)

## ─쓰시마에서 숨진 항일 의병장─

　최익현(崔益鉉)은 순조 33년인 1833년 12월 5일, 경기도 포천에서 최대의 둘째 아들로 태어났다.

　그는 6세 때부터 글을 배워, 14세 때에는 이항로의 제자가 되어 공부를 하였고, 1855년 22세 되던 해에 과거에 급제하여, 관직에 첫발을 내디뎠다. 사간원 정언, 성균관 직강과 사헌부 장령, 돈녕부 도정 등의 관직을 두루 거친 그는 어

모덕사 (최익현 신위를 모신 사당)

머니의 상을 당하자 관직을 내놓고 고향으로 돌아가 고향에서 제자들을 가르치며 생활하였다. 이 때 곧은 성품과 깊고 풍부한 학식을 가진 그를 따르는 선비들이 수천 명을 헤아렸다.

　그가 고향에 있는 사이에 서양 세력들이 끊임없이 우리 나라로 몰려와서 위협하여, 나라의 운세는 점점 위태로운 지경에 빠졌다.

　1873년, 최익현은 다시 동부승지에 기용되었는데, 그는 나라가 어렵게 된 것은 대원군의 실책 때문이라고 생각하고 대원군을 비판하는 상소문를 올리고, 고종이 친히 정사를 돌볼 것을 주장하였다.

　그는 이 상소 사건으로 인해 제주도로 귀양을 가게 되었으나, 대원군이 물러나자 그도 곧 유배에서 풀려나, 호조 참판에 올랐다.

1876년, 나라가 일본에 의해 강제로 개항을 하고 한·일 통상 조약을 체결하게 되자, 그는 이 조약이 부당하다고 맹렬하게 반대하다가 다시 귀양을 가게 되었다.

그 후, 귀양에서 풀렸으나, 그는 중요한 일이 있을 때마다 일본을 배척할 것과 친일파를 처단할 것을 주장하다가 여러 차례 체포, 구금되기도 하였다.

1904년, 일본이 러·일 전쟁에서 이기고 조선을 병합하려는 음모를 본격적으로 드러내자, 고향에 내려와 제자들을 가르치고 있던 그는 71세의 늙은 몸을 이끌고 서울로 올라와 나라를 팔아먹으려는 나쁜 무리들을 처단할 것을 강력히 주장하였으나, 일본과 친일파의 방해로 뜻을 이루지 못했다.

1905년, 을사조약이 체결되자 그는 의병을 일으킬 것을 결심하고 1906년 6월에 그의 제자 임락, 임병찬 등 80명과 함께 전라도 순창에서 의병을 모집하여 관군과 일본군에 맞섰다. 왜병에 항거하여 싸우던 최익현 등은 관군에 체포되어 서울로 압송되었고, 일본 제국주의의 재판을 받아 쓰시마 섬에 있는 감옥에 갇히게 되었다.

그러나 일본에 조금도 굴복하지 않고 일본의 잘못을 항의하여 단식 투쟁을 벌였다.

그는 결국 단식 끝에 병을 얻어 1906년 11월 5일, 원수의 나라인 일본 쓰시마 섬에서 73세의 나이로 숨을 거두었다.

# 최 제 우

## (1824~1864)

## ─ 동학의 창시자 ─

동학(천도교)의 창시자인 최제우(崔濟愚)는 경주에서 최옥의 아들로 태어났다. 어렸을 때의 이름은 복술이었으나, 어른이 된 후에 제우로 고쳤으며, 호는 수운이다.

최제우 생가 터에 세워진 유허비

어려서부터 남달리 총명하고 기백이 있던 최제우는 6세 때 어머니를 여의고, 16세 때에는 아버지마저 여의어서 삶의 회의를 느껴 방랑의 길을 떠났다.

그 무렵부터 그가 다시 세상에 모습을 나타낼 때까지의 행적에 대해서는 자세히 알려져 있지 않다.

1856년, 최제우는 천성산 내원암에 들어가 기도 생활을 하였으며, 이듬해 천성산 적멸굴에 들어가 49일 동안 기도를 드렸다.

1859년, 고향에 돌아온 그는 용담정에 머물면서 이름을 제우로 고치고, 바깥 출입을 일체 삼가고 수도 생활을 하였다. 그러던 중 1860년 4월 5일, 하느님의 계시를 받았는데, 하느님은 그에게 죽지 않는 선약과 주문을 주면서 하느님을 대신하여 가르침을 널리 펴고 불쌍한 백성들을 구하라는 분부를 내렸다고 한다.

최제우는 하늘의 마음이 곧 사람의 마음이므로 사람들이 모두 하늘의 뜻을 받들어 살면, 성한 몸으로 오래 살게 되고, 이 땅 위에 천국이 이루어진다고 주장하였다.

그의 이러한 사상은 유교, 불교, 선교(도교) 3종교의 바탕 위에 기독교와 중국의 태평 천국 운동의 영향을 받아 생겨난 것으로 보인다.

1862년에 그는 남원을 거쳐 보국사에 들어가 〈도수사〉와 〈안심가〉 〈교훈가〉를 짓고, 동학론을 집필하며 포교에 힘써 교세를 확장시켰고, 각 지방에 접소를 설치하고 접주를 두어 교인들을 관리하였다.

최제우가 득도를 했다는 것이 세상에 알려지자, 그를 찾아오는 사람들이 점점 많아지고, 당국에서도 그를 주목하기 시작하였다. 마침내 1862년, 그는 경주 진영으로 잡혀 갔다. 이 때 제자들이 몰려와 그의 가르침이 민속을 해치는 것이 아님을 주장하여 풀려 나왔다.

1863년에 교인이 3천여 명, 접소가 13개소에 이르자 최제우는 제자 최시형을 후계자로 지목하여 제2대 교주로 삼았다.

동학도들이 점점 더 늘어나자 이들이 커다란 세력으로 커지는 것을 두려워한 당국에서는 1863년 12월에 왕명으로 최제우를 다시 잡아들였다. 그들은 최제우를 심문하여 대역 죄인으로 몰아, 이듬해 3월 10일, 대구 장대에서 처형하였다. 4년 후인 1907년, 나라에서는 그가 죄인이 아님을 인정했다.

# 최 충
## (984~1068)

### ― 사학의 창시자 ―

최충(崔沖)은 984년(성종 3)에 황해도 해주에서 최온의 아들로 태어났다. 그의 자는 호연이고, 시호는 문헌, 호는 성재·월포·방희재 등 여러 개이다.

그는 1005년(목종 8) 21세의 나이로 문과에 장원 급제하여 벼슬길

최충이 쓴 거돈사 원공 국사 승묘탑비

에 올랐다. 현종 때 우보궐, 한림학사, 예부시랑 간의대부 등을 지내고 덕종 초에는 우산기상시, 동지중추원사, 형부상서 중추사 등을 지냈다.

그의 벼슬길은 순탄하여 정종 때에는 상서좌복야 참지정사 판서 북로병마사, 문하시랑 평장사 등을 역임하고, 문종이 즉위하자 문하시중이 되어 율령(법률)을 재정비함으로써 고려의 형법을 확정시키기도 했다.

최충은 나라의 일을 돌봄에 있어서 자신의 사사로운 이익을 생각함이 없이 공평 무사하게 처리함은 물론, 나라를 위한 모든 일에 성실과 근면으로 최선을 다했다.

그리고 그는 임금은 물론이요 벼슬아치들도 모두 백성들을 아끼고 사랑해야 한다는 생각으로, 바쁜

농사철이나 흉년이 들 때에는 농민들을 부역에 동원하지 못하도록 하는 제도를 만들었다.

다른 한편으로는 나라의 경비를 줄여서 재정을 튼튼히 하려고 했으며, 동여진이 우리 나라 변경을 침입하는 것을 강경책을 써서 물리치게 하였다.

그는 1055년(문종 9)에 내사령을 마지막으로 관직에서 물러났다. 그는 나라를 튼튼히 하려면 무엇보다도 먼저 후진을 양성해야겠다고 생각하여 개경(지금의 개성) 송악산 밑의 자하동에 조그만 글방을 차렸다. 그러자 평소 그의 문행과 인덕을 흠모하던 많은 젊은이들이 구름처럼 모여들었다.

이처럼 많은 젊은이들이 모여들자 그는 글방을 확장하여 9개의 방으로 나누고 이 곳에서 젊은이들을 가르쳤다. 이것이 바로 구재 학당이다. 그의 학당이 번창하자 다른 유학자들도 따라서 학생들을 모으기 시작하여, 고려에는 구재학당 외에 모두 11개의 학당이 만들어졌으며, 최충의 학당과 함께 12공도라 불렀다.

글씨와 문장이 뛰어난 그는 해동 공자로 추앙받았고, 그의 제자들은 문헌 공도라 불리었으며, 그에 의해 확립된 유학의 전통이 안향에게 계승되었다.

# 최 충 헌
## (1149~1219)

### —최씨 무단 정치를 연 무신—

최충헌(崔忠獻)은 고려 고종 때의 무신으로 최원호의 아들이다.

1170년(의종 24), 무신의 난이 일어나 무신들이 정권을 잡게 되자 이에 반발한 조위총이 1174년(명종 4)에 난을 일으켰다. 이 때 최충헌이 이 난을 진압하여 별초도령에 임명되었고, 곧 이어 섭장군으로 승진하였다.

하지만 정권을 잡은 무신들 사이의 세력 다툼이 심해졌으며, 이의민이 정권을 잡았을 때는 각지에서 반란이 계속 일어났다.

1196년, 이의민에게 불만을 품고 있던 최충헌은 동생 최충수와 함께 이의민을 몰아 낸 후, 당시의 부패한 정치를 바로잡기 위해 필요한 〈봉사 10조〉라는 개혁안을 왕에게 올렸다.

그러나 명종이 개혁을 실시하려 하지 않자, 명종을 몰아 내고 인종의 아들인 민을 새로운 임금인 신종으로 추대하였다.

신종이 왕위에 오르자 최충헌의 동생 충수가 자기의 딸을 태자비로 삼으려 하려다 최충헌과 뜻이 맞지 않아 형제간에 살육전이 벌어지게 되었다. 최충헌은 동생을 죽이고 정권을 장악하였다.

이듬해인 1198년에는 그의 집에서 부리던 노비 만적이 민란을 일으키자 이를 진압하였고, 그 이듬해에는 병부 상서 지이부사가 되어 군사권과 문무 백관의 인사권까지 모두 장악하여 그의 독재 정권의 아성을 튼튼히 쌓았다.

하지만 김준거의 민란을 비롯해 크고 작은 민란이 계속 일어나자, 최충헌은 도방을 설치하여 문무관과 한량, 군졸 중에서 용감한 자를 뽑아서 6번으로 나누어 교대로 그의 집을 지키게 하였다. 또 출입할 때에도 이들 모두에게 그를 호위하게 하였는데, 이를 가리켜 최충헌의 도방 정치라고 한다.

1209년에는 학자 이규보를 발탁하여 침체된 문화의 부흥을 꾀했고, 교정 도감이라는 기관을 만들어 나라의 모든 정치를 감독하게 하여, 무인 정치의 실질적인 중앙 기관으로 만들었다.

1211년, 왕준명의 음모로부터 목숨을 건진 그는 신종의 뒤를 이어 왕위에 오른 희종을 폐위시키고 강종을 왕위에 앉혔다. 그러나 강종이 3년 만에 죽자 그의 아들 진을 왕위에 오르게 했다.

1217년, 흥왕사의 중들이 최충헌을 암살하려는 사건이 일어나는 등 혼란이 계속되자, 이 틈을 타 거란이 북쪽 지방을 자주 침범해 왔다. 최충헌은 거란의 침입을 막는 한편, 계속 일어나는 민란을 막아 내며 기강을 확립시켜 나갔다.

최충헌은 혼란한 시기에도 불구하고 금의, 이규보, 이공로 등 훌륭한 학자를 많이 배출시켜 문화 발전에 힘썼고, 풍속을 아름답게 하였으며, 국방을 비롯해 나라의 기강을 바로잡았다. 이러한 그의 업적으로 인해 1219년, 그가 죽은 후에도 그의 아들 최우, 손자 최항, 증손자 최의에 이르기까지 4대 동안 최씨 정권이 유지되었다.

# 최 치 원

(857~ ? )

## －신라 말기의 문장가－

신라 말엽의 시인이자 문장가이
고 한문학의 대가인 최치원(崔致
遠)은 경주 사량부 출신으로, 자는
고운(孤雲) 또는 해운(海雲)이며,
시호는 문창후이다.

헌안왕 1년에 태어나, 어린 시
절부터 공부를 좋아하고 큰 뜻을
품었던 최치원은 11세 때, 서해를
건너 당나라로 유학을 떠났다.

당시, 중국에서는 당나라의 문
화가 매우 발달하여 많은 신라 사
람들이 당나라로 유학을 갔다.

그가 유학을 떠날 때, 그의 아버
지가 그를 불러 놓고 말하기를
"10년이 걸려도 좋으니 훌륭한
학자가 되기를 바란다. 네가 과
거에 급제하는 것이 아버지의 소
망이니, 공부에 전념하거라."

고 했다. 그는 아버지의 훈계를 마음 속에 새기고, 머나먼 이역 땅으로 길을 떠났다.

그 때는 지금과 달라 교통이 불편해서, 한 번 떠나면 언제 돌아올지 기약할 수 없었고, 편지도 몇달 혹은 몇 년이 걸려야 전달되는 시절이었기 때문에 어린 나이로 먼 길을 떠났다는 것은 참으로 놀라운 일이었다.

당나라의 서울 장안에 들어간 최치원이 과거에 급제하여 당나라 관리가 된 것은 그로부터 불과 6년 후인, 17세 때였다.

과거는 우리 나라에서도 신라의 독서 삼품과를 비롯하여, 고려, 조선에서도 계속된 제도이지만, 원래는 중국에서 정해진 제도로서, 여간 공부를 많이 하지 않고서는 급제하기 어려웠다.

20년, 30년 만에 간신히 급제하는 사람도 있고, 백발이 되도록 급제하지 못하는 사람도 있었다. 그런데 외국에서 온 소년이 급제를 했으니, 당나라 사람들이 깜짝 놀랄 일이었다.

단번에 과거에 급제한 최치원은, 선주 표수현위(지방 관리)를

최치원이 쓴 진감 선사비문

거쳐 국정에서 문서를 맡아 보는 승무랑 전중시어사 내공봉이라는 벼슬에 오르고, 당나라 희종으로부터 자금어대를 하사받았다. 어대란 당나라 때 궁정에 출입하는 관리가 허리에 차는 신분증으로, 금은으로 물고기 형상을 만든 것이다.

최치원은 바쁜 공무에도 불구하고 학문을 연구하고 글을 쓰는 일에 게을리 하지 않았다. 이 때 그가 지은 글이 《중산복궤집》이라는 다섯 권의 책으로 만들어졌다.

최치원이 22세 되던 해인 879

상서장 최치원은 이 곳에 서 임금에게 신라의 국운 이 다했다는 글을 써서 올 렸다.

년, 중국에서 황소의 난이 일어났 는데, 이 난은 당나라 전체를 휩쓸 고, 한때 수도인 장안까지 점령하 여 황제의 자리를 빼앗기도 하였다.

이에 당나라 조정에서는 사천 절 도사 고변에게 난을 일으킨 무리들 을 토벌하게 했는데, 고변은 평소 최치원의 인격과 재주를 아끼던 사 람이어서 그를 불러 종사관으로 삼 고 서기 일을 맡겼다.

그리하여 최치원은 4년 동안 싸 움이 일어나는 곳을 돌아다니며 모 든 것을 기록하였고, 난을 일으킨 황소를 토벌하자는 〈토황소격〉을 지었다. 이 격문은 한자로 50줄 정 도 되는 명문장으로 강한 위엄으로 황소의 간담을 서늘하게 하였다고 전한다. 그 후, 황소는 얼마 안 가

서 쓰러지고 말았으나, 당나라 왕 조는 이로부터 급속히 기울기 시작 하였다.

최치원은 더 이상 중국 땅에 머 물러 있을 까닭이 없었으므로 고국 으로 돌아갈 것을 결심하였다.

최치원이 국신사의 자격으로 당 나라 희종의 친서를 가지고 신라로 돌아온 것은 885년, 그의 나이 28 세 때의 일이니 실로 17년 만의 귀 국이었다.

그가 고국에 돌아오자 신라 조정 에서는 그를 요직에 임명하여 신라 에 오래 머물게 하였다. 그러나 그 가 귀국한 이듬해에 헌강왕이 죽 고, 이어서 즉위한 정강왕도 한 해 만에 세상을 떠나자 진성 여왕이 왕위에 오르면서 신라의 국운이 기

울어져, 올바르고 유능한 사람이 일을 하기가 오히려 어려운 실정이 되었다.

한때, 한림 학사로서 왕이나 태자를 가르치는 벼슬을 했던 그는 그의 뜻을 펴지 못하자 태산, 천령, 부성 지방의 지방 군수를 지내며 생활하였다.

최치원은 894년 진성 여왕에게 '시무 10여 조'를 올려 어지러운 정치를 바로잡아 새롭게 개혁할 것을 건의하자, 진성 여왕은 이를 받아들일 것을 약속하고 그를 아찬에 봉했다.

그러나 그의 개혁안은 이뤄지지 않고 각지에서 도적들이 출몰하고, 견훤과 궁예가 그들의 세력을 확대하는 등 신라는 더욱더 어려운 상황에 빠지게 되었다.

나라가 이렇게 되자 최치원은 모든 벼슬을 버리고 강산을 떠돌다가 경상 남도 합천에 있는 해인사에 들어가 일생을 마쳤다.

그는 높은 관직에 있으면서도 겸손하였고, 관리로서의 임무를 성실히 수행했으며, 유학과 불교에 정통하고 시문에 밝았다. 그가 평소에 가진 것이 없는 것에 만족해하고 매사에 초연하였으므로 죽어서 신선이 되었다는 전설이 만들어지기도 하였다. 저서로는 《계원필경》과 《중산복궤집》 등이 있으나, 《계원필경》만이 귀중한 유산으로 오늘날까지 전하고 있다.

# 최 현 배
(1894~1970)

## ─ 철저한 한글 전용주의자 ─

외솔 최현배는 평생을 한글 연구에 바친 국어학자로 경상 남도 울산에서 태어났다. 6세 때부터 고향 마을의 서당에서 한문을 배운 그는 서울에 올라와 한성 고등 학교를 졸업했고, 조선어 강습소에서 주시경에게 한글을 배웠다. 그 후, 그는 일본으로 건너가 히

최현배가 지은 《우리말본》

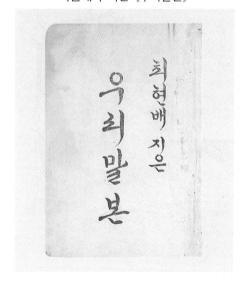

로시마 고등 사범 학교를 졸업하고 귀국하여, 한때 동래 보통 학교에서 교원 생활을 하다가, 다시 일본으로 건너가 경도 제국 대학에서 교육학을 전공하고 귀국하였다.

고국으로 돌아온 최현배는 연희 전문 학교에서 교수직을 맡아 학생들을 가르치며, 1926년에 《동아 일보》에 〈조선 민족 갱생의 도〉라는 글을 발표하였다.

그 후, 그는 정음사라는 출판사를 창립하였으며, 1937년에는 그의 대표적인 저서인 《우리말본》을 간행하였다. 이 《우리말본》은 우리말의 문법을 방대하고 깊고 광범위하게 다룬 책으로 이 분야에서는 거작으로 통한다.

그 당시에는 우리글의 연구를 목적으로 조직된 '조선어 연구회(뒤에 조선어 학회)'라는 학술 단체가

있었는데, 최현배도 그 학회의 회원이었다.

그러던 중 일본이 국어를 말살시키기 위해 조선어 학회를 해체하고, 회원들을 모두 검거하는 사건이 발생하였다. 일본은 조선어 학회를 비밀 결사 조직이라고 허위 조작하여 회원들에게 혹독한 고문을 하였다. 또한 50여 명의 저명한 인사들을 혐의자 또는 증인으로 강제 소환하여 감옥에 집어 넣는 등 갖은 탄압을 하였다.

최현배도 여러 학자들과 함께 끌려가, 함흥 감옥에서 4년 동안이나 옥중 생활을 하게 되었다.

이 사건으로 조선어 학회는 해체되고 국어 사전을 만들기 위해 만들었던 원고는 증거물이라 하여 압수하여 결국, 대부분이 없어지고 말았다. 최현배는 옥중에서도 계속 연구를 하여 〈글자의 혁명〉이라는 글을 썼다.

광복이 되자, 그는 조선어 학회의 상무 이사로서 학회를 재결성하기 위해 힘쓰는 한편, 미군정청의 문교부 편수 국장으로 취임하여 교과서 편찬에 주력했다.

그 후 우리말 도로 찾기 운동과 국어 정화 운동을 전개했으며 1949년에는 조선어 학회의 명칭을 한글 학회로 바꿔 이사장에 취임하여 한글 연구에 힘을 쏟았다.

철저한 한글 전용주의자로 우리 국어에서 한자어와 일본어를 추방하였고, 우리말을 풀어 쓰는 운동을 전개하여 일부의 비난을 받기도 했지만, 진정한 애국자로서 큰 공적을 남긴 사람이다.

# 충선왕
## (1275~1325)

## ―혁신 정치를 시도한 임금―

충선왕(忠宣王)은 고려 제 26대 왕으로서, 아버지는 충렬왕이고 어머니는 원나라 세조의 딸인 제국 대장 공주이며, 그의 부인도 원나라 진왕의 딸인 계국 대장 공주다.

당시 고려는 원나라의 지배를 받고 있던 때라 모든 왕들의 호칭을 '조(祖)'나 '종(宗)'자를 사용하지 않고 '왕(王)'자를 사용했고, 원나

라에 충성을 한다는 뜻으로 '충(忠)'자 돌림으로 썼으며 왕비도 원나라 사람으로 맞아야 했다.

충선왕이 세자로 있을 때, 충렬왕은 주변에서 갖은 횡포를 일삼던 무리들을 처형하여 나라의 기강을 바로잡으려 하다가 아버지 충렬왕과 사이가 벌어지게 되었다. 얼마 후 정치에 뜻을 잃은 충렬왕이 왕위를 그에게 물려 주었다.

총명함과 지식을 두루 겸비한 그는, 23세의 젊은 나이에 왕위에 올랐다. 즉위 이틀 후부터 교서를 내려 권신들이 가지고 있던 넓은 토지를 몰수하여 백성들에게 나누어 주고, 관제를 혁신하는 등 자주적으로 정치를 이끌어 나갔다.

그러나 충선왕의 이러한 의지는 왕비와의 불화와 개혁을 원하지 않은 친원파의 방해로 실패하여, 원

나라는 그를 폐위시키고 아버지 충렬왕을 다시 왕위에 앉혔다.

그가 왕위에서 물러나 원나라에 머물고 있던 중, 평소 그와 친하게 지내던 하이샨이 원나라의 왕위에 올라 무종이 되었다. 이 때부터 다시 원나라의 신임을 얻은 충선왕은 1308년 심양왕에 봉해졌으며, 충렬왕이 죽자 곧바로 귀국하여 고려의 왕위에 올랐다.

다시 왕위에 오른 그는 조정의 기강을 바로잡아 유능한 인재를 등용하였으며, 성이 같은 사람들의 결혼을 금지하였고, 잠업을 장려하여 농민 생활의 안정을 도모하는 한편, 귀족 계급의 횡포를 철저히 막는 등 새로운 정치를 펴는 데 많은 노력을 기울였다.

그러나 원나라에서의 오랜 생활에 익숙해진 그는 곧 정치에 싫증을 내고, 제안 대군에게 정치를 맡기고 원나라로 돌아갔다.

충선왕은 원나라에 머물면서 전지를 내려, 소금을 전매하여 나라의 수입을 늘리고, 토지 개혁을 실시하게 했으나 귀족들의 반대에 부딪혀 실패했다.

1313년 6월, 충선왕은 다시 귀국하여 아들에게 왕위를 물려주고 원나라로 돌아가, 수도 연경에서 만권당을 세웠다. 그는 당시 원나라 학자로 이름 높던 조맹부, 염복 등을 불러 경제와 역사를 연구케 하였으며, 고려에서 이제현을 불러 그들과 교유케 함으로써 양국의 문화 교류에 힘썼다.

# 탄 연
## (1070~1159)

## ー신품 사현의 한 사람ー

탄연(坦然)은 1070년(고려 문종 24), 당시 교위라는 하찮은 무관 벼슬을 하고 있던 아버지 손숙과 어머니 안씨 사이에서 태어났다. 8, 9세 때부터 시문을 잘하여 주위 사람들을 놀라게 했고, 특히 글씨를 잘 썼다.

1083년(문종 37) 13세 때에는 유교 경전을 다 익혔고, 1085년 15세 때에는 명경과에 합격해 명성을 떨쳤다. 왕이 그의 명성을 듣고 세자(뒤의 예종)의 교육을 맡기자 그를 가르치다가, 1088년(선종 5)에 속세가 싫어, 몰래 왕궁에서 빠져나와 경북산 안적사라는 절에 들어가 중이 되었다.

그 뒤로 불법을 열심히 익히어 36세 때인 1106년(숙종 11), 대사

라는 법계에 올랐다. 전에 그가 학문을 가르친 예종이 즉위한 뒤로는 더욱 직위가 높아져서, 1121년(예종 16)에는 선사가 되었다.

인종이 즉위한 뒤에도 직위가 계속 높아져 1132년(인종 10)에는 대선사, 1146년(인종 24)에는 왕사가 되었고, 의종이 즉위한 후에도 매우 극진한 예우를 받았다.

1148년 78세가 된 그는 단속사에서 조용히 불도를 닦았는데, 천성이 선하고 가르치기를 좋아하는 그에게 불법을 들으러 오는 사람들이 끊이지 않아 고령임에도 불구하고 많은 제자를 양성해 냈다.

그가 죽자, 의종은 사람을 보내어 그가 마지막으로 머물렀던 단속사 북쪽에 있는 독립산에 장사 지내게 하고, 국사라는 최고의 칭호를 내렸다.

생존시에 탄연은 중국의 유명한 왕희지의 필체를 본받은 뛰어난 명필가로 이름을 날리기도 했다. 그 시대의 문장가 이규보가 쓴 글에 의하면, 탄연은 글씨를 퍽 잘 쓴 신품 사현의 한 사람이라고 했는데, 신품 사현은 신라의 김생, 고려 인종 때의 탄연, 최우, 문종 때

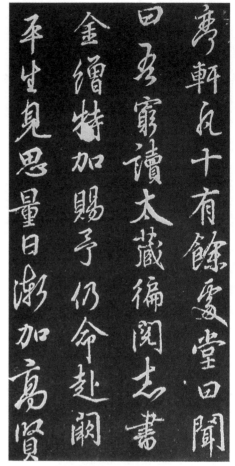

탄연의 글씨

의 유신, 이 네 사람을 일컫는 말이다. 조선 시대의 학자 서거정도 탄연을 신라의 김생 다음 가는 훌륭한 서예가라고 찬양했다.

현재 탄연의 글씨는 춘천 청평사의 문수원비, 예천의 복룡사비, 삼각산 승가사 중수비 등의 비문으로 남아 있다.

# 탈 해 왕
(? ~80)

## ― 알에서 태어난 임금 ―

신라 제4대 임금인 탈해왕(脫解 王)의 성은 석씨이고, 정식 칭호는 탈해 이사금이다.

김부식이 지은 《삼국사기》에 의하면, 탈해왕은 본래 다파나국 출신이었다고 한다. 다파나국의 왕이 여국의 왕녀를 아내로 맞이하여,

태기가 있은 지 7년 만에 알을 하나를 낳았다 한다. 왕은 사람이 알을 낳은 것이 상서롭지 못한 일이라 하여 그 알을 내다 버리게 하였다. 그러자 왕비는 알을 비단에 싸서 궤짝에 넣은 뒤 바다에 띄워 보냈다.

어느 날, 바다를 떠내려가던 알은 고기잡이를 업으로 하는 한 노파에 의해 발견되었다. 노파가 궤짝을 열어 보니 한 아이가 있어, 그 아이를 데려다 키웠다. 아이의 이름을 알 길이 없어, 아이를 바다에서 건질 때, 까치가 울었기 때문에 까치 작(鵲)자의 일부분인 석(昔)을 성으로 하고, 알에서 나왔다고 탈해라고 하였다.

석탈해는 자라서 키가 9척에 용모도 뛰어나고, 지혜 또한 출중하였다고 한다. 석탈해는 처음에 고

기잡이로 어머니를 봉양하였으나, 그의 어머니는 탈해가 보통 사람이 아님을 알고 그에게 학문을 닦게 하였다.

그는 그 후, 신라의 제2대 임금인 남해차차웅의 사위가 되었으며, 대보(신라 초기의 최대 관직)로서 정사를 돌보다가, 유리왕이 죽은 후에 남해왕의 유언에 따라 왕위를 이어받았다.

탈해왕은 58년(탈해 2)에 왜국과 화친을 맺고 사신을 교환하였으며, 64년에는 백제가 군사를 보내어 와산성과 구양성을 공격하자, 기병 2000여 명을 보내어 이를 격퇴시켰다.

65년(탈해왕 9), 금성 서쪽에 있는 시림 숲 사이에서 닭 울음 소리가 나기에 가 보니, 금빛으로 된 작은 궤짝 안에 사내아이 하나가 있어 그 아이를 데려다 키웠다.

탈해왕은 이 아이가 자라면서 총명하고 지략이 뛰어나자, 아이의 이름을 알지라 짓고, 금 궤짝에서 나왔다 하여 성을 김씨로 지었다. 그는 또한 시림을 계림으로 고쳐, 이를 국호로 삼았다.

그리고 67년(탈해왕 11)에는 각 지방을 주와 군으로 나누어, 주에는 주주를 두고 군에는 군주를 두어, 박씨의 인척들이 다스리게 하였다.

탈해왕은 왕위에 있는 동안, 여러 차례의 백제와 왜구의 침입을 잘 막아 냈으며, 77년(탈해왕 21)에는 황산진에서 가야와 싸워 크게 이기기도 하였다.

# 태조왕
(47~165)

## ─ 고구려의 기틀을 다진 왕 ─

태조왕(太祖王)은 고구려의 제6대 왕으로 재위 기간은 53년에서 146년까지다.

국조왕·태조 대왕으로도 불리는 그는 유리왕의 손자다. 아버지는 고추가(고구려 시대의 왕족이나 귀족이 사용한 호칭) 재사이고, 어머니는 부여 사람이다.

모본왕이 죽은 뒤에 재사를 왕으로 추대하였으나 나이가 많음을 이유로 사양해 태조왕이 7세 때 즉위하였다. 하지만 나이가 어려 처음에는 태후가 섭정을 했다.

56년 태조왕은 동옥저를 정벌하여 영토를 넓혔는데, 이 때 고구려의 영토는 동으로는 창해, 남으로는 살수까지 영역을 확장하였다.

72년 달가 등을 파견하여 조나

를 정벌하고, 74년에는 환나부 패자 설유로 하여금 주나를 공격하게 하여 그 왕자 을음을 사로잡는 등 주변의 작은 나라로 세력을 확대해 나갔다.

한편, 대외 관계에서는 고구려의 성장을 저지하려는 후한에 대하여 사절을 파견해 평화 공세를 펴기도 했고, 때로는 적극적인 투쟁을 벌여 그들의 압력을 극복하고 오히려 서북 방면으로의 진출을 꾀했다.

그리하여 121년 후한의 유주자사 풍환, 현도 태수 요광, 요동 태수 채풍 등의 침공을 받았지만 오히려 요동·현도를 공격하고 현도군 소속의 후성을 불태우는 전과를 올렸다. 4월에는 요대현을 공격하여 요동 태수 채풍을 죽이는 등 서북면의 영토를 개척했다. 그 해 봄에 한나라가 군대를 거느리고 침입하였을 때는 동생 수성을 시켜 이를 물리치게 하였다.

이처럼 태조왕은 재위 기간 동안 후한의 압력을 차단하고 서방 진출을 꾀하면서 국가 발전의 기틀을 마련해 나갔다. 그 외에도 태조왕은 영토의 개척과 함께 정치 체제

의 확립에도 이바지했다. 고구려는 태조왕이 다스리기 이전까지는 부족 국가의 형태를 띠고 있었으나 즉위하여 고구려족 전체를 통괄하는 강력한 집권력을 지닌 고대 국가 체제를 확립했다.

만년에 이르러 동생 수성이 왕위를 탐내자 146년, 그에게 왕위를 물려주고 은퇴했다. 그는 118세의 나이로 죽어 우리 나라 역사상 가장 장수한 왕이 되었다.

태조왕 때부터 중국의 사료에도 우리 나라의 역사에 대해 언급한 것이 많고, 또한 이 때부터 계루부에 의한 왕위 계승이 확립되었다. 이것으로 봐서 고구려가 실질적인 국가로서의 면목을 갖춘 것은 태조왕 때부터라고 할 수 있다.

# 태 종
## (1367~1422)

### ─조선 왕조의 기틀을 마련한 왕─

　태종(太宗)은 조선의 3대 임금으로 재위 기간은 1401~1418년까지이고 이름은 방원이다.

　이성계는 태조가 되어 왕위에 오르자 계비인 강씨의 소생인 방석을 세자로 책봉하였다. 이 결정은 신의 왕후 한씨 소생의 왕자들의 불만을 사게 되었는데, 특히 한씨의 다섯 번째 아들 방원이 가장 큰 불만을 나타냈다.

　1383년(우왕 8)에 문과에 급제하여 관직에 오른 그는 1388년에 이색의 서장관으로 명나라에 다녀왔다. 1392년 아버지인 태조가 중상을 입은 것을 기회로 구파 세력의 거두인 정몽주를 살해하고, 그 일파를 숙청함으로써 신진 세력의 기반을 확고히 하였다.

　조선이 개국되었으나 세자 책봉에 탈락한 그는 1398년, 세자를 보필하고 있는 정도전, 남은 등을 살해하고, 강씨의 소생인 세자 방석과 방번을 귀양 보낸 후, 그들을 죽여 없애고 그의 둘째 형인 방과를 세자 자리에 앉혔다.

　태조 이성계는 그가 아끼던 방석과 방번 형제가 또 다른 그의 아들인 방원에게 무참하게 살해당한 것을 보고 정치에 마음이 없어 왕위를 방과에게 물려주었다.

　정변 후 세자로 추대된 태종은 병권을 장악하고 중앙 집권을 위하여 사병을 폐지하고 내외의 군사를 삼군부로 집중시켰다.

　태조의 뒤를 이어 즉위한 정종도 얼마 후 왕의 자리에서 물러나자 방원은 왕위를 이어받아 조선 제3대 임금이 되었다.

　1402년엔 문하부를 폐지하여 의정부를 설치하고, 낭사는 사간원

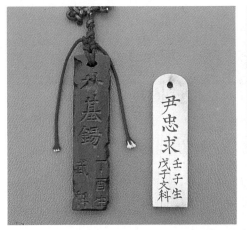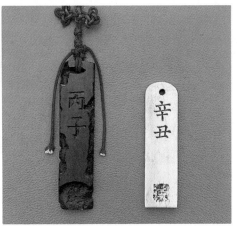

호패의 앞(왼쪽)과 뒤(오른쪽)

으로, 삼사는 사평부로 개칭하였고 삼군도총제부를 신설하였다. 이어 1405년에는 의정부의 일을 육조에서 나누어 하게 하는 등 관제 개혁을 통해 왕권 강화를 도모하였다.

한편, 불교 배척 정책을 더욱 강화하고 미신 타파에 힘썼으며, 개가한 자의 자손을 등용치 못하게 하여 적서의 구분을 엄격히 하여, 서얼 차별의 나쁜 전례를 남겼다.

또 호패법을 실시하여 양반이나 관리에서 농민에 이르기까지 국민 모두가 이를 소지케 함으로써 인적 자원을 정확하게 파악하였다.

국방 정책으로는 여진족의 무리를 물리치고, 노략질이 심한 야인들을 회유하여 변방의 안정에도 힘을 기울였으며 외교는 친명 정책을 유지했다.

문화 정책으로는 주자소를 세워 1403년에 동활자인 계미자를 제작하였고, 하륜 등으로 하여금 《동국사략》과 《고려사》를 편찬케 했다.

경제 정책으로는 호포를 폐지하여 백성들의 부담을 덜어 주었고, 저화를 발행하여 유통의 질서를 원활히 했다.

1401년에는 신문고를 두어 백성들의 편의를 도모하였고, 또한 왕권 유지를 위한 목적으로 반역죄를 취급하는 의금부를 설치하였다.

모든 체제를 정비한 태종은 1404년 송도에서 한성으로 수도를 옮겼다. 1418년, 태종은 세자(세종)에게 왕위를 물려주었다.

587

# 태종 무열왕

### (603~661)

## ―삼국 통일의 기초를 다진 임금―

신라 제29대 임금인 태종 무열왕(太宗武烈王)은 성이 김씨이고, 이름은 춘추이다. 신라 제25대 진지왕의 손자로 이찬 김용춘과 진평왕의 딸인 천명 부인 사이에서 태어났다.

김춘추는 어려서부터 잘생긴 용모 때문에 많은 사람들의 입에 오르내렸다고 한다.

《삼국유사》의 김춘추에 관한 내

태종 무열왕릉비

용을 보면 당나라의 태종이 그를 보고 '신성한 사람'이라고 했을 만큼 그는 용모가 뛰어나고 태도도 훌륭했던 모양이다.

사실, 그는 할아버지인 진지왕이 어지러운 정치와 문란한 생활을 하지 않고 왕위에 계속 있었더라면, 아버지가 왕위를 계승받았을 것이며, 그렇게 되었다면 좀더 일찍 왕위에 올랐을지도 모른다. 그러나 할아버지인 진지왕이 왕위를 물러나자 외할아버지인 진평왕이 왕위에 오르게 되었다. 이로 인하여, 그는 버림받은 왕족으로서 여러 가지 어려움이 많았다.

하지만 그는 왕위에 연연해하지 않고 보다 넓은 바깥 세계에 눈을 돌렸다.

예전의 신라는 고구려나 백제를 통해 중국의 발전된 문물을 받아

들이고 있었는데, 진흥왕이 한강
하류를 점령한 이후에는 중국과 직
접 교류하였다. 김춘추는 중국의
발전된 문물을 접하면서 새로운 것
을 받아들이는 데 많은 관심과 노
력을 기울였다.

그의 새로운 것에 대한 열망은
그 당시 신라의 사회 체제의 변화
와 함께 삼국을 둘러싼 국제 관계
를 변화시켜야 한다는 거대한 포부
로 바뀌어 갔다.

그는 이러한 그의 포부를 실현시
키기 위해 그와 마음이 맞는 사람
을 찾게 되는데, 이 때 만난 사람
이 바로 김유신이었다.

김유신은 법흥왕 때 신라에 복속
된 가야 출신의 왕족으로 용감하고
유능하였지만, 신라 귀족이 아니
라는 이유로 소외당하고 있었다.

신라의 왕족이면서도 소외당한
김춘추와 신라의 왕족이 아니라는
이유로 소외당한 김유신의 결합은
뒷날 삼국 통일을 이루는 데 커다
란 힘이 되었다.

이들의 결합을 더욱 굳게 하는
계기가 된 것은 김유신의 누이동생
인 문희와 김춘추의 결혼이었다.
이 결혼과 관련해서 《삼국유사》에
재미있는 이야기가 전해지고 있는
데, 내용은 다음과 같다.

어느 날, 문희의 언니인 보희가
꿈을 꾸었는데, 그 꿈의 내용이 상
서롭다는 것을 안 문희는 언니에게
비단치마를 주고 그 꿈을 샀다.

그로부터 열흘 뒤, 김유신은 김춘추와 집 앞에서 공을 차고 놀다가 일부러 김춘추의 옷고름을 밟았다. 김유신이 김춘추를 데리고 들어가 보희에게 옷고름을 달아 주라고 했으나, 보희는 거절하고 대신 문희가 옷고름을 달아 주었다. 이것이 인연이 되어 뒷날 문희는 김춘추의 아내가 되었다고 한다.

신라 진평왕 때의 삼국 관계는 그래도 조용한 편이었다. 하지만 진평왕이 죽고 선덕 여왕이 즉위하자 삼국의 관계는 악화되었다.

642년(선덕 여왕 11), 백제의 의자왕이 군사를 일으켜 신라의 40여 성을 빼앗고, 또 고구려와 힘을 합하여 신라와 당나라의 교통로인 당항성과 대야성을 빼앗았다. 이때, 대야성의 성주는 김춘추의 사위인 품석이었는데, 품석은 그만 백제와의 싸움에서 전사하고 말았다. 그러자 김춘추는 백제에 보복하고자, 왕의 허락을 얻어 구원병을 청하기 위해 고구려에 갔다가 감금당하는 몸이 되었으나, 기지를 발휘하여 돌아왔다.

그 후, 그는 뛰어난 웅변술과 비상한 외교적 수완으로, 여러 차례 당나라에 건너가 외교를 하여 군사 원조의 약속을 받고 돌아옴으로써 삼국 통일의 기초 작업을 착실히 진행시켜 나갔다.

654년, 진덕 여왕이 후사도 없이 죽자, 여러 대신들의 추대에 의하여 신라 최초로 진골 출신으로 왕위에 올랐다.

태종 무열왕
릉 태종 무
열왕은 삼국
통일의 기틀
을 마련해 놓
았다.

왕위에 오른 태종 무열왕은 먼저 당나라 제도를 본떠서 율령을 마련하고, 뜻을 같이하는 사람들로 정부를 개편하는 등 왕권을 강화했다. 그리고 당나라에 대해서는 계속 친교를 펴면서 깊은 신뢰를 얻어, 당나라로부터 개부의 동삼사 신라왕에 책봉되었다.

660년(무열왕 7), 태종 무열왕은 나·당 연합군의 결성에 성공하자, 왕자 법민과 김유신에게 군사 5만 명을 주어 백제를 공격하게 하였다. 백제는 계백 장군이 황산벌에서 군사 5000명을 거느리고 나·당 연합군을 맞아 외롭게 고군 분투했으나 패했다.

이듬해인 661년, 다시 태종 무열왕은 백제의 부흥군을 격파하여 완전히 진압한 뒤에, 이어서 고구려 정벌의 야욕을 품고 군사를 일으켰으나 뜻을 이루지 못하고 숨을 거두었다. 그의 나이 59세였다.

태종·무열왕은 삼국 통일은 완수하지 못했으나 그 터전은 마련해 놓고 떠났다. 못다 이룬 그의 숙원은, 비록 당대에는 이룩되지 못했으나, 그의 아들인 문무왕에 의하여 이룩되었다.

또, 그가 즉위함으로써 신라는 처음으로 왕권의 전제화가 이루어졌다. 크게 성장한 귀족 세력을 중심으로 당나라의 율령 제도를 모방한 관료 체계가 정비되었고, 구서당이라는 아홉 개의 중앙군이 설치되어 군사 조직이 강화되는 등 본격적인 국가 체제가 확립되었다.

591

# 하　륜
## (1347~1416)

### —조선 왕조 초기의 공신—

하륜(河崙)은 1347년(고려 충목왕 3)에 태어났으며, 1360년 국자감시에, 1365년(공민왕 14)에는 문과에 급제하였다. 그 뒤, 왕의 명령을 전하는 일을 하는 첨서 밀직사사로 있을 때, 최영 장군의 요동 정벌에 반대하다가 양주(강원도 양양)로 유배되었다.

1393년(조선 태조 2) 하륜은 새 왕조가 건국되자 경기 좌도 관찰 출척사가 되었다. 그 무렵, 태조는

조선의 도읍지인 한양의 지도

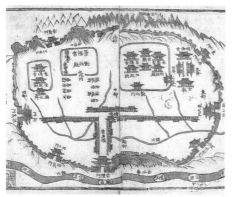

충청도 계룡산으로 도읍을 옮길 생각으로 공사를 시작하게 해 놓았다. 그것이 옳지 않은 줄을 알면서도 감히 반대하고 나서는 사람이 없었다.

그 때, 하륜이 나서서 천도를 반대하고, 한양에 그대로 머물기를 주장했다. 풍수 지리에 밝았던 하륜은 특히 지금의 서대문구 신촌의 남쪽이 왕궁을 세우기에 적합한 곳이라고 주장했다.

계룡산으로 도읍을 옮기려던 태조의 계획은 성사되지 않았고, 그 이듬해인 1394년(태조 3)에 비로소 한양이 조선 왕조의 도읍지로 확정되었다 한다.

그 뒤, 우리 나라 임금의 이름으로 명나라의 황제에게 보낸 표전문의 글귀가 예의에 어긋난다고 트집을 잡아 명나라와의 외교 관계가

험악해진 일이 있었다. 명나라에서는 특히 그 글을 쓴 정도전을 불러 처벌하려 했으나, 그 대신에 한성 부윤이던 하륜이 계품사로 명나라에 가서 잘 설명하여 그들의 오해를 풀어 주고 왔다.

1398년(태조 7)에 하륜이 충청도 도순찰사로 있을 때 '제 1차 왕자의 난'이 일어났다.

당시, 태조에게는 첫째 왕비 한씨 소생의 왕자가 여섯, 두 번째 왕비 강씨 소생의 왕자가 둘 있었는데, 태조와 정도전 등에 의하여 강씨 소생의 방석이 세자가 되었다. 이를 못마땅하게 여긴 한씨 소생의 방원이 자신을 지지하는 이숙번 등의 사병들을 이끌고 변을 일으켜서 정도전 일파와 세자 및 강씨 소생의 또 하나의 왕자인 방번까지 모두 죽여 없앴다.

그 당시 하륜은 방원을 적극 지지하여 충청도 군사를 이끌고 서울로 올라와, 방원을 위해 싸웠다.

후에 방원이 왕위에 오르자, 하륜은 정사 공신 1등이 되고 이어 진산군에 피복되었다. 1416년(태종 16) 좌의정을 마지막으로 은퇴할 때에는 진산 부원군에 봉해졌

다. 문신으로서는 가장 영예롭게 은퇴한 것이었다.

바로 그 해, 하륜이 69세로 세상을 떠나게 되자, 태종은 그에게 문충이라는 시호를 내렸다.

그는 천성이 중후하고, 무슨 일이든 조급해하거나 당황해하지 않았다. 또한 일가 친척이나 친구들에게, 심지어는 하인들에게도 잘해 주었다.

사치나 놀이를 좋아하지 않고, 오직 학문을 좋아하여 항상 책을 가까이했는데, 풍수 지리뿐 아니라 의술에도 정통하였다.

그의 글을 모은 것으로《호정집》이 전한다.

# 하 위 지
## (1412~1456)

## ―사육신의 한 사람―

하위지(河緯地)는 이조 단종 때 사육신의 한 사람으로, 자는 천장, 호는 단계, 본관은 진주이다.

1435년(세종 17)에 생원시에 합격하고, 1438년 식년 문과에 장원 급제하여 집현전 부수찬에 임명되었다. 이듬해 병으로 사직하자 세종이 약을 내려 주었다. 1444년 집현전 교리가 되어 《오례의주》 상정에 참여했다.

1446년, 동복 현감인 그의 형이 모함을 당하여 감옥에 갇혀 위독하자 그도 관직을 사임하였다.

그 뒤 1452년(문종 2)에 장령으로서 수양 대군을 보좌하여 《역대병요》 등의 편찬 사업에 참여하였다. 1453년(단종 1)에 그 책이 간행되었는데, 그 때 이를 총지휘하던 수양 대군이 단종에게 책을 만드는 데 공로가 많은 신하들을 승진시키자고 하여 하위지는 중직에 올랐으나 이를 사퇴하였다. 그는 임금이 나이가 어리다고 왕족(수양 대군을 가리킴)이 함부로 신하의 벼슬을 간섭하는 것은 잘못된 일이라고 주장하였다.

이 해 10월에 수양 대군이 김종서 등을 죽이고 영의정이 되자, 하위지는 벼슬을 버리고 전사간의 자격으로 경상도 온산에 내려갔다. 수양 대군이 단종에게 청하여 좌사간으로 불렀으나 사퇴하고 나아가지 않았다.

그는 침착하고 과묵한 성격으로 그 동안 집현전에 있으면서 왕을 보좌하여 시정을 옳게 이끌었고, 세종, 문종, 단종 세 임금을 성심 성의껏 잘 섬겨 왔으므로 모든 이들에게 존경을 받았다.

수양 대군도 그의 성품을 귀하게

여겨 그를 자기 사람으로 만들려고 노력하였다. 1455년 마침내 세조가 왕위를 빼앗고 즉위하여 하위지를 예조 참판에 임명하자 그는 마지못해 취임했으나, 세조의 녹을 먹는 것을 부끄러워하면서 녹을 받는 대로 별실에다 쌓아 두기만 했다.

1456년 성삼문, 박팽년, 이개, 유성원, 유응부, 성승 등과 함께 단종의 복위를 꾀하다가 실패하여 모두 체포되었다. 세종은 하위지의 사람됨을 아깝게 여기고 몰래 그를 찾아가 그 동안의 모의 사실을 고백하면 용서해 주겠다고 타일렀으나 그는 오히려 세조를 비웃었다. 화가 난 세조는 그들을 심하게 문초하였지만 끝내 자신의 뜻을 굽히지 않았다.

그 뒤 그를 비롯한 사육신 여섯 명은 처형되었다. 그가 처형되자 선산에 있던 그의 두 아들도 연좌되어 사형을 받게 되었다. 그의 작은아들인 박은 어린 나이였으나 죽음을 두려워하지 않고 오히려 그의 어머니를 위로하였다.

박은 노비로 끌려가게 된 그의 누이동생에게도 여자의 의리를 지켜 두 주인을 섬기지 말 것을 부탁한 다음 태연히 죽음을 맞았다. 그것을 본 주위 사람들은 그 아버지에 부끄럽지 않은 아들이라고 칭찬했다고 한다.

# 한 명 회
## (1415~1487)

### ―세조 때의 문신―

한명회(韓明澮)는 1415년(태종 15), 칠삭둥이로 태어났다. 그의 집안은 조부가 예문관 제학을 지낸 이름난 학자였고, 부친은 감찰을 지낸 좋은 가문이었다. 그러나 일찍이 부모를 여의고 외롭게 자란 그는, 여러 차례 과거에 낙방하고, 권람 등과 어울려 경치 좋은 곳을 찾아다니는 것으로 일관했다.

1450년,(문종 원년), 왕이 인재를 구할 때에 권람이 발탁되어 벼슬을 하게 되었고, 2년 뒤 그의 주선으로 37세의 한명회는 경덕궁직(궁궐을 지키는 낮은 벼슬아치)이 되었다.

그 해에 어린 단종이 즉위하자, 한명회는 권람을 통해 수양 대군이 집권할 뜻이 있음을 알아 내고, 수양 대군과 친하게 지내며 일을 도모하였다.

1453년(단종 1) 10월, 그들은 우선 반대파의 주요 인물들을 모두 없애 버린 '계유정난'을 일으켰다.

이 때, 한명회는 수양 대군에게 홍달손 등의 무사 30여 명을 천거하여 김종서와 그의 아들들을 죽이는 일을 직접 지휘했다.

한명회는 이른바 '생살부'라는 명부를 들고, 교동의 남령위궁에서 무사들을 지휘했는데, 아무것도 모르고 입궐하던 황보 인 등의 여러 중신들이 한명회의 손짓에 따라 무사들에게 살해되었다.

그 결과, 수양 대군은 영의정 부사, 이조 판서, 병조 판서 등의 중요한 관직을 독차지하고, 한명회는 정난 공신으로서 군기 녹사, 사복시소윤 등의 관직에 올랐으나, 실제로는 수양 대군의 오른팔 구실을 하는 매우 중요한 인물이 되었다.

596

1455년, 마침내 수양 대군은 왕위에 올랐고, 한명회는 다시 좌익 공신으로서 우승지에 올랐다. 처음 그가 하찮은 경덕궁직이란 벼슬을 하던 때로부터 불과 3년 만에 정3품 당상관이 된 것이었다.

본디 지략이 뛰어났던 한명회는 다시 한 번 그의 진가를 발휘하여 1456년(세조 2) 6월, 성삼문 등 여섯 명의 충신들이 세조의 측근들을 다 죽여 없애려는 계획을 미리 알아채고 이를 막아 냈다.

그 후, 성삼문, 유응부, 이개, 박팽년, 하위지, 유성원의 사육신을 포함하여 수십 명이 잡혀 처형당하게 되었다. 한명회는 더욱 세조의 두터운 총애를 입어, 몇 년 뒤에는 벼슬이 영의정에 이르렀다.

그 뒤, 병이 든 한명회는 벼슬을 잠시 그만두었다가 1467년(세조 13), 함경도에서 반란을 일으킨 이시애가 '한명회도 관련되었다.'고 밀고를 하여 잠시 투옥되기도 했으나 아무 죄가 없음이 판명되어 곧 풀려 나왔다.

예종 때에 남이가 반역을 꾀했다는 유자광의 모함으로 처형당하게 되었는데, 한명회는 이를 잘 다스린 공으로 또 익대공신에 올랐다.

성종 초에 이르러 한명회는 병조 판서를 겸하여 좌리 공신에 올랐고, 1471년에는 최항·신숙주 등과 함께《세조실록》을 완성하였다.

1484년(성종 15년) 69세의 한명회는 마침내 나이 많음을 이유로 관직에서 물러나, 한강의 남쪽에 압구정이라는 정자를 짓고, 거기서 조용히 말년을 보냈다.

그는 살아서 세조, 예종, 성종 3대에 걸쳐 최고의 세력가로서 그 권세를 천하에 떨쳤다. 죽은 후 갑자사화 때, 부관참시되는 수모를 받았다가 후에 풀렸다.

세조에게 왕위를 빼앗긴 단종의 비

# 한 용 운
## (1879~1944)

### ─시인·독립 운동가·승려─

한용운(韓龍雲)은 1879년(고종 16)에 충청 남도 홍성군에서 한응준의 둘째 아들로 태어났다. 그는 6세 때부터 서당에 다니며 한문을 배우는 한편, 아버지에게 역사상의 위인들에 대한 좋은 말을 많이 들었다.

1896년 17세의 나이에 한용운은

한용운이 득도한 백담사의 산령각

동학 농민 운동에 참여하게 된다. 그가 이 운동에 발을 들여놓게 된 시기는 동학 농민 운동이 끝나 갈 무렵인데, 농민들의 세력은 너무도 미약하고 일본군과 관군은 신식 무기로 무장하고 있었기 때문에 실패로 끝났다. 또한 이 때 그의 아버지와 형제들이 관군에 의해 살해되고, 그도 쫓기는 몸이 되었다.

동학 농민 운동이 실패로 끝나자 심한 좌절감을 느낀 한용운은 강원도 설악산의 오세암을 거쳐 인제군에 있는 백담사에 들어가 정식으로 승려가 되었다.

1906년에는 표연히 길을 떠나 함경도, 만주, 시베리아 등지를 방랑하는 고행의 생활을 하였고, 1908년에는 일본에 건너가서 새로운 문물을 살피고 돌아왔다.

우리 나라가 일본에 합병되자 그

598

는 국치의 슬픔을 이기지 못하고 만주로 가서 그 곳에 있는 독립군의 훈련장과 학교를 돌아보며 독립 정신과 민족혼을 심어 주었다.

독립 운동에 적극 참여하기 시작한 한용운은, 1913년에 귀국하여 불교 학원에서 교편을 잡았고,《불교대전》《불교 유신론》을 저술하여 대승 불교의 반야 사상에 입각하여 현실을 외면한 불교를 개혁하고 불교의 현실 참여를 주장했다.

또, 1918년에 월간 잡지《유심》을 간행하여 그의 민족 정신을 토로한 시를 발표하기도 하였다.

그리고 1919년 3월 1일의 독립 운동 때에는 민족 대표 33인의 한 사람으로 참가하여 독립 선언서에 공약 3장을 추가하였다.

일본 경찰에 체포된 그는 보석·변호사·사식을 거부하며 끝까지 대한 독립의 정당성을 주장하여 법정에서 3년 징역을 선고받았다.

3년의 옥고를 치르고 감옥에서 풀려 나온 그는 1926년에 그 유명한 시집《님의 침묵》을 출판하여 저항 문학에 앞장 섰고, 1927년 신간회에 가입하여 중앙 집행 위원과 경성 지회장을 맡아 활동하였다.

한용운의 시집《님의 침묵》

1931년 조선 불교 청년회를 조선 불교 청년 동맹으로 개칭하여 불교를 통해 청년 운동을 강화하고, 이 해 월간지《불교》를 인수해 많은 논문을 발표하여 불교의 대중화와 독립 사상의 고취에 앞장 섰다.

1936년 장편 소설〈흑풍〉을《조선 일보》에 연재하였고, 1938년 불교 계통의 항일 단체인 만당 사건의 배후 인물로 검거되기도 하였다.

그 후에도 계속하여 불교의 혁신 운동과 작품 활동을 하다 1944년에 성북동 심우장에서 입적했다.

# 한 호
(1543~1605)

## ─조선 시대의 서예가─

한호는 김정희와 더불어 조선의 2대 명필가이며, 한석봉이라는 호로 더 잘 알려져 있다.

1543년, 개성에서 정랑 벼슬을 지낸 한관의 손자로 태어났다. 자는 명준이고, 호는 석봉이다.

한호가 절에서 공부를 하다가 집으로 돌아왔을 때의 일이다. 어머니는 한호가 글씨 공부를 얼마나 하였는지 알아보기 위하여 등잔불을 끈 깜깜한 방 안에서 자신은 떡을 썰고 아들에게는 글씨를 쓰게 하였다. 그랬더니 썰어 놓은 떡은 반듯반듯하나 글씨는 고르지 못했다. 한호는 크게 뉘우치고 다시 절로 들어갔다고 한다.

한호가 쓴 도동 서원의 현판

그러던 한호가 어느 날 꿈을 꾸었는데 꿈 속에서 왕희지의 글씨를 받았다. 그래서 한호는 조선 초기부터 성행하던 조맹부의 서체를 따르지 않고 왕희지의 서체를 따랐다. 열심히 노력한 끝에 해서, 행서, 초서 등에 모두 능했다.

그 결과, 한호는 그 때까지 중국의 서체를 모방하던 풍조를 깨뜨리고, 독창적인 경지를 개척하여, 한호류의 호쾌하고도 강건한 서체를 만들어 냈다.

1567년, 24세 때 진사 시험에 합격하고, 임진왜란이 일어나던 1592년에는 사보로 왕의 행재소에 가서 문서 관계 일을 맡았으며, 가평 군수를 지냈다. 1604년에는 흡곡 현령을 지냈다.

한호는 사신을 따라 몇 차례 중국에 갈 기회가 있었는데 그 때마다 중국의 명필들이 모인 자리에서 특유의 정교한 필법으로 붓글씨를 써서 동방의 명필로 아낌없는 칭송을 받았다. 또한 명나라의 여러 사람들로부터 왕희지와 비견된다는 평을 들었다.

이와 같이, 필명을 떨친 그의 글씨는 진본이 전하여지고 있지 않으

나 《석봉 서법》이라든가, 《석봉 천자문》과 같은 책이 모간본으로 전해지고 있어 그의 흔적을 더듬어 보게 한다.

그가 쓴 비문 중 유명한 것으로 평양의 기자 묘비, 개성의 선죽교비, 서경덕 신도비 등이 있는데, 오랜 세월의 비바람 속에서도 그의 호쾌하고 강건한 서풍을 후세에까지 전하고 있다.

# 허 균
## (1569~1618)

### ―《홍길동전》의 작가―

허균(許筠)은 1569년(선조 2), 동지중추부사 허엽의 3남 2녀 중 막내아들로 태어났다.

그의 집안은 대대로 문벌과 학문으로 이름이 높았는데, 그의 아버지와 두 형은 모두 성리학과 문장에 뛰어나 조정의 요직이나 외교관으로 많은 활약을 했다.

뿐만 아니라 둘째 형 허하곡과

누이 허난설헌은 문학에 뛰어난 소질을 보여 그에게 많은 영향을 주었다. 특히 허균과 허난설헌의 우애는 남달랐는데, 삼당시인(우리 나라에서 당나라 시에 정통한 3인의 시인)으로 유명한 손곡 이달을 스승으로 모시고 함께 시를 배우기도 했다.

특별히 영특했던 그는 형과 누이

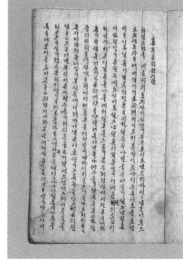

우리 나라 최초의 한글 소설인 《홍길동전》의 표지(왼쪽)와 본문(오른쪽)

602

의 문학적 영향을 받아 9세 때 벌써 시를 지었다고 한다.

허균은 25세 때인 1594년 정시 문과 을과에 급제하여 설서를 지냈고 1597년에는 문과 중시에 장원으로 급제하였다. 이듬해 도사가 되었는데 서울의 기생과 가까이 지낸다 하여 파직되었다.

뒤에 다시 관직 생활을 시작한 그는 1602년(선조 35) 12월 원접사 이정구의 종사관이 되었고, 1606년에는 명나라 사신 주지번을 접대하는 일을 맡기도 하였다. 이때 이미 고인이 된 누이 허난설헌의 시를 비롯하여 우리 나라의 뛰어난 시인들의 작품을 소개하여 중

국에서 널리 읽혀지게 하였다.

1609년(광해군 1)에는 명나라의 책봉사가 왔을 때 이상의의 종사관이 되었고, 1614년에는 천추사로 중국에 들어가 중국의 사서에 기록된 우리 나라 역사 중에서 잘못된 부분을 바로잡아 줄 것을 요청하기도 하였다. 또한 귀국할 때는 《태평 광기》를 비롯한 많은 서적을 들여왔는데 그 속에는 천주교의 기도문과 지도가 섞여 있었다고 한다.

허균은 뛰어난 재능과 학식으로 외교관 활동을 했지만 어려서부터 세상을 원망하는 마음을 품고 있었다. 그것은 그의 스승이던 이달과 몇몇 친구들이 학식과 재주는 매우

뛰어나면서도 신분이 천하다는 이유로 사회에서 크게 괄시를 받았기 때문이었다.

그는 양반들이 아는 것도 없이 거들먹거리는 것이 차츰 아니꼽게 느껴지면서 스승을 위해서라도 이 나라의 낡은 제도와 모순들을 뜯어고쳐야겠다는 생각을 하게 되었다. 그의 이러한 생각은 훗날 우리 나라 최초의 한글 소설인《홍길동전》을 쓰는 주요 동기가 되었다.

사회에 대한 깊은 반감을 품고 있었던 허균은 양반 신분으로 높은 벼슬에 있으면서도 신분이 천한 친구들과 잘 어울리고, 유학자답지

않게 목에 염주를 걸고 부처를 받드는 등 남들이 보기에 이상한 행동을 많이 했다.

그래서 허균의 문학적 재능을 아끼던 많은 사람들도 그의 사람 됨됨이에 대해서는 경박하다든가 비도덕적이라는 등 부정적으로 생각하였다. 특히 정파가 다른 고루한 양반들은 그를 관직에서 쫓아 낼 것을 여러 차례에 걸쳐 조정에 건의하기도 했다.

허균을 총애하였던 선조는 그의 죄를 알리는 사헌부의 상소를 여러 번 거절하였지만, 어쩔 수 없이 허균을 파직시키고 말았다. 그는 관

직에서 물러나 있던 동안 주위에 있는 신분이 천한 사람들을 규합하여 혁명을 일으켜서 마음에 맞지 않는 사회를 개혁하고 싶어하였다. 그러나 그들의 혁명 계획은 성공하지 못했고, 다만 그가 품고 있던 혁명 사상을 그가 쓴 소설《홍길동전》을 통해서 토로하게 되었다.

이 작품의 주인공인 홍길동은 허균이 가까이하던 혁명론자들처럼, 신분이 낮은 까닭에 사회적으로 갖은 학대를 받는다. 그래서 '차라리 뜻을 펴지 못할 바에야 이 사회를 실컷 농락이나 하겠다.'고 결심하고 뛰어난 도술을 부려 동에 번쩍, 서에 번쩍 하면서, 관리들이나 부자들의 부정한 재물을 빼앗아 가난한 사람들에게 나누어 주는, 의적 활동을 벌이는 활빈당의 두목으로 활약한다.

이러한 줄거리의 《홍길동전》은 작자의 혁명 사상을 토로한 우리 나라 최초의 사회 소설로서 높이 평가되고 있고, 당시의 민중들에게도 크게 인기가 있었던 소설이기도 했다.

그 뒤, 허균은 한때 혁명을 포기하고 다시 벼슬 자리에 올라 호조 참의, 형조 판서 등을 거쳐 1617년 (광해군 9) 48세 때에는 좌참찬에 올랐다. 그러나 본디 혁명적인 열정이 강하였던 그는 1618년 49세 때에 다시 혁명을 일으키려다 발각되어, 그 해 8월에 처형되었다.

# 허난설헌
## (1563~1589)

## ─뛰어난 천품의 여류 시인─

조선 시대 제일의 규중 시인이라 불리는 허난설헌은 1563년 강릉에서 태어났다. 난설헌의 아버지는 동지중추부사를 지낸 바 있는 허엽이며, 위로는 두 오빠가 있고, 아래로는 유명한 《홍길동전》의 저자인 허균이 있다.

난설헌은 그녀의 호이며, 본명

허난설헌의 유고집 《난설헌집》

은 초희이다.

그녀는 7세에 〈광한전 백옥루 상량문〉을 지어 주위 사람을 놀라게 했는데, 이런 그녀의 재주를 아깝게 여긴 둘째 오빠 허봉은 삼당 시인으로 유명한 이달에게 동생인 허균과 함께 시를 배우게 했다.

스승에게 시를 배운 그녀는 오빠나 동생과 능히 그 실력을 겨룰 수 있을 만큼 뛰어난 재능을 보였다.

그녀는 아름다운 용모와 소탈하고 다정 다감한 성격을 가졌는데, 초기의 그녀의 시에는 이런 그녀의 성격이 그대로 드러나 있다. 그녀는 한밤중 등잔불에 덤벼드는 하루살이를 보고 다음과 같은 시를 읊기도 했다.

금가위 들고 앉아 고운 옷 마름하니

자르는 손길이 비단폭에 차고
차다
호롱에 덤비는 벌레를 옥비녀
로 걷는 밤

하지만 그녀의 인생은 출가를 하
면서 크게 변하였다. 허난설헌은
15세 무렵 안동 김씨인 김성립과
혼인하였으나 불행했다. 남편은
과거에 급제한 뒤 관직에 나갔으나
가정을 돌보지 않았기 때문이다.
게다가 시어머니까지 학대를 하여
많은 어려움을 겪었다.

결혼 후의 시집과의 불화와 그녀
가 낳은 두 자식의 죽음, 그리고
가장 아끼고 사랑하던 친정 동생인
허균이 귀양을 갔다는 소식을 듣자
허난설헌은 깊은 절망에 빠지게 되
었다.

그 후 그녀는 삶의 의욕을 잃고
시를 지으며 날을 보내다가 1589
년(선조 22)에 26세의 젊은 나이
로 요절하였다.

그녀의 시는 잇따른 재앙으로 말
미암아 애상적인 독특한 시풍으로
변해 갔다. 그녀가 죽은 뒤, 그의
동생 허균이 명나라 사신인 주지번
에게 그녀의 유작을 보여줌으로써

그녀의 시는 중국에까지 알려지게
되었다. 주지번은 중국에 돌아가
시집《난설헌집》을 펴냈는데, 책의
머리말에 다음과 같은 찬사의 말을
적어 놓았다.

'허씨 남매의 문필은 뛰어났고,
특히 난설헌의 시들은 주옥 같
다. 그 남매들은 동국의 귀중한
존재들이다.'

그녀의 작품은 유고집《난설헌
집》에 실려 전해지고 있다.

# 허 준

(1539~1615)

## ─《동의보감》을 쓴 명의─

고려 시대에 이미 상당한 수준에 이른 한의학은 점차 중국 것에서 벗어나 우리 나라에 맞는 것으로 발전하기 시작했다. 선조 때에 이르러서는 중국과 우리 나라 한의학의 모든 성과를 종합하고 또, 새로운 연구를 덧붙여 정리한 책이 만들어지게 되었다. 그 책이 바로 허준이 만든 《동의보감》이다.

허준(許浚)은 1539년 허윤과 손씨 사이에서 태어났다. 서자였던 그는 정신적 방황을 겪다가 경상도 산청 지방의 명의 유의태 문하로 들어가 학문과 의술을 깨쳤다.

1574년, 의과에 합격하여 내의원에서 의관으로 근무하게 된 그는 후에 의술인으로서는 유례가 없는 정1품 벼슬인 보국 숭록 대부에 올랐고 양평군에 봉해졌다. 그의 의술이 어느 정도였는지 짐작할 수 있는 대목이다.

임진왜란 후 선조는 모든 병을 취급한 의학서가 필요함을 절실히 느꼈다. 그리하여 허준을 비롯한 여러 의관에게 명을 내려 《의방신서》를 편찬하게 했다. 그러나 정유재란이 일어남으로써 이 작업은 중단되었다.

그 후, 허준은 혼자의 힘으로 15년에 걸쳐 5백여 권의 책을 참조해서 의서를 집필했다. 이것이 곧 1610년에 완성된 《동의보감》이다. 총 25권으로 구성된 이 책은 당시의 의학 지식을 총망라한 것으로 내과, 외과, 잡병, 약물, 침구 등 다섯 강목으로 나뉘어 있다.

이 책은 중국과 일본에도 전해져 오늘에 이르기까지 계속 출판되는 등 귀중한 한방 임상 의학서로 사용되고 있다.

이 책은 각 질병과 그에 따른 처방법을 정연하게 배열하여 의사가 쉽게 참고하여 처방할 수 있도록 했다. 또 처방 방법에 따른 참고 도서를 적어 놓아 쉽게 다른 책들을 찾아볼 수 있게 하였다.

허준은 이외에도 《언해구급방》 2권, 《두창집요》 2권, 《언해태산집요》 1권을 편술하였다.

이것들은 종래에 전해 오는 의서들을 개편하고, 한문으로 되어 있는 것을 우리말로 쉽게 풀어서, 많은 질병의 예방과 치료에 도움이 되게 한 것이다.

그 후, 광해군 4년에 함경도와 강원도 지방에서 온역(장티푸스의 일종)이 발생하여 점점 남쪽으로 번져 오고, 다시 그 이듬해에는 당독역이라는 발진성 열병이 각지에 유행하여 많은 인명을 앗아간 재난이 있었다.

이 때 허준은 그 병의 증세를 관찰하고, 실제로 치료한 경험을 토대로 해서 《벽역신방》 1권을 만들어, 합리적이고도 효과적인 치료법을 내놓았다.

질병의 예방과 치료를 위해 끊임없이 연구를 거듭해 온 허준은 1615년(광해군 7)에 죽었다. 조선 500여 년을 통해 의원으로서 최고의 영예인 '부군'의 호와 '보국'의 지위를 가졌던 그는 우리 나라 의학계, 아니 동양 의학계에 길이 남을 위대한 업적을 남겼다.

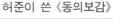
허준이 쓴 《동의보감》

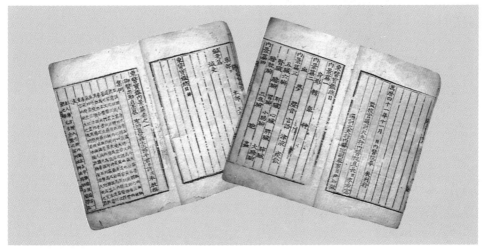

# 현 제 명
## (1902~1960)

## ─한국 현대 음악의 공로자─

현제명(玄濟明)은 1902년에 경상 북도 대구에서 태어났다. 그는 대구의 계성 학교를 나온 뒤, 그 무렵 외국인 선교사들의 음악 교육이 가장 적극적이었던 평양 숭실 전문 학교에 가서 본격적으로 음악

현제명의 흉상

공부를 시작했다. 그는 피아노와 바이올린을 배우는 한편, 합창단에서 테너로 활약하기도 했다.

1924년 22세 때의 예를 보면, 서울 YMCA 회관에서 열린 전국 남녀 전문 학교 연합 대음악회에 그는 숭실 전문 학교 대표의 한 사람으로 출연해서, 그 동안 익혔던 피아노를 연주하였다.

그 뒤, 현제명은 미국으로 건너가 시카고의 건 음악 학교에서 석사 학위를 받고, 1928년 26세 때 귀국했다. 그리고 곧 연희 전문 학교 음악부 주임이 되어 합창부와 관현악부를 조직했고, 1929년에는 제 1회 독창회를 열어 갈채를 받았다. 그 뒤로도, 현제명은 해마다 봄과 가을에 전국 각지에서 순회 독창회를 여는 한편, 해마다 연희 전문 음악회도 열었다. 특히, 그의

연희 전문 관현악단은 당시 서울에 있던 몇몇 전문 학교 관현악단들 가운데서 가장 뛰어난 것이었다.

1931년 29세 때에는, 조선 음악가 협회의 운영 및 그 협회의 창립 기념 공연의 지휘를 맡아, 현제명의 명성은 높아지기 시작했다. 그러나 무엇보다 그의 명성을 크게 높여 준 것은, 주로 1930년대에 그가 작곡한 가곡 〈고향 생각〉〈산들바람〉〈희망의 나라〉〈그 집 앞〉 등이다.

그는 이 때 컬럼비아, 빅터 등의 레코드에 자작 가곡 및 이탈리아 가곡을 취입해서 널리 보급시켰다.

그 뒤, 1940년경에는 당시의 일부 비굴한 지식인들이 그랬던 것처럼 현제명 역시 성씨를 일본식인 현산으로 바꾸고, 일본을 위한 국민 대회에 출연하는 등의 반애국적인 행동을 보였다.

1945년 43세 때에 8·15 광복을 맞은 현제명은 '고려 교향악단'을 조직해서 연주회를 여는 한편, 경성 음악 학교를 창설하여 후배 양성에 힘쓰기도 했다.

6·25 전쟁 이후에는 오페라 〈춘향전〉〈왕자 호동〉 등을 작곡하여 발표하고, 서울 대학교 음악 대학장, 예술원 회원, 음악가 협회 위원장 등을 거치는 등 우리 나라 현대 음악의 발전에 크게 기여했다.

# 혜 초
## (704~787)

### ―《왕오천축국전》을 쓴 고승―

혜초(慧超)는 신라 사람으로 어려서 중국으로 건너가 50여 년 동안 당나라에 머물면서 인도를 여행하고 돌아온 승려다.

지금으로부터 불과 1세기 전인 1908년에 둔황의 한 석굴에서 혜초가 인도를 여행하고 나서 쓴《왕오천축국전》이라는 여행기가 발견되면서 그의 존재가 세상에 알려지기 시작하였다.

중국 서쪽에 있는 간쑤 성의 둔황이라는 곳에 한 절이 있는데, 절 뒤에는 불교 예술의 극치를 이룬 천불동이라는 석굴이 있다. 그런데 우연한 기회에 왕원록이라는 그 절의 주지승이 많은 책이 보관되어 있는 석굴을 발견하게 되었다. 그 안에는 수많은 책과 문서들이 보관되어 있었는데, 당시 중국은 나라 안팎이 어수선하여 이것을 그냥 방

치하고 있었다.

이 소식이 알려지자, 영국의 동양 학자인 스타인 박사는 왕원록을 찾아가 24상자에 달하는 많은 책을 사서 영국으로 가져갔다. 뒤이어 프랑스의 동양 학자인 펠리오 교수도 이 곳에 찾아와 약 5천여 종에 달하는 책과 문서들을 사 가지고 돌아가며 그 일부분을 세상에 공개하였다.

펠리오 교수는 한문과 중국 문헌에 대해 정통한 지식을 가지고 있었기 때문에 혜초가 쓴《왕오천축국전》의 진가를 금방 알아보았다. 펠리오 교수는 중국인 학자와 함께《왕오천축국전》을 잘 정리하여 원형 그대로 인쇄하여 세상에 발표했다. 《왕오천축국전》은 그 당시의 인도와 서역의 사정을 아는 데 큰 도움이 되었고, 혜초라는 한 신라

혜초의 《왕오천축국전》이 발견된 둔황의 천불동 전경 《왕오천축국전》은 혜초가 인도를 돌아보고 쓴 여행기이다.

사람의 발자취를 후세 사람들에게 전해 주기도 했다.

일찍이 젊은 나이로 당나라에 건너간 혜초는, 719년 당나라에 와 있던 인도의 고승 금강지를 만나 그의 밑에서 공부를 하였다. 그러다가 그의 권유로 불교의 본고장인 천축국(인도)을 돌아볼 것을 결심, 배를 타고 인도에 도착했다.

그는 4년간 인도에서 불교 성역을 두루 살펴본 후, 멀고도 험악한 파미르 고원을 넘어 카슈미르, 아프가니스탄, 중앙 아시아 일대를 답사한 후 727년(신라 성덕왕 26)에 당나라의 수도인 장안으로 돌아왔다.

장안으로 돌아온 후, 혜초는 금강지의 제자로서 밀교(주술적인 성격이 강한 불교의 한 종파)의 경전을 연구하였고, 아울러 역경 사업(인도의 옛말인 범어로 된 불경을 한자로 옮기는 일)에도 종사했다. 그러면서 한편으로는 틈틈이 그의 천축국 여행기를 써 나갔다. 금강지가 죽으면서 역경 사업도 중단되었지만, 금강지의 법통을 이어받은 불공이라는 고승의 6대 제자의 한 사람이 되어 당나라에서 널리 이름을 떨쳤다. 혜초는 그 후 우타이 산(중국 산시 성 북동부에 있는 불교의 성산)에 들어가 여생을 보냈다.

혜초의 여행기 《왕오천축국전》은 불교에서뿐만 아니라, 그 당시의 지리와 역사 연구에 참으로 귀중한 자료를 남겨 준 문헌이다.

# 홍 경 래
## (1771~1812)

### ー억압에 항거한 민중 봉기의 지도자ー

민중 봉기의 지도자인 홍경래(洪景來)는 평안도 용강군 다미면 세동 꽃장골에서 태어났다. 어려서부터 담력이 세고 총명했던 그는 글공부에서도 천재적이었다.

홍경래는 나이 일곱 살 때, 공부를 배우기 위하여 평안도 중화에 살고 있는 외삼촌 유학권의 집으로 갔다. 유학권은 그 일대에서는 이름을 날리는 학자였으나, 평안도 땅에서 태어났다는 이유로 벼슬을 못하고, 시골에서 글방 훈장으로 만족하며 살아가는 사람이었다.

태조 이성계가 조선을 세운 후 어떤 이유에서인지 서북 사람들을 꺼려하며 전혀 관리에 등용하지 않았는데, 뒤를 이은 왕들도 명분 없는 이 관습을 그대로 이어받았기 때문에 서북 출신 사람들은 아무리 똑똑하고 재주가 있어도 높은 관직

에 오르지 못하였다. 유학권도 이런 사람 중의 하나였다.

유학권은 홍경래의 담력과 총명이 비범함을 일찍이 알고, 집으로 돌아갈 때 그의 아버지에게 경래의 문재는 비범하나 그 뜻이 평탄치 않을 것 같으니 각별히 주의를 해야겠다는 편지를 보냈다.

꽃장골 집으로 돌아온 홍경래는 아침 저녁으로 무예를 닦고 병서도 탐독하였다. 그를 만난 사람들은 그의 실력과 비범한 자질에 감탄을 아끼지 않았다.

홍경래는 나이가 들어가면서, 담이 크고 성질이 쾌활하며 의협심이 강하여 약한 자를 도와 주고 강한 자를 눌렀다. 이에 모든 사람이 그를 우러러보았다. 그리고 같은 또래의 젊은이들은 물론, 노인들까지 그에게 기대를 걸었다.

조선 말의 성군으로 알려진 정조가 승하하자 겨우 열한 살의 순조가 왕위에 오르고, 영조의 계비인 정순 왕후가 뒤에서 후견 정치를 했다. 정순 왕후 밑에는 김조순이 정조의 고명(임금이 유언으로 뒷일을 부탁한 말)을 받아 어린 왕을 보좌했다.

그 후 김조순의 딸이 순조의 비가 되고 정순 왕후가 후견 정치를 거두게 되자, 김조순을 비롯한 안동 김씨의 세도 정치가 본격적으로

시작되었다.

홍경래는 27세 되던 해인 1798년, 한성으로 와 과거에 응시하였으나 낙방하고 말았다.

당시 정권을 장악하고 있던 김씨 일파는 자기네들의 사리 사욕에만 눈이 어두워, 실력보다는 뇌물의 비중에 따라 과거에 합격을 시켰으며, 더욱이 관서 출신을 천시하여 함경도나 평안도 출신이 과거에 급제하기란 하늘의 별따기보다 더 어려웠다.

낙방의 고배를 마신 홍경래는 평안도 출신의 차별과 안동 김씨의 세도 정치에 불만을 품고, 정권을 탈취할 것을 꾀하기에 이르렀다.

가산군 청룡사로 들어간 홍경래는, 그 곳에서 양반의 자손임에도 불구하고 서자라는 이유 때문에 벼슬을 못 하고 떠돌아다니던 우군칙을 만나 뜻이 통하자 서로 동지가 될 것을 맹세했다.

그 후, 가산역의 관리로 있던 거부 이희저도 홍경래의 동지가 되었으며, 만주 마적단의 두목 정시수, 그리고 학자인 김창시, 장사 홍총각, 이제초, 모사꾼 김사용 등을 동지로 규합하였다. 홍경래는 이렇게 기인, 도사, 술사, 무인을 동지로 규합하여, 다복동을 본거지로 삼고 군졸들을 모아 훈련을 시켰다.

홍경래와 그를 따르는 무리들이 봉기를 준비한 지 10년 정도의 세월이 흐른 1811년, 안동 김씨 일파의 세도 정치는 극에 달해 정치가 엉망이 되었고 혹심한 흉년으로 민심이 흉흉해졌다. 나라 형편이 이 지경에 이르자 홍경래는 지금이야말로 봉기할 때라고 생각하고, 평서 대원수가 되어 2천여 명의 군사를 이끌고 봉기했다.

홍경래는 병사를 거느리고 다복동을 중심으로 각 군읍을 공략, 점령하였다. 이와 때를 같이하여 곽산에서도 그의 동지들이 병사를 일으켜 5, 6일 만에 청천강 이북의 7개 읍을 점령하였다.

그러나 주력 부대가 박천의 송림리에서 관군에게 격퇴를 당해, 홍경래는 정주성으로 후퇴하여 장기전을 벌였다.

그러는 사이에, 중앙의 관군이 진군하여 정주성에 집결, 평안도의 관군과 합세하여 정주성을 공격하였다.

홍경래는 정주성에서 백여 일 간을 버티었으나 성이 함락되었고, 그도 총에 맞아 전사하고 말았다.

부패한 세도 정치를 뒤엎고 민중을 위한 차별 없는 세상을 만들려고 봉기했던 민중의 지도자 홍경래는 5개월 만에 패하여 쓰러졌다. 그러나 '홍경래의 난'은 조선 왕조의 대표적인 민중 저항 운동으로 손꼽히고 있다.

조선 시대의 대표적인 민중 운동인 홍경래의 난

# 홍 국 영
## (1748~1781)

### ㅡ 정조 때의 세도 정치가 ㅡ

홍국영(洪國榮)은 관찰사 홍창한의 손자이고, 판돈령부사 홍낙춘의 아들이다. 영리한 머리를 가진 그였지만 20세가 되도록 벼슬을 못 하고 지내다가 1771년(영조 48) 정시 문과에 병과로 급제, 승문원 부정자를 거쳐 세자 시강원 사서가 되었다. 세손의 책을 돌보는 직책을 맡은 그는 자기가 출세하기 위해서는 세손과 친해져야 한다고 생각하고 그를 돕는 데 앞장서게 되었다.

당시 세손의 아버지인 사도 세자를 죽이는 데 주동 역할을 한 벽파들은 세손이 왕위에 오르면 자기들에게 불리할 것이므로 그를 해치고자 수차 음모를 꾀했는데, 홍국영이 이를 막아 세손에게 깊은 신임을 얻었다.

특히 영조 임금이 가장 싫어하는 《강목》 넷째 권에 있는 문구를 종이로 가려 세손을 위기에서 구한 일이 있다. 그 후 세손은 그에게 '내가 만약 왕위에 오른다면 그대가 역모를 꾀하는 일을 제외하고는 어떤 일을 하더라도 용서하겠다'는 약서까지 써 주었다.

홍국영은 많은 대신들의 엄청난 반대를 물리치고 1776년에 마침내 정조를 왕위에 즉위시키는 데 성공하였다.

정조가 왕위에 오르기에 앞서, 홍국영은 세손을 반대, 모해하려 했던 홍상간·홍인환·윤양로 등을 적발하여 처형시켰다. 그 공으로 정조가 즉위하자 동부승지로 특진되었다.

그는 정예병을 별도로 뽑아 숙위소를 창설하고 숙위 대장을 겸하면서 신변이 위험한 정조의 보호에

618

힘쓰고, 다시 도승지에 올랐다. 그는 숙위소 본부를 왕이 거처하는 대조전 옆에 정하고 왕의 명령을 집행하였다.

이 때부터 나라 안팎의 모든 일이 그의 손을 거쳐 결정이 되는 우리 나라 최초의 세도 정권이 이룩되었다. 그는 이런 권력을 이용하여 갖은 횡포와 전횡을 일삼았다.

금위 대장이 된 홍국영은 거기서 만족하지 않았다. 1778년(정조 2) 그는 왕비한테 소생이 없음을 이용해, 그의 누이동생을 임금의 후궁으로 만들었다. 그는 왕의 외척이 되어 더욱 튼튼한 세도 정권을 펼치려고 한 것이다.

하지만 그의 누이동생은 후궁이 된 지 1년 만에 병으로 죽어 그의 계획은 허사가 되었다. 그래도 그는 포기하지 않고, 은언군의 아들 담을 죽은 누이동생의 양자로 삼았다. 그를 왕의 후계자로 삼아 정권의 유지를 꾀하려 한 것이다. 그러나 마음이 맞지 않는다 하여 모반죄로 몰아 죽였다.

그의 횡포가 여기에 이르자 왕비와 신하들은 물론 정조도 그를 멀리하기 시작하였다.

홍국영은 누이동생인 원빈의 죽음이 왕비 순정 왕후의 소행이라 생각하고 왕비에게 복수를 하기 위해 왕비가 먹는 음식에 독을 넣었다가 발각되었다.

홍국영은 마땅히 죽어야 하는 죄인이었지만, 반역을 꾀하는 일을 제외하고 어떤 일을 하더라도 용서하겠다는 정조의 약조 때문에 목숨을 유지할 수 있었다. 관직에서 쫓겨난 그는 가산과 전답을 몰수당하고 이곳 저곳을 떠돌다가 이듬해 강릉에서 죽었다.

# 홍 난 파
## (1897~1941)

### ─우리 나라 현대 음악의 선구자─

홍난파(洪蘭坡)는 1897년 경기도 화성군 남양에서 태어났다.

5세 때 서울로 올라와 초등 교육을 받았다. 1912년 중학교에 들어간 그는 음악에 관심을 갖기 시작해, 아버지를 졸라 바이올린을 마련했다. 바이올린을 배운 지 4개월 만에 크리스마스 집회에서 처음으로 바이올린 독주를 하였다.

단국 대 음대 앞에 있는 홍난파의 석상

그 뒤 1913년 홍난파는 조선 정악 전습소에서 김인식의 지도를 받았고, 여러 교회에서 바이올린을 연주하기도 하고, 종교 음악 합창단인 경성 찬양회 활동도 하였다.

아버지의 권유로 세브란스 의학 전문 학교에 입학한 그는 얼마 안 되어 그 곳을 중퇴하고 계속 음악 공부를 했다.

1916년, 그는 장안에서 손꼽히는 재산가의 딸과 결혼을 했는데, 그의 부인은 딸 하나를 남기고 세상을 떠났다. 그 후 그는 부인을 잃은 슬픔과 음악을 좀더 많이 배워야 한다는 생각으로 1917년 일본 유학을 떠나게 된다.

도쿄의 우에노 음악 학교에 입학한 홍난파는 비로소 정식으로 음악 교육을 받게 되었다. 그는 음악적 재능이 뛰어나, 2년 뒤 도쿄의 일본 청년 회관에서 열린 폴란드 기근을 돕기 위한 자선 음악회에서 바이올린 독주자로 출연하였다.

그는 음악뿐만 아니라 문학에도 재능이 뛰어나 1920년, 단편 소설집 《처녀혼》을 출간하고, 그 책의 첫머리에 〈애수〉라는 제목을 가진 멜로디를 지어 발표했다. 이 멜로디는 뒤에 김형준이 가사를 붙여, 오늘날에도 많은 사람들이 부르는 유명한 가곡 〈봉선화〉가 되었다.

그가 일본에 유학을 간 뒤 1년 뒤에 도쿄의 유학생들을 중심으로 2·8 독립 선언서가 만들어졌는데, 그도 이에 연루되어 도피 생활을 하였고, 마침내 3·1 운동이 일어나자 고국으로 돌아왔다.

1922년에 그는 음악 교육 단체인 연악회를 조직하여 후진을 양성하였고, 이듬해 제2 창작집 《향일초》와 제3 창작집 《폭풍우 지난 뒤》를 발표하였다.

1923년에는 기독 청년 회관 강당에서 제1회 바이올린 독주회를 가졌고, 1925년엔 우리 나라 최초의 음악 잡지 《음악계》를 창간했다. 이듬해에 다시 일본으로 건너간 그는 도쿄 고등 음악 학교에 입

홍난파의 소설집 《처녀혼》에 실린 〈애수〉

학해서 2년간 공부하고, 1929년에 귀국하여 중앙 보육 학교의 음악 교수가 되었다.

한편 그는 그 때까지 자기가 지은 동요 50곡을 포함한 《조선 동요 100곡집》 상권을 발간했다. 1931년, 34세 때 미국 셔우드 음악 학교에 입학하여 2년간 공부하였다.

귀국하여 중앙 보육 학교와 이화 여자 전문 학교에서 교수로 활약하던 그는, 경성 방송국 양악부 책임자가 되어 우리 나라 최초로 관현 악단을 조직하고 지휘를 맡았다.

1937년 홍사단 사건과 연루되어 3개월 동안 감옥에 가기도 했던 그는, 1941년 뇌결핵으로 세상을 떠났다.

621

# 홍 범 도
## (1868~1943)

### ㅡ청산리 싸움을 승리로 이끈 장군ㅡ

홍범도(洪範圖)는 1868년(고종 5), 평안 북도 양덕에서 가난한 집 아들로 태어났다.

얼마 후, 함경 남도 갑산으로 옮겨간 그는 그 곳의 깊은 산림 속에서 사냥, 광산 노동 등에 종사하였는데, 그 사이에 총과 화약에 대해 많은 지식을 쌓았다. 교육은 별로 받지 못하여 한글을 아는 정도에 불과했지만, 의협심과 책임감이 매우 강하였다.

1907년 39세 때에, 그는 전국 각지에서 일본의 침략에 대항하여 의병들이 봉기하는 것을 보고, 그 해 11월에는 갑산을 비롯하여 근처의 삼수, 풍산 등지의 포수들을 모아서 의병을 일으켰다.

먼저, 그들은 한국인 포수들의 총포 및 화약을 모두 회수하러 다니는 왜군들을 전멸시키고, 근처를 오가는 일본군의 우편 마차, 군용 화물 수송 차량 등을 모두 습격하여 빼앗는 등 처음부터 기세가 드높았다.

특히, 1907년 12월 말부터 그 이듬해 초에 걸쳐 전개된 삼수, 갑산 등지에서의 일본군과의 싸움에서는, 게릴라 전법으로 동에 번쩍 서에 번쩍 하며 일본군을 물리쳐서 큰 전과를 올렸다.

그러나 홍범도는 차차 일본군의 공세가 매우 치열해지고, 또 일본군의 심한 감시 때문에 민간인들의 협조가 점차 줄어들자, 1910년 초 부대를 이끌고 두만강 건너편의 간도로 옮겨 갔다.

비교적 행동이 자유로운 간도에서 홍범도는 좀더 병력을 늘리며 기회를 보다가 때때로 함경 남북도 지방의 일본군을 공격하곤 했다.

봉오동 전투(민족 기록화)

한편 한국이 일본에 합병되자, 많은 독립 투사들이 만주로 건너왔다. 이에 홍범도는 중광단, 국민회, 일심회, 부민회 등의 독립 운동 단체와 손잡고 독립군 양성에 힘썼으며, 대한 독립군의 총사령관이 되기도 했다.

1920년 홍범도는 두만강 대안의 봉오동에서 혁혁한 전과를 올렸다. 특히, 청산리에서 독립군의 제 1 연대장(유명한 김좌진 장군은 그 때 제 2 연대장이었음)으로 참전하여 일본군을 크게 무찔러, 항일독립 투쟁사에 길이 빛날 역사적인 대승리를 거두었다.

이 싸움이 바로 그 유명한 청산리 대첩이다.

그러나 1921년 자유시로 옮겨간 그들은, 소련 공산당의 배반으로 무장 해제되고 사살되거나 포로가 되는 등 이른바 자유시 참변을 겪었다. 이 사건 후 홍범도는 멀리 북만주로 옮겨 가서 독립군 양성에 힘쓸 뿐, 일본군과의 직접적인 투쟁은 별로 벌이지 못하였다.

그 뒤 1943년, 75세를 일기로 시베리아의 독립 운동 기지에서 세상을 떠났다.

1962년, 정부는 그에게 건국 공로 훈장 복장을 수여하였다.

# 홍 영 식
## (1855~1884)

### ─갑신정변을 일으킨 혁명가─

홍영식(洪英植)은 서울에서 영의정을 오래 지낸 홍순목의 아들로 태어났다. 그는 18세 때에 과거에 급제하여 관직에 진출하였다.

1876년 한일 수호 조약이 체결된 이후, 일본에 파견된 수신사 일행은 일본에 다녀와서 서양의 근대 문물을 받아들일 것을 정부에 건의하였다. 이에 정부에서는 홍영식, 박정양, 어윤중 등을 위원으로 하는 신사 유람단을 구성하여, 약 4개월 동안 일본의 내무, 농상, 외무, 군부 등의 부서를 두루 살피고 세관과 조폐, 제사, 잠업 등의 여러 분야를 시찰하도록 했다.

귀국 후, 홍영식은 통리기무아문의 군무사 부경리사가 되어 군사 제도의 개혁에 힘쓰는 한편, 김옥균, 박영효, 서광범, 박규수 등 당시의 개혁파 인사들과 교류를 가지

갑신정변이 일어났던 우정국 우편 사무를 맡아 보는 관청이었으나, 갑신정변으로 인해 개업한 지 19일 만에 폐지되었다.

며 근대화를 추진하였다.

1882년(고종 19) 27세 때, 기무처의 부호군이 되어, 영의정 밑에서 주요 행정 사무를 맡아 처리한 그는, 이듬해에 민영익과 함께 미국을 돌아보고 왔다.

그 당시 청나라의 힘을 뒤에 업은 수구 세력이 개화파가 하는 일을 방해하자, 개화 세력은 1884년(고종 21) 12월 4일에 우정국(지금의 체신부) 개국 피로연에서 반대파인 수구 세력을 몰아 내고 정권을 잡았다. 이들은 다음 날 아침, 새로운 정부의 내각을 발표했는데, 홍영식은 좌의정이라는 높은 관직을 차지하였다.

새로운 내각은 문벌 폐지, 평등권 확립, 관제의 개혁, 재정의 일원화, 군제의 통합 등을 주장한 혁신 정강 14개 항목을 내세워 개혁을 추진하였다. 하지만 이 항목이 발표도 되기 전에 청나라 군대가 출동하여, 개화파의 갑신정변은 3일 만에 끝나고 말았다.

일본 대사관에 재빨리 피신한 김옥균, 박영효 등은 일본으로 망명하여 목숨을 구했지만, 남아 있던 박영교와 홍영식은 청나라 군사에 의해 창덕궁에서 피살되었다.

청나라 군대에 의존하는 사대 수구 세력을 몰아 내고 자주적이고 독립적인 혁신 정부를 만들려고 했던 이들 혁신 세력들은, 그들의 개혁을 뒷받침할 아무런 세력을 가지지 않고 성급하게 일본의 세력을 끌어들여 개혁을 하려다 실패하였다.

# 황 보 인
(? ~1453)

## －6진 개척의 공로자－

조선 시대 초기의 문신으로, 태어난 연대가 확실하지 않은 황보 인(皇甫仁)은 지중추원사 황보 임의 아들이며, 자는 사겸·춘경이고, 본관은 영천, 호는 지봉이다.

1414년(태종 14), 친시 문과에 급제한 황보 인은, 장령과 강원도 관찰사를 거쳐서 1436년(세종 18)에는 병조 판서가 되었으며, 1440년

〈육진 개척도〉(민족 기록화)

에는 함길도 도체찰사가 되어 활약하였다.

황보 인은 왕명에 따라 이로부터 약 10여 년 간에 걸쳐서 김종서와 함께 북쪽 지방의 6진을 개척하였다. 6진은 우리 나라의 동북 방면으로 자주 침입해 오는 여진족을 막기 위하여, 세종 때 두만강 하류 지역인 종성, 온성, 회령, 경원, 경흥, 등 여섯 곳에 설치한 진인데, 이 곳에 우리 백성들을 이주시켜 살게 하였다.

본래 이 지역은 고려 말부터 다스렸는데, 고려가 망하고 조선이 새롭게 서는 혼란한 틈을 타서 1409년(태종 9)경부터 여진족이 이 곳을 자주 침략하여 우리 나라 사람들을 괴롭혔다.

세종 때에 이르러서도 여진족의 침입이 끊이지 아니하여, 1440년

(세종 22) 세종은 황보 인을 도체찰사로 삼고 김종서를 도절제사로 하여 이 곳으로 파견, 여진족을 물리치고 그 땅에 6진을 설치토록 하였던 것이다.

6진 개척은 1446년에 이르러 완성을 보았다. 북병을 개척하고 방어하는 데 공헌한 황보 인은 1447년(세종 29)에 우의정으로 승진하였다.

세종이 돌아가고 문종이 즉위하자, 황보 인은 1452년(문종 2)에 영의정에 올랐으며, 학문에 밝고 인품이 뛰어난 문종을 도와 유교적 이상 정치를 베풀기 위하여 많은 노력을 기울였다. 그러나 몸이 약한 문종이 재위 3년도 못 되어 병으로 죽게 되었다.

이에, 황보 인은 김종서와 함께 문종의 뜻을 받들어 11세의 나이로 임금의 자리에 오른 단종을 보필하기 위해 밤낮을 가리지 않고 충성을 다했다.

그러나 왕위를 노리고 있던 단종의 숙부 수양 대군 일파에 의해 어이없게도 살해되고 말았다. 이 때, 그의 두 아들과 손자도 같이 화를 입었다.

그 후, 숙종 때에 와서야 고인이 된 황보 인을 다시 벼슬에 올렸으며, 1758년에 영조가 시호를 내렸다. 시호는 충정이다.

# 황 진 이
( ? ~ ? )

## ─송도 삼절의 명기─

황진이는 조선조 중종 때 개성에 살았던 명기로서, 시조와 한시에도 걸작을 남기어 국문학사에 중요한 위치를 차지하고 있다.

진사의 첩의 딸로 태어난 황진이는 본명이 진(眞)이며 별명은 진랑, 기명은 명월인데, 그녀의 출생과 기생이 된 동기는 여러 가지 전설로 전하고 있다.

황진이는 소녀 때부터 재주와 용모가 뛰어나 개성 남자들이 모두 그녀를 한 번만이라도 보기를 원했다. 그런데 마침 이웃에 사는 총각이 황진이를 연모하던 나머지 그만 병이 들어 죽고 말았다.

총각의 상여가 떠나는데, 황진이의 집 담에 이르러서 상여가 움직이지 않았으므로 황진이가 나와서 입고 있던 적삼을 벗어서 상여 위에 얹어 주었더니 그제야 상여가 움직였다. 이로 인하여, 이미 한 남자를 섬겼다고 여긴 황진이는 스스로 자기의 이름을 기적에 올리게 되었다고 한다.

용모가 꽃처럼 아름다운데다가 시·글씨·음악에 모두 능숙하고, 남자를 보는 눈이 높아서 여간 잘난 남자가 아니면 상대해 주지 않았으므로, 당시의 뛰어난 신하들과 교유가 넓었다.

그녀는 당시 10년 동안 수도에 정진하여, 살아 있는 부처라고 불리던 천마산의 지족 선사를 유혹하여 파계시켰다. 이어 모든 사람들이 우러러보는 당대의 대학자인 서경덕도 유혹하려 했으나 실패하고 그와 사제 관계를 맺었다.

그 후로도 그녀는 당대의 일류 명사들과 정을 나누었고, 벽계수라는 서울 사람과 깊은 애정을 나누며 뛰어난 시를 지어 그녀의 독특한 애정관을 표현하였다.

달 밝은 밤에 말을 타고 만월대를 구경하던 벽계수를 향해 황진이가 읊었다는 시조는 지금도 널리 알려져 있다.

청산리 벽계수야 수이 감을 자랑 마라.
일도 창해하면 돌아 오기 어려우니,
명월이 만공산하니 쉬어 간들 어떠리.

이 시조를 들은 벽계수는 그만 말에서 내려 황진이의 소매를 잡았다고 한다.

산은 산이로되 물은 옛 물이 아니로다.
주야로 흐르나니 옛 물이 있을쏘냐.
인걸도 물과 같아 가고 아니 오더라.

하는 시도, 흔히 사람들 입에 오르내리는 황진이의 명작이다.

늙기 전에 세상을 떠나면서, 산에 묻지 말고 사람이 많이 오가는 길가에 묻어 달라고 부탁하여 개성의 큰 길가에 묻혔으며, 훗날 임백호가 평안 감사로 부임하는 길에 제문을 지어 위로했다. 서경덕, 박연 폭포와 더불어 송도의 삼절이라고 불리운다.

# 황 희
(1363~1452)

## —문물 제도의 정비에 힘쓴 명재상—

자헌대부 판강릉대도호부사 황군서의 아들로 태어난 황희(黃喜)는 어려서부터 무척 총명하여 무슨 일이든 보거나 들으면 결코 잊는 법이 없었다.

1383년 사마시에 합격했고 1389년에 문과에 급제해 벼슬길에 나섰다.

황희가 29세가 되던 해, 이성계는 공양왕을 몰아 내고 새로운 나라를 세워 자신이 왕위에 올랐다. 이에 성격이 곧고 과단성이 있는 선비 중의 하나였던 황희도 자기가 이 때까지 섬겼던 왕조를 배반하고 새로운 왕조에 아첨하며 벼슬 자리에 눌러 있을 수가 없어, 70여 명의 충신과 함께 벼슬 자리에서 물러나 일체 바깥 출입을 하지 않고 지냈다.

그러나 이성계는 새로 세운 나라를 위해 일해 줄 현명한 신하들이 필요하여, 고려 때의 신하들에게 교지를 내려 자기를 보필해 달라고 청하기에 이르렀다.

황희는 처음에는 이성계의 청을 완강하게 거절했으나, 혼란에 빠진 백성들을 건져 내기 위해 그 뜻을 따르기로 했다.

태조의 조정에 들어간 황희는 누구보다도 왕의 두터운 신임을 받았다. 왕은 사나흘만 그를 보지 않아도 정사가 불안하여 그를 불러들였으며, 어느 때는 자신의 속마음까지 이야기할 정도였다.

결국 황희는 46세에서 55세에 이르는 동안에 6조의 판서를 두루 역임했다. 그리고 그 기간에 수많은 업적을 남겼는데, 그 중에서 몇 가지만 추린다면 다음과 같다.

첫째, 농사 개량에 힘써 전국에

곡식의 종자를 배급하는 한편, 뽕나무를 많이 심게 함으로써 의복을 생산하는 데 매우 힘썼다.

둘째, 부실한 법률집을 고쳐 현실 생활에 도움이 되게 했다.

셋째, 침범이 잦은 북쪽 오랑캐를 막기 위하여, 그 방어 대책을 세우는 한편, 유사시에 사용할 수 있도록 군수 물자와 군사를 일일이 사열, 조사했다. 또 일본의 쓰시마 도주가 무례하게 구는 것을 보고 후환을 염려하여 울산에 사람을 보내어 방어할 계획을 세웠다.

넷째, 당시의 모순된 예법이나 동떨어진 온갖 제도를 고쳤다.

다섯째, 당시 평민이나 양반들은 여자 종을 첩으로 삼을 수 있었는데, 그 사이에서 태어난 천첩의 소생들이 사람 대우를 받지 못하는 것을 보고 황희는 만민 평등의 원칙 아래 인권 존중을 강력히 주장하여 비참한 운명에 놓여 있는 수많은 사람을 구해 냈다.

인품이 원만하고 생활이 청렴 결백한 명신이었던 황희는, 영의정 자리에서 물러난 지 3년 후인 1452년(문종 2)에 89세의 나이로 세상을 떠났다.

황희는 세종을 도와 나라 안의 태평 성대를 누리게 하는 데 크게 이바지하여, 세종 묘정에 함께 배향되었다.

# 효　종
## (1619~1659)

### ―북벌을 추진한 임금―

　　효종(孝宗)은 조선 제16대 임금
인 인조의 둘째 아들로서, 어머니는
인렬 왕후 한씨다. 그는 1627(인조
4)년에 봉림 대군으로 봉해졌는데,
어렸을 때 이름은 호, 자는 정연,
호는 죽오다.

　　일찍이 우리 나라를 침략한 적이
있는 후금이, 1632년 명나라의 수
도를 점령하고 국호를 청나라로 바
꾼 후, 다시 우리 나라를 침범하려

효종의 글씨

했다.

　　그들은 우리 나라에 군신의 예를
갖출 것과 많은 양의 조공을 바칠
것을 요구하였다. 이에 인조가 이
들의 요구를 거절하고 싸울 의사를
굳히자, 1636년에 청나라의 태종
은 10만 대군을 거느리고 우리 나
라로 침범해 왔다. 이것이 바로 병
자호란이다.

　　우리 나라는 남한 산성에서 이들
을 맞아 끝까지 싸웠으나, 마침내
청나라에 항복하고, 그들과 화친
을 맺게 되었다. 강화가 성립된
후, 봉림 대군과 그의 형인 소현
세자는 청나라와 싸울 것을 주장한
3명의 학자와 함께 청나라로 잡혀
가 8년 동안이나 볼모로 있었다.
이 때 수많은 백성들도 청나라로
끌려가 많은 고초를 당했다.

　　1645년 소현 세자와 함께 귀국

한 봉림 대군은, 귀국 후 갑자기 죽은 소현 세자의 뒤를 이어 세자가 되었다. 인조가 사망하자 임금의 자리에 오른 효종은 청나라의 세력을 뒤에 업고 실권을 장악하고 있던 김자점 일파를 몰아 내었다. 그리고 병자호란의 수치와 청나라에 볼모로 있으면서 겪은 한을 풀고자 북벌 계획을 추진하였다.

효종은 이 계획을 위해 이완을 훈련 대장에 임명하여 비밀리에 군대를 훈련시켰고, 김상헌, 송시열, 송준길 등을 중용하였다. 효종은 유배 중이던 김자점이 청나라에 북벌 계획을 밀고하여 청나라의 노여움을 사게 되었으나, 이를 잘 무마하고, 군비의 확충과 군제를 개편하며 군사 훈련을 철저히 시키는 등 계속 북벌을 추진하였다.

효종은 임경업을 시켜 명나라와 공동으로 청나라를 칠 기회를 엿보았지만, 청나라의 세력이 날로 강해져 좀처럼 기회를 잡기 힘들었다. 그러던 중 러시아와 청나라 사이에 충돌이 생겨, 청나라가 군대를 보내 올 것을 요청하자, 효종은 신유를 보내어 헤이룽 강으로 침입한 러시아 군을 물리쳐 주었는데, 이것이 바로 나선 정벌이다.

그러나 북벌 정책은 효종이 즉위한 지 10년 만에 죽음으로 해서 끝내 뜻을 이루지 못하였다.

하지만 이 북벌 정책은 샤대주의를 국시로 삼은 조선 시대에, 단 한 번의 북진 정책이라는 데서 그 의의를 찾을 수 있다.

633

# 흥선 대원군
## (1820~1898)

### ─과감한 개혁 정치의 실천자─

조선 시대의 왕족이며 정치가인 흥선 대원군의 이름은 하응, 자는 시백, 호는 석파이다. 영조의 현손인 남연군 구의 아들이며, 고종의 아버지이다.

1843년, 흥선군에 봉해졌으나, 안동 김씨의 세도 정치에 눌려 왕손이면서도 기를 펴지 못하고 불우한 세월을 보냈다.

흥선 대원군은 호신책으로 스스로 불량배와 어울려 다녀 궁도령, 상갓집 개라 불릴 정도로 비웃음 섞인 대우를 받기도 했다. 그러나 그의 가슴 속에는 장차 왕손으로서 대권을 잡아 보겠다는 야심이 꿈틀거리고 있었다.

1863년(철종 14) 12월 초, 철종이 승하하자, 대왕 대비인 신정 왕후는 흥선 대원군의 둘째 아들인 명복을 왕위에 앉혔다. 이가 곧 고종이다. 이어 대왕 대비는 수렴 청정을 거두고 모든 실권을 흥선 대원군에게 일임하여 그에게 국정을 보좌하도록 했다. 이 때 그의 나이 43세였다.

흥선 대원군은 정권을 잡자 안동 김씨의 일족부터 숙청하여 몰아 내는 한편, 당색을 초월하고 신분에 구별을 두지 않고 인재를 뽑아 썼으며, 부패하고 타락한 관리들은 적발하는 대로 파직시켰다.

또 당쟁의 온상이었던 서원을 47개소만 남기고 모두 철폐시키는 한편, 《육전조례》《대전회통》 등의 법전을 간행하여 법률 제도를 확립하고 군사권을 분리시켜 중앙 집권적인 정치를 확립해 나갔다.

의복 제도도 개량하여 사치와 낭비를 억제하는 한편, 경제 개혁을 단행하였고, 군포제를 개혁하여 양반도 세액부담을 지도록 했다. 또 지방관의 부정을 없애기 위해 사창을 세워 백성들의 부담을 덜어 주고 국고를 충실히 하였다.

그러나 임진왜란 때 불탄 경복궁을 중건하면서 부족한 비용을 충당하기 위하여 무리하게 원납전을 거두어들임으로써 백성들의 원성을 샀다. 게다가, 10년 집권 동안 외국과의 통상을 거부하여 국제 관계를 악화시켰다.

흥선 대원군의 반대파, 즉 며느리인 명성 황후는 그의 독재에 반발을 하여, 1873년 11월 고종이 스스로 나라일을 보도록 선포하게 했다. 이로써 흥선 대원군은 은퇴하지 않으며 안 되었다. 재기의 기회만 노리던 흥선 대원군은 1882년 임오군란을 계기로 다시 정권을 잡았으나 충주로 도망을 갔던 명성 황후가 청나라 군사를 끌어들여 흥선 대원군을 납치해 가도록 하여, 청나라에서 4년간 유배 생활을 하게 되었다.

1885년, 귀국한 흥선 대원군은 운현궁에 머물며 기회를 엿보던 중, 1887년 청나라의 위안 스카이와 짜고, 고종을 폐위시키고 장남

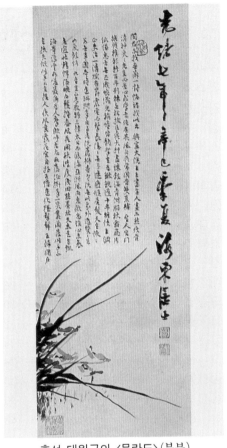

흥선 대원군의 〈묵란도〉(부분)

재황을 옹립하려다 실패하였다. 1895년, 을미사변 이후에 정권을 잡았으나, 곧 물러나고 말았다.

그는 집권 초기에 과단성 있게 부정을 타파하고 혁신적인 정치를 꾀하였지만 통상 거부를 고집함으로써 국제 관계를 악화시켰으며, 외국의 근대 문명을 받아들이지 못한 실정을 저질렀다.

# 한국 인명 찾아보기

637

기획·글 | 금성출판사 역사연구개발팀

그림 | 금성출판사 미술디자인팀

**초판 인쇄** 2016년 1월 10일 **초판 발행** 2016년 1월 15일
**발행인** 김인호 **발행처** (주)금성출판사 **등록일** 1965년 10월 19일 제10-6호
**고객상담실** 080-969-1000 **주소** 서울특별시 마포구 만리재옛길 23(공덕동)
**인터넷 홈페이지** www.kumsung.co.kr ⓒKumsung Publishing Co., Ltd.
ISBN 978-89-07-05246-9